全国优秀教材二等奖

“十二五”普通高等教育本科国家级规划教材
管 理 科 学 名 家 精 品 系 列 教 材

系统工程原理

（第二版）

谭跃进　陈英武　罗鹏程　程志君　编著

科 学 出 版 社
北 京

内 容 简 介

系统工程是20世纪40年代发展起来的一门新兴交叉学科，其应用领域十分广阔。本书系统地介绍系统工程的基本概念、理论与方法，特别是系统工程方法论、系统模型与建模方法、系统分析、系统预测、系统评价、系统优化、系统决策、网络计划技术的基本理论和方法等，既较好地解决与运筹学课程部分内容重复的问题，又较好地构建自己的知识体系，尽可能地反映近年来系统工程理论方法的新成果。

本书既可作为高等院校系统工程、管理科学与工程、工商管理、财经类专业以及有关工程技术专业的教材，也可作为管理人员、工程技术人员的培训教材和自学参考书。

图书在版编目（CIP）数据

系统工程原理 / 谭跃进等编著. —2版. —北京：科学出版社，2017

"十二五"普通高等教育本科国家级规划教材　管理科学名家精品系列教材

ISBN 978-7-03-051805-7

Ⅰ. ①系…　Ⅱ. ①谭…　Ⅲ. ①系统工程—高等学校—教材　Ⅳ. ①N945

中国版本图书馆CIP数据核字（2017）第030979号

责任编辑：方小丽 / 责任校对：邹慧卿

责任印制：赵　博 / 封面设计：蓝正设计

科学出版社 出版

北京东黄城根北街16号

邮政编码：100717

http://www.sciencep.com

保定市中画美凯印刷有限公司印刷

科学出版社发行　各地新华书店经销

*

2010年12月第　一　版　开本：787×1092 1/16

2017年2月第　二　版　印张：22 1/2

2025年1月第二十二次印刷　字数：534 000

定价：45.00元

（如有印装质量问题，我社负责调换）

序

20世纪40年代以来，科学技术取得了巨大进步，出现了研制计算机、导弹和宇宙飞船等大学科、大工程。这些大学科、大工程，运用系统工程方法取得了显著成效，对系统工程的发展起到了推动作用，同时也标志着人类在组织管理技术上迎来了一个新时代。

现代系统科学与系统工程的发展，体现在系统哲学、系统方法、系统技术和系统实践各个层面上，系统工程思想已广泛应用于传统科学及人们日常生活管理的许多领域，它改变了人们观察世界的方法和角度，并丰富了人类对自然和社会的认识。

我国的系统科学与系统工程是在著名科学家钱学森教授的直接倡导下建立和发展起来的。20世纪60年代初期，在国防尖端技术方面应用系统工程方法取得了显著成效。60~70年代着重于传播系统工程理论、方法。80~90年代独立地开展系统工程理论、方法和应用研究，取得了创新性进展。

1979年，国防科学技术大学系统工程与数学系由钱学森教授亲自组建，招收了系统工程专业本科生和研究生，继而又获得了系统工程硕士、博士学位授予权。30多年来，“系统工程原理”课程一直是该专业的主干课程，《系统工程方法论》《系统工程原理》等教材先后出版。这次重新出版的《系统工程原理》，是作者在上述基础上，根据多年从事系统工程教学和科研的实践经验编写而成的。本书面向21世纪人才培养的高要求，较系统地介绍了系统工程的基本概念、理论和方法，避免了与运筹学课程内容的重复，加强了对相关计算实践及软件应用的指导，较好地反映了近年来系统工程理论方法的新成果。因此，本书的正式出版是一件值得庆贺的事。

系统工程作为一门新兴的综合性的边缘学科，在理论上、方法上和体系上都处在发展之中，它必将随着生产技术、基础理论、计算工具的发展而不断发展。因此，可以预料，在此过程中该书亦将不断更新、丰富和完善。

汪浩

2010年9月于长沙

第二版前言

党的二十大报告指出："必须坚持系统观念。万事万物是相互联系、相互依存的。只有用普遍联系的、全面系统的、发展变化的观点观察事物，才能把握事物发展规律。我国是一个发展中大国，仍处于社会主义初级阶段，正在经历广泛而深刻的社会变革，推进改革发展、调整利益关系往往牵一发而动全身。我们要善于通过历史看现实、透过现象看本质，把握好全局和局部、当前和长远、宏观和微观、主要矛盾和次要矛盾、特殊和一般的关系，不断提高战略思维、历史思维、辩证思维、系统思维、创新思维、法治思维、底线思维能力，为前瞻性思考、全局性谋划、整体性推进党和国家各项事业提供科学思想方法。"教材是教学内容的主要载体，是教学的重要依据、培养人才的重要保障。在优秀教材的编写道路上，我们一直在努力。

1978 年 9 月，钱学森、许国志、王寿云共同发表了《组织管理的技术——系统工程》一文，这是我国开创系统科学与系统工程事业的标志。系统科学是一门从总体上研究复杂系统共同运动规律的科学，而系统工程则是一门系统科学、工程技术学、经济学、管理学等相结合的组织管理技术，是一种改造客观世界的工程技术，也是一种运筹与决策的艺术。

随着科学技术的进步、社会经济的发展，构成客观世界的三个基本要素——物质、能量和信息不断丰富，使事物之间的相互联系日益加强，整个世界朝着复杂性不断增加的方向发展。这是不以人的主观意志为转移的客观规律。正如一般系统创始人冯·贝塔朗菲所指出的，"无论如何，我们被迫在知识的一切领域中运用'整体'或者'系统'来处理复杂性问题，这将是对科学思维的一个根本改造"。因此，面对复杂系统，系统科学与系统工程将会受到越来越广泛的重视。

2010 年，我们编写并出版了《系统工程原理》一书。这部书较好地解决了与运筹学课程内容重复的问题，几年来，在国防科学技术大学相关专业本科课程和继续教育课程中作为教材使用，并取得了很好的效果。国内数十所兄弟院校也将本书作为本科课程教材或参考书，并给出了较好的评价。通过多年的教学实践，我们结合新时期人才培养的目标和要求，编写了《系统工程原理》(第二版)。新编的第二版教材进一步优化了教学选材，精炼了教学内容，剔除了原书中部分比较陈旧的内容，将一些近年来系统工程理论方法的新成果编入其中。全书由原来的七章扩充为现在的九章，主要内容如下。

第 1 章　绪论，介绍系统、系统工程和系统科学体系的基本概念。

第 2 章　系统工程方法论，介绍霍尔和切克兰德的方法论、物理-事理-人理（WSR）方法论、并行工程方法学、钱学森等提出的综合集成工程方法学、"5W1H" 方法及系统工程“V”模型等。

第 3 章　系统模型与建模方法，介绍系统模型的定义、特征和分类，重点是系统工程的建模方法和解析结构模型。

第 4 章　系统分析，介绍系统分析的概念，以及系统目标、环境、功能、结构分析等系统分析的内容，介绍系统分析的方法和案例。

第 5 章　系统预测，介绍定性预测、时间序列分析预测、回归分析预测、状态空间分析预测和马尔可夫预测等方法。

第 6 章　系统评价，介绍系统评价指标数量化方法、评价指标综合方法、层次分析法（analytic hierarchy process，AHP）、网络分析法（analytic network process，ANP）、模糊综合评价方法及数据包络分析（data envelopment analysis，DEA）法。

第 7 章　系统优化，介绍系统优化的概念、线性规划方法，以及运输问题、动态规划问题、资源分配问题模型。

第 8 章　系统决策，介绍风险型决策方法、完全不确定型决策、贝叶斯决策、多目标决策及系统决策中的几个问题。

第 9 章　网络计划技术，介绍网络图的绘制、参数计算、调整与优化、网络的时间-费用分析和系统网络技术的应用。

每章后配有适量的习题和思考题，让学生既掌握方法的原理，又能通过各种计算软件的自学习，加强方法应用，提高分析问题和解决问题的能力。

本书第 1、2、3、7、9 章由谭跃进编写，第 6、8 章由罗鹏程编写，第 4、5 章由程志君编写，全书由谭跃进和陈英武修改统稿。

本书在编写出版过程中，得到了国防科学技术大学信息系统与管理学院，以及该院管理系有关领导和同志们的热情支持与大力帮助，汪浩、郭波、朱一凡、周经伦、龚时雨、王晖等几位教授热情关怀并对本书提出了宝贵的意见和建议，汪浩教授还为本书做了序，在此表示衷心感谢！此外，本书编写过程中参考了一些作者的教材和专著，如总装备部工程兵科研二所编写的《武器装备发展系统论证方法与应用》、孙东川教授主编的《系统工程引论》、吴祈宗教授主编的《系统工程》、陈宏民教授主编的《系统工程导论》，以及杜栋教授主编的《现代综合评价方法与案例精选》等，在此一并感谢，不再一一列举。

由于系统工程是一门正在发展且还未成熟的新兴学科，同时由于笔者的水平有限，书中疏漏之处在所难免，敬请广大读者批评指正。

谭跃进
2023 年 11 月于长沙

目 录

第1章

绪　论

1.1　系统的概念

1.1.1　系统的定义

系统一词来源于人类长期的社会实践，存在于自然界、人类社会及人类思维描述的各个领域，早已为人们所熟悉。究竟什么是系统呢？往往不同的人或同一个人在不同的场合会对它赋予不同的含义。系统一词频繁出现在学术讨论和社会生活中，包罗万象的外延，使其成为逻辑上空无一物的概念。概念上的混淆将给系统研究带来一定的困难。因此，我们从系统基本特征的角度，去寻找一种较为通用的描述方式，对系统下一个较为科学的定义。为此，我们采用钱学森给出的对系统的描述性定义：系统是由相互作用和相互依赖的若干组成部分结合而成的、具有特定功能的有机整体，记为

$$S=\langle E, R\rangle$$

式中，E（elements）为系统 S（system）中所有元素构成的集合；R（relationship）为系统中所有关系的集合。

这个定义，与类似的许多定义一样，指出了系统的三个基本特征。第一，系统是由若干元素组成的；第二，这些元素相互作用、相互依赖；第三，元素间的相互作用，使系统作为一个整体具有特定的功能。虽然系统的定义有各种表述，但都包含了这三个方面，即这三点是定义系统的基本出发点。

在美国的《韦氏大辞典》中，系统一词被解释为“有组织的或被组织化的整体；结合着的整体所形成的各种概念和原理的综合；由有规则的相互作用、相互依存的形式组成的诸要素集合等”。在日本工业标准（Japanese industrial standards，JIS）中，系统被定义为“许多组成要素保持有机的秩序向同一目标行动的集合体”。苏联大百科全书（1976年版）将系统定义为“一些相互关联与联系的要素组成的集合，形成了一定的整体性、统一性”。

1.1.2 系统的特性

由系统的定义，不难总结出系统一般应具有下述特性。

1）整体性

系统整体性说明，具有独立功能的系统要素及要素间的相互关系是根据逻辑统一性的要求，协调存在于系统整体之中的。也就是说，对任何一个要素不能离开整体去研究，对要素之间的联系和作用也不能脱离整体去考虑。系统不是各个要素的简单集合，否则它就不会具有作为整体的特定功能。脱离了整体性，要素的机能和要素之间的作用便失去了原有的意义，研究任何事物的单独部分不能得出有关整体性的结论。系统的构成要素和要素的机能、要素间的相互联系要服从系统整体的功能与目的，在整体功能的基础上展开各要素及其相互之间的活动，这种活动的总和形成了系统整体的有机行为。系统的整体性就是强调“整体功能大于各部分功能之和”，即“1+1>2”。整体性具体体现在系统具有整体的结构、整体的特性、整体的状态、整体的行为和整体的功能上。

2）层次性

从系统作为一个相互作用的诸要素的总体来看，它可以分解为一系列不同层次的子系统，并存在一定的层次结构。而它本身又是它所从属的一个更大系统的子系统。例如，在生命系统中，细胞⊂器官⊂生物体⊂群体⊂组织⊂社会。这是系统结构的一种形式，其在系统层次结构中表述了不同层次子系统之间的从属关系或相互作用关系。在不同的层次结构中存在不同的运动形式，它们构成了系统的整体运动特性，为深入研究复杂系统的结构、功能和有效地进行控制与调节提供了条件。

3）相关性

组成系统的要素是相互联系、相互作用的，相关性说明了这些联系之间的特定关系和演变规律。例如，城市是一个大系统，它由资源系统、市政系统、文化教育系统、医疗卫生系统、商业系统、工业系统、交通运输系统、邮电通信系统等相互联系的部分组成，并通过系统内各子系统相互协调的运转去完成城市生活和发展的特定目标。各子系统之间具有密切的关系，它们相互影响、相互制约、相互作用，牵一发而动全身。这要求系统内的各个子系统根据整体目标，尽量避免系统的“内耗”，改善系统整体运行的效果。

4）目的性

通常系统都具有某种目的。为达到既定的目的，系统都具有一定的功能，而这正是区别这一系统和那一系统的标志。系统的目的一般用更具体的目标来体现，比较复杂的社会经济系统都具有不止一个目标，因此需要用一个指标体系来描述系统的目标。例如，衡量一个工业企业的经营业绩，不仅要考核它的产量、产值指标，而且还要考核它的成本、利润和质量指标。在指标体系中各个指标之间有时是相互矛盾的，为此，要从整体出发，力求获得全局最优的经营效果，这就要求在矛盾的目标之间做好协调工作，寻求平衡或折中方案。

5）适应性

任何一个系统都存在于一定的物质环境之中，因此，它必然要与外界产生物质、能量和信息交换，外界环境的变化必然会引起系统内部各要素的变化。不能适应环境变化的系统是没有生命力的，只有能够经常与外界环境保持最优适应状态的系统，才是具有不断发展势头的理想系统。例如，一个企业必须经常了解市场动态、同类企业的经营动向、有关行业的发展动态和国内外市场的需求等环境的变化，在此基础上研究企业的经营策略，调整企业的内部结构，以适应环境的变化。

1.1.3　系统的结构与功能

系统结构就是组分（子系统）及组分（子系统）之间关联方式的总和。关联方式主要是因果关系（数学和逻辑关系），其表现形式有树状结构和网状（网络）结构两种。系统的结构从动态性上可划分为系统框架结构与运行结构，即静态结构与动态结构；从时空性上可划分为系统时间结构、空间结构和时-空关联结构。

系统功能就是系统所产生的、有利于系统和环境中某些事物，乃至整个系统和环境续存与发展的作用。凡系统必有结构，结构与功能的关系密切，系统结构和运行环境共同决定系统功能。

系统行为就是系统功能的一种外部表现，是系统相对于它的环境所表现出来的任何变化。行为属于系统自身的变化，是系统自身特性的表现，但又同环境有关，反映环境对系统的作用或影响。

在系统结构研究中，复杂网络的研究已成为关注的热点。绝大部分事物都可以看做网络，而且许多网络非常复杂。不同的复杂网络可以具有相似的结构性质与共性的问题，而且网络结构与功能密切相关。

1.1.4　系统的分类

在自然界和人类社会中普遍存在着各种不同性质的系统。为了对系统的性质加以研究，需要对系统存在的各种形态加以探讨。

1. 自然系统与人造系统

按照系统的起源，自然系统是由自然过程产生的系统。这类系统是自然物（矿物、植物、动物等）所自然形成的系统，如海洋系统、生态系统等。人造系统则是人们将有关元素按其属性和相互关系组合而成的系统，如人类对自然物质进行加工并制造出各种机器所构成的各种工程系统。

实际上，大多数系统是自然系统与人造系统的复合系统。例如，在人造系统中，有许多是人们运用科学技术改造了的自然系统。随着科学技术的发展，出现了越来越多的人造系统。但是，值得注意的是，许多人造系统的出现，破坏了自然生态系统的平衡，造成了严重的环境污染，并破坏了生态系统的良性循环。近年来，系统工程（systems engineering，SE）越来越注重从自然系统的属性和关系中探讨研究人造系统。

2．实体系统与概念系统

凡是以矿物、生物、机械和人群等实体为构成要素的系统都称为实体系统。凡是由概念、原理、原则、方法、制度、程序等概念性的非物质实体所构成的系统都称为概念系统，如管理系统、军事指挥系统、社会系统等。在实际生活中，实体系统和概念系统在多数情况下是结合的，实体系统是概念系统的物质基础，而概念系统往往是实体系统的中枢神经，指导实体系统的行为。例如，军事指挥系统中既包括军事指挥员的思想、信息、原则、命令等概念系统，也包括计算机系统、通信设备系统等实体系统。

3．动态系统与静态系统

动态系统就是系统的状态变量随时间变化的系统，即系统的状态变量是时间的函数。而静态系统则是表征系统运行规律的数学模型中不含有时间因素，即模型中的变量不随时间变化，它是动态系统的一种极限状态，即处于稳定的系统。例如，一个化工生产系统是一种连续生产过程且系统中的参数随着时间变化而变化的动态系统。大多数系统都是动态系统，但是，由于动态系统中各种参数之间的相互关系是非常复杂的，要找出其中的规律性非常困难。有时为了简化而假设系统是静态的，或是假设系统中的参数随时间变化的幅度很小而将其视为静态的。

4．控制系统与行为系统

控制就是为了达到某个目的给对象系统所加的必要动作，因此，为了实行控制而构成的系统叫做控制系统。控制系统由控制装置自动进行时，称为自动控制系统，如计算机控制的机械加工生产过程就是自动控制系统。行为系统是以行为为构成要素而形成的系统。所谓行为就是为了达到某一确定的目的而执行某种特定功能的一种作用，这种作用能对外部环境产生某些效用。这种系统一般是根据某种运行机制而实现某种特定行为的系统，而不是受某种控制作用而运行的系统。

5．开放系统与封闭系统

开放系统是指与其环境之间有物质、能量或信息交换的系统，封闭系统则相反，即系统与环境互相隔绝，它们之间没有任何物质、能量和信息交换。照此定义，可把封闭系统当成与环境完全隔绝的孤立系统。开放系统还可进一步区分为只有能量交换的系统，同时进行物质、能量交换的系统，以及物质、能量、信息开放的系统。最早涉及开放与封闭系统研究的领域是物理学。但物理学中的概念与本书中的概念不同，它们之间的区别如下：①本书定义的封闭系统，物理学称为孤立系统；②本书定义的只有能量交换的系统，物理学称为封闭系统；③本书定义的同时进行物质、能量交换的系统，物理学称为开放系统；④本书定义的物质、能量和信息开放的系统，物理学尚无专门定义。

本书的上述定义具有普遍性，适用于无生命系统、生命系统和社会系统。无生命系统可能是封闭的，也可能是开放的。如果忽略落下的流星和宇宙尘埃，地球就成为一个与其所处的环境只有能量交换的开放系统。地球接收到太阳和恒星的辐射，而它自己又向星际的辐射冷区进行辐射。通常，生命系统、社会系统都是开放系统。物质、能量和信息的开放，对生命和社会系统具有特别重要的意义。处在不同层次上的生命系统，呈现开放性的机制也不同。例如，在生物个体层次上，物质、能量交换由食物体现，信息由感觉器官摄取；对于社会组织，物质、能量以货币为中介，以商品的形式进行交换，信息是以语言、文字和电磁波为载体进行传播，计算机（当然还有其他传统工具）作为信息处理的辅助工具。

1.1.5 复杂系统及其特点

现代化使构成客观世界的物质、能量和信息不断丰富，其结果是事物之间的相互联系加强，整个世界朝着复杂性不断增加的方向发展，空间越来越拥挤，物质、信息传输速度越来越快，事物之间的普遍联系不断加强，如全球经济一体化进程的加快和二氧化碳排放对全球气候的影响等。因此，我们面临的问题和处理的系统越来越复杂，复杂系统的出现是不以人的主观意志为转移的。

复杂系统的外部特点是规模大且行为复杂，而它的内在特点如下：①开放性，考虑系统与其环境之间的物质、能量或信息交换，更能反映客观世界的真实性；②非线性，具有多解、多稳态，能够描述稳定性交换，更能追踪客观世界的多样性；③随机性，微涨落放大，更能体现系统从无序到有序或从有序到混沌的自发性；④涌现性，局部的关系，导致系统整体的涌现行为，更能体现系统结构与行为演化的目的性。

按照复杂系统的观点，钱学森提出了一个关于系统的分类，即把系统分为简单系统和巨系统；简单系统又分为小系统和大系统；巨系统又分为简单巨系统和复杂巨系统；复杂巨系统又分为一般复杂巨系统和开放的复杂巨系统（open complex giant system）。小系统大体上说是由几个、几十个元素组成的系统；大系统是由几百个、上千个元素组成的系统；巨系统的元素数量巨大，成千上万甚至上亿或万亿。

20 世纪 60 年代末学界提出了大系统概念和大系统理论，随着社会经济、生态环境等系统成为研究对象，人们发现还存在比大系统规模大得多的系统。70 年代末，钱学森在论述社会系统工程时第一次提出巨系统概念。巨系统的行为特性不同于小系统和大系统。简单巨系统的元素虽然数量巨大，但单元素之间的关系满足线性叠加原理。在巨系统中，如果不仅系统元素数量巨大，而且组分之间的关联方式复杂（如非线性、不确定性、模糊性、动态性、适应性等），那么系统就是复杂巨系统。例如，人的大脑作为一个巨系统，所包含的神经元约达到 10^{11} 数量级。从人脑系统行为特性看，人的大脑是一个典型的复杂巨系统。人类社会是一个巨系统（如中国人口数量超过 13 亿，达到 1.3×10^9 数量级），这个系统与环境进行物质、能量、信息的交换，接受环境的输入和干扰，向环境提供输出，而且不断适应和不断进化，是一个典型的开放的复杂巨系统。

从小系统、大系统到巨系统，再到复杂巨系统、开放的复杂巨系统，是事物发展的必然结果，也是系统认识发展的必然结果。因此，关于系统的概念源于系统，并随着系统的发展而发展。有了不断发展的系统概念，才有了不断发展的系统理论、方法和工程实践。不同类型的系统问题要用不同的方法去解决。例如，巨系统问题要求建立巨系统理论和方法，大系统理论不能用来解决巨系统问题，简单巨系统理论不能用来解决复杂巨系统问题。在开放的复杂巨系统理论的形成过程中，“巨”、“复杂”和“开放的”三个限制词是逐步加上去的。从一般的系统概念中区分出巨系统概念，把巨系统区分为简单与复杂两种，再强调系统的开放性，区分出开放的复杂巨系统，是钱学森系统思想的三次飞跃。

1.1.6 体系的概念

进入 21 世纪以来，以信息技术为代表的各项高新技术的广泛应用，使系统之间的联系和交互变得越来越频繁。系统间的联系多以信息为介质，以网络为载体，通过互联、互通或互操作实现系统间的交互和协同，以完成共同的目标和使命。在这一背景下，不论是在交通、能源、环境、信息、军事、航天等领域，还是在国家安全和社会科学领域，体系及体系工程逐渐成为新的研究热点。

关于体系的概念，目前还没有统一的定义，其含义大同小异，最多的提法是，体系是系统的系统（system of systems，SoS）。除 SoS 外，其他相似的提法还有 systems within systems、family of systems、super-systems、meta-systems、complex systems 等。因此，我们把体系定义为：体系是基于统一的标准，一组地理上分布广泛且具有独立功能的系统集成的能完成单个系统所无法完成的特定目标的新的更大的系统。

美国国防部把体系定义为：体系是相互关联起来实现指定能力的独立系统集合或阵列，其中任意组成部分的缺失都会使整体能力严重退化。

例如，交通运输有铁路、公路、水上、空中运输等多个相互独立运行的系统，从某种意义上讲，它们之间还存在相互竞争的关系。但是，在国家利益上，它们之间更要相互配合、协调发展，形成一个有机的整体，满足国民经济建设和人民生活不同层次的需要。因此，根据体系的定义，交通运输体系是由铁路、公路、水上、空中等运输系统构成的一个典型的体系。类似的体系还有能源体系（包括核能、火电、水电、太阳能、风能等多种能源系统）、社会保障体系、武器装备体系、综合电子信息系统等。

体系与系统比较，有如下主要特征：①规模大，结构复杂，由组分系统协作集成；②组分系统在地理上分布广泛，可独立运行、独立管理，具有独立的功能；③目的性强，但目标不固定，可动态配置资源以适应不同任务的需要；④组分系统完成共同目标时相互依赖，可同时执行和互操作；⑤开发过程实行集中管理和规划，不断演化发展，涌现新的行为和功能；⑥重视协调和开发来自不同的组织人员（利益相关者）完成共同目标的能力。

体系与系统的特征比较见表 1.1.1，三种典型的体系结构示意图见图 1.1.1。

表 1.1.1 体系与系统的特征比较

特征	系统	体系
需求	明确	动态变化
管理	单一管理	分散管理、集中控制
规划	固定	动态、高度不确定
组分构成	数量较少的物理部件或子系统	数量较多的独立系统，可根据需要增减组分系统
目标	满足一定的功能	满足某种能力
耦合	紧耦合	松耦合
边界	相对固定	比较模糊
操作	相对单一	组分系统间互操作
结构	相对简单	高度复杂
寿命周期	较短	不断演化、更新
涌现行为	一般没有	常有
地域分布	不广泛	广泛

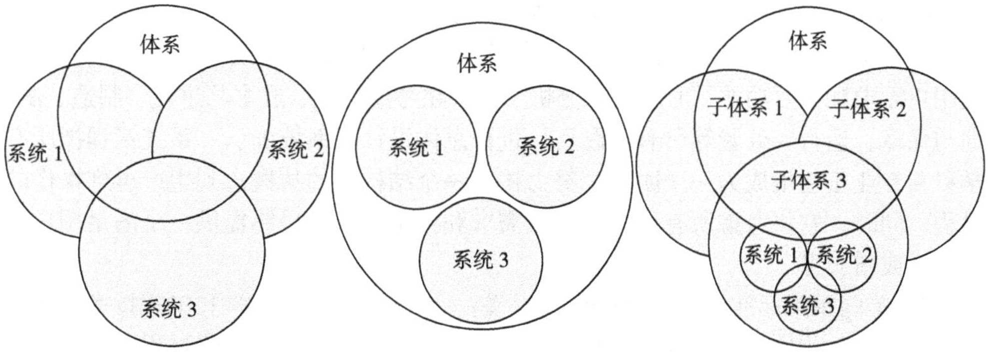

图 1.1.1 三种典型的体系结构示意图

1.2 系统工程的概念

1.2.1 系统工程的定义

系统工程是一门正处于发展阶段的新兴学科，其应用领域十分广阔。由于它与其他学科的相互渗透、相互影响，不同专业领域的人对它的理解不尽相同。因此，要给出一个统一的定义比较困难。下面列举国内外学术和工程界对系统工程的一些定义，它们可为我们认识系统工程这门学科的性质提供参考。

（1）中国著名科学家钱学森教授指出，“系统工程是组织管理系统的规划、研究、设计、制造、试验和使用的科学方法”，“系统工程是一门组织管理的技术”。

（2）美国著名学者切斯纳（Chestnut）指出：“系统工程认为虽然每个系统都由许多不同的特殊功能部分组成，而这些功能部分之间又存在着相互关系，但是每一个系统都是完整的整体，每一个系统都要求有一个或若干个目标。系统工程则是按照各个目标进行权衡，全面求得最优解（或满意解）的方法，并使各组成部分能够最大限度地互相适应。”

（3）日本学者三浦武雄指出：“系统工程与其他工程学不同之处在于它是跨越许多学科的科学，而且是填补这些学科边界空白的边缘科学。因为系统工程的目的是研究系统，而系统不仅涉及工程学的领域，还涉及社会、经济和政治等领域，为了圆满解决这些交叉领域的问题，除了需要某些纵向的专门技术以外，还要有一种技术从横向把它们组织起来，这种横向技术就是系统工程，也就是研究系统所需的思想、技术和理论等体系化的总称。”

（4）《中国大百科全书·自动控制与系统工程卷》指出：“系统工程是从整体出发合理开发、设计、实施和运用系统的工程技术。它是系统科学中直接改造世界的工程技术。”

（5）日本工业标准规定：“系统工程是为了更好地实现系统目标，而对系统的构成要素、组织结构、信息流动和控制机构等进行分析与设计的技术。”

（6）国际系统工程协会（The International Council on Systems Engineering，INCOSE）定义：系统工程是实现成功系统的一种跨学科的方法和手段。在开发过程早期，它关注定义用户需求和必要功能，形成需求分析文档，在考虑性能、成本与进度、制造、试验、培训与保障、运行、处置等所有问题后，进行总体设计和系统确认。系统工程把所有相关学科和专业小组集成为一个团队，努力构建一个结构化的从概念到生产再到操作的开发过程，同时，它将考虑所有用户的商业需求和技术要求，最终提供一个满足用户需求的新产品或新服务。

（7）美国军用标准 MIL-STD-499A 定义：“系统工程是将科学和工程技术的成就应用于：①通过运用定义、综合、分析、设计、试验和评价的反复迭代过程，将作战需求转变为一组系统性能参数和系统技术状态的描述；②综合有关的技术参数，确保所有物理、功能和程序接口的兼容性，以便优化整个系统的定义和设计；③将可靠性、维修性、安全性、生存性、人素工程和其他有关因素综合到整个工程工作之中，以满足费用、进度、保障性和技术性能指标。”这实际上是一个军事装备系统工程的定义。

系统工程既是一个技术过程，又是一个管理过程。为了成功地完成系统的研制，在整个系统寿命周期内，技术和管理两方面都很重要。定义（7）主要关注技术过程。从政府对工程项目进行管理出发，更赞成从管理角度来定义系统工程。因此，美国防务系统管理学院把系统工程定义为“是为了达到所有系统要素的优化平衡，控制整个系统研制工作的管理功能，把作战需求转变为一组系统参数的描述，并综合这些参数以优化整个系统效能的过程”。

综上所述，系统工程的研究对象是大型、复杂的人工系统和复合系统；系统工程的研究内容是组织协调系统内部各要素的活动，使各要素为实现整体目标发挥适当作用；系统工程的研究目的是实现系统整体目标最优化。因此，系统工程是一门现代化的组织管理技术，是特殊的工程技术，是跨越许多学科的边缘科学，也是战略科学和智库。

1.2.2 系统工程的特点

1）整体性（系统性）

整体性是系统工程最基本的特点，系统工程把所研究的对象看成一个整体系统，这个整体系统又是由若干部分（要素与子系统）有机结合而成的。因此，系统工程在研制系统时总是从整体性出发，从整体与部分之间相互依赖、相互制约的关系中去揭示系统的特征和规律，从整体最优化出发去实现系统各组成部分的有效运转。

2）关联性（协调性）

用系统工程方法去分析和处理问题时，不仅要考虑部分与部分之间、部分与整体之间的相互关系，而且要认真地协调它们的关系。因为系统各部分之间、各部分与整体之间的相互关系和作用直接影响到整体系统的性能，协调它们的关系便可提高整体系统的性能。

3）综合性（交叉性）

系统工程以大型复杂的人工系统和复合系统为研究对象，这些系统涉及的因素很多，涉及的学科领域也较为广泛。因此，系统工程必须综合研究各种因素，综合运用各门学科和技术领域的成就，从整体目标出发使各门学科、各种技术有机地配合，以达到整体最优化的目的。例如，把人类送上月球的“阿波罗”登月计划，就是综合运用各学科、各领域成就的产物，这样一项复杂而庞大的工程没有采用一种新技术，而完全是综合运用现有科学技术的结果。

4）满意性（最优化）

系统工程是实现系统最优化的组织管理技术，因此，系统整体性能的最优化是系统工程所追求并要达到的目的。由于整体性是系统工程最基本的特点，所以系统工程并不追求构成系统的个别部分最优，而是通过协调系统各部分的关系，使系统整体目标达到最优。

1.2.3 系统工程的形成与发展

系统工程产生于20世纪40年代，在60年代形成了基本学科体系。40年代，美国贝尔电话公司在发展通信网络时，为缩短科学技术从发明到投入使用的时间，认识到不能只注意电话机和交换台站等设备，更需要研究整个系统，于是采用了一套新方法，首次提出系统工程一词。第二次世界大战期间，由于战争的需要，产生和发展了运筹学（operational research）。运筹学的广泛应用是系统工程产生和发展的重要因素。美国在研制原子弹的“曼哈顿”计划的实践中，运用系统工程方法取得了显著成效，对推动系统工程的发展起到了一定的作用。

1940 年，英国研制出了一种对付德国飞机空袭的新型警戒雷达。为此，成立了一个研究小组，并通过理论计算和战场实际统计分析，找到了雷达和高射武器合理运用与配合的方法，使击毁敌机的效率大大提高。

1942 年，美国海军反潜部队成立了一个由莫尔斯（P. M. Morse）领导的研究小组，他们为了发现德国潜艇，研究了搜索论。发现敌潜艇后，又研究了爆炸深度与杀伤范围的定量关系，提出了反潜深水炸弹的合理爆炸深度为 30 英尺（1 英尺=0.304 8 米），结果使德国潜艇被击沉的数量增加了 3 倍。

1957 年，美国密执安大学的哥德（Goode）和麦科尔（Machal）两位教授合作出版了第一部以系统工程命名的书。

1958 年，美国海军特种计划局在研制“北极星”导弹的实践中，提出并采用了计划评审技术，使研制工作提前两年完成，从而把系统工程引进到管理领域。

1965 年，麦科尔又编写了《系统工程手册》一书，比较完整地阐述了系统工程理论、系统方法、系统技术、系统数学、系统环境等内容。至此，系统工程初步形成了一个较为完整的理论体系。

1969 年，“阿波罗”登月计划的实现，是系统工程的光辉成就，它标志着人类在组织管理技术上迎来了一个新时代。“阿波罗”飞船和“土星五号”运载火箭，有 860 多万个零部件，有众多的子系统。各子系统之间纵横交错，相互联系、相互制约。由于使用了系统工程的理论和方法，结果提前两年将三名宇航员送上月球。美国国家航空航天局（National Aeronautics and Space Administration，NASA）在“阿波罗”登月计划中，创立了矩阵式管理技术、图解协调技术、风险评审技术、技术预测关联树法等。

进入 20 世纪 70 年代以后，系统工程发展到解决大系统的最优化阶段，其应用范围已超出了传统工程的概念。从社会科学到自然科学，从经济基础到上层建筑，从城市规划到生态环境，从生物科学到军事科学，无不涉及系统工程，无不需要系统工程。至此，系统工程经历了产生、发展和初步形成阶段。但是，系统工程作为一门新兴的综合性的边缘科学，在理论上、方法上和体系上都处于发展之中，它必将随着生产技术、基础理论、计算工具的发展而不断发展。

与此同时，几十年来，在重大工程项目的推动下，系统工程方法标准在军用和民用工程领域迅速发展。从美军军用 MIL-STD-499 系列标准演化为商用的 ANSI/EIA 632 标准和 IEEE 1220 标准，再到 ISO 标准、CMMI、INCOSE 系统工程手册、NASA 系统工程手册、体系结构框架（DODAF 2.0）、企业体系结构（BEA），系统工程方法自始至终有明确的内涵和清晰的发展历程。

系统工程在中国比较系统地、有组织地研究和运用始于 20 世纪 60 年代。在著名科学家钱学森教授的倡导和支持下，系统工程在“两弹一星”和“载人飞船”等国防尖端技术方面进行了成功应用，取得了显著成效，为系统工程的研究和应用做出了许多贡献。

因此，自70年代以来，系统工程在中国的研究和应用进入了一个前所未有的新时期：系统工程作为重点学科列入了全国科学技术发展规划；在高等学校设置了系统工程专业，培养本科生、硕士研究生和博士研究生；中国自动化学会系统工程专业委员会和中国系统工程学会相继宣告成立。从此，系统工程在中国的研究工作便由初期的传播系统工程的理论、方法到独立开展系统工程的理论方法研究。在系统工程的应用方面，注重结合中国实际情况，开发系统工程的应用研究，已在能源系统工程、交通系统工程、军事系统工程、社会系统工程、人口系统工程、农业系统工程和大型工程系统工程等的研究与应用方面取得了一定的成效，如在神舟飞船和北斗卫星导航系统等重大工程中得到成功应用。目前，系统工程与中国现代化建设的密切关系正在为更多的人所认识，系统工程必将在中国的现代化建设中发挥越来越大的作用。

1.2.4 体系工程——系统工程发展的新领域

现在要研究和解决的问题，如低碳经济、能源交通、环境保护、社会保障、网络信息、武器装备体系建设都涉及多个复杂系统，集成这些复杂系统就形成了开放的复杂巨系统，这就是我们前面所说的体系。体系工程要解决的问题和达到的目标如下：①实现体系的集成，满足在各种想定环境下的能力需求；②对体系的整个寿命周期提供技术与管理支持；③确定组分系统的选择与配比，达到体系中组分系统间的费用、性能、进度和风险的平衡；④对体系问题求解并给出科学的分析及决策支持；⑤组分系统的交互、协调与协同工作，实现互操作；⑥管理体系的涌现行为，以及动态的演化与更新。

因此，体系工程是对一个由现有或新开发系统组成的混合系统的能力进行设计、规划、开发、组织和集成的过程，它强调通过发展和实现某种标准来推动成员系统间的互操作（参考《美国国防采办手册》的定义）。体系工程是系统工程的延伸和拓展，它更加关注于将能力需求转化为体系解决方案，并最终将其转化为现实体系。

目前，在国内外都有许多体系工程研究机构，如美国老道明大学的国家体系工程研究中心，主要研究体系工程开发准则、体系工程的知识框架、体系工程的工具和方法等；美国普渡大学主要开展体系优化与组合、体系评估与决策、体系博弈与竞争、体系建模与仿真等方面的理论研究，以及在航空交通管制系统、卫星应用等方面的工程实践；美国卡内基·梅隆大学主要开展体系的互操作性、体系发展的持续性和体系架构等方面的研究；美国国防采办大学建立了体系工程研究中心；英国国防部开展了支持网络化作战能力的体系架构和体系效能评估研究；荷兰的Delft大学技术、管理与政策系能源战略研究小组从能源开发、减少碳的排放量、电力网络传输等方面开展了体系工程相关的研究，其研究重点围绕如何科学制定各类政策，保证经济、社会及工业方面的健康、持续发展。

从上述研究机构开展的研究工作看，体系工程的研究主要包括体系结构框架，体系过程，体系开发，体系工程理论、方法、技术，以及工程实践等方面。体系开发研究具体还可细化为体系需求、体系设计、体系集成、体系管理、体系优化、体系评估、体系演化等方面的研究（图 1.2.1）。第一，体系需求：它是在体系工程实践中待开发的体系需要达到的目标、满足的功能和所需结构的描述过程。第二，体系设计：它是对体系开发所采用的方法、体系结构、管理方式进行顶层设计，是体系开发跨领域、跨层次、跨时段的整体谋划。第三，体系集成：探求体系构成组件的集成原理与方法以实现体系开发目标的手段。第四，体系管理：体系开发与运行管理方法和理论探讨，是保障体系开发谋划取得实实在在效益的关键。第五，体系优化：探究如何对体系进行结构与功能优化，使其行为最接近体系开发目标。第六，体系评估：对体系行为进行综合评估，以判断体系开发和运行的效果。这些体系开发过程均要在体系结构框架的指导下进行。第七，体系演化：表征系统的动态行为。对体系演化机制与规律的研究，将使我们认清体系的行为发展和结构演化规律。

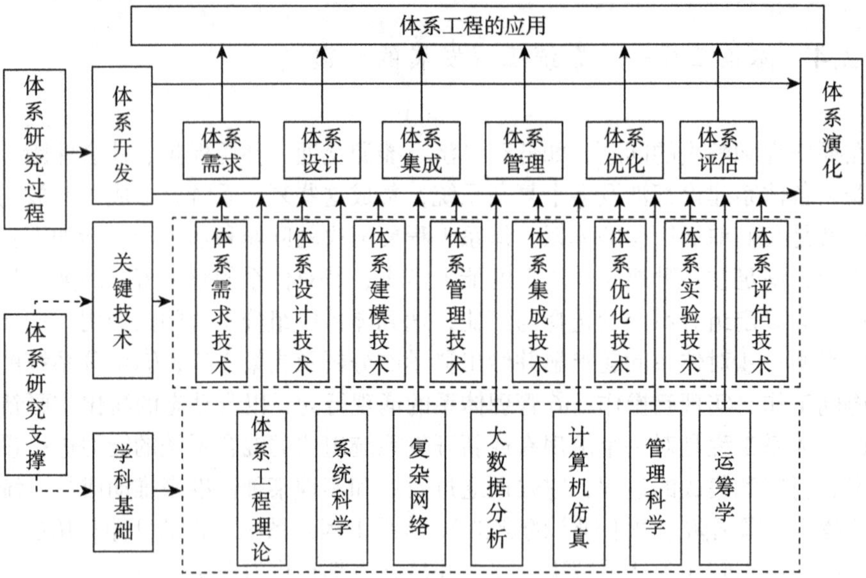

图 1.2.1 体系工程研究的基本框架

1.2.5 系统工程的应用

近年来，系统工程的应用领域日益广泛，系统工程的应用从工程系统日渐向社会经济系统扩展。系统工程的应用几乎遍及工程技术和社会经济的各个领域。

（1）社会系统工程。它的研究对象是整个社会，是一个开放的复杂巨系统。它具有多层次、多区域、多阶段的特点。近年来，在推进社会事业改革创新、改进社会治理方式、激发社会组织活力、健全公共安全体系等方面，取得了可喜的成绩。

（2）经济系统工程。运用系统工程的方法研究宏观经济系统的问题，如国家的经济发展战略、综合发展计划、经济指标体系、投入产出分析、积累与消费分析、产业结构分析、消费结构分析、价格系统分析、投资决策分析、资源合理配置、经济政策分析、综合国力分析、低碳和绿色环保型经济建设等。

（3）区域规划系统工程。运用系统工程的原理和方法进行研究，研究内容包括区域发展战略、区域综合发展规划、区域投入产出分析、区域城镇布局、区域资源合理配置、城市水资源规划、城市公共交通规划与管理等。

（4）环境生态系统工程。研究内容包括大气生态系统、大地生态系统、流域生态系统、森林与生物生态系统、城市生态系统等系统分析、规划、建设、防治，以及环境检测系统、环境计量预测模型等问题。

（5）能源系统工程。研究内容包括各种能源的合理结构、能源需求预测、能源开发规模预测、能源生产优化模型、能源合理利用模型、电力系统规划、节能减排、能源数据库、能源战略研究与低碳经济、能源互联网等问题。

（6）水资源系统工程。研究内容包括河流综合利用规划、流域发展战略规划、农田灌溉系统规划与设计、城市供水系统优化模型、水能利用规划、防汛指挥调度、水污染控制等问题。例如，“南水北调”工程分西线、东线、中线三条调水方案，其意义在于，它是我国长江流域、黄河流域水资源的一次带有全局性和战略性的结构调整。如何实现市场经济下水资源的合理利用，构成我国水资源“四横三纵、南北调配、东西互济”的新格局，这是一项复杂的系统工程。

（7）交通运输系统工程。研究内容包括铁路、公路、航运、航空综合运输规划及其发展战略、铁路调度系统、公路运输调度系统、航运调度系统、空运调度系统、综合运输优化模型、综合运输效益分析等。

（8）农业系统工程。研究内容包括农业发展战略、大农业及立体农业的战略规划、农业结构分析、农业综合规划、农业区域规划、农业政策分析、农业投资规划、农产品需求预测、农业产品发展速度预测、农业投入产出分析、农作物合理布局、农作物栽培技术规划、农业系统多层次开发模型等。

（9）企业系统工程。研究内容包括市场预测、新产品开发、计算机集成制造系统及并行工程、计算机辅助设计、制造、生产管理系统、计划管理系统、库存、全面质量管理、成本核算系统、成本-效益分析、财务分析、组织理论等。

（10）工程系统工程。研究内容包括工程项目的总体设计、可行性、国民经济评价、工程进度管理、工程质量管理、风险投资分析、可靠性分析、工程成本-效益分析等。

（11）信息系统工程。“信息网络+用户”是一个人-网结合的开放的复杂巨系统，信息系统工程不仅要对信息进行采集、加工、存储、分析、综合等，还要实现信息的传输与共享，特别是对开源信息的预判和舆情传播的分析，都具有重要的理论和实际意义。

（12）教育系统工程。研究内容包括人才需求预测、人才与教育规划、人才结构分析、教育政策分析等。

（13）人口系统工程。研究内容包括人口总目标、人口参数、人口指标体系、人口系统数学模型、人口系统动态特性分析、人口政策分析、人口区域规划、人口系统稳定性、人口老年化问题等。

（14）军事系统工程。研究内容包括国防发展战略、军事运筹与作战模拟、情报、通信与指挥自动化系统、武器装备发展规划、后勤保障系统建设等。

在我国社会经济发展过程中，各行各业都有许多不按系统工程办事的历史教训。例如，1958 年大炼钢铁的教训，到现在我国粗钢产量约占全球钢产量的一半，产能过剩，没有效益，高能耗、高污染，许多钢铁企业成为“僵尸企业”；以粮为纲，开山造田、围湖造田，结果是水土流失、常年水患，得不偿失；“企业办社会”，麻雀虽小，五脏俱全，管理效率低下；“拉链马路”，马路建了就要挖，挖了又要修补，马路上形成一条条拉链的原因就是部门分割，互不通气，各自为政，缺乏总体设计。

为了改变这种状况，各行各业先后成立了相应的系统工程分支机构。目前，中国的系统工程有社会系统工程、人口系统工程、人才系统工程、安全系统工程、教育系统工程、法制系统工程、环境系统工程、文化系统工程、城市系统工程、区域规划系统工程、经济系统工程、金融系统工程、工业系统工程、电子系统工程、信息系统工程、航天系统工程、过程系统工程、农业系统工程、林业系统工程、水资源系统工程、草业系统工程、沙产业系统工程、交通运输系统工程、物流系统工程、科技系统工程、医疗卫生系统工程、能源系统工程、知识系统工程、军事系统工程等，其应用领域十分广泛。中国全面深化改革必须更加注重改革的系统性、整体性、协同性，在市场经济、民主政治、先进文化、和谐社会、生态文明的改革创新和发展过程中，尤其需要应用系统工程的理论和方法，因为经济、政治、文化、社会、生态五位一体的改革创新和制度设计是一项复杂的系统工程。

1.3 系统科学体系

从 1.2 节中我们已经知道，系统工程是一门从总体上改造客观世界的工程技术。如同其他工程技术的发展一样，系统工程也有自己的科学理论基础——系统科学。系统科学是一门从总体上研究复杂系统共同运动规律的科学。系统科学主要讨论系统的概念、特征、分类及演化规律。我们将按照钱学森建立系统科学体系的思想，探讨系统科学的一些基本问题。

1.3.1 物性与系统性

系统一词几乎从不单独使用，而往往与一些修饰词组成复合词，如“自然系统”、“物理系统”、“生物系统”、“社会系统”、“公理系统”和“一般系统”等。这种使用方式本身就体现了现代科学体系的二维特征。前面的修饰词，如“自然”、“物理”、“生物”和“社会”等词，描述了研究对象的物质特征，即物性（thinghood）；而系统一词，表征了所述对象的系统或整体特征，即系统性（systemhood）。对某一具体对象的研究，既离不开对其物性的讨论，也离不开对其系统性的阐述，必须将两者结合起来，才能准确、全面地弄清所研究的对象，而这正是现代科学二维特征的体现。传统学科按研究对象的实体、物质特征分类研究物性，如物理、化学、天文、地理等。系统科学研究所有实体作为整体对象的特征，即研究系统性，如整体与局部、结构与功能、稳定与演化的关系等。

1.3.2 整体与局部的关系：涌现性

系统科学不同于传统科学的显著特点之一就在于它对系统整体特性的强调，其核心思想在于：一个系统作为整体，具有其要素所不具有的性质和功能；整体的性质和功能，不等同于其各要素性质和功能的叠加；整体的运动特征，只能在比其要素所处层次更高的层次上进行描述；整体与要素遵从不同描述层次上的规律。这便是通常所说的“整体大于部分之和”。虽然这种朴素的整体观可以追溯到两千多年前的古希腊哲学，但对整体性的探讨、整体与局部的关系的研究，是在现代系统科学的框架下才得到重视的。自牛顿以来的传统科学，强调对系统的分解，忽视了对系统整体性的研究。现代系统理论大师、奥地利生物学家贝塔朗菲（Bertalanffy）指出，传统科学未能对系统的整体行为提供合理的因果性解释，即从已知的物理学定律出发，去解释具有特定功能的宏观整体或一组宏观约束是怎样由一盘散沙似的部分产生的。他同时指出，生物学中存在的最基本问题就是缺少一种热力学的法则，这种法则可以解释高度组织化的、自我支持的开放系统是怎样产生涌现性的。因此，系统科学的产生与解释系统整体性直接相关。基于对涌现性的研究，系统科学提出认识系统整体性的关键，就是研究涌现现象和涌现性质。

涌现（emergence）是一组元素（或广义粒子）从一种杂乱无章的状态向一种协调一致的状态的自发转变。从根本上讲，系统的整体性、集体行为、涌现性是等价的，都是指整体在宏观层次上具有的不同于其元素及元素加和的性质。但是涌现性的概念突出了整体性产生的过程，描述一种从低层次到高层次、从局部到整体的变化，它强调元素间的相互作用。正是这种相互作用才导致具有一定功能特征和目的性行为的整体的出现，该整体的宏观特性不同于元素本身的性质。上述关于涌现的定义是在一个广义的“物”流场下决定的，它强调了可观察到的一种特殊运动过程，带有明显的物理定义色彩。在更广泛的意义上讲，涌现包括了现实中所有新型的出现、序的产生和层次复杂性的增加。尽管涌现的定义多种多样，但它们都涉及涌现的下述一些特性：①微观不可预测性。即使对低层次元素有完备的知识，也不可能推断出高层次的结构。也就是说，虽然元素间的相互作用的关系导致了涌现性，但不可能通过对元素在微观层次的行为特征来预测涌现性。②新质特性。涌现性对元素的性质而言是全新的，处在一种更宏观的层次上，是微观层次不存在的新质。③不变性。涌现性相对于微观层次的元素状态而言，有一定的不变性，元素总是处于微涨落不断变化的状态中，但整体的特性相对不变。④宏观约束性。系统的整体性约束元素的行为，即元素间的相互作用产生了宏观层次上涌现的整体或约束，这种宏观约束又反过来支配元素的行为。

1998 年，科学家霍兰（John Holland）在他的《涌现：从混沌到有序》一书中说：涌现性是一个相互作用的群体的性质，群体中的个体单独行动时则无法表现该性质。系统科学就是关于整体涌现性的科学理论，探索整体涌现发生的条件、机制、规律及如何利用它们。不同的结构方式、不同的相互激发产生不同的整体涌现性。整体涌现性的产生不是单一的，而是规模效应和结构效应共同作用的结果。整体涌现性就是“整体大于部分之和”或者“整体小于部分之和”的更精确表述，这样的整体与部分的差值就是涌现性。总而言之，整体相对于部分如果发生了“1+1＞2”的结果就是涌现。

1.3.3 系统科学体系的建立

20 世纪 40 年代以来，科学技术取得了巨大进步，出现了研制计算机、导弹和宇宙飞船这样的大科学、大工程，促进了系统研究各分支的发展。特别是 50 年代，系统工程的发展又把综合化、系统化推向新的高度，硬技术转向软技术，有形产品转向无形产品，使系统科学具有明显的交叉学科的性质，并在指导工程技术进步中发挥了巨大作用。因此，现代系统科学的发展，体现在系统哲学、系统方法、系统技术和系统实践各个层面上，系统思想已广泛应用于传统科学及人们日常生活管理的一切领域。系统科学研究本身也有了很大进展，系统科学已经改变了人们观察世界的方法和角度，与传统科学一起极大地丰富了人类对自然和自身的认识。

钱学森关于建立系统科学体系的思想，在国际上独树一帜。他认为：随着科学技术的飞跃进步，学科分化和综合的不断更新，老的学科体系已经不适应了，有必要建立新的学科体系。1981 年，钱学森提出了新的科学体系结构，把系统科学放到了与自然科学、数学、社会科学、思维科学、人体科学等大学科并列的地位（图 1.3.1）。同时，他主张把系统工程与系统科学加以区别，前者是工程技术，后者是基础理论。系统工程技术与各传统科学结合，形成系统工程的应用，如军事系统工程、社会系统工程、经济系统工程、教育系统工程、农业系统工程等。系统科学体系中，应当区分技术科学（如运筹学、信息论、控制论等）和基础科学，他主张将一般系统论、耗散结构、协同学等广泛学科成就，进行全面总结后，建立系统科学的基础理论，即系统学。而反映在一般系统论中的哲学内容，应当分离出来，归纳为系统哲学，作为唯物辩证法过渡到系统学的一座桥梁，这就是系统科学体系的三维结构模型（图 1.3.2），即传统科学维、横向科学维和科学层次维。关于传统科学维，主要是数学、物理、化学、天文、地理、生物等学科；关于横向科学维，表 1.3.1 中给出了 20 世纪 40 年代以来出现的部分横向联系的学科分支；关于科学层次维，钱学森认为所有科学都有哲学、基础科学、技术科学和工程技术四个层次，系统科学的四个层次就是系统哲学，系统学等基础科学，运筹学、信息论、控制论等技术科学，以及与各门传统科学结合的各门类系统工程技术。另外，如果按照系统的分类，系统学等基础理论还可分为简单系统理论、复杂系统理论、复杂巨系统理论。复杂巨系统的概念是钱学森在论述社会系统工程时提出来的，他强调这类系统的复杂程度是一般工程系统所没有的。1990 年，钱学森、戴汝为、于景元发表了题为《一个科学新领域——开放的复杂巨系统及其方法论》的论文，提出了开放的复杂巨系统的概念。这一概念规定了以下四个要点：①系统的子系统间可以有各种方式的通信；②子系统的种类多，各有其定性模型；③各子系统中的知识表达方式不同，获取知识的方式也不同；④系统中子系统的结构随着系统的演变会有变化，所以系统的结构是不断改变的。

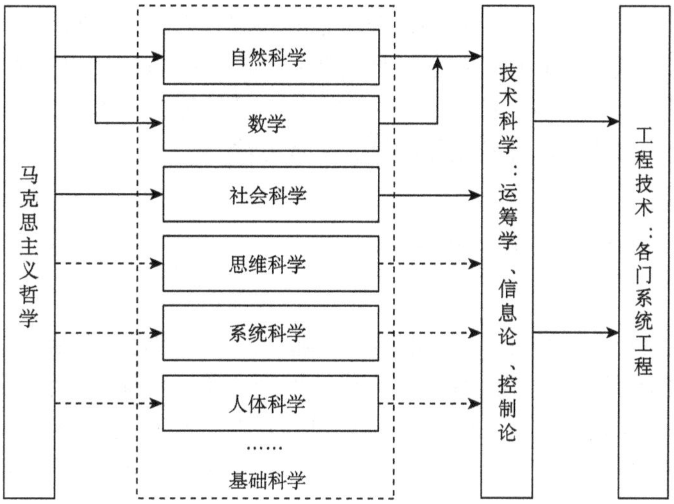

图 1.3.1 科学体系结构

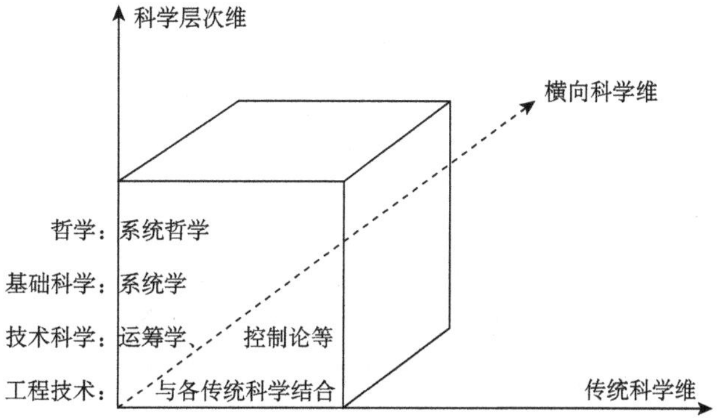

图 1.3.2 系统科学体系的三维结构模型

表 1.3.1 20 世纪 40 年代以来出现的部分横向联系的学科分支

创始人	分支学科名称	出现年份	创始人	分支学科名称	出现年份
冯·诺依曼	对策论	1944	扎德	模糊集与系统	1965
冯·贝塔朗菲	一般系统论	1945	普里高津	耗散结构理论	1969
香农	信息论	1948	艾根	超循环理论	1970
维纳	控制论	1948	米勒	生命系统理论	1970
冯·贝塔朗菲	开放系统理论	1949	汤姆	突变理论	1972
钱学森	工程控制论	1954	齐格勒	建模与仿真理论	1972
哥德	系统工程	1957	霍兰	遗传算法（GA）	1975
别尔曼	动态规划论	1957	哈肯	协同学	1977
曼萨诺维克	一般系统的数学理论	1961	钱学森	综合集成工程方法	1990
阿什布	自组织系统原理	1962	霍兰	CAS 理论	1994
罗森	自复制自动机	1962	巴拉巴斯	非标度网络	1999

当前，应用实践的一个难点是将系统科学的原理和方法，正确地用来解决社会、经济、军事、生态等领域的问题。钱学森把这些系统问题归为开放的复杂巨系统问题。这是一个新的认识层次，代表一种新的研究方法。他还认为：现阶段唯一能够有效处理复杂巨系统的方法，就是从定性到定量的综合集成方法。

1.3.4 系统科学研究的主要内容

复杂系统的特点主要是开放性、非线性、随机性和涌现性（自组织），其对应系统科学的几个主要理论，即开放系统理论、非线性理论、随机系统理论、自组织理论等。这几个理论之间的关系可用图 1.3.3 加以说明。非线性是复杂系统的内在因素；开放性和随机性是复杂系统的外在因素；自组织是内在因素和外在因素相互作用的结果，是复杂系统追求的目标。因此，在开放系统理论、非线性理论、随机系统理论和自组织理论中，自组织理论是系统科学研究的核心内容。研究社会自组织就是研究和谐社会；研究经济自组织就是研究经济协调发展；研究生态自组织就是研究生态平衡；研究军事自组织就是研究协同作战。虽然不同自组织系统追求的目标是不同的，但是从系统的角度，统筹、协调、权衡这些目标的思路是相同的，这就是系统工程的出发点和落脚点。

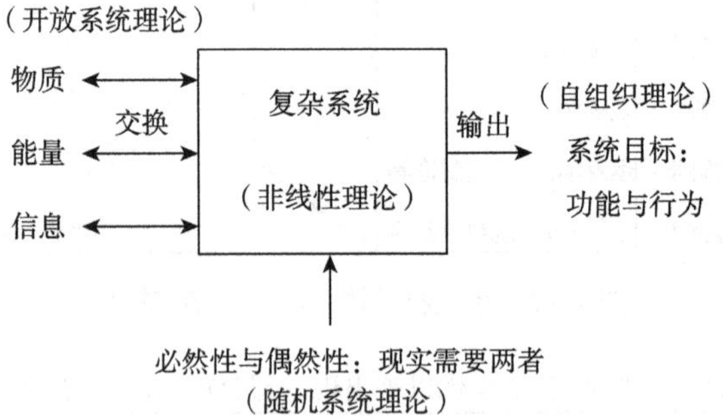

图 1.3.3 几个理论之间的关系

因此，从这个意义上讲，系统工程的思想、观点是科学发展观的基础理论之一。科学发展观的第一要务是发展，核心是以人为本，基本要求是全面协调可持续，根本方法是统筹兼顾。科学发展观就是坚持以经济建设为中心，坚持经济社会协调发展，坚持城乡协调发展，坚持区域协调发展，坚持可持续发展，坚持改革开放，坚持以人为本。

1.3.5 系统科学的发展

1. 古今系统思想的产生

系统思想是关于事物的整体性观念、相互联系的观念、演化发展的观念。也就是说，要全面地而不是片面地、联系地而不是孤立地、发展地而不是静止地看问题。

1）古代朴素的系统思想

古代朴素的系统思想来源于古代人类社会实践经验，其中的一些例子如下。

（1）管子《地员篇》对农作物与种子、地形、土壤、水分、肥料、季节、气候诸因素的关系进行了系统叙述。

（2）齐国名医扁鹊主张按病人气色、声音、形貌综合分析，用刮痧、针灸、汤液、按摩、熨帖多种疗法治病。

（3）周秦至西汉初年古代医学总集《黄帝内经》，强调人体各器官的有机联系、生理现象和心理现象的联系、身体健康与自然环境的联系。

（4）战国时期秦国李冰父子设计修造了都江堰工程，包括“鱼嘴”岷江分水工程、“飞沙堰”分洪排沙工程、“宝瓶口”引水工程三大主体工程和120个附属渠堰工程，工程之间的联系处理得恰到好处，形成一个协调运转的工程总体。

（5）我国古天文学很早就揭示了天体运行与季节变化的联系，编制了历法和指导农事活动的二十四节气。

（6）春秋时期军事家孙武所著的《孙子兵法》（十三篇）就是从系统整体观念出发，对不同层次的系统与环境进行了全面分析，是我国古代深刻的军事思想的具体体现。时至今日，《孙子兵法》仍是我国乃至世界许多学者、军事家、管理专家研究的对象。

所有这些古代农事、工程、军事、医药、天文方面的知识和成就，都在不同程度上反映了朴素的系统思想的自发应用。由于时代的局限性，他们只能以抽象的思辨原则来代替自然现象的客观联系，不能很好地把握整体与局部关系的细节——“不见树木，只见森林”。

2）近代的分析方法

15世纪下半叶，近代科学开始兴起，力学、天文学、物理学、化学、生物学等逐渐从哲学中分离出来。近代自然科学发展了研究自然界的独特的分析方法，包括实验、解剖和观察，把自然界的细节从总的自然联系中抽出来，分门别类地加以研究。这种考察自然界的方法移植到哲学中，就成为形而上学的思维方式。形而上学的出现是有历史根据的，是时代的需要，对科学、技术、文化的蓬勃发展起到了不可磨灭的重要作用。但是，形而上学撇开整体的联系来考察事物和过程，把自然界看做彼此不相依赖的各个事物或各个现象的偶然堆积，又走到了另一个极端——“只见树木，不见森林”。

3）现代的系统思想

19世纪上半叶，自然科学取得了一系列伟大成就，特别是能量转化、细胞和进化论的发现，使人类对自然过程的相互联系的认识有了很大提高。19世纪的自然科学本质上是整理材料的科学，关于过程、这些事物的发生和发展，以及把这些自然过程结合为一个伟大整体的联系的科学，这样的自然科学，为唯物主义自然观建立了更加坚实的基础，为马克思主义哲学提供了丰富的材料。马克思、恩格斯的辩证唯物主义认为，物质世界是无数相互联系、相互依赖、相互制约、相互作用的事物和过程所形成的统一整体。辩证唯物主义体现了物质世界普遍联系及其整体性的思想，也就是现代的系统思想——“既见树木，又见森林”。

科学的、定量的系统思想是在现代科学、技术发展的基础上形成的。现代科学技术对于系统思想方法来说，第一个贡献在于使系统思想定量化，成为一套具有数学理论、能够定量处理系统各组成部分相互联系的科学方法；第二个贡献在于为定量化系统思想的实际应用提供了强有力的计算工具——电子计算机。这两大贡献都是在20世纪中期实现的。

2．还原论与整体论

1）还原论

还原论是将物质的高级运动形式（如生命运动）归结为低级运动形式（如机械运动），用低级运动形式的规律代替高级运动形式的规律的形而上学方法。还原论认为，各种现象都可被还原成一组基本的要素，各基本要素彼此独立，不因外在因素而改变其本质。通过对这些基本要素的研究，可推知整体现象的性质。例如，物质是由分子组成的、分子是由原子组成的、原子又是由电子和原子核组成的等，研究微观粒子就可以推知整体的规律。还原论是把事物分割开来，进行实验，然后综合起来。还原论是西方科学的灵魂。

还原论与分析的方法相辅相成。分析的方法是科研的重要方法，最能体现还原论思想的分析方法是西方的公理化方法。西方科学的源头是古希腊文明，古希腊的还原论思想和公理化方法经过弗兰西斯·培根、笛卡儿和伽利略的继承与发扬，奠定了近代科学的基础。基于还原论的西方科学体系经过几百年的发展已经非常庞大和完整，在它的基础上诞生的工程技术，创造了空前繁荣的人类文明。

尽管过去几百年以还原论为基础的西方科学取得了巨大成功，但是，20世纪基础科学的三大成就——相对论、量子论和复杂科学的核心思想结论，分别从宇观、微观和宏观的尺度证实了还原论的局限性。

（1）相对论认为宇宙是一个无法彻底还原的整体。还原论的宇宙观认为，时间和空间是分离的，宇宙内发生的事件与时空是分离的，宇宙仅仅是事件发生的舞台。但科技的发展证明，宇宙远不是还原论描述的那么简单。时间、空间、物质和能量乃至整个宇宙本身就是一个整体，必须将其作为一个整体来研究，因此对宇宙已经无法再用还原论的方法进行简单的叠加研究。

（2）量子论从根本上动摇了还原论。描述微观世界最为成功的理论是量子论。如果说20世纪初爱因斯坦的相对论的结论对机械论世界观提出了质疑，那么微观世界的事实和量子论的思想结合在一起，则从根本上动摇了还原论的基础。量子论认为，我们的世界是一个非机械的、相互联系的、不可分割（还原）的世界。物质世界的根本元素不是被分割的机械的原子、质子、中子，而是一个有机联系的整体。量子论的问世导致了测不准原理的提出。测不准原理认为无法还原位置和速度两个基本量，这从根本上表明，在对待位置和速度这两个基本量上，还原论是失效的。微观层次上的还原论的失效，导致了机械的决定论的失效。

（3）复杂科学彻底动摇了还原论。混沌理论推动了复杂科学的诞生，排除了拉普拉斯决定论的可预见性的思想。因此，复杂科学的问世彻底动摇了还原论——能用还原论近似描述的仅仅是我们这个世界很小的一部分。

2）整体论

整体论把宇宙世界看做一个统一的整体，各种事物之间相互联系，不可被机械地分割。整体论思想是：整体的性质和功能不等同于其各部分（要素）的性质和功能的叠加；整体的运动特征只有在比其部分（要素）所处层次更高的整体层次上才能进行描述；整体与部分（要素）遵从不同描述层次上的规律。简言之，整体性也就是非还原性或非加和性。

20世纪80年代初，钱学森提出将还原论方法和整体论方法结合起来。到了80年代末，他提出“从定性到定量综合集成方法”（以下简称综合集成方法）。综合集成方法的实质是把专家群体、数据和信息，以及计算机有机结合起来，构成一个高度智能化的人-机结合、人-网结合的系统。运用这个方法也需要系统分解，即在总体设计基础上的系统分解，在系统分解研究后，再综合集成到整体，实现“1+1 > 2”的飞跃，达到从整体上研究和解决问题的目的。综合集成方法既吸收了还原论方法和整体论方法的长处，同时弥补了各自的局限性，既超越了还原论方法，也发展了整体论方法。

3．现代系统科学及其学派

20世纪40年代以来出现的很多横向联系的学科分支，如信息论、控制论、一般系统论等（表1.3.1），为系统工程的发展奠定了理论基础，也形成了很多学派。而电子计算机的出现和应用，则为系统工程提供了强有力的运算工具和信息处理手段，成为实施系统工程的重要理论基础。下面只简单介绍一般系统论、开放系统理论、复杂适应系统（complex adaptive system，CAS）理论和复杂网络理论四个理论的发展。

1）一般系统论的发展

回顾18世纪物理学与生物学的情形，理论物理学首先得到了发展，牢固地建立了力学的数学基础。无论从理论的严密性还是实证性看，力学的完备性都不亚于几何学。相反，生物学则处在完全描述性阶段，依靠试验和归纳法，认为生命的本质最终是由超自然的活力所主宰，很少有人用物理学解释生命现象。物理学与生物学之间存在一条鸿沟。生物学中的一些提法，如机体、生存、再生、发展、进化、行为、衰老、死亡等，在物理学的研究中是没有地位的。

力学是物理学中最早成熟起来的一个分支。到了19世纪中叶，热力学定律的发现和化学的进展，使物理学与生物学相隔绝的状态发生了变化，生物学者开始用物理、化学原理研究生命现象。结果发现，生命现象与发生在无生命事物中的过程并没有本质的区别，物质、能量守恒定律同样支配生物界。将化学现象简化为物理过程所取得的成功，使很多人认为将生物现象简化为化学和物理过程是很自然的、有意义的。

但是，生物体内存在的活力，是根本不同于物理、化学的力，活力支配生物的有目的的运动，生物机体所表现的等终极性与多途径是力学规律的因果论和决定论无法解释的，热力学第二定律也解释不了生命活动的有序现象。正是这种困惑驱使贝塔朗菲在

1925~1926 年建立了一般系统论的早期框架，提出了生物学的机体概念；并在 1928 年出版的著作《现代发展论》和 1932 年出版的《理论生物学》中进行全面总结。一般系统论就是由生物学的机体概念发展起来的，并成为生物学的一般理论，进而合乎逻辑地发展为机体系统论。1937 年，在芝加哥大学的哲学研讨班上，贝塔朗菲首次提出一般系统论，并在 1945 年正式公开发表。贝塔朗菲强调指出：化学反应中存在封闭系统与开放系统的区别。对于封闭系统，满足物质守恒定律，达到平衡态后，物质的相对浓度只与反应物的初始浓度有关，系统的终态只取决于初始条件；对于开放系统，要考虑系统与环境间的相互作用，系统将达到稳态，处在稳态下的物质浓度与初始条件无关。而且，当稳态受到干扰时，如加入或者移走一定数量的反应物，系统将重建稳态。对实验观察者来说，系统显示等终极性及维持稳态的倾向性，就是系统追求的目的性。贝塔朗菲发现具有等终极性的系统原来是开放系统，而古典热力学并不研究开放系统。

贝塔朗菲提出的一般系统论的“一般”，是指相对古典热力学的封闭系统而言，开放系统是更一般的系统，前者是后者的特例。贝塔朗菲建立的一般系统论是适合机体组织的一切层次的系统理论。适合于一切层次上的一般系统论之所以成立，是因为不同系统间的同构现象。1968 年，贝塔朗菲在广泛吸取系统工程、系统科学的现代成就的基础上，出版了《一般系统论：基础・发展・应用》，全面总结了他一生建立并发展一般系统论的基本要点。一般系统论与系统科学其他分支的关系十分密切，互相促进。像在生物学、生态学、行为科学、管理科学、社会学等学科中，一般系统论得到了广泛的应用。

2）开放系统理论的发展

普里高津（Prigogine）和由他领导的布鲁塞尔学派，从研究非平衡热力学出发，经过几十年的工作，建立了耗散结构学说。普里高津从线性非平衡热力学研究开始。所谓线性非平衡，是指平衡态附近的非平衡区域，在这个区域中，流（热流、质量流等）和力（温度、浓度梯度等）的关系可用线性关系近似描述。线性非平衡热力学以昂塞格的“倒易关系”和最小熵产生原理为理论基础，发现这个区域内的基本特征是趋向平衡，不可能形成有序的稳定结构；只能在非线性区域，远离平衡的条件下，才能呈现新的结构。因此，普里高津强调“非平衡是有序的起源”，耗散结构只能通过连续的物质和能量流来维持（开放系统）。这样，耗散结构成为普里高津发展开放系统理论的重要具体成果。

普里高津多次强调他一生都在研究时间。维纳（Wiener）《控制论》的第一章就是牛顿时间和柏格森时间，这表明了构成控制论基础的时间概念是何等重要。经典物理学是被可逆和重复的牛顿时间所支配的。柏格森强调指出：物理学时间和进化论及生物学时间不同，前者是可逆的，其中没有新生事物出现；后者是不可逆的，其中不断地出现新生事物。生物系统是积聚能量而不仅仅是消耗能量；是创造差别而不是趋于平均化；是建立秩序、结构和组织，而不是造成混乱、衰退和无组织。

3）CAS 理论的发展

CAS 理论是美国霍兰教授于 1994 年在桑塔菲研究所成立十周年时正式提出的。CAS 理论的提出为人们认识、理解、控制、管理复杂系统提供了新的思路。CAS 理论的核心思想就是适应产生复杂性，它包括微观和宏观两个方面。在微观方面，CAS 理论的最基本的概念是具有适应能力的、主动的个体，简称主体。这种主体在与环境的交互作用中遵循一般的刺激—反应模型，所谓适应能力表现在它能够根据行为的效果修改自己的行为规则，以便更好地在客观环境中生存。在宏观方面，由这样的主体组成的系统，将在主体之间及主体与环境的相互作用中发展，表现出宏观系统中的分化、涌现等种种复杂的演化过程。霍兰把个体与环境之间这种主动的、反复的交互作用用“适应”一词加以概括。他基于CAS理论，发展了一套新颖的思路与方法，建立了基于这种复杂性思想的软件平台SWARM。CAS理论已经在许多领域得到了应用，推动着人们对复杂系统的行为规律进行深入研究。

4）复杂网络理论的发展

1999年美国印第安纳州圣母大学物理学教授巴拉巴斯（A. L. Barabasi）及其研究团队在对万维网拓扑结构进行研究时发现，万维网具有许多个有少量链接的网站、少量具有中等数量链接的网站和为数极少的具有大量链接的网站，万维网的结构被少数的链接极多的网站所主宰，其特征是物理学家们所说的一种“幂法则”。由于这类网络节点的度没有明显的特征长度，故称为无标度网络（scale free network）。无标度网络具有普适性：演员的网络；食物网络——各种生态系统中谁吃谁的网络围绕吃掉大量不同猎物物种的“核心物种”建立；科学家合作网络——一起合作过的科学家的网络也是无标度的，正如他们引用彼此的研究成果的方式一样；各种社会网络；等等。无标度网络无处不在。

复杂网络的研究在过去十多年得到了迅速发展，其研究者来自图论、统计物理、计算机、生物学、社会学，以及系统科学、管理科学等各个不同领域。复杂网络理论着眼于复杂网络的定性与定量特征，开展发现网络性质、建立网络模型、分析网络行为、设计网络结构、优化网络性能、管控网络安全等方面的研究工作。正如巴拉巴斯教授在第三届国际网络科学大会（NetSci08，英国）上指出的那样，“在我们弄清楚系统各组成部分的连接关系之前，我们不可能完全理解复杂系统”。因此，复杂网络理论作为一种新的系统研究范式，正成为研究复杂系统的新视角和新途径，并形成了现代系统科学中的复杂网络学派。

本章小结

系统思想是关于事物的整体性观念、相互联系的观念、演化发展的观念。它是经过长期社会实践形成的分析和综合的辩证思维的哲学形式、定性与定量相结合的科学方法，以及丰富的系统工程实践。

系统是由相互作用和相互依赖的若干组成部分结合而成的、具有特定功能的有机整体。系统通过整体目的控制部分（要素）的地位和作用，部分（要素）通过相互作用决定系统的特性和功能。根据研究问题的不同，系统与部分（要素）的划分是相对变化的。按照观察系统的视角不同，可以将系统划分成不同的类型，以便于对系统进行分析研究。

系统工程是以大规模复杂系统为研究对象的一门交叉学科。它是从系统的整体出发，按既定目标对系统进行合理规划、研究、设计、制造、试验和使用，以使其达到最优的工程技术。系统工程是系统科学的工程实践，具有非常丰富的内容。应用系统工程处理问题时，一般遵循由粗到细、相互结合、定性分析和定量分析相结合，以及分解协调和综合的原则。目前，系统工程的应用已经从工程系统领域扩展到自然系统领域、社会经济系统领域及人体系统领域，得到了非常广泛的应用。

希望读者通过本章的学习，领会和掌握系统与系统工程的基本概念，了解系统思想和系统科学的发展历史，了解系统科学体系的基本内容，了解系统工程的应用领域和它的重要作用，初步形成用系统的思想、观点来分析和解决实际问题的思维观念。

➢思考题·习题

1. 何谓系统？何谓复杂系统？何谓体系？它们具有哪些特性？
2. 理解国内外学术界和工程界对系统工程的不同定义，分析这些定义的内涵和侧重点。
3. 系统工程与系统科学的联系和区别是什么？
4. 试述钱学森关于建立系统科学体系的思想。
5. 试述系统的结构与功能之间的关系。
6. 用系统思想说明现代化与复杂性的关系。
7. 什么是还原论？它有什么作用和局限性？
8. 如何理解整体性观点是认识世界的出发点和落脚点？

第2章

系统工程方法论

方法和方法论在认识上是两个不同的范畴。方法是用于完成一个既定任务的具体技术和操作；而方法论是进行研究和探索的一般途径，是对方法如何使用的指导。系统工程方法论研究和探索（复杂）系统问题的一般规律与途径。

一般情况下，系统包含“硬件”单元，也包含“软件”要素，尤其是人的行为，使系统更具复杂性和不确定性。另外，复杂系统必然是多目标、多方案的，因此，要有独特的思考问题和处理问题的方法，要用多种技术方案进行求解。这就是我们要讲的系统工程方法论。系统工程方法论除一般的数学描述方法和逻辑推理方法外，还有工程技术的规范和社会科学的艺术等。描述性、逻辑性、规范性、艺术性这些特点交织在一起，构成了系统工程独特的思想方法、理论基础、基本程序和方法步骤。系统工程方法论的基本特点是：研究方法强调整体性；技术应用强调综合性；管理决策强调科学性。系统工程方法论的核心就是研究整体与局部的关系，主要方法就是系统综合和系统分析相结合，也就是整体论和还原论相结合。从整体到局部、从系统综合到系统分解，再回到整体和系统综合，循环往复，实际上是一个螺旋式上升的认识迭代过程。本章将重点介绍霍尔和切克兰德的系统工程方法论、美国国防分析研究所提出的并行工程方法学、钱学森等提出的综合集成工程方法学、物理-事理-人理系统（WSR）方法论、“5W1H”方法论，以及 INCOSE 推崇的系统工程“V”模型方法论的基本概念和框架步骤。

2.1 霍尔的“三维结构”模型

在系统工程的研究和应用中，人们逐渐地探索、积累和总结出多种科学的工作方法和程序。其中，20 世纪六七十年代具有一定代表性的有霍尔的“三维结构”模型。

2.1.1 霍尔的三维结构

1969 年美国工程师霍尔提出三维结构，对系统工程的一般过程做了比较清楚的说明。它将系统的整个管理过程分为前后紧密相连的六个阶段和七个步骤，并同时考虑到为完成这些阶段和步骤的工作所需的各种专业管理技术知识。三维结构由时间维、逻辑维和知识维组成，如图 2.1.1 所示。

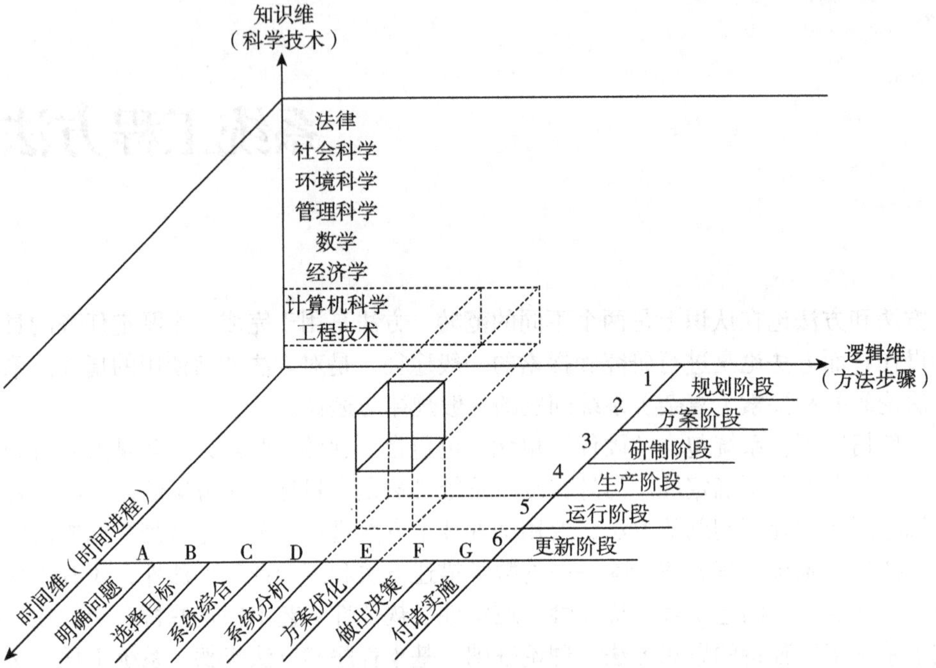

图 2.1.1　系统工程的霍尔三维结构

1. 时间维

三维结构中，时间维表示从规划到更新，按时间顺序排列的系统工程全过程，分为六个阶段。

（1）规划阶段：对将要开展研究的系统进行调查研究，明确研究目标，在此基础上，提出自己的设计思想和初步方案，制定系统工程活动的方针、政策和规划。

（2）方案阶段：根据规划阶段所提出的若干设计思想和初步方案，从社会、经济、技术可行性等方面进行综合分析，提出具体计划方案并选择一个最优方案。

（3）研制阶段：以计划为行动指南，把人、财、物组成一个有机的整体，使各个环节、各个部门围绕总目标，实现系统的研制方案，并做出生产计划。

（4）生产阶段：生产或研制开发出系统的零部件（硬软件）及整个系统。

（5）运行阶段：把系统安装好，完成系统的运行计划，使系统按预定目标运行服务。

（6）更新阶段：完成系统的评价，在现系统运行的基础上，改进和更新系统，使系统更有效地工作，同时为下一代系统的研制做准备。

例如，在装备全寿命管理中，装备的寿命周期一般分为论证、方案、工程研制、生产与部署、使用与保障、退役处理六个阶段。

2. 逻辑维

三维结构中，逻辑维是指每个阶段所要进行的工作步骤，这是运用系统工程方法进行思考、分析和解决问题时应遵循的一般程序。

（1）明确问题：尽可能全面地收集资料、了解问题，包括实地考察和测量、调研、需求分析和市场预测等。

（2）选择目标：对所解决的问题提出应达到的目标，并制定出衡量是否达标的准则。

（3）系统综合：搜集并综合达到预期目标的方案，对每一种方案进行必要的说明。

（4）系统分析：应用系统工程方法技术，将综合得到的各种方案系统地进行比较、分析，必要时建立数学模型进行仿真实验或理论计算。

（5）方案优化：对数学模型给出的结果加以评价，筛选出满足目标要求的最佳方案。

（6）做出决策：确定最佳方案。

（7）付诸实施：执行方案，完成各个阶段的管理工作。

3. 知识维

三维结构中的知识维是指完成上述各种步骤所需要的各种专业知识和管理知识，包括法律、社会科学、环境科学、管理科学、数学、经济学、计算机科学、工程技术等方面的知识。运用系统工程知识，把六个时间阶段和七个逻辑步骤结合起来，便形成所谓的霍尔管理矩阵（表 2.1.1）。矩阵中时间维的每一阶段与逻辑维的每一步骤所对应的点 a_{ij}（i=1，2，…，6；j=1，2，…，7），代表一项具体的管理活动。

表 2.1.1　霍尔管理矩阵

逻辑维（步骤） 时间维（阶段）	1. 明确问题	2. 选择目标	3. 系统综合	4. 系统分析	5. 方案优化	6. 做出决策	7. 付诸实施
1. 规划阶段	a_{11}	a_{12}	a_{13}	a_{14}	a_{15}	a_{16}	a_{17}
2. 方案阶段	a_{21}	a_{22}	a_{23}	a_{24}	a_{25}	a_{26}	a_{27}
3. 研制阶段	a_{31}	a_{32}	a_{33}	a_{34}	a_{35}	a_{36}	a_{37}
4. 生产阶段	a_{41}	a_{42}	a_{43}	a_{44}	a_{45}	a_{46}	a_{47}
5. 运行阶段	a_{51}	a_{52}	a_{53}	a_{54}	a_{55}	a_{56}	a_{57}
6. 更新阶段	a_{61}	a_{62}	a_{63}	a_{64}	a_{65}	a_{66}	a_{67}

矩阵中各项活动相互影响、紧密相关，要从整体上达到最优效果，必须使各阶段步骤的活动反复进行。反复性是霍尔管理矩阵的一个重要特点，它反映了从规划到更新的过程需要控制、调节和决策。因此，系统工程过程系统充分体现了计划、组织和控制的职能。管理矩阵中不同的管理活动对知识的需求和侧重也不同。逻辑维的七个步骤，体

现了系统工程解决问题的研究方法，即定性与定量相结合、理论与实践相结合、具体问题具体分析。在时间维的六个阶段中，规划阶段和方案阶段一般以技术管理为主，辅之行政、经济管理方法。所谓技术管理就是侧重于科学技术知识，依据科学和技术的自身规律进行管理，在管理上充分发扬学术民主，组织具有不同学术思想的专家进行讨论，为计划和实施提供科学依据。研制阶段和生产阶段一般应以行政管理为主，侧重于现代管理技术的运用，辅之以技术、经济管理方法。行政管理就是依靠组织领导的权威和合同制等经济、法律手段，保证管理活动的顺利进行。运行阶段和更新阶段则应主要采用经济管理方式，按照经济规律，运用经济杠杆来进行管理。

霍尔的“三维结构”模型有时也称系统工程过程系统。系统工程过程系统的每一阶段都有自己的管理内容和管理目标，每一步骤都有自己的管理手段和管理方法，彼此相互联系，再加上具体的管理对象，组成了一个有机的整体。把系统工程过程系统运用于大型工程项目，尤其是探索性强、技术复杂、投资大、周期长的“大科学”研究项目，可以减少决策上的失误和计划实施过程中的困难。例如，1958 年美国海军特种计划局首次运用计划评审技术控制研究进度，使“北极星”导弹核潜艇的研制任务提前两年完成。国内外许多事例表明，运用科学的管理方法，决策的可靠性可提高一倍以上，节约时间和总投资平均在 15%以上，而用于管理的费用一般只占总投资的 3%~6%。规划阶段和方案阶段，只花去寿命周期费用的极少部分，但确定了工程或装备全寿命要花费用的 70%；在全面工程研制之前，管理的费用只占寿命周期费用的 3%，但固定了寿命周期费用的 85%；研制结束时，寿命周期费用已基本被固定。这说明工程前期的规划和方案设计尤为重要。

2.1.2 霍尔的“三维结构”模型在三峡工程中的应用

下面结合三峡工程来介绍霍尔三维结构中时间维的含义和作用。在这里将三峡工程作为案例，并不是说长江三峡工程已经是一项真正按照系统工程的思路来筹划的样本工程，而是因为它与大家比较贴近，且通过它来理解系统工程过程本身较方便。

1. 规划阶段

在这个阶段，首先要对想要着手建设的系统工程的环境，主要是对工程所处的社会的、经济的、物理的、技术的环境因素进行广泛的、有一定深度的调查和研究。这种调研的结果应当实现三个目标：第一，为系统工程制定一个总体性的纲领性规划；第二，提出相应的方针、政策和实施战略；第三，为下一步设计具体的系统工程的方案提供广泛的背景信息和资料。系统工程在这个阶段所提供的纲领性规划、战略方针，以及相关的资料，对系统工程在后续各阶段的工作是尤为重要的。

就三峡工程而言，首先我们面临着不能令人满意的境况：①长江经常洪水泛滥，造成的损失惨重。汉朝以来的 2 000 多年间，长江中下游平均每 10 年发生一次大洪水，并且还常发生特大、超特大洪水，1860 年、1870 年、1931 年、1934 年均发生特大洪水，1949 年、1954 年也发生特大洪水。②长江流域各省，如川、鄂、湘、皖、赣、苏等，经常发生旱灾，但丰富的长江水却白白流掉了，没有很好地用来灌溉。③长江三峡段水流湍急，落差很大，蕴藏着巨大的水能，而国家建设需要大量电力，但这些水能未被利用，反而为害。④三峡航道多急流险滩，严重影响航运安全和过航能力……于是，就设想建三峡大坝来改变这种不能令人满意的境况。建设三峡大坝工程是一项巨大而复杂的系统工程，首先要对它进行规划。

三峡工程早在民国时期就进行过规划。1919 年，孙中山所制定的《建国方略》中已提出了要利用三峡的水力资源来发电。1946 年，美国的著名水力专家萨凡奇推动中美合作，提出了开发三峡的著名的“萨凡奇计划”。新中国成立以后，早在 20 世纪 50 年代初期，三峡工程就进入了规划阶段。当时成立了长江流域规划办公室，其重点任务就是对三峡工程进行规划。为了进行规划，该办公室收集了多方面的资料，包括：长江流域历史上发生的水、旱灾情况，危害和损失的程度；长江流域的水文、地质资料，如长江流域的雨量分布、径流量、长江主流和主要干流的年均流量、暴雨规律和资料，枯水年流量、丰水年流量，十年一遇、百年一遇甚至千年一遇的最大洪水流量，以及库区和坝区的地质情况等；技术能力方面的各种资料，包括建高坝的技术、水库排沙技术、建筑巨大的水轮发电机组技术、超高压输变电技术等，以及关于这些技术在未来的发展的预测；工程的各项经费概算和国民经济的承担能力；库区淹没土地、城镇、工厂设施和可能需要迁移的人口的数量及其可能后果；等等。

根据资料的调研结果，设计者提出了关于工程的一个纲领性计划，即预期在多少年内建成一个多大规模的三峡水利工程，并明确提出建设三峡水利枢纽工程，要实现“发电、防洪、灌溉、航运”四个方面的目标。

2. 方案阶段

方案阶段，是根据规划所做出的决策制订具体的方案。三峡工程规划提出了要建设三峡水利枢纽工程，来达到发电、防洪、灌溉、航运四个方面的目标。而在制订方案的阶段，则有如下要求。

其一，对这些目标进行分解、量化和协调，提出一个相互协调的、具体的、可量化的目标树。

其二，进一步根据这些相互协调的目标，提出多个能实现这些目标的具体方案。这涉及坝址选择、大坝的设计高程、库容大小、电站厂房的合理构想、水轮发电机组的配置方案、船闸规模、灌溉系统的较详细的构想，以及有关防洪等方面的辅助系统的具体方案的设想等。

第一，在坝址的选取问题上，20 世纪 50 年代，水利部长江水利委员会（以下简称长江委）开始研究三峡大坝坝址，选择了三斗坪和南津关两个河段作为研究对象。最后综合比较，三斗坪坝址明显优于南津关坝址。

三峡工程修建在三斗坪坝址，枢纽下游尚有 35 千米的峡谷航道处于天然状态，需研究航道的改善措施。大坝修建在南津关坝址，这一河段全部在水库内，航道可得到彻底改善。但是进一步研究表明，考虑三峡水电站日调节下泄流量变化对下游航运造成的影响，不论选择三斗坪坝址还是南津关坝址，均需在下游修建反调节水库（即现已建成的葛洲坝水利枢纽）。因此，长江委设计推荐三斗坪坝址作为三峡工程大坝坝址。

第二，在正常蓄水位的选定问题上，20 世纪 50 年代长江委研究推荐的三峡工程正常蓄水位为 200 米。70 年代研究“高坝中用”方案，提出正常蓄水位 190 米。1984 年 4 月国务院批准确定三峡工程按正常蓄水位 150 米、坝顶高程 175 米进行建设。后因 150 米水位方案水能资源利用不充分，解决长江中下游防洪问题不理想，也不能满足重庆市和交通部门的要求，经国务院决定从 1986 年开始对三峡工程重新进行论证。根据多年来研究的成果，正常蓄水位的重新论证范围为 150~180 米。经过论证，三峡工程最终正常蓄水位为 175 米。但为了减少初期移民安置的困难，初期采用较低水位运行。经技术经济比较认为：三峡工程从尽可能满足防洪、发电、航运三项任务要求出发，正常蓄水位宜选高水位方案。正常蓄水位 175 米分期蓄水方案，防洪库容有 221.5×10^8 立方米，可以满足防洪的基本要求；万吨级船队直达重庆的保证率可达 45%~50%；调节库容有 165×10^8 立方米，调节流量 5 860 米^3/秒，基本可以协调电站调峰和下游航运的关系；发电可装机 18 200 兆瓦，年发电量 847×10^8 千瓦时。该方案移民人口 113 万人，可以妥善安置。大坝坝顶高程定为 185 米，为今后水库运用留有必要的余地。1993 年 5 月，国务院三峡工程建设委员会审查批准《长江三峡水利枢纽初步设计报告（枢纽工程）》，三峡工程正常蓄水位 175 米得到了国务院的批准。

第三，要根据提出的具体方案，进一步提出为实施这个方案，在技术、社会、经济、环境等方面可能出现的、需要通过研究才能解决的问题。例如，就技术方面而言，水库经多年运行后势必出现泥沙淤积怎么办？山体受侵蚀后，势必造成更多山体崩塌和滑坡怎么办？大型水库常会引发地震怎么办？处于水库尾部的重庆港可能由此成为死港怎么办？造成的其他各种环境破坏和环境污染怎么办？三峡风景区的破坏怎么办？建成水库后因上游泄洪不畅，可能造成四川省的洪水灾害更加频繁怎么办？此外，还有水轮发电机组和输变电工程方面的许多当时尚不能解决的技术问题。就社会方面而言，库区大片土地、城镇被淹没，移民问题怎么办？……所以，在制订方案阶段，不但要提出许多理论性和实验性的研究课题，并且要组织力量来进行研究解决。

在方案阶段要特别强调按逻辑维中的七个步骤，即明确问题、选择目标、系统综合、系统分析、方案优化、做出决策、付诸实施来进行研究。当然，系统工程的其他各个阶段也都要按此七个步骤来进行研究。

第四，还要对所提出的工程方案的成本费用和效益进行尽可能详细和严格的计算，以便让方案的委托人或雇主估计承受能力和根据效益进行决策。

三峡大坝建设方案经过论证，工程静态投资为 361.1 亿元，终期总投资 1 800 亿元，总工期为 17 年，移民不间断进行，20 年移完。

3. 研制阶段

这个阶段是实施系统工程（包括生产阶段、安装阶段）之前，最为细微、复杂，技术性很强且工作量最大的阶段。这个阶段的工作，不可能仅仅由系统工程师来完成，也不可能仅仅由系统工程师提供方案、由领导人进行决策来完成，而必须由系统工程师结合大批相关工程技术人员合作才能完成。这个阶段主要完成两件大事，即实现两个目标：①提出实施该系统的详细的研制方案；②提出详细的实施（生产或施工，包括往后各阶段）计划。对于长江三峡，就是：①提出三峡水利枢纽的各个方面的可供施工的蓝图，包括大坝、船闸、厂房、机电设备、输变电工程等方面的各项研究工作，以及最终拿出可供施工和生产的图纸。②按照预想的进程和可能性，提出包括库区移民及工厂的搬迁安置进度，大坝、船闸、厂房的施工进度，水轮发电机组、辅助设备、输变电设备的研究及其安装的进度，进而提出何时完成第一期工程和第二期工程、何时全面投产等详细的系统的实施计划。

4. 生产阶段和运行阶段

这个阶段的主要任务是：①完成大坝及全部水工结构的建筑、船闸、厂房的建设，水轮发电机组、输变电设备、中央控制台、配电室及其他各种机电设备的制造等；②提出未来的系统的安装计划；③由于水利枢纽的特殊性，在此过程中还要有步骤地安置库区移民；等等。

经国务院三峡工程审查委员会和国务院三峡工程建设委员会批准，三峡工程采用“一级开发，一次建成，分期蓄水，连续移民”的建设方案和“明渠通航，三期导流”的施工方案。三峡水利枢纽的拦河坝为混凝土重力坝，全长 2 309.5 米，坝顶高程 185 米，河床中部布置泄洪坝段，设有 23 个 7 米 × 9 米的深孔，22 个净宽 8 米的表孔；其两侧分别布置厂房，左岸厂房装机组 14 台，右岸厂房装机组 12 台；左岸布置通航建筑物，并设有双线五级连续梯级船闸和垂直升降机。

三峡工程分三个阶段完成全部施工，总工期 17 年。第一阶段：1993~1997 年，以实现大江截流为标志；第二阶段：1998~2003 年，以实现左岸电站第一批机组发电和双线五级船闸通航为标志；第三阶段：2004~2009 年，以实现全部机组发电和枢纽工程全部竣工为标志。

5. 更新阶段

更新阶段即取消旧系统，代之以新系统，或改进旧系统，使其能更有效地进行工作。

总之，以上这些阶段，只是对系统工程进行的步骤从时间先后的角度上做一个大体的区分，以便我们能对各阶段的任务进行清晰的研究。但在实际实施系统工程的时候，它们在时间上是可以交叉的。例如，在研制阶段就可部分地进行生产，在生产阶段就可部分地进行安装，在安装阶段就可部分地进行运行。

2.2 切克兰德的“调查学习”方法

系统工程常常把所研究的系统分为良结构系统与不良结构系统两类。所谓良结构系统是指偏重工程、机理明显的物理型的硬系统，它可以用较明显的数学模型描述，有较现成的定量方法可以计算出系统的行为和最佳结果。解决这类系统问题所用的方法通常称为“硬方法”，霍尔的三维结构主要适用于解决良结构问题的硬系统。所谓不良结构系统是指偏重社会、机理尚不清楚的生物型的软系统，它较难用数学模型描述，往往只能用半定量、半定性或者只能用定性的方法来处理问题。解决这类系统问题所用的方法，通常称为“软方法”。“软”的主要原因是它加入了人的判断和直觉，解决问题时不像硬方法那样可以求出最佳的定量结果，而是所求出的结果一般是可行的满意解，并且有些结果因人而异。因此，硬系统工程方法论在解决不良结构系统问题时有它的局限性：一是难以定义系统目标。硬系统工程方法论认为在问题研究开始时定义目标是容易的，因此没有为目标定义提供有效的方法。但对大多数系统管理来说，目标定义本身就是需要解决的首要问题。二是较少考虑人的因素。硬系统工程方法论没有考虑系统中人的主观因素，把系统中的人与其他物质因素等同起来，忽视人对现实的主观认识，认为要考虑的人为控制因素在系统外。三是不易建立数学模型。硬系统工程方法论认为只有建立数学模型才能科学地解决问题。但对于复杂的社会系统，建立精确的数学模型往往不现实；即使建立了数学模型，也会因建模者对问题认识的不足而不能很好地反映其特性。良结构与不良结构问题的不同解决方案的比较见表 2.2.1。到目前为止，解决不良结构的软系统方法已提出一些，如专家调查法、情景分析法、冲突分析法等。切克兰德于 1981 年提出“调查学习”方法，从系统工程方法论角度看，这种方法具有更高的概括性。

表 2.2.1 良结构与不良结构问题的不同解决方案的比较

不同系统	定义	特点	解决的方法
良结构系统	偏重工程、机理明显的物理型的硬系统	可用较明显的数学模型描述，有较现成的定量方法可以计算出系统的行为和最佳结果	用“硬方法”求出最佳的定量结果，霍尔的三维结构主要适用于此
不良结构系统	偏重社会、机理尚不清楚的生物型的软系统	较难用数学模型描述，因其加入了人的直觉和判断，往往只能用半定量、半定性或者只能用定性的方法来处理问题	用“软方法”求出可行的满意解，常用德尔菲法、情景分析法、冲突分析法、切克兰德的“调查学习”方法等

切克兰德的“调查学习”软方法的核心不是寻求“最优化”，而是“调查、比较”或者说是“学习”，从模型和现状比较中，学习改善现存系统的途径。它的步骤如下：①不良结构系统现状说明。通过调查分析，对现存的不良结构系统的现状进行说明。②弄清关联因素。初步弄清、改善与现状有关的各种因素及其相互关系。③建立概念模

型。在不能建立数学模型的情况下，用结构模型或语言模型来描述系统的现状。④改善概念模型。随着分析的不断深入和“学习”的加深，进一步用更合适的模型或方法改进上述概念模型。⑤比较。将概念模型与现状进行比较，找出符合决策者意图而且可行的改革途径或方案。⑥实施。实施提出的改革方案。

2.3　并行工程方法学

2.3.1　并行工程的定义

并行工程（concurrent engineering，CE）是美国在 20 世纪 80 年代末提出的、在计算机集成制造系统（computer integrated manufacturing system，CIMS）和系统工程中发展起来的工程技术，也是美国国防部在 90 年代以来发展武器装备系统的基本管理模式。其核心内容是：强调用户需求，并把用户需求转化为完整的产品要求；交互作用、互相协调的并行研制过程，便于将产品的设计与产品的制造过程和保障过程用系统工程方法综合在一起，从而在产品的整个研制过程中综合考虑其性能、可靠性、维修性、保障性和生产性；建立多学科（多专业）的综合产品研制机制及计算机辅助工程环境。

定义 2.3.1　并行工程是对产品及相关过程，包括制造过程和支持过程，进行并行、一体化设计的一种系统化方法。这种方法力图使产品开发者从一开始就考虑到产品全寿命周期从概念形成到产品报废的所有因素，包括质量、成本、进度和用户需求。

因此，并行工程所体现的主要思想有以下方面：①约束信息的并行性，即设计的同时考虑产品全寿命周期的所有因素，作为设计结果，同时产生产品设计规格[或 CAD（computer aided design，即计算机辅助设计）文件]和相应的制造和支持过程计划。②功能的并行性，即产品全寿命周期所涉及的各功能领域工程活动并行交叉进行。③集成性，即要求实现产品及其过程的一体化并行设计，根本在于研究开发、产品设计、过程设计、制造装配和市场的全面集成。④协同性，是指多学科并行工程小组协同工作，即产品全寿命周期中各阶段不同领域技术人员（包括顾客和供应商）的全面参与和协同工作。⑤科学性。并行工程采用了迄今最为先进的开发工具、方法和技术，如全面质量管理、系统工程方法、质量工程方法、计算机辅助系统等。

TQCS［即 time（周期）、quality（质量）、cost（成本）、服务（service）］是并行工程强调的四大要素，分别指加速产品开发周期、提高产品质量、降低成本、提供优质服务。并行工程实际上是系统工程原理的深入和应用，也可以说是一种更为广义的优化设计，它更加着重于集成性、协同性、并行性，把以往那种序列化的设计、生产、保障研制过程变为并行的、交互作用的综合研制过程，达到缩短研制周期的目的。但是，并行工程并不等于“同时工程”（图 2.3.1 和图 2.3.2）。因此，并行工程是系统工程在 20 世纪 90 年代的新挑战。

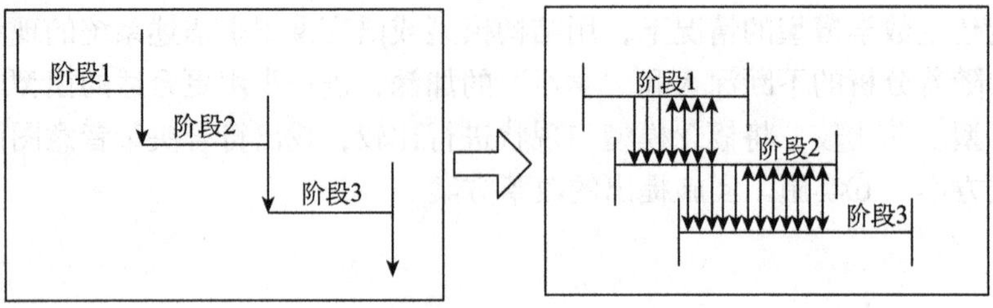

图 2.3.1　并行工程≠同时工程

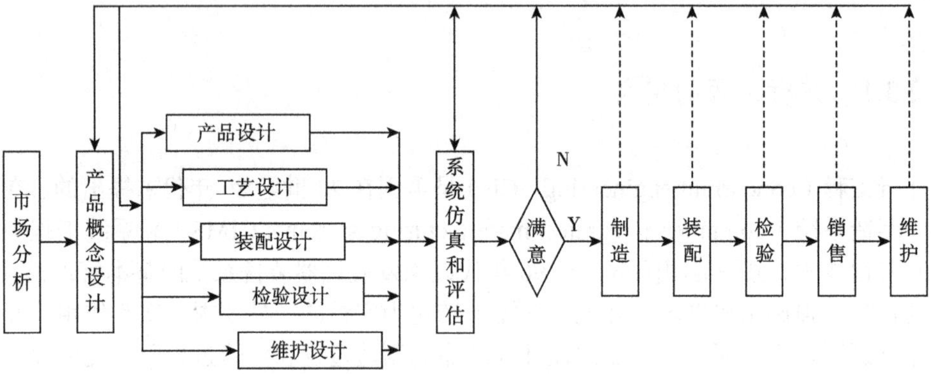

图 2.3.2　并行工程的运行模式

并行工程是相对传统的串行工程而言的。串行开发模式在市场需求到产品设计，再到工艺规划，最后到加工装配的过程中，采用的是"抛过墙法"（throw over the wall），忽视了不相邻活动之间的交流和协调，各部门对产品开发整体过程缺乏综合考虑，容易造成局部最优而非全局最优，上下游矛盾与冲突不能及时得到调解，开发时间加长，研制成本提高。

2.3.2　并行工程过程设计

并行工程的关键是产品全寿命周期中各种相关过程活动的并行进行和协作演进。实际上，相关过程主要包括产品设计、产品制造和支持过程。在制造业的传统组织结构模式下，产品设计部门和过程设计部门是分离的。在这种部门分离的情况下，中间信息不能被部门共享，部门间的通信是通过产品设计规格、过程计划这样的最终输出来实现的。前一部门的输出是后一部门的输入，也是后续过程开始的必要条件。

并行工程则要集成产品全寿命周期中的各种工程过程，以保证相关的功能、性能、生产性、可靠性［包括可靠性（reliability）、维修性（maintainability）、保障性（supportability），即 RMS］等在内的所有因素在整体上最优，获得满意的产品设计。这些被集成的工程过程几乎囊括了企业的主要业务活动，主要有需求工程、产品设计工程（包括产品设计和工艺规划）、制造工程、后勤工程、可靠性工程、维修性工程、人素和安全性工程、价值工程、决策过程、质量工程、经济工程等。并行工程的过程设计方法就是实现产品和过程设计的并行进行与协作演进，核心内容是：强调用户需求，把用户需求转化为产品要求，并建立交互作用、互相协调的并行研制过程，以便将产品的设计、产品的制造过程和保障过程用系统工程方法综合在一起（图 2.3.3）。

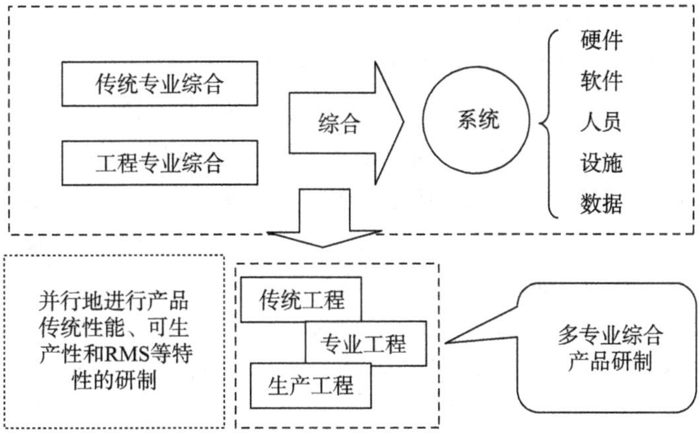

图 2.3.3　并行工程——综合研制工程

2.3.3　并行组织管理模式

传统组织管理理论中的一个基本概念是将工作划分成各种专业化的任务，然后根据这些专业化的任务组成不同的部门。一般地，在组织中存在两种类型的专业分工：以组织的等级结构为代表的垂直方向的专业化分工；以部门为代表的水平方向的专业化分工。而并行工程过程要求的信息集成化，将使企业内各组织单位之间的相互关系更加紧密，以致会打乱和冲破传统部门之间的界限划分。因此，信息集成化往往会引起企业内部信息交流渠道的再构造。信息集成化一方面可以通过企业组织结构的重组来实现，另一方面还可以通过利用先进的计算机和通信技术来加强。这种与并行工程过程相应的组织结构应该是一种协作组织结构，有利于促进组织间包括垂直和水平两个方向的通信。垂直方向的集成缩短了信息传递途径，而水平方向的集成则能加强不同领域间的融合与协作。因此，并行工程对组织结构的影响表现为向扁平型组织结构演化的趋势。多功能小组是并行工程实施过程中普遍采用的组织结构形式。其小组成员来自产品全寿命周期相关的主要技术领域，他们共同负责产品从需求分析直到交付使用过程中的所有工作，是一种群体工作模式。这种组织结构形式已经得到普遍的认可，并已在实践中得到成功的应用。

2.3.4　并行工程的实施步骤

并行工程的实施可根据自动化程度分为三类，即小组化方法、计算机辅助方法和计算机支持的协同工作方法。小组化方法是以人为中心的方法，小组成员根据工作过程决定什么时候使用什么工具，通过人的交互工作实现功能和信息的集成。计算机支持的协同工作方法提供了一个全面集成的企业环境，既强调人的作用，又强调技术的支持，是小组化方法和计算机集成支持环境相结合的方法。计算机辅助方法是自动化程度介于小组化方法和计算机支持的协同工作方法之间的一种方法。总结起来，并行工程有三个创新：一是组织创新——多功能团队；二是过程创新——开发过程改进与重组；三是信息技术手段创新——计算机支持的协作工作环境。

企业实施并行工程牵涉企业组织结构及经营的各个方面，必须按照并行工程管理技术和方法组织实施，实施步骤如下：①制订并行工程实施计划。顶层管理人员了解并行工程和过程管理的有关概念，分析企业现有业务流程、组织结构和管理模式，考察并行工程将要影响的所有方面，制定实施纲要。初步确定导入并行工程的实验项目，根据项目涉及的功能领域，组织并行工程小组。②确定明确的开发目标。③并行工程培训和基础设施准备。④分析现有过程。⑤按照重组原则改进现有的过程模型。⑥实施新过程。⑦评价结果并改进。

大量实践表明，实践并行工程能使应用项目取得明显的效益，提高企业竞争能力。例如，美国 *BYTE* 杂志 1994 年第 7 期报道了洛克希德导弹与空间企业（Lockheed Missiles and Space Company，LMSC）采用并行工程的方法缩短新型号导弹开发周期的消息，题为《加速工程设计》。LMSC 采用并行工程的方法，最终使产品开发周期缩短了 60%，完成了预定的目标。美国波音公司在波音 767-X 飞机设计制造中采用并行设计工程，也取得了很好的经济效益。

2.4 综合集成工程方法学

综合集成（meta-synthesis）工程是从整体上考虑并解决复杂问题的方法论，有方法论层次上的和工程技术层次上的。钱学森教授在研究解决开放的复杂巨系统问题时，提出了从定性到定量的综合集成法，这是系统工程思想新的重大发展。综合集成的实质是专家经验、统计数据和信息资料、计算机技术三者的有机结合，构成一个以人为主的高度智能化的人-机结合系统，发挥整体优势，解决复杂的决策问题（图 2.4.1）。对开放复杂巨系统的综合集成要以人类积累的全部知识为基础，要在整个现代科学知识体系中作大跨度的跳跃，集大成、得智慧，产生新思想、新知识、新方法，钱学森称其为大成智慧。

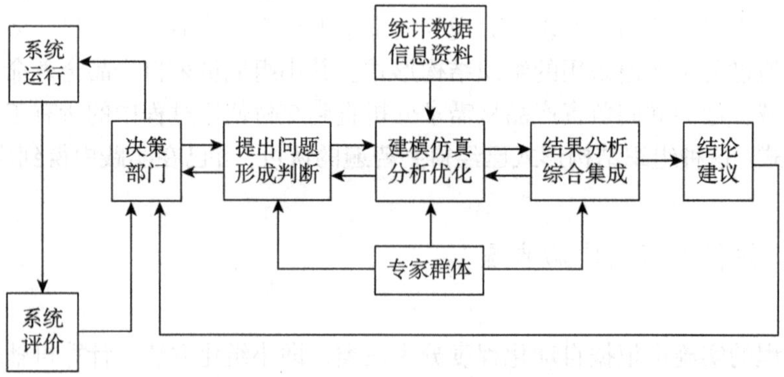

图 2.4.1 钱学森提出的从定性到定量的综合集成方法图

在哲学上，把经验与理论、定性与定量、人与机、微观与宏观、还原论与整体论辩证地统一起来，这就是方法论层次上的综合集成，其要点如下：①直接诉诸实践经验，特别是专家的经验、感受和判断力，把这些经验知识和现代科学提供的理论知识结合起来；②专家的经验是局部的，多半是定性的，要通过建模计算把这些定性知识和各种观测数据、统计资料结合起来，使局部定性的知识上升到整体定量的知识；③把人与计算机结合起来，充分利用知识工程、专家系统和计算机的优点，同时发挥人脑的洞察力和形象思维能力，取长补短，产生出更高的智慧。除了方法论层次上的综合集成外，还有工程技术层次上的综合集成，两者可以结合起来去解决问题。

综合集成工程具有很强的可操作性，运用综合集成工程解决开放复杂巨系统问题的基本步骤和要点如下。

（1）一个实际问题提出来后，研究者（或研究小组）首先要充分收集有关的信息资料，调用有关方面的统计数据，作为开展研究工作的基础性准备。这些数据资料中包含系统定性、定量特性的信息，没有它们就不可能实现从关于系统的局部定性认识经过综合集成达到关于系统的整体定量认识。

（2）研究者约请各方面有关专家对系统的状态、特性、运行机制等进行分析研究，明确问题的症结所在，对系统的可能行为走向及解决问题的途径做出定性判断，形成经验性假设，明确系统的状态变量、环境变量、控制变量和输出变量，确定系统建模思想。

（3）以经验性假设为前提，充分运用现有的理论知识，把系统的结构、功能、行为、特性、输入输出关系定量地表示出来，作为系统的数学模型，以便用模型的研究部分地代替对实际系统的研究。

（4）依据数学模型把有关的数据、信息输入计算机，对系统行为做仿真模拟试验，通过试验，获得关于系统特性和行为走向的定量数据资料。

（5）组织专家群体对计算机仿真试验的结果进行分析评价，对系统模型的有效性进行检验，以便进一步挖掘和收集专家的经验、直觉、更深入细致的判断。所谓“即景生情”式的见解，常常是专家面对仿真试验结果时被诱导出来和明确起来的。如果再应用虚拟现实技术，可能会有意想不到的效果。

（6）依据专家们的新见解、新判断，对系统模型做出修改，调整有关参数，然后上机做仿真模拟试验，将新的试验结果交给专家群体分析评价，根据新一轮的专家意见和判断再次修改模型，再做仿真试验，再请专家群体分析评价，如此反复循环，直到计算机仿真试验结果与专家意见基本吻合为止。最后得到的数学模型就是符合实际系统的理论描述，从这种模型中得出的结论将是可信的。

因此，信息技术是实现综合集成的重要手段。利用信息技术的联通性、融合性和整合性，如多维信息的集成和融合、集成型模式识别和智能控制等，是系统综合集成的基本途径。而综合集成是实现大科学、大工程的基本途径，其关键是解决整体与局部的关系问题，实现“1+1 > 2”。

2.5　物理–事理–人理（WSR）系统方法论

2.5.1　WSR 系统方法论的基本概念

自然科学是关于物理的科学。运筹学是关于事理的科学，实际还包括管理科学、系统科学，其中，事理就是做事的道理。处理好人的关系是人理学，就是人文科学、行为科学，人理就是做人的道理。把这三者结合起来，1995 年，中国科学院系统科学研究所顾基发研究员和英国Hull大学的华裔学者朱志昌博士提出了物理-事理-人理系统方法论，简称WSR系统方法论。WSR 系统方法论是具有东方文化传统的系统方法论，得到了国际同行的认同。表 2.5.1 说明了 WSR 系统方法论的基本内容。

表 2.5.1 WSR 系统方法论的基本内容

要素	物理	事理	人理
道理	物质世界、法则、规划的理论	管理和做事的理论	人、纪律、规范的理论
对象	客观物质世界	组织、系统	人、群体、人际关系、智慧
着重点	是什么？功能分析	怎样做？逻辑分析	应当怎么做？人文分析
原则	诚实、真理、尽可能正确	协调、有效率、尽可能平滑	人性、有效果、尽可能灵活
需要的知识	自然科学	管理科学、系统科学、运筹学	人文科学、行为科学

作为科学研究对象的客观世界是由物和事两方面组成的。物是指独立于人的意志而存在的物质客体；事是指人们变革自然和社会的各种有目的的活动，包括自然物采集、加工、改造，人与人的交往、合作、竞争，对人的活动所做的组织、管理等。通俗地讲，事就是人们做事情、做工作、处理事务。

运筹学促使科学认识从物理层面进入事理层面，事理学的研究又促使科学认识从事理层面进入人理层面。没有人的系统（自然系统）的运动总可以用物理加以说明，而有人的系统（社会系统）则要加上事理、人理去说明。

物理主要涉及物质运动的规律，通常要用到自然科学知识，回答有关的物是什么、能够做什么，它需要的是真实性。事理是做事的道理，主要解决如何安排、运用这些物的问题，通常用到系统科学、管理科学方面的知识，回答可以怎样去做。人理是做人的道理，主要回答应当如何做。处理任何事理和物理问题都离不开人，要由人来判断这些事和物是否得当，并且协调各种各样的人际关系。通常要运用人文和社会学科的知识去处理各种社会问题，人理常常是主要内容。

WSR 系统方法论认为，在处理复杂问题时，既要考虑对象系统的物的方面（物理），又要考虑如何更好使用这些物的方面，即事的方面（事理），还要考虑由于认识问题、处理问题、实施管理与决策都离不开的人的方面（人理）。把这三方面结合起来，利用人的理性思维的逻辑性和形象思维的综合性与创造性，去组织实践活动，以产生最大的效益和效率。

一个好的领导者或管理者应该懂物理、明事理、通人理，或者说，应该善于协调使用硬件、软件、人才，这样才能把领导工作和管理工作做好。也只有这样，才能把系统工程项目搞好。

应该看到，任何社会系统不但是由物、事、人构成的，而且它们三者之间是动态的交互过程。因此，物理、事理、人理三要素不可分割，它们共同构成了关于世界的知识，包括是什么、为什么、怎么做、谁去做，所有的要素都是不可或缺的，如果缺少了、忽略了某个要素，对系统的研究将是不完整的。

2.5.2 WSR 系统方法论的基本内容和主要步骤

WSR 系统方法论有一套工作步骤，用以指导一个项目的开展。这套步骤大致包括以下六步，这些步骤有时需要反复进行，也可以将有些步骤提前进行。

（1）理解领导意图。这一步骤体现了东方管理的特色，强调与领导的沟通，而不是一开始就强调个性和民主等。这里的领导是广义的，可以是管理人员，可以是技术决策人员，也可以是一般的用户。在大多数情况下，总是由领导提出一项任务，他的愿望可能是清晰的，也可能是相当模糊的。愿望一般是一个项目的起始点，由此推动项目，因此，传递、理解愿望非常重要。在这一阶段，可能开展的工作是愿望的接受、明确、深化、修改、完善等。

（2）调查分析。这是一个物理分析过程，任何结论只有在仔细地调查情况之后才能得出，而不应在之前。这一阶段开展的工作是分析可能的资源、约束和相关的愿望等，一般总是深入实际，在专家和广大群众的配合下，开展调查分析。

（3）形成目标。对于一个复杂的问题，往往一开始问题拟解决到什么程度，领导和系统工程工作者都不是很清楚。在领会和理解领导的意图及调查分析，取得相关信息之后，这一阶段可能开展的工作是形成目标。这些目标会有与当初领导意图不完全一致的地方，同时在以后大量分析和进一步考虑后，可能还会有所改变。

（4）建立模型。这里的模型是比较广义的，除数学模型外，还可以是物理模型、概念模型，运作步骤、规则等。形成目标之后，在建立模型阶段，可能开展的工作是设计、选择相应的方法、模型、步骤和规则来对目标进行分析处理，称为建立模型。这个过程主要是运用物理和事理。

（5）协调关系。在处理问题时，由于不同的人所拥有的知识不同、立场不同、利益不同、价值观不同、认知不同，他们对同一个问题、同一个目标、同一个方案往往会有不同的看法和感受，所以往往需要协调。当然协调相关主体的关系在整个项目过程中都是十分重要的，但是在这一阶段，显得更重要。相关主体在协调关系层面都应有平等的权利，在表达各自的态度方面也有平等的发言权，包括在做什么、怎么做、谁去做、什么标准、什么秩序、为何目的等议题上的发言权。在这一阶段，一般会出现一些新的关注点和议题，可能开展的工作就是相关主体的认知、利益协调。这个步骤体现了东方方法论的特色，属于人理的范围。

（6）提出建议。在综合了物理、事理、人理之后，应该提出解决问题的建议，提出的建议一要可行，二要尽可能使相关主体满意，最后还要让领导从更高一层次去综合和权衡，以决定是否采用。这里，建议一词是模糊的，有时还包含实施的内容，这主要看项目的性质和目标设定的程度。

必须注意，有时甚至实施结束了也不能算项目完成了，还要进行实施后的反馈和检查等。当然，这样也可以说是进入一个新的 WSR 步骤循环了（图 2.5.1）。

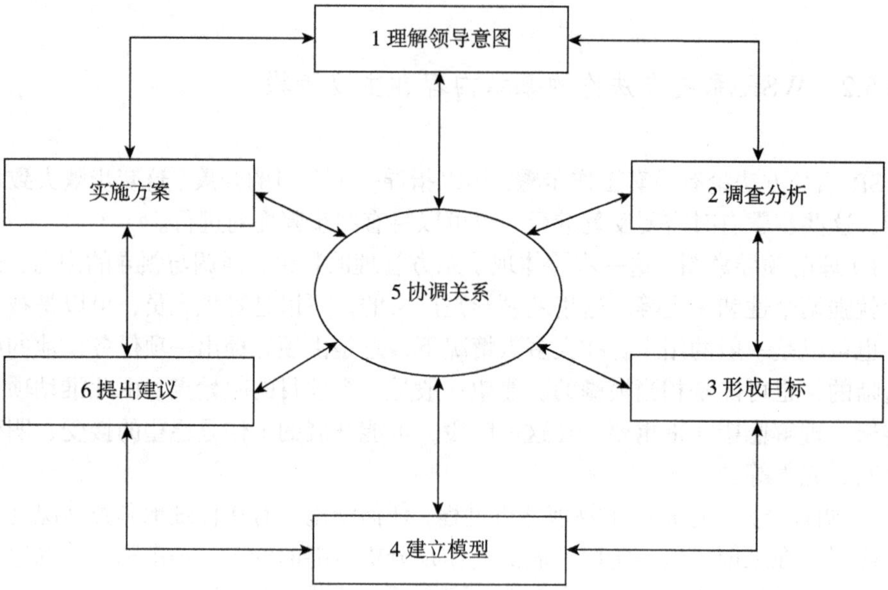

图 2.5.1 WSR 的工作步骤

在运用 WSR 系统方法论的过程中，需要遵循下列原则：①在整个项目过程中，除了系统工程人员外，领导和有关的实际工作者都要经常参与，只有这样，才能使系统中的工作人员了解意图，吸取经验，改正错误想法。②由于问题涉及各种知识、信息，所以经常需要将它们与讨论的专家意见进行综合，集各种意见、方案之所长，相互弥补。③人机结合，以人为主，把人员、信息、计算机、通信手段有机结合起来，充分利用各种现代化工具，提高工作能力和绩效。④迭代和学习不强调一步到位，而是时时考虑新信息，对极其复杂的问题，还要摸着石头过河。⑤尽管物理、事理、人理三要素彼此不可分割，但是对不同的道理必须区分对待。

2.5.3 WSR 系统方法论中常用的方法

在 WSR 系统方法论的指导下，要有选择地使用一些具体的方法，甚至其他的方法论。表 2.5.2 给出了常用的方法。

表 2.5.2 WSR 系统方法论常用的方法

要素	物理	事理	人理	方法
理解领导意图	了解领导最初意图，通过谈话来收集有关领导讲话	了解领导对目标的偏好、喜欢什么模型和评价标准	了解有哪些领导会参加决策，谁来使用这个结果	头脑风暴法、讨论分析会、认知图等
调查分析	主要调查现在已有资源和约束条件，主要借助现场调查和文件检索	了解用户的经验和知识背景	了解谁是真正的决策者，哪些知识是必须用的，弄清用户上下的各种关系是必要的	德尔菲法、各种调查表、文献调查、历史对比、交叉影响法、KJ 法等
形成目标	将所有可行的和实用的目标准则，以及约束都列举出来	要在目标中弄清它们的优先次序和权重	最好弄清各种目标涉及的相关人员情况	头脑风暴法、目标树等

续表

要素	物理	事理	人理	方法
建立模型	将各种有关目标和约束数据化和规范化	要选择适合的模型、程序和知识	尽量把领导的意图放入模型中	各种建模方法和工具
协调关系	要对所有模型、软件、硬件、算法和数据加以协调，或称为技术协调	要对模型和知识的合理性加以协调，或称为知识协调	在工作过程中各方面的利益、观点、关系都会由于不同而产生冲突，这就需要进行利益协调	冲突分析、和谐理论、亚对策、超对策等
提出建议	要对各种物理设备和程序加以安装、调试、验证	要将各种专门术语改为用户能懂和喜欢的语言	要尽量让各方面易于接受、易于执行，并考虑到今后能否合法运用该建议	各种统计图表、统筹图

2.6　“5W1H”方法

“5W1H”方法是运用逻辑思维推理的方法对问题进行分析，在分析时往往要通过一系列的“为什么”而使问题得到圆满的解答，可以借用表 2.6.1 来理解“5W1H”方法的要点。

表 2.6.1　“5W1H”方法的要点

项目	为什么	应该如何	采取什么对策
目的	为什么提出这个问题	应提什么	删去工作中不必要部分
对象	为什么从此入手	应找哪个	
时间	为什么在这时做	应何时做	合并重复的工作内容
地点	为什么在这里做	应在何处做	
人物	为什么由此人或单位做	应由谁做	
方法	为什么这样做	如何去做	使工作尽量简化

有人把上述内容归纳为“5W1H”方法，即英文词 what、why、when、where、who、how 的缩写。例如，当我们接受了某个系统的开发任务时，必须首先设定问题，然后才能对问题进行分析研究，找到解决问题的对策。如果此时拟出下列疑问句自问自答，就很容易抓住问题的要点，找到解决问题的关键。第一，任务的对象是什么，即要干什么（what）；第二，这个任务为何需要，即为什么这样干（why）；第三，它在什么时候和什么样的情况下使用，即何时干（when）；第四，使用的场所在哪里，即在何处干（where）；第五，是以谁为对象的系统，即谁来干（who）；第六，怎样才能解决问题，即如何干（how）。

以某省建立核电厂为例，这些问题的答案如下。

（1）要干什么（what）？在研究该省核电厂的建立问题时，就是用“5W1H”方法探讨在该省建设核电厂的可行性如何。

（2）为什么在该省建立核电厂（why）？因为该省自产能源很少，历来靠从外地调进原油和煤炭发电，调进能源受经济、交通运输等影响很大，自己无法掌握主动权。原油和煤炭发电造成环境污染，成本也很高，因此，在该省建核电站可以减少环境污染，获得更廉价的电力。

（3）何时建设为宜（when）？电力是工业的先行官，要发展经济首先要发展电力工业。当前世界屡发能源危机，因此，为保证该省经济的稳定与发展，建设核电厂是刻不容缓的事情。

（4）何处建厂为宜（where）？从避开地震、断裂、海啸、流沙区而又有足够冷却水，远离人口密集的中心城市而又比较接近用电地区等方面来看，选址该省南部沿海为宜。

（5）由何单位承建（who）？由国家核能建设部门和该省电力公司负责建设，并请工程顾问公司提供各种技术方面的咨询服务工作。

（6）如何进行（how）？工程进度应服从 10 年电力和核能发展规划，具体技术细节还需由工程顾问公司进行进一步研究后再提出。

运用“5W1H”式的疑问句对开发任务提问，除上述问题外还能想出其他一些问题。在系统开发的各个阶段，所要解决的问题应从宏观逐渐转移到微观，不断深入分析。因此，对这些疑问的回答也要随不同阶段而改变。

教育学家陶行知还专门增加了 which 和 how much，以便专门讨论通过什么方法途径和需要多少成本的问题，于是有了“6W2H”。因此，这种提问式的分析方法可根据各个不同问题和问题的理解而有所不同。例如，利用大数据（big data）对消费者购买行为的“6W2H”分析法如下。

（1）who：谁构成该市场？谁购买？谁参与购买？谁决定购买？谁使用所购产品？谁是购买的发起者？谁影响购买？

（2）what：购买什么产品或服务？顾客需要什么？顾客的需求和欲望是什么？对顾客最有价值的产品是什么？满足顾客购买愿望的效用是什么？顾客追求的核心利益是什么？

（3）which：购买哪种产品？在众多厂家中购买哪个厂家的产品？在多个品牌中购买哪个品牌的产品？购买著名品牌还是非著名品牌的产品？在有多种替代品的产品中决定购买哪种？

（4）why：为何购买（购买目的是什么）？为何喜欢？为何讨厌？为何不购买或不愿意购买？为何买这个不买那个？为何选择本企业产品而不选择竞争者产品？为何选择竞争者产品而不选择本企业产品？

（5）when：何时购买？什么季节购买？何时需要？何时使用？曾经何时购买过？何时重复购买？何时换代购买？何时产生需求？何时需求发生变化？

（6）where：何地购买？在城市购买还是在农村购买？在超市购买还是在农贸市场购买？在大商场购买还是在小商店购买？在实体店购买还是在网店购买？

（7）how：如何购买？如何决定购买行为？以什么方式购买（现场选购、邮购、网上购买、电视购物等）？按什么程序购买？消费者对产品及其广告等如何反应？

（8）how much：购买数量是多少？一定时期的购买次数是多少？一定时期的购买频率是多少？人均购买量多少？市场总购买量多少？

2.7 系统工程“V”模型

在第 1 章中我们介绍了 INCOSE 给系统工程下的定义。这个定义特别关注开发过程早期的用户需求定义和必要的功能分析，形成需求分析文档，并在考虑性能、成本与进度、制造、试验、培训与保障、运行、处置等整个生命周期的所有问题后，进行总体设计和系统确认。本节要介绍的系统工程“V”模型就是这样一种系统工程的生命周期模型，它适用于定义生命周期的开始、结束和概念、研发、生产、使用、维修、处置等活动过程阶段。每个阶段都有系统工程要负责的工作。例如，在使用和维修阶段，系统工程要负责执行性能分析、接口监控、失败原因分析、组织分析、追踪、管理等。每个系统生命周期的问题都有多个方面，包括业务方面、预算方面（资金）、技术方面（产品），在系统设计和集成过程中，这三个方面在系统工程师的决策、控制、评估中都很重要，因此需要对这三个方面进行综合权衡和优化。

典型的系统工程过程常用“V”模型来描述，特别是在概念和研发阶段。系统总体部门（通常是指系统工程师）首先要对用户需求进行调整、增加或减少，形成系统的功能和性能要求，之后对设计方案进行权衡比较，选择可以满足系统需求的最优方案。其次把系统分解为若干个子系统，对子系统的方案和规范进行定义，在此基础上，进行更低层次的配置分解，一直到最低配置项。在分解的同时，定义每个实体的集成、验证和确认方法。最后，自底向上，进行最低配置项→子系统→系统的集成、验证和确认，最终得到完整的系统。因此，系统工程“V”模型适合用来组织、协调、研制复杂系统（或产品），特别是那些由多个企业共同承担的大型研发项目。

具体来说，系统总体部先从使用需求（或技术发展要求）及上层更大系统的约束条件出发，经过分析综合得到一个初步的系统体系结构和性能参数。然后根据研制对象的特点，把系统逐级分解到易于掌控的层次（最低配置项），并使它们成为不同参与单位和团队人员的具体工作。根据系统总体要求和约束条件，从部件、子系统到系统逐级进行分析、设计、协调、集成和验证，最后得到满足使用要求的系统产品，具体见图 2.7.1 的系统工程过程的架构“V”模型。

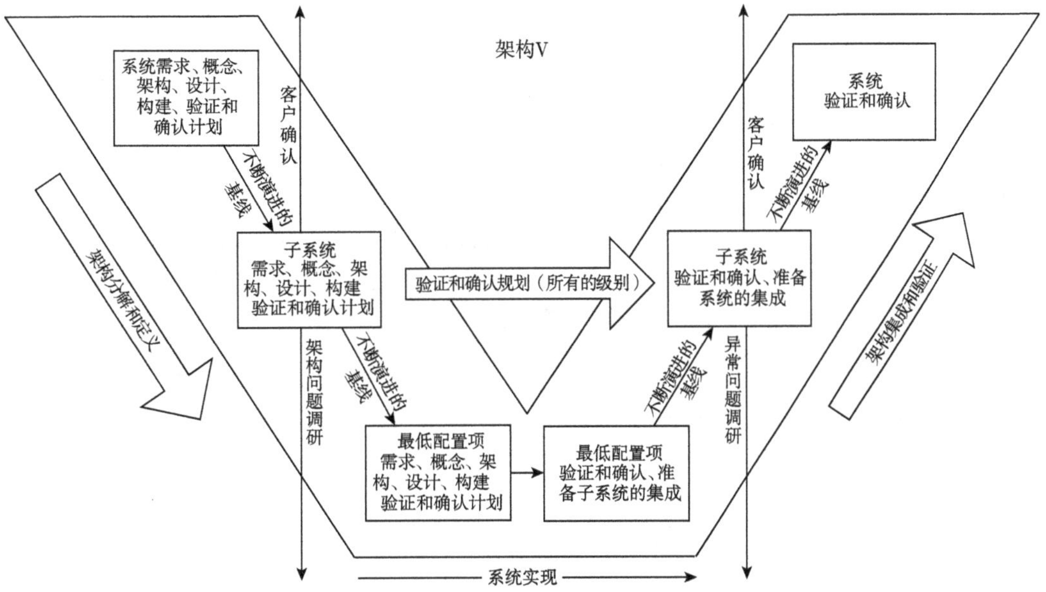

图 2.7.1　系统工程过程的架构“V”模型

这个系统工程过程“V”模型的基本架构，包含了两个基本过程。一个是分解分析和决定过程，它是一个从系统到所有级别的子系统，再到部件、最低配置项的需求、概念、架构、设计、构建、验证和确认计划不断演进与分解的过程，也是一个选择系统、子系统、部件、最低配置项的需求满足最优方案或计划的决定过程。另一个是验证分析和确定过程，它是一个自底向上进行最低配置项→部件→所有级别的子系统→系统的集成、验证和确认的过程，所有的零件、组件、部件都要通过验证，并具备集成条件，否则要重新设计和测试，再通过验证，直到最终得到完整的系统。参见图 2.7.2 的分解分析和决定过程图与图 2.7.3 的验证分析和确定过程图。

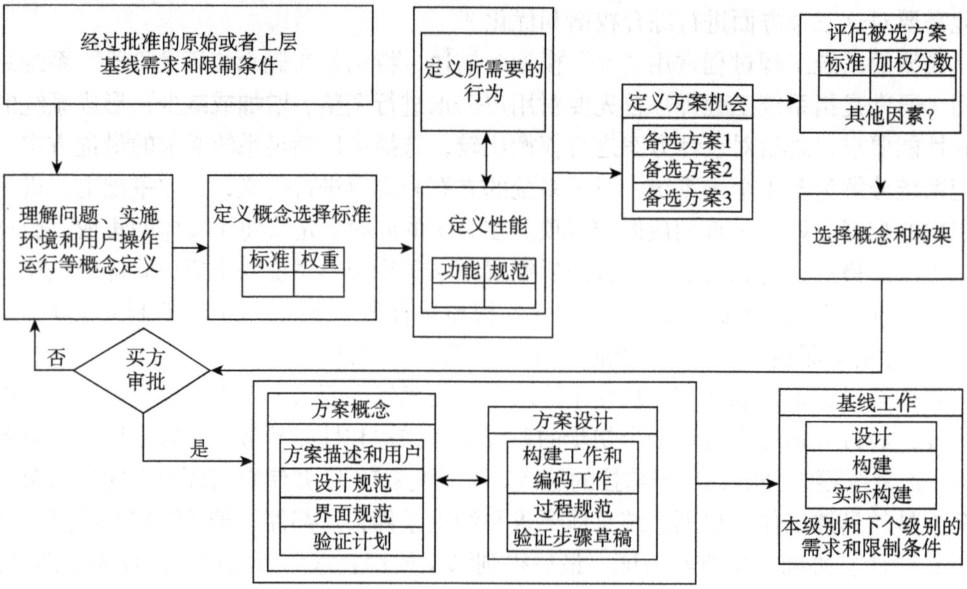

图 2.7.2　分解分析和决定过程图

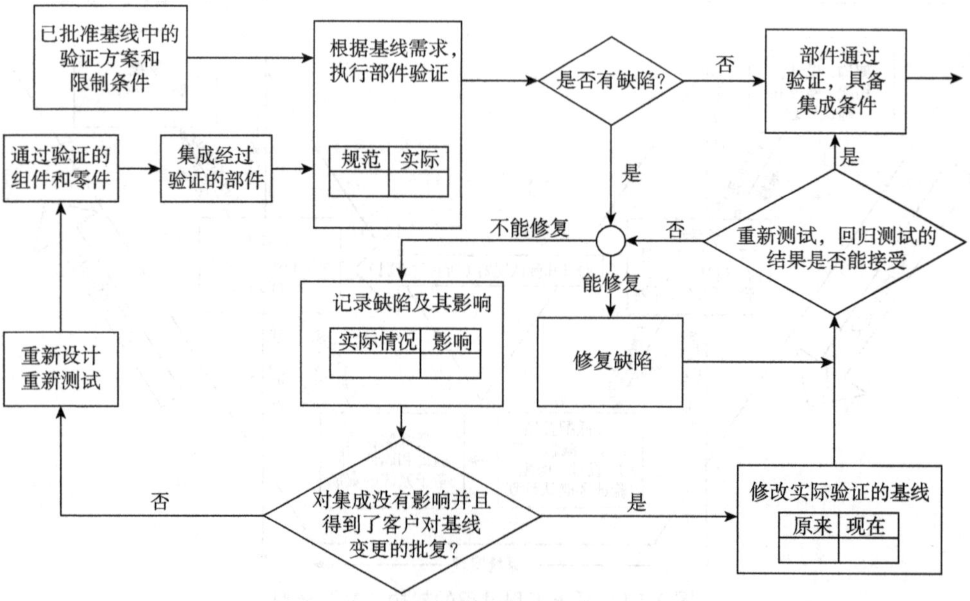

图 2.7.3　验证分析和确定过程图

两个过程都有迭代和递归的问题，迭代是在给定的系统结构和层次水平上两个或以上进程之间交互的反复应用，递归是在系统结构上下层次上的反复应用和交互过程，直到能决定是制造、购买还是重新使用某个系统元件。在递归应用过程中，某个层次水平的输出是下一个层次水平的输入。

面对高水平的使用要求、各种限制条件，甚至苛刻的使用环境、参差不齐的技术基础、复杂的界面关系，系统工程师需要借助已有的经验，发挥聪明才智，精细设计系统各组成部分在信息、能量和物质交流界面上的协调关系，以开发出满足要求、整体性能优化的系统为目标，最终实现系统整体功能和性能的“1+1 > 2”。需要说明的是，系统工程并不是进行产品的具体设计，而是负责建立整个系统的需求、方案和架构，并将它们形成规范，进行基线管理。系统工程是从用户需求文件开始，通过方案分析和选择，促成方案、规范的生成和建立。系统工程师的作用体现在利益相关系统的整个生命周期中。系统工程师要精心策划方案的发展，从需求定义，经过设计、构建、集成、验证、操作到最终的处置，确保领域专家适当地参与其中，使其能够利用所有有利条件、识别和消解所有重大的风险。为了满足特定需求，系统工程师要协助工程管理者做好决策控制工作。

本章小结

通过本章的学习，领会和掌握系统工程方法论的基本思想，了解霍尔的“三维结构”模型、切克兰德的“调查学习”方法、并行工程方法学、综合集成工程方法学、WSR系统方法论、“5W1H”方法和系统工程“V”模型等几种典型的系统工程方法论的基本内容，把握好系统工程方法论“四个结合”的原则，即整体论与还原论相结合、定性与定量相结合、系统综合与系统分析相结合、整体研究与局部研究相结合的原则。系统工程方法论总结见下表。

系统工程方法论总结

序号	方法论名称	方法论特点	适用领域
1	霍尔的“三维结构”模型	强调管理过程、逻辑步骤和管理知识的结合	工程项目管理
2	切克兰德的“调查学习”方法	强调学习调查、软方法、经验判断和系统思考	不良结构系统的软问题
3	并行工程方法学	强调进度、“五性”设计和多学科综合研制	高端、长寿命装备制造工程
4	WSR系统方法论	强调物、事、人三者的有机结合，特别是人	领导者要解决的复杂问题
5	综合集成工程方法学	强调专家经验、数据信息与计算机有机结合	开放的复杂巨系统问题
6	“5W1H”方法	强调“5W1H”提问	工程项目的前期论证
7	系统工程“V”模型	强调系统逐级分析、设计、协调、集成和验证	多单位、部门参与的装备制造

➢思考题 · 习题

1. 方法和方法论有什么区别？为什么要研究系统工程方法论？
2. 霍尔和切克兰德的系统工程方法论有什么不同？
3. 并行工程所体现的主要思想是什么？
4. 用具体事例说明方法论层次和工程技术层次上的综合集成。
5. 什么是 WSR 系统方法论？应该怎样懂物理、明事理、通人理？
6. 试用“5W1H”方法，分析学校新建一座商学院教学办公大楼的问题。
7. 什么是系统工程“V”模型？在复杂产品研制中分解和集成应如何有机结合？

第3章

系统模型与建模方法

系统的特性取决于系统组成部分及结构。为了掌握系统变化的规律，必须对系统各组成部分之间的联系进行观察与研究。系统建模的任务就是研究和刻画系统各组成部分之间的关系、系统运行机理及其发展规律。

要对系统进行有效的分析研究，首先应建立系统的模型，并在此基础上对系统进行定性、定量或者定性与定量相结合的分析，找出研究对象的特征和发展规律，这样才能研究并建立系统模型。特别是对复杂系统而言，往往不能直接对系统本身进行实验，因而更需要借助于系统建模方法。因此，系统模型与建模方法是系统工程解决问题的必要工具，也是系统工程人员必须掌握的技术手段。

3.1 系统模型概述

3.1.1 系统模型的定义与特征

1. 定义

定义 3.1.1 系统模型是对系统某一方面本质属性的描述，它以某种确定的形式（如文字、符号、图表、实物、数学公式等）提供关于该系统的知识。

可见，系统模型的概念是比较宽泛的，满足以上条件的模型均可称为系统模型，如产品原理图、工作流程图、地球仪、物理和化学公式等均可称为系统模型。

系统模型一般不是系统本身，而是对现实系统的描述、模仿或抽象。系统是复杂的，系统的属性也是多方面的。对于大多数研究目的而言，没有必要考虑系统的全部属性，因此，系统模型只是对系统某一方面本质属性的描述，本质属性的选取完全取决系统工程研究的目的。所以，根据不同的研究目的，可以对同一个系统建立不同的系统模型。系统模型反映实际系统的主要特征，但它又高于实际系统而具有同类问题的共性。

下面给出一个全国冰箱新旧更替模型的例子。

【例 3.1.1】 冰箱新旧更替模型。

考察一个国家各种使用年限的冰箱数量的分布情况，从而用于冰箱新旧更替情况预测，并据此为国家相关政策的制定提供决策支持。假设家庭购买新冰箱并一直使用到其损坏或报废为止，因而在任一时刻，都有一个全国使用了不同时间的冰箱拥有量的分布。为了建立系统模型，还需做如下假定：①以一年为单位来考察不同使用年限的冰箱的拥有量；②任何已使用了 i 年的冰箱至少还能使用一年的概率为 β_i（此概率对新冰箱来说可能较大，对旧冰箱而言可能较小）；③冰箱的最长寿命为 n 年；④第 k 年新购冰箱的数目为 $u(k)$。

根据上述假定，设 $x_i(k)$ 表示第 k 年使用了 i 年的冰箱数目（i=0，1，…，n），则

$$x_{i+1}(k+1)=\beta_i x_i(k),\quad i=0,1,\cdots,n-1$$

使用不到 1 年的冰箱数等于该年内所购新冰箱数，即

$$x_0(k+1)=u(k)$$

综上可得如下模型：

$$\begin{pmatrix} x_0(k+1) \\ x_1(k+1) \\ x_2(k+1) \\ \vdots \\ x_n(k+1) \end{pmatrix} = \begin{pmatrix} 0 & 0 & 0 & \cdots & 0 \\ \beta_0 & 0 & 0 & \cdots & 0 \\ 0 & \beta_1 & 0 & \cdots & 0 \\ \vdots & \vdots & \vdots & & \vdots \\ 0 & \cdots & 0 & \beta_{n-1} & 0 \end{pmatrix} = \begin{pmatrix} x_0(k) \\ x_1(k) \\ x_2(k) \\ \vdots \\ x_n(k) \end{pmatrix} + \begin{pmatrix} 1 \\ 0 \\ 0 \\ \vdots \\ 0 \end{pmatrix} u(k) \qquad (3.1.1)$$

例 3.1.1 所讨论的系统是全国所有的冰箱这个整体，所需要研究的是这个系统中各使用年限的冰箱数量的分布情况，即各使用年限的冰箱的数量结构。式（3.1.1）以数学公式的形式建立了该系统的模型。冰箱的品牌、款式、容积、功率等均不是该例的研究目的，故不作为该系统的本质属性，因此未在模型中反映。

例 3.1.1 建立了冰箱新旧更替模型。事实上，为了其他的研究目的还可以针对这个系统建立不同的模型。另外，同一个模型也可以描述多个系统，如

$$y=kx \qquad (3.1.2)$$

式中，k 为常量。几何上，式（3.1.2）代表一条通过原点的直线；代数上，它表示比例关系；设 $k=\pi$，表示圆周率，x 代表直径，则 y 表示圆周长；设 k 表示弹簧刚度，x 表示伸长量，则 y 表示弹簧力大小；若 $k=a$ 表示加速度，$x=m$ 表示质量，则 y 表示物体所受外力大小；等等。

所以，建立系统模型这种创造性劳动，不仅是一门技术，而且是一门艺术。对同一个系统，不同的人应该根据研究目的及其他情况，建立自己的模型。即使是出于相同的研究目的，不同的人建立的模型可能也不大相同。要建立巧而优的模型，必须一切从实践出发，实事求是，具体问题具体分析，从理论与实践的结合上解决问题。

2. 特征

社会活动和生产实践中人们所关心和研究的实际对象称为原型，如机械系统、电力系统、生态系统、交通系统、社会经济系统等。模型则是对实际对象予以必要的简化，用适当的表现形式或规则将其主要特征描绘出来，而得到的模仿品。模型也有结构，模型结构与原型结构不同，但二者又有直接或间接的联系。原型中必须考虑的结构问题都应在模型中有所反映，能以模型的语言反映出来。

构造模型是为了研究原型，通过模型研究能够把握原型的主要特性。模型又是对原型的简化，应当压缩一切可以压缩的信息，力求经济性好、便于操作。没有简化不成模型，同原型相比，未能简化的模仿品不是好模型。因此，一个适用的系统模型应该具有如下三个特征。

1）是现实系统的抽象或模仿

这是由于真实系统本身是非常复杂的，有些复杂关系需要耗费太多的人力和物力，对研究目的而言也没有很大的意义。有些复杂关系也并非以现有能力就能研究透彻的。例如，整个宇宙的模型究竟如何，各星体及物质的发展情况如何，以现在的科技知识只能进行局部的建模，还有很多问题有待人类进一步研究。

2）要反映系统本质或主要因素构成

既然建模是对现实系统的抽象或模仿，那么在有限的资源下最有效地对模型做一个逼近，就成为建模的主要任务。这就要求建立的模型要反映出系统的本质特征。

3）集中体现这些主要因素之间的关系

作为一个复杂系统，各主要因素之间必然是相互联系、相互作用的，如社会经济系统的各个部门之间是相互联系、相互制约的，这种相互作用的关系成为复杂系统的一个重要特征。模型作为现实系统的抽象，必然要将其相互关系反映出来。

例如，在研究地球表面时，显然不可能按 1 : 1 的比例建立地球模型以供研究。那么，如何建立地球模型呢？目前常见的有地球仪和世界地图。显然，两者都是对硕大而复杂的地球的一种抽象和模仿。地球仪忽略了地球的椭球形状，而把它简化成一个圆球；同时忽略了地球表面的山峦起伏、高原盆地，而把它简化成一个光滑的球体。而世界地图更是用平面替代了复杂的球面。地球表面的重要特征就是位置与距离，无论是地球仪还是地图都力图比较准确地表现出这一特征。但地球仪或者地图选择把地球表面的哪些特征表现出来，哪些特征可以忽略，都取决于这个模型的用途。

模型是否把原型的本质或者主要特征反映出来，是模型是否有效、能否在对模型进行研究的基础上得出适用于原型的有用结论的关键。是否以及怎样把原型的本质通过模型揭示出来，并没有一个放之四海而皆准的现成方法，除了遵循系统工程的基本原理和系统建模的基本思路以外，还需凭借经验和感觉，这也是系统工程常被称为“科学加艺术”的主要原因。

3. 使用系统模型的必要性

人类认识和改造客观世界的研究方法，主要有三种，即实验法、抽象法和模型法。实验法通过对客观事物本身直接进行科学实验来开展研究，因此局限性较大。抽象法把现实系统抽象为一般的理论概念，然后进行推理和判断，因此缺乏实体感，过于概念化。模型法是在对现实系统进行抽象的基础上，把它们再现为某种实物的、图形的或数学的模型，然后通过模型来对系统进行分析、对比和研究，最终得出结论。由此可见，模型法既避免了实验法的局限性，又避免了抽象法的过于概念化，所以成为系统工程中一种最常用的研究方法。

系统工程中广泛使用系统模型还基于以下五个方面的考虑。

（1）系统开发的需要。开发新系统时，由于系统尚未建立，无法直接进行实验，所以只能通过建造系统模型来对系统进行研究，以实现对系统的分析、优化和评价。

（2）经济上的考虑。对大型复杂系统直接进行实验，其成本十分昂贵，而使用系统模型就经济得多。

（3）安全上的考虑。对某些系统（如载人航天飞行器、核电站、武器装备等）通过直接实验进行分析，往往是很危险的，有时甚至是根本不允许的。

（4）时间上的考虑。社会、经济、生态等系统，由于惯性大、反应期很长，对其直接进行实验要等若干年后才能看到结果，这是系统分析和评价所不允许的。而使用系统模型进行分析，很快就可以得到分析结果。

（5）系统模型容易操作，分析结果易于理解。有时对现实系统进行直接实验虽然是允许的，也不过分费时、费钱，但此时采用系统模型仍具有优越性。因为现实系统中包含的因素太多且复杂，实验得到的结果往往难以直接与其中某一因素挂钩。因此，直接实验的结果不易理解，且实验过程中要改变系统参数也相当困难。但若使用系统模型情况就不一样了，由于系统模型突出了研究目的所要关注的主要特征，所以容易得到一个更加清晰的结果，且在系统模型（尤其是数学模型）上进行参数修正也相对容易。

4. 系统模型与数学模型

所谓数学模型是指通过抽象和简化，使用数学语言对研究对象的一个近似的刻画，以便于人们更深刻地认识所研究的对象。原则上讲，现代数学所提供的一切数学表达式，包括几何图形、代数结构、拓扑结构、序结构、分析表达式等，均可以作为一定系统的数学模型。大量的数学模型是对系统进行定量分析的工具。用数学形式表示的输出对输入的响应关系，就是广泛使用的一种定量分析模型。数学模型在系统建模中发挥了巨大的作用，是系统模型的一种重要形式。系统理论和系统工程都主要使用数学模型作为定量分析的工具，以便给出设计、操作系统所必需的定量结论。但数学模型同样可以作为系统定性描述的工具，如为了描述系统演化现象，人们关心的主要是系统定性性质的改变与否，定性分析是更加基本的分析。

数学模型是抽象模型，必须以正确认识系统的定性性质为前提。不能要求它直接反映系统原型的结构，但它必定与原型结构有内在联系，原型中的结构问题在模型中用数学语言描述，能用数学方法分析和解决。简化原型必须先做出某些假设，这些假设只能是定性分析的结果。例如，原型的结构稳定与否可转化为模型中数学结构的稳定与否。

使用数学模型有如下优点：①数学模型是定量分析的基础。在自然科学和工程技术领域，数量不准将导致质量低劣；在社会科学领域，没有定量分析会使人心中无数，可能造成决策失误，引起不必要的混乱。因此，采用数学模型进行定量分析已成为当代自然科学和社会科学进一步发展的共同要求。②数学模型是系统预测和决策的工具。可以利用系统已有的数据建立预测模型，来预测系统的未来状态，为正确决策提供依据。③数学模型可变性好、适应性强、分析问题速度快、经济性好，且便于使用计算机。因此，数学模型是所有模型中使用最广泛的一种。我们通常所说的系统建模，在大多数情况下都是指建立系统的数学模型。

5. 系统模型与计算机模型

计算机模型是指用计算机程序定义的模型。建立计算机模型先要明确构成系统的“构件”，然后把它们之间的相互关联方式提炼成若干简单的行为规则，并以计算机程序表示出来，以便通过计算机上的数值计算来模仿系统运行演化，观察如何通过对构件执行这些简单规则来涌现出系统的整体性质，预测系统的未来走向。所有数学模型都可以转化为计算机模型，通过计算机来研究系统。许多无法建立数学模型的系统，如复杂的物理过程，特别是生物、社会和行为过程，也可能建立计算机模型。

计算机模型有很多优点。用计算机程序定义的模型，可以做到既严格又可执行，能够在计算机上研究和预测系统，通过计算机实验来检验结果。相比之下，用数学表达式定义的模型，求解和处理往往需要复杂、艰深的理论和技巧，费时费力，可行性常常较差，所得结果有时无法用实验检验。对于那些无法用真实的实验来检验的复杂系统，计算实验是唯一可用的实验检验手段。计算实验是一种新兴的实验形式，其中有许多科学和哲学的问题尚未解决，但它为研究复杂巨系统提供了唯一普遍可行的实验手段。

3.1.2 系统模型的分类

系统种类繁多，作为系统的描述——系统模型的种类也很多。表 3.1.1 列出了按不同原则分类的系统模型，从不同的侧面反映模型的不同特征，从中可以了解系统模型的多样性。

表 3.1.1 系统模型的分类方法

内容序号	分类原则	模型种类
1	按建模材料不同	抽象、实物
2	按与实体的关系	形象、类似、数学
3	按模型表征信息的程度	观念性、数学、物理
4	按模型的构造方法	理论、经验、混合
5	按模型的功能	结构、性能、评价、最优化、网络
6	按与时间的依赖关系	静态、动态
7	按是否描述系统内部特性	黑箱、白箱
8	按模型的应用场合	通用、专用
9	数学模型的分类：	
	（1）按变量形式	确定性、随机性、连续型、离散型
	（2）按变量之间的关系	代数方程、微分方程、概率统计、逻辑

按照模型的形式，模型可分为三大类，即物理模型、数学模型和概念模型。

1）物理模型

所谓物理的（physical），是广义的、具有物质的、具体的、形象的含义。物理模型又可分为以下几种：①实体模型，即系统本身。当系统的尺寸刚好适合在桌面上研究而又没有危险性时，就可以把系统本身作为模型（这里所说的桌面上是广义的，当然包括落地式）。实体模型包括抽样模型，如标准件的生产检验、胶卷和药品的检验，是从总体中抽取一定容量的样本来进行，样本就是实体模型。②比例模型，即将系统放大或缩小，使之适合在桌面上研究。例如，海洋工程中的船舶实验室、航空工程中的风洞实验室，都是将设计研究中的船只和飞机按比例缩小，在同样比例缩小后的船池和风洞里进行实验。③相似模型，即根据相似系统原理，利用一种系统去替代另一种系统。这里说的相似系统，是指物理形式不同而有相同的数学表达式，特别是相同的微分方程的系统。在工程技术中，常常用电学系统代替机械系统、热学系统来进行研究。

2）数学模型

依据所用的数学语言不同，数学模型可分为以下几类：①解析模型，即用解析式表示的模型。这类模型在现实生活中占多数，如例 3.1.1 所示的冰箱新旧更替模型、牛顿力学公式等。②逻辑模型，即表示逻辑关系的模型，如方框图、计算机程序等。③网络模型，即用网络图形来描述系统的组成要素及要素之间的相互关系（包括逻辑关系与数学关系），如第 9 章的网络计划图等。④图像与表格，这里说的图像是坐标系中的曲线、曲面和点等几何图形，以及甘特图、直方图、饼图等，它们通常伴有数据表格。⑤信息网络与数字化模型，是一类新的模型，如计算机仿真模型。其中仿真模型通常以算法、程序和仿真装置的形式出现。根据所使用的仿真计算机类型（模拟机、数字机和混合机）不同，所建立的仿真模型也不相同。

3）概念模型

概念模型是指如下形式的模型，即任务书、明细表、说明书、技术报告、咨询报告等，以及表达概念的示意图。这种模型不像数学模型或物理模型，在工程技术中很难直接使用。但是在系统工程的工作之初，问题尚不明晰，物理模型和数学模型都很难建立，则不得不采用这种模型。

对各种模型都要一分为二地去看。物理模型形象生动，但是不易改变参数。数学模型容易改变参数，便于运算、求最优解，但是很抽象，有时不易说明其物理意义。系统模型分类与特征比较如图 3.1.1 所示。

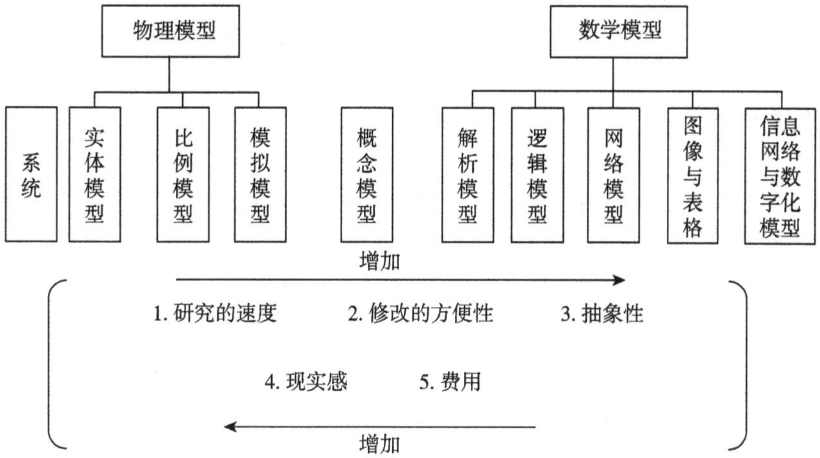

图 3.1.1　系统模型分类与特征比较

3.1.3　对系统模型的要求

对系统模型的要求可以概括为三条，即现实性、简明性、标准化。

1）现实性

现实性即在一定程度上能够较好地反映系统的客观实际，应把系统本质的特征和关系反映进去，而把非本质的东西去掉，但又不影响反映本质的真实程度。也就是说，系统模型应有足够的精度。精度要求不仅与研究对象有关，而且与所处的时间、状态和条件有关。因此，为满足现实性要求，在不同情况下也可对同一对象提出不同的精度要求。

2）简明性

在满足现实性要求的基础上，应尽量使系统模型简单明了，以节约建模的费用和时间。也就是说，如果一个简单的模型已能使实际问题得到满意的解答，就没有必要去建立一个复杂的模型，因为建立一个复杂的模型并求解需要付出很高代价。

3）标准化

在建立某些系统的模型时，如已有某种标准化模型可供借鉴，则应尽量采用标准化模型，或对标准化模型进行某些修改，使其适合对象系统。

以上三条要求往往是相互抵触的，容易顾此失彼。例如，现实性和简明性就常常存在矛盾。如果模型复杂一些，虽然满足现实性要求，但建模和求解却相当困难，同时可能影响标准化的要求。为此，必须根据对象系统的具体情况妥善处理。一般的处理原则是：力求达到现实性，在现实性的基础上达到简明性，然后尽可能满足标准化。

3.1.4 建模的原则

从前面的论述可以看出，系统建模的要求非常严格。要建立出好的模型是不容易的。人们在建模的不断实践中，总结出了系统建模应该遵循的四项原则。

1. 抓住主要矛盾

建模都是针对某一目的而言的，建模只有在一定目的的指引下才有方向。所以，建模时只应包括与研究目的有关的方面，抓住问题的主要方面，而不是去囊括对象系统的所有方面。例如，对一个空运指挥调度系统的研究，建模者只需考虑飞机的飞行航向而无须考虑其飞行姿态。

在前面提到的地球模型中，常见的有世界地图，怎样的一张地图才是合理有效的呢？哪些特征必须标注在地图上呢？这取决于地图的用途。旅游地图显然需要把主要的旅游景点和商业区标注得很清楚；而交通地图则更需要把道路状况与规则，包括机动车道还是非机动车道，单向行驶还是双向行驶，甚至一些重要地区某些类型车辆可以进出的时间标注清楚。所以，不同用途的地图应该有不同的形式。

2. 力争清晰明了

在现实生活中，需要研究的对象往往是非常复杂的大系统，如社会经济系统、环境系统等。一个大型复杂系统是由许多联系密切的子系统组成的，而且子系统有时也包含自己的子系统，层层叠加，使系统结构非常复杂，给研究带来了很大的难度。这就要求人们在建模时，子模型与子模型之间，除了保留研究目的所必需的信息联系外，其他的耦合关系要尽可能减少，以保证模型结构尽可能清晰明了。

在前面地图的例子里，如果把所有的信息全部标注在一张图上，会怎么样呢？这样的地图看上去很齐全（模型揭示了对象的全部特征），事实上却一点也看不清楚，即无法利用模型来分析对象，所以这个模型其实并不是最佳的。当然，现在的地理信息系统可以根据对信息的不同要求，放大或缩小地图的比例，从而符合各种用户的要求。

3. 精度要求适当

精度要求是一个重要方面，其要求的高低对系统模型有重要影响。但是，并非精度越高越好。建立系统模型时，应视研究目的和使用环境不同，选择适当的精度等级，以保证模型切题、实用，而又不致花费太多。例如，一个受外力 F（力的大小）作用下的物体 M（物体的质量），其动力学系统的数学模型，在不同使用环境下有不同的精度等级，应该适当选择。

当物体的运动速度 v 足够小时，可忽略空气阻力影响，其符合精度要求的数学模型为

$$F = M\frac{\mathrm{d}x^2}{\mathrm{d}t^2}$$

式中，x 为物体的位移；t 为物体位移所经历的时间。当速度 v 提高到必须考虑空气阻力的影响时，则其符合精度要求的数学模型为

$$F = M\frac{\mathrm{d}v}{\mathrm{d}t} + kv^2$$

式中，k 为阻力系数。

当物体的运动速度接近光速 3×10^8 米/秒时，按相对论原理，此时 M 将不是常数，因此其符合精度要求的数学模型为

$$F = \frac{\mathrm{d}(Mv)}{\mathrm{d}t} + kv^2$$

选用何种精度的模型，也取决于目的，或者说是成本与收益比较的结果。在前面讨论的地球仪和地图的例子中，显然地球仪要比地图更加精确地反映了地球表面情况，因为地球仪是立体的，而地图是平面的。一张世界地图，无论采用怎样的测绘技术，四周的变形也是很严重的。但是世界地图的制作成本和放置成本比较低，所以对于那些对距离和位置关系的判断要求不高的用户而言，一张世界地图仍是一个不错的地球模型。

4. 尽量使用标准模型

在建立一个实际系统的模型时，应该首先大量调阅模型库中的标准模型，如果其中某些可供借鉴，不妨先试用一下。如能满足要求，就应该使用标准模型，或者尽可能向标准模型靠拢。这样有利于比较分析，也有利于节省费用和时间。

3.2　系统工程的模型方法

第 2 章介绍的系统工程方法论以概念框架、基本程序和方法步骤为主要研究对象，强调系统工程的过程和指导如何建立具体的系统模型。因此，系统工程方法论也是系统模型与建模方法的重要内容。下面要介绍的系统工程的模型方法，是指一些具体的系统模型方法类型，主要包括系统分析方法、系统预测方法、系统评价方法、系统决策方法、系统优化方法、系统仿真方法和网络计划技术等。每一类模型方法又有很多种具体的系统模型，在系统工程的实际应用过程中，可根据需要创造性地运用这些模型方法，选用具体的系统模型。例如，在卫星导航系统工程研究中，成功运用了系统分析、系统评价、系统决策、系统仿真和网络计划等方法。具体而言，在系统分析方法中，主要运用了 SWOT 分析对发展战略进行内部条件和外部环境分析，运用了需求工程模型，开展系统需求分析论证；在系统评价方法中，主要开展了卫星导航系统寿命周期各个阶段的方案评审、试验评价、风险评价，以及成熟度评价；在系统决策方法中，主要运用了多目标决策和性能、进度、费用、风险和保障性等方面的综合权衡模型；在系统仿真方法中，主要采用了各个分系统及组网仿真试验和地面演示

验证；在网络计划技术中，主要采用了基于网络计划技术的工程进度/费用的计划管理等。

下面简要介绍这些系统工程的模型方法，在第 4~9 章中会对其进行详细的介绍。

3.2.1 系统分析方法

系统分析方法是将系统作为一个整体，全面考虑其环境、目的、功能、结构、费用与效益，通过一定的步骤得到分析结果或推荐方案，为决策者提供决策依据的过程。它是一个有目的、有步骤的探索过程，是一门由定性和定量方法组成的、为决策者提供正确决策所需信息和资料的技术。其目的是对系统的目的、功能、环境、效益等进行充分的调查研究，把试验、分析、计算的各种结果同预期的目标进行比较，最后整理成完整、正确、可行的综合资料，作为决策者择优的主要依据。因此，系统分析方法的主要内容包括：①系统目标分析。分析系统目标及其属性，确定目标结构，分析目标冲突并确定协调方法。②系统环境分析。分析确定环境因素并评价，预测未来环境的变化。③系统功能分析。分析并描述系统功能，获取系统功能结构和功能之间的关系。④系统结构分析。分析系统的要素集合及要素之间的相互关系，分析系统的层次性和整体性。具体的系统分析方法有目标树法、目标手段分析、目标冲突与协调分析、SWOT 方法、系统总体功能分解、功能相关性分析、解析结构模型（interpretative structural modeling，ISM）、费用–效能（效果）分析、价值分析等方法。

系统分析方法有七个基本要素，即目标、可行方案、费用、模型、效果、准则和结论。它们之间的关系是：系统分析是在明确系统目标的前提下进行的，经过开发研究得到能够实现系统目标的各种可行方案以后，建立模型，并借助模型进行费用–效果分析，然后依据准则对可行方案进行综合评价，以确定方案的优先顺序，最后向决策者提出系统分析的结论（报告、意见或建议），以辅助决策者进行科学决策。因此，系统分析方法的主要步骤归纳起来如下：研究决策者提出的整个问题，确定目标，建立方案，并且根据各个方案的可能结果，使用适当的方法比较各个方案，以便能够依靠专家的判断能力和经验处理问题，其具体内容包括研究决策者意图、明确主要问题、确定系统目标、开发可行方案、建立系统模型、进行定性与定量相结合的分析、全面评价和优化可行方案，从而为决策者的科学决策（即选择最优方案或者满意方案）提供可靠的依据。由此可见，系统分析方法是辅助决策者实现科学决策的一种重要工具，系统分析也是系统工程的重要组成部分。参照霍尔的“三维结构”模型的逻辑维，广义的系统分析只忽略了决策的付诸实施和反馈这一环节。

3.2.2 系统预测方法

系统预测是根据系统发展变化的实际数据和历史资料，运用科学的理论方法，以及各种经验、判断和知识，对事物未来一定时期内的可能变化情况，进行推测、估计的理论和方法。由于预测对象、时间、范围、性质的不同，现有的系统预测方法可分为三大类。一是定性预测方法：主要是依据人们对系统过去和现在的经验、判断和直觉，如市场调查、专家打分、主观评价等做出预测，主要有德尔菲法、主观概率法、领先指标法等。二是时间序列分析预测方法：主要是根据系统对象随时间变化的历史资料（如统计数据、实验数据和变化趋势等），只考虑系统变量随时间的发展变化规律，对其未来做出预测，主要包括移动平均法、指数平滑法、趋势外推预测法及博克斯–詹金斯(Box-Jenkins)方法等。三是因果关系预测方法：系统变量之间存在某种前因后果关系，找出影响结果的一个或几个因素，建立起它们之间的数学模型，然后根据自变量的变化预测结果变量的变化，主要有线性回归分析法、马尔可夫预测法、状态空间预测法、计量经济预测法及系统动力学仿真方法等。其中第二、三类方法都是定量的预测方法。

系统预测方法的基本步骤是：①明确预测目的。在预测工作过程中，首先要在整个系统研究的总目标指导下，确定预测对象及具体的要求，包括预测指标、预测期限、可能选用的预测方法及要求的基本资料和数据。②收集、整理资料和数据。③建立预测模型。根据科学理论指导及所选择的预测方法，用各种变量来真实表达预测对象的关系，从而建立起预测用的数学模型。④模型参数估计。按照各自模型的性质和可能的样本数据，采取科学的统计方法，对模型中的参数进行估计，最终识别和确认所选用的模型形式和结构。⑤模型检验。检验包括对模型的合理性及有效性验证。⑥预测实施与结果分析。经过上面六个步骤的反复迭代，进行多次样本修改、信息补充、模型修正，从而完成系统预测任务。

3.2.3 系统评价方法

系统评价是针对系统开发、改造、管理中存在的问题，运用系统工程的思想，根据系统目标和属性，考虑系统在社会、政治、经济、技术等方面的作用（效用），对系统进行全面、综合评价的方法的总称。因此，要对系统开发提供的各种可行方案，从社会、政治、经济、技术的观点予以综合考察，全面权衡利弊得失，从而为系统决策选择最优方案提供科学的依据。

系统评价是系统工程工作中的一项重要的基础工作。例如，北斗二号卫星导航系统的开发、研制和应用过程中要解决的问题都是多方案的，都要进行多方案综合评价。在系统寿命周期各个阶段都有转阶段评审，在论证阶段，有需求分析、可行性研究、系统使用要求、维修保障方案、系统初步分析、系统研制规划、系统要求审查等论证评审会；在方案阶段，有系统功能分析、系统分析及子系统优化、系统及子系统备选方案的权衡与评价，以及研制性原型系统的研制、试验和评价等；在工程研制阶段，有部件试验及评价和系统生产型样机的试验及评价、鉴定等；在生产与部署阶段，有系统评价、定型及部署；在使用与保障阶段，有系统使用及评价等。在采用各种关键技术和产品时，有技术、产品成熟度评价；在选择产品供应商时，有供应商的组织成熟度评价等。

系统评价方法一般需按预定目的（方案选优或管理控制等），确定系统属性（指标），并将属性转变为客观、定量的数值或主观效用，作为对系统的价值判断，其目的是为系统决策提供科学依据，大致分以下三类：①专家评价法，即由专家根据本人知识和经验直接判断来评价，主要有德尔菲法、评分法、表决法和检查表法等。②数学模型法，即利用数学分析方法和模型进行评价，如投入产出分析法、效费分析法、DEA、多元统计分析方法等。③混合方法，即专家评价和数学模型相结合，主要有综合评分法、AHP、模糊综合评价法、人工神经网络法和计算机仿真法等。系统评价方法的选用应视具体情况而定，其中最重要的标准是对系统的认识和资料的掌握情况。一般来说，对系统认识越清楚，掌握的定量资料越丰富，越适于用数学模型法。

3.2.4 系统决策方法

决策是人类社会的一项重要活动，它关系到人类生活的各个方面。决策是为实现某种目标，从若干个问题求解方案中选出一个最优或合理方案的过程。因此，决策是人们在各项工作中的一种重要选择行为。关于这一点，著名科学家、诺贝尔奖获得者西蒙（H. A. Simen）有句名言："管理就是决策。"决策贯穿于管理的全过程，这也就是说，一切管理工作的核心就是决策。在系统工程的工作过程中，由系统开发得到的若干解决问题的方案，经过系统建模、系统分析及系统评价等步骤之后，最终必须从备选方案中为决策者选出最佳的方案。这一程序是系统工程辩证程序中的最后一个，也是最重要的一个，这就是系统决策。西蒙把决策过程同现代的管理科学、计算机技术和自动化技术结合起来，将其划分为四个主要阶段：第一阶段是寻求决策的条件和依据，即"情报阶段"；第二阶段是创造、制订和分析可能采取的行动方案，即"设计阶段"；第三阶段是从可供利用的备选方案中选出一个特别行动方案，即"抉择活动"；第四阶段是决策的实施与评审，西蒙称其为"审查活动"，其实质是对过去的抉择进行评价。这四个阶段交织在一起，形成了系统决策的过程。

系统决策方法可分为：①统计决策方法，主要研究期望效用理论、主观概率、概率风险决策理论、贝叶斯决策等。②多准则决策方法，常用的有AHP、理想点法、ELECTRE法、PROMETHEE法等，主要用于求解有多个冲突的目标时的决策问题。③群决策方法，主要用于求解有多个决策者时，如何综合各决策者的评价，形成群体的决策偏好。④不确定性决策方法，求解有关决策信息不确定时的决策问题。目前，常用的方法有模糊决策法、基于证据理论的决策方法等。⑤计算机辅助决策方法，利用数据库、数据挖掘、计算机网络、智能技术等，结合有关决策模型，为决策者提供各种决策信息与环境支持。

现代计算机技术、系统工程、管理科学等的发展，给决策制定的过程赋予了新的内容和含义。在情报和设计阶段，主要是依赖于可靠、准确、及时的基本信息，因此管理信息系统（management information system，MIS）就成为当代决策的重要技术基础；而在抉择和评价阶段的主要技术措施就是模型方法，主要是指管理科学、运筹学、系统工程中的模型方法。将上述两部分技术集成在一起，利用先进的计算机软硬件技术，实现上述决策过程，开发成界面友好的人机系统，就是决策支持系统（decision support system，DSS）。系统决策方法的发展趋势主要表现在以下几个方面：①群决策方法；②行为决策方法；③不确定性与智能决策方法；④概率论建模与随机决策方法；⑤决策支持系统；等等。

3.2.5　系统优化方法

系统优化方法是利用数学手段，以计算机为工具来寻求最优化问题解决方案的基本方法和技术，基本方法主要包括线性规划、非线性规划、动态规划、多目标规划、随机优化及仿真优化等。其按导数运用情况大致可分为三类：①解析法，如微分法、变分法和极大值原理等；②数值计算法，如斐波那契法、黄金分割法、坐标轮换法和单纯形法等；③以梯度法为基础的数值计算法，如最速下降法、共轭梯度法、梯度投影法和罚函数法等。

随着科学技术的迅速发展，智能优化方法成为系统优化方法的前沿研究领域。智能优化方法是通过程序模拟自然界中广泛存在的物理、生物和社会现象来进行优化的一类方法，具有全局优化性能、通用性强且适合于并行处理的现代启发式算法。智能优化方法为具有非线性、多极值等特点的复杂函数及组合优化问题提供了切实可行的解决方案。智能优化方法的主要思想来源于人类对物理、生物和社会的自然现象的长期观察和深刻理解，如仿人类思维（神经网络、禁忌搜索等）、仿生物行为（粒子群优化、蚁群优化等）和仿物理原理（模拟退火）。其主要特点是从任一（组）解出发，按某种机制以一定概率在整个求解空间中探索最优解。由于它们可以把搜索空间扩展到整个问题空间，因而具有全局优化性能。

3.2.6　系统仿真方法

系统仿真是近几十年来发展起来的一门新兴技术学科。仿真就是利用模型对实际系统进行实验研究的过程。系统仿真的确切概念可以表述如下：系统仿真是指通过建立和运行系统的计算机仿真模型，来模仿实际系统的运行状态及其随时间变化的规律，以实现在计算机上进行试验的全过程。其特点是安全、经济、可重现，被广泛应用于工业、交通、能源、社会、经济、管理、军事等领域的系统分析、优化设计、理论验证、人员培训等方面。例如，在北斗卫星导航系统建设中，系统仿真方法被用来对各个分系统及组网仿真试验和地面演示验证进行分析设计，通过对仿真运行过程的观察和统计，得到被仿真系统的仿真输出参数和基本特性，以此来估计和推断实际系统的真实参数与真实性能。特别是随着计算机技术的发展，仿真技术日益受到人们的重视，其应用领域也越来越广泛，成为分析、设计和研究各种系统的重要手段与辅助决策工具。

系统仿真按模型的性质，可以分为物理仿真（实物仿真）、数学仿真（计算机仿真）和数学物理混合仿真（半实物仿真）；按数学模型的时间集合和状态变量特性，可以分为连续系统仿真、离散事件系统仿真和连续-离散事件混合系统仿真；按仿真时间尺度和自然时间尺度之间的关系，可以分为实时仿真、超实时仿真和亚实时仿真。目前，系统仿真主要是指利用数字计算机进行的数学仿真或半实物仿真，纯粹的物理仿真已经很少采用。

系统建模仿真的主要步骤有：问题阐述，系统分析与描述，建立数学模型，系统数据搜集，建立仿真模型，模型确认、验证和认定，仿真实验设计，仿真运行和仿真结果分析。其通常可归纳为三个阶段：①模型建立阶段。即根据研究目的、系统原理和系统数据建立系统模型。该阶段的关键技术是系统建模。根据所分析系统的特点，系统建模手段有面向系统结构建模和面向系统状态变化过程建模等多种方式；根据系统分析的手段，系统模型可以有数学方程、框图、流程图、活动周期图、网络图等多种表现形式。系统建模的主要任务是确定模型结构和参数。建模过程要依据分析目的、先验知识、试验数据三类信息。建模的主要方法有演绎法、归纳法、实验法等。②模型变换阶段。即根据模型形式和仿真目的，将模型转换成适合计算机处理的代码。该阶段的关键技术是模型确认、模型验证和模型认定。模型确认，是从预期应用角度衡量模型表达实际系统准确程度的过程。模型验证，是确定用于计算的仿真模型是否准确地表现模型开发者对系统的概念表达和描述的过程。模型认定，是一项相信并接受模型的权威性决定，表明已认可模型适用于特定目的。③模型实验阶段。该阶段设计仿真实验方案、控制模型运行、观察实验过程、整理和分析实验结果。该阶段的关键技术是仿真实验控制，是指在计算机仿真中，对仿真时钟推进的控制，以及对仿真实验过程中的各类数据、活动、事件的处理和调度。

3.2.7 网络计划技术

网络计划技术是系统工程中常用的一种科学管理方法。它把工程开发研制过程当做一个系统来处理，将组成系统的各项工作和各个阶段按先后顺序，通过网络图的形式，统筹规划、全面安排，并对整个系统进行组织、协调和控制，以最有效地利用资源，并用最少的时间来完成系统的预期目标。网络计划技术主要有关键路线法（critical path method，CPM）、计划协调技术、图解协调技术、风险评审技术、关键链理论（critical chain technology，CCT）等。关键链理论是约束理论（theory of constraints，TOC）应用于项目管理的产物，被称为“应用于项目管理中的约束理论”。在钱学森等著名科学家的主持和倡导下，我国于1963年首先推广和应用了计划协调技术，并在国防科研中取得了很好的效果。网络计划技术的实际应用表明，它是一种十分有效的科学管理方法。

其中应用最广的是计划协调技术。1958年，美国海军在制订研制“北极星”导弹计划时，研究出计划评审技术（program evaluation and review technique，PERT），使研制工作提前两年完成。网络计划技术一般包括如下步骤：①编制工作一览表，包括工作编号、名称、紧前紧后工作和所需资源等内容；②估算工作所需时间；③根据工作之间的关系绘制网络图；④计算时间参数；⑤进行资源优化与网络图调整。计划协调技术的作业时间有三个估计值，即最乐观工期、最可能工期和最悲观工期，适合于具有较大可变性的研究与开发项目；关键路线法的作业时间只有一个估计值，适用于具有精确时间预算并有较强的资源依赖性的项目。

网络计划技术广泛应用于生产技术复杂、工作项目繁多、联系紧密的工作计划，特别适用于新产品研制开发、大型工程项目、生产技术准备、设备大修等方面的进度计划和人力、物力、财力等资源安排。计算机技术也已经应用于网络计划技术的网络图的编制、时间参数的计算和资源的优化。

3.2.8 基本模型方法之间的逻辑关系

在运用系统工程理论方法，建立具体的各门类系统工程的时候，要根据背景领域系统工程的特点，对系统工程理论方法进行剪裁和创新应用。一般情况下，首先要对系统中存在的问题和规划目标进行系统分析，其次要对未来的变化趋势和市场需求进行系统预测，最后要对各种变化的情况和各种可能的结果，提出各种解决问题的总体方案和实施细则，并对各种方案进行系统评价，必要时还要进行更加科学、更加理性的系统优化或系统仿真。在此基础上，对优化方案进行系统决策分析，以便为领导决策提供科学依据。领导做出决策后，还要运用网络计划技术对方案付诸实施进行科学管理。这些系统工程模型方法之间的逻辑关系图见图 3.2.1。例如，北斗卫星导航系统工程就是根据北斗卫星导航系统的特点，在对系统工程理论方法进行剪裁和创新应用的基础上建立的，形成了北斗二号卫星导航系统工程管理的知识体系。在这个知识体系中，除了北斗卫星导航系统工程的理论、方法、技术外，还包括相关的应用软件工具、过程控制、流程优化、决策程序、接口管理、标准规范等。其中，用到的系统工程理论方法主要包括以霍尔的“三维结构”模型、并行工程方法学、钱学森的综合集成方法和美国国防部的体系结构框架等为代表的系统工程方法论，以及系统工程方法论指导下的系统分析方法、系统评价方法、系统决策方法、系统仿真方法和网络计划技术等具体模型方法。

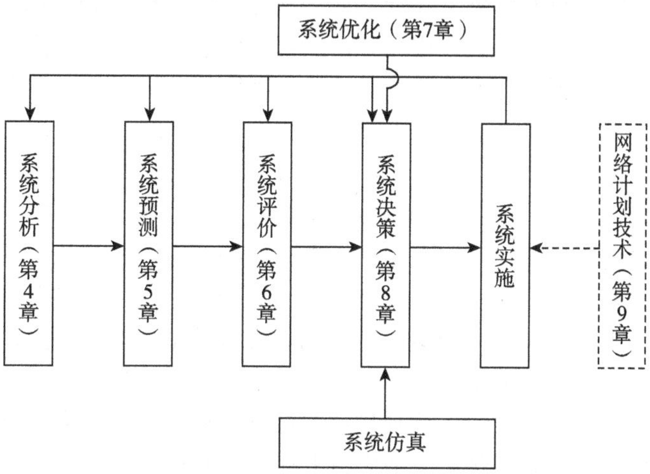

图 3.2.1 系统工程模型方法之间的逻辑关系图

北斗二号卫星工程各个阶段的建设和系统运行，充分体现了霍尔的“三维结构”模型和系统工程管理过程，其运用霍尔的“三维结构”模型建立了北斗卫星导航系统工程管理过程系统。并行工程方法在北斗卫星导航工程建设中尤为突出，并行工程组织管理模式是北斗卫星导航工程建设中重要的管理创新。综合集成管理是一种基于综合集成方法论构建起来的管理思想与模式，运用钱学森的综合集成方法建立了北斗二号卫星导航系统综合集成管理和科技创新管理模式。美国国防部的体系结构框架是开展北斗二号卫星导航系统顶层设计和需求分析的方法指南，应用体系结构框架技术，开展了北斗二号卫星导航系统需求工程和战略管理研究，形成了独具特色的北斗卫星导航系统工程战略管理、需求工程、综合集成管理和科技创新管理。

3.3 系统建模方法

建立系统模型是一种创造性的劳动。建模方法难以一一列举，这里简单介绍其中几种典型的方法，即推理法、实验和统计分析法、类似法、混合法。

1）推理法

对内部结构和特性已经清楚的系统，即所谓的“白箱”系统（如大多数的工程系统），可以利用已知的物理、化学、经济定律和定理，经过一定的分析和推理，得到系统模型。

2）实验和统计分析法

对那些内部结构和特性不清楚或不很清楚的系统，即所谓的“黑箱”或“灰箱”系统，如果允许进行实验性观察，则可以通过实验方法测量其输入和输出，然后按照一定的辨识方法，得到系统模型。对于那些属于“黑箱”系统，但又不允许直接进行实验观察的系统（如非工程系统多数属于此类），可以采用数据收集和统计分析的方法来建造系统模型。

数据分析包括抽样调查与统计分析（如全国人口普查）、时间序列分析、相关分析和横断面数据分析。时间序列分析和相关分析通常是用最小二乘法寻找拟合曲线或回归曲线，然后合理外推，预测系统未来情况的。横断面数据分析（某一年度或其他时点的数据）有多种模型，线性规划也是利用横断面数据进行分析的。

3）类似法

类似法即建造原系统的相似模型（类似模型）。有的系统，其结构和性质虽然已经清楚，但其模型的数量描述和求解却不好办，这时如果有另一种系统，其结构和性质与之相同，则建造出的模型也类似，但是该模型的建立及处理要简单得多，我们就可以把后一种系统的模型看成是原系统的相似模型。利用相似模型，按对应关系就可以很方便地求得原系统的模型。例如，很多机械系统、气动力学系统、水力学系统、热力学系统与电路系统之间某些现象彼此相似，特别是通过微分方程描述的动力学方程基本一致，因此可以利用研究得很成熟的电路系统来构造上述系统的相似模型。

4）混合法

上面针对不同情况提出了建立系统模型的几种方法（或思路）。通常情况下，大部分系统模型的建立往往是上述几种方法综合运用的结果。应该指出的是，这些方法只能供系统建模者参考，而要真正解决系统建模问题还必须充分开发人的创造力，综合运用各种科学知识，针对不同的系统对象，或者建立新模型，或者巧妙地利用已有模型，或者改造已有模型，创造出更加适用的系统模型。因此，有人把建立系统模型看成是一种艺术，这说明建立系统模型确实需要充分发挥人的创造性，而不可能有现成的模式照搬。

以上建模方法在实际工程中的应用非常广泛。如 3.1.2 节所述，模型按照形式可分为三大类，即数学模型、物理模型和概念模型。下面以数学模型和物理模型的构建方法为例来说明推理法和类似法的应用。实验和统计分析法的应用举例参见 5.3 节和 5.4 节。

3.3.1 数学模型的构建方法

数学模型的建立往往要采用推理法，其一般步骤如下：①明确目标；②找出主要因素，确定主要变量；③找出各种关系（内含的科学定律，如产品生产的物耗、能耗等）；④明确系统的资源和约束条件；⑤用数学符号、公式表达各种关系和条件；⑥代入数据进行“符合计算”，检查模型是否反映所研究的问题；⑦简化和规范模型的表达形式。

由于现实系统的复杂性和易变性，往往需要修正现有的模型。有时建立的模型过于复杂，求解困难，这就要把模型加以简化与近似。对模型进行修正与简化的方法通常如下。

（1）去除一些变量，如应用优选法模型时，如果变量太多，试验次数就会大大增加，这时根据已有的经验，抓住其中一两个主要变量进行优选试验，往往可以事半功倍。

（2）合并一些变量，即把性质类同的一些变量合并为一个变量，以减少变量的数目。例如，国民经济平衡模型，本来要考虑成千上万种产品，为了计算方便，可以将其合并为若干大类产品或产品部门或产业部门。《中国国民经济核算体系（2002）》一书中将中国的国民经济分为 21 个产业部门。

（3）改变变量的性质，通常采用的办法有：把某些变量看成常量，把连续变量看成离散变量或者把离散变量看成连续变量，限定变量在一定范围内取值，等等。

（4）改变变量之间的函数关系，把非线性关系近似为线性关系可以简化问题，这是常用且行之有效的办法。但是，自组织理论告诉我们：对线性化要保持警惕性，如果在线性化求得解答之后能尝试一下求解原来的非线性问题，也许会有意外的收获。在随机模型中，也常用一些熟知的概率分布函数，如正态分布、指数分布等，代替那些不太好处理的概率分布函数。

（5）改变约束，即增加某些约束，或去掉某些约束，或对约束进行一些修改。一般地，增加约束后得到的解答偏低，称为保守的或悲观的解。减少约束后得到的解答偏高，称为冒进的或乐观的解。虽然两者都不是真正的解，但是可以指出解的范围，这在对系统进行初步估计时是很有用处的。

模型有粗细之分，一般来说，在研究一个新系统时，首先是建立一个简单的粗模型，以求得对系统的解能有一个概略的了解，找到前进的方向，然后将模型逐步细化，求得较为精确的解。

运筹学中的规划模型就是数学模型的典型例子，归纳起来有两类：第一，对给定的人力、物力、财力等资源进行规划，以实现利润最高；第二，对给定的任务进行规划，争取用最少的人力、物力、财力等资源去完成它，即实现成本最低。

运筹学中的规划模型都包括目标函数与约束条件两个方面，构成了一个完整的数学模型。所谓线性规划是指这样的最优化模型：其目标函数与约束条件都是线性的代数表达式。最优化模型详见第 7 章系统优化。

3.3.2 物理模型的构建方法

本小节以相似模型为例来介绍物理模型的构建方法。

1. 物理相似模型

【例 3.3.1】 某公司拥有 n 个加工厂，它们的位置如图 3.3.1（a）所示。现在公司想建造一个转运仓库，要使运输的总费用最小，仓库应设何处？

假设公司各工厂 S_i 的位置为（x_i，y_i），其运输费用为货重乘距离，再乘以吨公里运费（这里不妨设吨公里运费为 1 元）。假设各处需求货量各为 W_1，W_2，W_3，…，W_n，则仓库 S 的位置应使总费用 C（x，y）达到最小，即

$$C_{\min}(x,y)=\sum_{i=1}^{n}W_i\sqrt{(x-x_i)^2+(y-y_i)^2}$$

对这个看起来并不复杂的目标函数，求最优解并不太容易，一般可用迭代法求其近似解。如果运用比拟思考法，可以考虑力矩平衡的模型。当力矩平衡时，总力矩和最小，对应于费用和最小。所以考虑用图 3.3.1（b）的力学模型来求解。其构造方法如下：水平支起一块带有坐标刻度的平板，在相应各工厂所在的坐标位置处钻孔。在平板上立一个特殊的不倒翁，其上有一条横向环绕的槽，卡入了 n 条伸缩杆。每条杆的末端系有一根从上述各孔穿过平板的垂线，并挂上一个质量为 w_i 的砝码，w_i 与工厂 i 的用料 W_i 成一定的比例。不断调整不倒翁的位置，也相应调整伸缩杆的长度，直到不倒翁保持平直状态。此时确定的位置 S（x，y）就是最佳厂址的一个很好的近似。

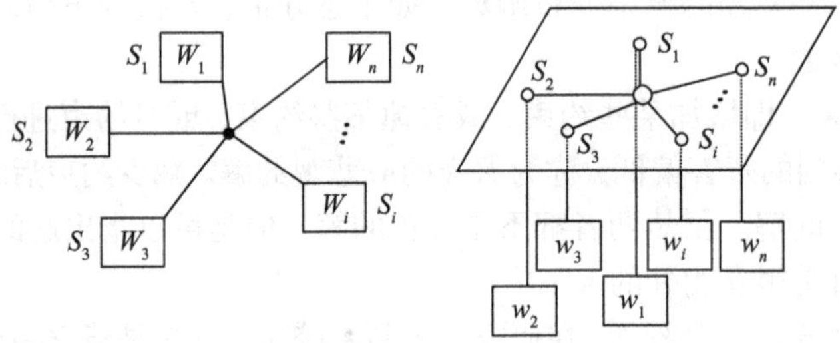

（a）原系统示意图 （b）物理相似模型

图 3.3.1 物理相似模型示例

2. 电路系统与机械系统的相似性

在科学研究中，人们发现了相似性规律：自然界和人类社会活动的若干现象纵有外

表或形态的种种不同，却常常寓有相同或近似的内在规律。例如，电路振荡与机械振动，单摆简谐运动与 LC 振荡等。我们可以根据相似性建立研究对象的相似模型。下面举例说明。

【例 3.3.2】 设有质量–阻尼–弹簧系统（图 3.3.2），试建立其微分方程与状态方程。

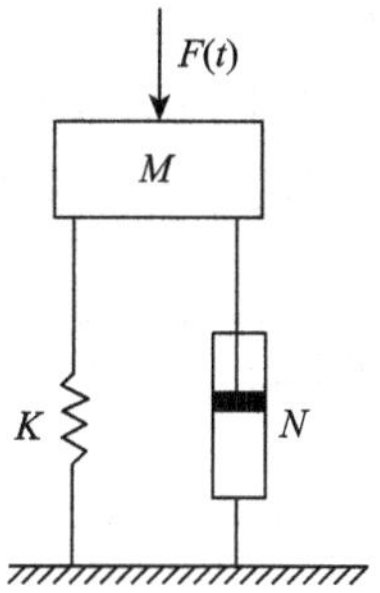

图 3.3.2　质量–阻尼–弹簧系统示意图

解　取坐标轴 y，其原点 O 为系统静平衡时质量的质心位置 M。弹簧力 Ky 与位移 y 的方向相反，阻尼力 $N\dot{y}$ 与速度 $\dot{y}$ 的方向相反，由牛顿力学第二定律，有

$$M\ddot{y} = F(t) - Ky - N\dot{y}$$

整理得

$$M\ddot{y} + Ky + N\dot{y} = F(t) \tag{3.3.1}$$

式（3.3.1）即描述该系统的微分方程。给定初始条件 $y(0)$ 与 $\dot{y}(0)$，即可求解运动曲线 $y(t)$ 或 $\dot{y}(t)$。下面将式（3.3.1）改写为状态方程。

描述这一系统的状态最少需要两个变量，如 M 的位移 y 与速度 $\dot{y}$，故选状态变量 x_1、x_2 构成状态矢量：

$$\boldsymbol{X} = \begin{pmatrix} x_1 \\ x_2 \end{pmatrix} = \begin{pmatrix} y \\ \dot{y} \end{pmatrix}$$

于是

$$\dot{\boldsymbol{X}} = \begin{pmatrix} \dot{x}_1 \\ \dot{x}_2 \end{pmatrix} = \begin{pmatrix} \dot{y} \\ \ddot{y} \end{pmatrix}$$

即

$$\begin{cases} \dot{x}_1 = \dot{x}_2 \\ \dot{x}_2 = -\dfrac{K}{M}x_1 - \dfrac{N}{M}x_2 + \dfrac{F}{M} \end{cases}$$

写成矩阵形式为

$$\begin{pmatrix} \dot{x}_1 \\ \dot{x}_2 \end{pmatrix} = \begin{pmatrix} 0 & 1 \\ -\dfrac{K}{M} & -\dfrac{N}{M} \end{pmatrix} \begin{pmatrix} x_1 \\ x_2 \end{pmatrix} + \begin{pmatrix} 0 \\ \dfrac{1}{M} \end{pmatrix} \cdot F \tag{3.3.2}$$

或记为

$$\dot{\boldsymbol{X}} = \boldsymbol{AX} + \boldsymbol{B}F \tag{3.3.3}$$

式中，

$$\boldsymbol{A}=\begin{pmatrix}0 & 1\\ -\dfrac{K}{M} & -\dfrac{N}{M}\end{pmatrix},\quad \boldsymbol{B}=\begin{pmatrix}0\\ \dfrac{1}{M}\end{pmatrix} \tag{3.3.4}$$

式（3.3.2）~式（3.3.4）即为该系统的状态方程。

【例 3.3.3】 图 3.3.3 为一个由电感、电阻与电容组成的电路（LRC 系统）。作为输入，加入电源电压 $U_m(t)$，则电路内产生电流 $I(t)$，在电阻 R、电容 C、电感 L 上的压降分别为 $U_R(t)$、$U_C(t)$、$U_L(t)$。试建立其微分方程与状态方程。

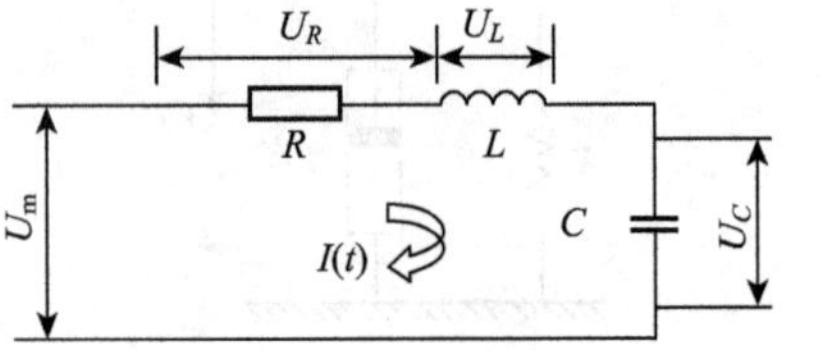

图 3.3.3 LRC 系统示意图

解 根据克希霍夫电压定律，有

$$U_m(t)-U_L(t)-U_C(t)-U_R(t)=0 \tag{3.3.5}$$

又有

$$U_L=L\frac{dI}{dt},U_R=RI,U_C=\frac{1}{C}\int I dt \tag{3.3.6}$$

将式（3.3.6）代入式（3.3.5），则有

$$L\frac{dI}{dt}+RI+\frac{1}{C}\int I dt=U_m \tag{3.3.7}$$

因为 $I=\dfrac{dQ}{dt}$，Q 为电量，则式（3.3.7）可写为

$$L\frac{d^2Q}{dt^2}+R\frac{dQ}{dt}+\frac{1}{C}Q=U_m \tag{3.3.8}$$

现选一组状态变量 $x_1=Q$，$x_2=I=\dfrac{dQ}{dt}$，用矢量表示则有

$$\boldsymbol{X}=\begin{pmatrix}x_1\\x_2\end{pmatrix}=\begin{pmatrix}Q\\I\end{pmatrix},\quad \dot{\boldsymbol{X}}=\begin{pmatrix}\dot{x}_1\\\dot{x}_2\end{pmatrix}=\begin{pmatrix}\dot{Q}\\\dot{I}\end{pmatrix} \tag{3.3.9}$$

所以状态方程为

$$\begin{cases}\dot{x}_1=x_2\\ \dot{x}_2=-\dfrac{1}{LC}x_1-\dfrac{R}{L}x_2+\dfrac{1}{L}U_m\end{cases} \tag{3.3.10}$$

用矩阵方程表示为

$$\begin{pmatrix}\dot{x}_1\\\dot{x}_2\end{pmatrix}=\begin{pmatrix}0 & 1\\ -\dfrac{1}{LC} & -\dfrac{R}{L}\end{pmatrix}\begin{pmatrix}x_1\\x_2\end{pmatrix}+\begin{pmatrix}0\\ \dfrac{1}{L}\end{pmatrix}\cdot U_m \tag{3.3.11}$$

将式（3.3.11）与式（3.3.2）相比较，则有以下对应关系：力 F~电源电压 U_m；速度 $\dfrac{dy}{dt}$~

电流 I；位移 y~电量 Q；质量 M~电感 L；阻尼系数 N~电阻 R；弹簧刚度 K~电容 C 的倒数 $\frac{1}{C}$。

这表明机械系统与电路系统具有相似性，这两个系统称为相似系统。这种相似性称为力-电压相似性。还有一种力-电流相似性，下面用例 3.3.4 来说明。

【例 3.3.4】 设有如图 3.3.4 所示的电路系统，试建立其微分方程与状态方程。

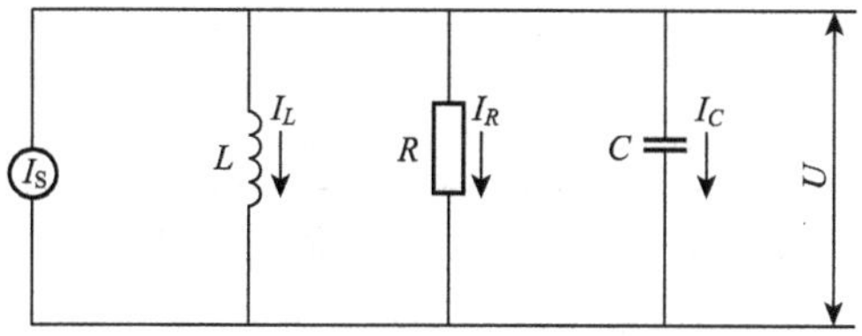

图 3.3.4　电路系统示意图

解　根据基尔霍夫电流定律，有

$$I_L + I_R + I_C = I_S \tag{3.3.12}$$

式中，

$$I_L = \frac{1}{L}\int U\mathrm{d}t,\ I_R = \frac{U}{R},\ I_C = C\frac{\mathrm{d}U}{\mathrm{d}t} \tag{3.3.13}$$

式（3.3.12）可写为

$$\frac{1}{L}\int U\mathrm{d}t + \frac{U}{R} + C\frac{\mathrm{d}U}{\mathrm{d}t} = I_S \tag{3.3.14}$$

考虑磁通量 Ψ 与 U 之间存在以下关系：

$$\frac{\mathrm{d}\Psi}{\mathrm{d}t} = U \tag{3.3.15}$$

所以式（3.3.14）可写为

$$C\cdot\frac{\mathrm{d}^2\Psi}{\mathrm{d}t^2} + \frac{1}{R}\cdot\frac{\mathrm{d}\Psi}{\mathrm{d}t} + \frac{1}{L}\Psi = I_S \tag{3.3.16}$$

选择状态变量 $x_1=\Psi$，$x_2=\dot{\Psi}$，则状态方程为

$$\begin{cases} \dot{x}_1 = x_2 \\ \dot{x}_2 = -\dfrac{1}{LC}x_1 - \dfrac{1}{RC}x_2 + \dfrac{I_S}{C} \end{cases} \tag{3.3.17}$$

用矩阵表示为

$$\begin{pmatrix} \dot{x}_1 \\ \dot{x}_2 \end{pmatrix} = \begin{pmatrix} 0 & 1 \\ -\dfrac{1}{LC} & -\dfrac{1}{RC} \end{pmatrix}\begin{pmatrix} x_1 \\ x_2 \end{pmatrix} + \begin{pmatrix} 0 \\ \dfrac{1}{C} \end{pmatrix}\cdot I_S \tag{3.3.18}$$

将式（3.3.18）与机械系统的式（3.3.2）比较，可以看出以下的相似性：电流 I_S~力 F；电容 C~质量 M；电阻的倒数 $\frac{1}{R}$~阻尼系数 N；电感的倒数 $\frac{1}{L}$~弹簧刚度 K；电压 $U=\dot{\Psi}$ ~速度 $\dot{y}$；磁通量 Ψ ~ 位移 y。这就是力-电流相似性。

下面不加推导，再列出一些相似系统之间的对应关系，如表 3.3.1 所示。

表 3.3.1 相似系统的对应关系

系统	参数						方程
电路系统	电压 U	电流 I	电量 Q	电阻 R	电感 L	电容 C	$L\frac{dI}{dt}+RI+\frac{1}{C}\int I dt=U$
直线机械运动系统	力 F	速度 v	位移 y	阻尼 N	质量 M	刚度 K	$M\frac{dv}{dt}+Nv+K\int v dt=F$
回转机械运动系统	力矩 T	角速度 ω	角位移 θ	阻尼 β	惯性矩 J	刚度 K	$J\frac{d\omega}{dt}+\beta\omega+K\int\omega dt=T$
液压系统	压力 P	流量 q	容积 V	阻尼 β	惯性 M	液容 C	$M\frac{dq}{dt}+\beta q+\frac{1}{C}\int q dt=P$
气流系统	压力 P	流量 q	容积 V	阻尼 β	惯性 M	气容 C	$M\frac{dq}{dt}+\beta q+\frac{1}{C}\int q dt=P$

在表 3.3.1 中，电路系统的方程列出的是一阶微分方程，由 I 与 Q 的关系，很容易把它改写为二阶微分方程。其他系统的方程也可类似地改写。表 3.3.1 是以电压 U 为驱动函数来写对应关系的。由例 3.3.4 可知，还可以把电流作为驱动函数写出另一组对应关系。

3.3.3 关于结构建模

结构建模方法是通过拓扑结构描述系统各个单元及它们之间相互关系的技术，主要用来刻画大规模复杂系统的结构特征。

从性质上看，结构建模是一种以定性分析为主的模型构建方式。结构建模可以用于分析系统的要素选择是否合理，还可用于分析系统要素及其相互关系变化对系统总体的影响等问题。结构建模以层次结构的形式表明要素间关系，包括直接关系、间接关系、隶属关系、相对地位等，是对系统进行定量分析的基础。

结构建模的主要表现形式包括有向图模型和矩阵模型。有向图模型是用节点和有向边构成的图或树图来描述一个系统的结构。节点用来表示系统的要素，有向边则表示要素间所存在的关系。这种关系随着系统的不同和所分析问题的不同，可理解为“影响”、“取决于”、“先于”、“需要”、“导致”或其他含义。矩阵模型是通过矩阵形式的逻辑演算，用数学方法分析处理系统各要素之间关系，从而使系统的评价、决策、规划、目标确定等过去只能凭个人的经验、直觉或灵感进行的定性分析，能够依靠矩阵演算来进行定量分析。

结构建模作为对系统进行描述的一种形式，正好处在自然科学领域所用的数学模型形式和社会科学领域所用的以文章表现的逻辑分析形式之间。因此，它适合用来处理以社会科学为对象的复杂系统和比较简单的以自然科学为对象的系统中存在的问题。3.4 节将介绍一种结构建模方法——解析结构模型。

3.3.4 关于过程建模

过程建模方法是通过刻画系统中的实体类型、关联关系和行为规则，以实体动作过程来组织和记录系统动态过程的技术，是针对离散事件系统的一种建模技术。

过程建模主要分为以下五类：①面向活动。描述一系列相互关联的活动，这些活动通常经过有序的步骤完成以最终实现系统目标。②面向实体。描述系统寿命周期过程中引起实体状态发生变化的事件或活动，使系统从初步概念逐步转化为最终产品。③面向决策。描述在系统的论证、研制、生产和使用过程中所制定的相互关联的一系列决策。④面向情景。描述为使系统逐步变成预期的最终产品而制定相关决策时，对决策产生影响的不断变化的系统环境。⑤面向策略。描述为针对系统各种可能的状态，建立与系统状态相适应的过程模型而所需遵循的系统建模意图和策略。

典型的过程建模方法包括以下几种：①实体流程图，即采用图示符号，建立表示临时实体产生、在系统中流动、接受永久实体“服务”及消失等过程的流程图。借助实体流程图，可以表示事件、状态变化及实体间相互作用的逻辑关系。②活动周期图。该方法认为实体的活动始终处于静寂和激活两个状态的交替过程。激活状态对应实体的活动，活动的忙期通常随机或依赖某个条件事件；静寂状态表示无活动发生，通常描述实体等待参加某一活动时的状态。③Petri 网方法建模与分析。

3.3.5　关于行为建模

行为建模是对系统的内部工作原理及系统对外界激励响应机制的描述，它是对系统性能与效能进行数字化定量评价的基础。

对系统建模而言，行为建模一般与结构建模相互依存。结构建模对系统组成进行分解，行为建模则在此基础上对系统的每个组分的工作过程、组分之间及组分与外界之间的交互进行描述。行为建模一般采用相位、状态、事件、条件、分支、活动、动作、交互、转移、序列、协同、延迟、流、消息等概念来刻画系统的行为。

由于行为模型语义的动态性，行为建模一般需要相应的执行引擎来对行为模型中的行为建模概念进行解释、计算与时间推进，从而产生出行为模型所描述的系统行为数据，在此基础上分析回答有关系统性能效能相关的问题，实现对系统的定量化评价。行为模型执行引擎一般依据行为模型所使用的行为建模语言规范实现。一般的系统建模语言都提供行为建模子语言，如 SysML 和 UML 提供活动图、序列图、交互图、状态图等子语言，Modelica 提供非因果框图、微分方程、状态图等子语言。仿真建模语言是另外一大类行为建模语言，以行为分析（而不是系统设计）为主要目的，如 DEVS、因果框图、系统动力学、Petri 网、进程交互、元胞自动机、排队网络、事件图等。

3.4　解析结构模型

20 世纪 70 年代以来，解析结构模型及其他结构模型在社会经济系统中得到了广泛的应用，如在区域环境规划和农业区划方面、技术评估和系统诊断方面等。总之要了解系统的结构，一个有效方法就是建立系统结构模型，而结构模型技术已发展到一百余种。解析结构模型属于静态的定性模型，其基本理论是图论的重构理论，通过一些基本假设和图、矩阵的有关运算，可以得到可达性矩阵；然后通过人-机结合，分解可达性矩阵，使复杂的系统分解成多级递阶结构形式。

建立解析结构模型的步骤如下。

第一步：组织一个实施解析结构模型的工作小组，一般以十人左右为宜。小组成员应是有关方面的专家，他们对问题持关心的态度，并且最好有能够及时做出决策的决策人参加。

第二步：设定问题。对所研究的问题进行设定，取得一致意见并用文字形式予以规定。

第三步：选择构成系统的要素。凭借专家的经验，在若干轮讨论后最终求得一个较为合理的系统要素方案，然后制定要素明细表。

第四步：根据要素明细表构思，通过各要素间相互影响关系的研究，建立邻接矩阵。

第五步：计算可达性矩阵，对可达性矩阵进行分解，建立结构模型。所谓矩阵分解，包括系统要素的区域划分、级别划分、强连接要素划分、级上等价关系划分和强连接子集划分等（具体需做哪些工作视情况而定）。

第六步：建立解析结构模型。

以下对建立解析结构模型过程中的基本数学原理进行详细介绍。

3.4.1 关系图、邻接矩阵、可达性矩阵

结构模型描述的是系统各要素间的相互关系，最好的描述方式是有向图。系统的要素用结点表示，要素之间的关系用箭线表示，如一个简化的温带天然草原食物链，如图 3.4.1 所示。

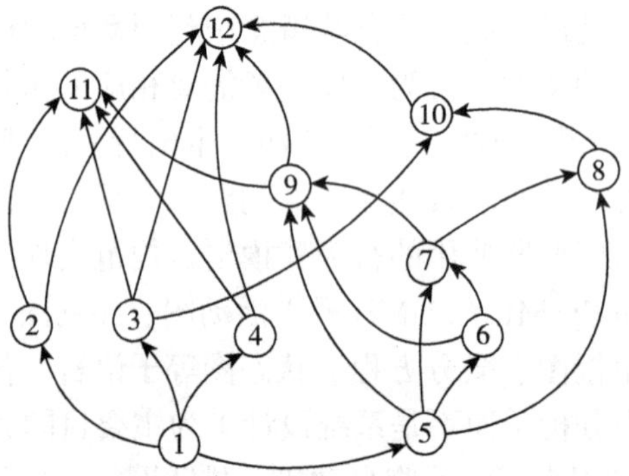

图 3.4.1 食物链的关系图描述

1. 草；2. 兔；3. 鼠；4. 吃草籽的鸟；5. 食草的昆虫；6. 捕食性昆虫；7. 蜘蛛；8. 蟾蜍；9. 吃虫的鸟；10. 蛇；11. 狐狸；12. 鹰和猫头鹰

应该指出，一种交联的作用，即两个或更多的要素共同地、不可分离地作用于另一个要素，不能简单地用结点和箭线来表示。因此，解析结构模型中最重要的假定就是：所涉及的关系都是二元关系，都可用结点和箭线表示。有了这个假定，系统的结构就可以用“图”来表示，这种图统称为关系图。图 3.4.1 就是一种关系图。

除了用关系图表示系统结构之外，还可用关系图对应的矩阵表示系统结构。这种矩阵统称为关系矩阵，其中最直接的一种是邻接矩阵，用来表示各要素之间直接的连接关

系。图 3.4.1 的邻接矩阵如下：

$$
\begin{array}{c}
\\ 1\\2\\3\\4\\5\\6\\7\\8\\9\\10\\11\\12
\end{array}
\begin{array}{c}
\begin{array}{cccccccccccc}1&2&3&4&5&6&7&8&9&10&11&12\end{array}\\
\begin{pmatrix}
0&1&1&1&1&0&0&0&0&0&0&0\\
0&0&0&0&0&0&0&0&0&0&1&1\\
0&0&0&0&0&0&0&0&0&1&1&1\\
0&0&0&0&0&0&0&0&0&0&1&1\\
0&0&0&0&0&1&1&1&1&0&0&0\\
0&0&0&0&0&0&1&0&1&0&0&0\\
0&0&0&0&0&0&0&1&1&0&0&0\\
0&0&0&0&0&0&0&0&0&1&0&0\\
0&0&0&0&0&0&0&0&0&0&1&1\\
0&0&0&0&0&0&0&0&0&0&0&1\\
0&0&0&0&0&0&0&0&0&0&0&0\\
0&0&0&0&0&0&0&0&0&0&0&0
\end{pmatrix}
\end{array}
$$

这是一个 12×12 的方阵，它的每一行每一列都对应图 3.4.1 中的一个结点（一种生物），清楚地反映了生态系统中动物与植物、动物与动物之间的食者与被食者的关系。

在一般情况下，系统 S 共有 n 个要素：

$$S=\{e_i \mid i=1,2,\cdots,n\} \tag{3.4.1}$$

则邻接矩阵记为

$$
\boldsymbol{A}=\begin{array}{c} \\ e_1\\e_2\\ \vdots\\ e_n\end{array}
\begin{array}{c}
\begin{array}{cccc}e_1&e_2&\cdots&e_n\end{array}\\
\begin{pmatrix}
a_{11}&a_{12}&\cdots&a_{1n}\\
a_{21}&a_{22}&\cdots&a_{2n}\\
\vdots&\vdots&&\vdots\\
a_{n1}&a_{n2}&\cdots&a_{nn}
\end{pmatrix}
\end{array} \tag{3.4.2}
$$

式中，

$$a_{ij}=\begin{cases}1, & \text{当}e_i\text{对}e_j\text{有关系时}\\ 0, & \text{当}e_i\text{对}e_j\text{无关系时}\end{cases}$$

由于邻接矩阵是布尔矩阵，所以矩阵元素按布尔运算（逻辑和、逻辑与、逻辑乘）法则进行运算，读者可参见相关文献。

从以上讨论可以看出，关系图与邻接矩阵是一一对应的，有了关系图，邻接矩阵就唯一确定了，反之亦然。邻接矩阵 $\boldsymbol{A}$ 的转置矩阵 $\boldsymbol{A}^{\mathrm{T}}$ 是关系图所有箭头反过来之后所对应的邻接矩阵。在关系图中，如果 e_i 与 e_j 的关系具有对称性，则称 e_i 与 e_j 具有强连接性。

定义 3.4.1　D 是由 n 个要素组成的系统 $S=\{e_i \mid i=1,2,\cdots,n\}$ 的关系图。元素为

$$m_{ij}=\begin{cases}1, & \text{如果}e_i\text{经若干箭线到达}e_j\\ 0, & \text{否则}\end{cases}$$

的 $n\times n$ 矩阵 $\boldsymbol{M}$，称为图 D 的可达性矩阵。如果从要素 e_i 出发经过 k 段箭线到达 e_j，则说明 e_i 到 e_j 是可达的且“长度”为 k。

【例 3.4.1】 一个 4 要素系统 $S=\{1,2,3,4\}$，其关系图见图 3.4.2，对应的邻接矩阵如下：

$$A=\begin{matrix} & \begin{matrix}1 & 2 & 3 & 4\end{matrix} \\ \begin{matrix}1\\2\\3\\4\end{matrix} & \begin{pmatrix}1 & 0 & 1 & 1\\0 & 1 & 1 & 0\\1 & 0 & 0 & 1\\0 & 0 & 1 & 0\end{pmatrix}\end{matrix}$$

$D=$

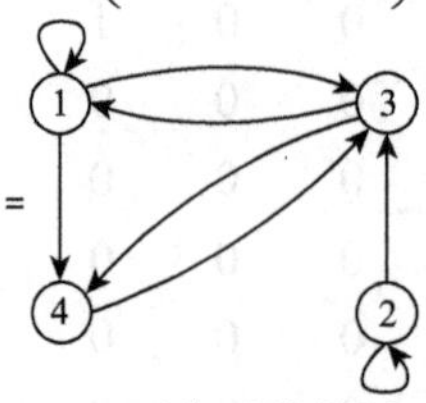

图 3.4.2 4 要素系统的关系图

我们计算 $A\circ A$，记为 $\boldsymbol{A}^2$。若从 e_i 到 e_j 可达且“长度”为 2，则 $\boldsymbol{A}^2$ 中第 i 行第 j 列上的元素等于 1。一般地，对于任意正整数 r（$r\leqslant n$）的 $\boldsymbol{A}^r$，若从 e_i 到 e_j 是可达的且“长度”为 r，则 $\boldsymbol{A}^r$ 中第 i 行第 j 列上的元素等于 1。以例 3.4.1 中 4 要素系统 S 为例

$$\boldsymbol{A}^2=\begin{pmatrix}1 & 0 & 1 & 1\\0 & 1 & 1 & 0\\1 & 0 & 0 & 1\\0 & 0 & 1 & 0\end{pmatrix}\begin{pmatrix}1 & 0 & 1 & 1\\0 & 1 & 1 & 0\\1 & 0 & 0 & 1\\0 & 0 & 1 & 0\end{pmatrix}=\begin{pmatrix}1 & 0 & 1 & 1\\1 & 1 & 1 & 1\\1 & 0 & 1 & 1\\1 & 0 & 0 & 1\end{pmatrix}$$

如图 3.4.2 中②到①、②到④、④到①都是可达的且“长度”为 2，$\boldsymbol{A}^2$ 中对应的元素是 1。还可以进一步计算 $\boldsymbol{A}^3$，$\boldsymbol{A}^4$，…，但是我们至多计算到 $\boldsymbol{A}^4$ 就行了，因为对于一个由 4 个要素组成的系统，任两个要素间的“长度”≤4，当“长度”=4 时，具有类似以下的形式：

$$i_1\rightarrow i_2\rightarrow i_3\rightarrow i_4\rightarrow i_1$$

i_1 对自身构成一个回路（绕圈子）。如果不断算下去，对于有回路的系统来说，当 k 增大时，$\boldsymbol{A}^k$ 形成一定的周期性重复（绕圈子）；对于无回路的系统来说，到某个 k 值，$\boldsymbol{A}^k=0$。

如果我们需要知道从某一要素 e_i 出发可能到达哪些要素，则只需对 $\boldsymbol{A}$（直接关系），$\boldsymbol{A}^2$，$\boldsymbol{A}^3$，…，$\boldsymbol{A}^n$（间接关系）进行逻辑和运算：

$$\boldsymbol{A}\cup\boldsymbol{A}^2\cup\cdots\cup\boldsymbol{A}^n \tag{3.4.3}$$

为方便起见，假定任何 e_i 到它本身是可达的，这样再加一单位矩阵 $\boldsymbol{I}$，即

$$\boldsymbol{M}=\boldsymbol{I}\cup\boldsymbol{A}\cup\boldsymbol{A}^2\cup\cdots\cup\boldsymbol{A}^n \tag{3.4.4}$$

可达性矩阵 $\boldsymbol{M}$ 可从式（3.4.4）求出。$\boldsymbol{M}$ 也是 $n\times n$ 方阵，它的每个元素 m_{ij} 表明了 e_i 能否达到 e_j。但是，利用式（3.4.4）计算 $\boldsymbol{M}$ 很麻烦。为了使计算简便，我们可以利用下面的恒等式（可用数学归纳法证明），即对任何正整数 n，有

$$(\boldsymbol{I}\cup\boldsymbol{A})^n=\boldsymbol{I}\cup\boldsymbol{A}\cup\boldsymbol{A}^2\cup\cdots\cup\boldsymbol{A}^n \tag{3.4.5}$$

于是由式（3.4.5）计算 $(\boldsymbol{I}\cup\boldsymbol{A})$ 的幂就行了。实际上，只要计算 $(\boldsymbol{I}\cup\boldsymbol{A})$ 的偶次幂 $(\boldsymbol{I}\cup\boldsymbol{A})^2$，$(\boldsymbol{I}\cup\boldsymbol{A})^4$，$(\boldsymbol{I}\cup\boldsymbol{A})^8$，…。如果

$$(\boldsymbol{I}\cup\boldsymbol{A})^{2^{i-1}}\neq(\boldsymbol{I}\cup\boldsymbol{A})^{2^{i}}=(\boldsymbol{I}\cup\boldsymbol{A})^{2^{i+1}} \tag{3.4.6}$$

则

$$\boldsymbol{M}=(\boldsymbol{I}\cup\boldsymbol{A})^{2^{i}} \tag{3.4.7}$$

【例 3.4.2】 采用例 3.4.1 中的邻接矩阵 $\boldsymbol{A}$ 计算可达性矩阵 $\boldsymbol{M}$。

解

$$\boldsymbol{I}\cup\boldsymbol{A}=\begin{pmatrix}1&0&1&1\\0&1&1&0\\1&0&1&1\\0&0&1&1\end{pmatrix}$$

$$(\boldsymbol{I}\cup\boldsymbol{A})^2=\begin{pmatrix}1&0&1&1\\0&1&1&0\\1&0&1&1\\0&0&1&1\end{pmatrix}\begin{pmatrix}1&0&1&1\\0&1&1&0\\1&0&1&1\\0&0&1&1\end{pmatrix}=\begin{pmatrix}1&0&1&1\\1&1&1&1\\1&0&1&1\\1&0&1&1\end{pmatrix}$$

$$\begin{aligned}(\boldsymbol{I}\cup\boldsymbol{A})^4&=(\boldsymbol{I}\cup\boldsymbol{A})^2\cdot(\boldsymbol{I}\cup\boldsymbol{A})^2\\&=\begin{pmatrix}1&0&1&1\\1&1&1&1\\1&0&1&1\\1&0&1&1\end{pmatrix}\begin{pmatrix}1&0&1&1\\1&1&1&1\\1&0&1&1\\1&0&1&1\end{pmatrix}=\begin{pmatrix}1&0&1&1\\1&1&1&1\\1&0&1&1\\1&0&1&1\end{pmatrix}\\&=(\boldsymbol{I}\cup\boldsymbol{A})^2\end{aligned}$$

因此，可达性矩阵为

$$\boldsymbol{M}=(\boldsymbol{I}\cup\boldsymbol{A})^2=\begin{pmatrix}1&0&1&1\\1&1&1&1\\1&0&1&1\\1&0&1&1\end{pmatrix}$$

这里，再介绍一种容易编成计算机程序的 Warshall 算法。设邻接矩阵为 $\boldsymbol{A}$，下列步骤产生可达性矩阵 $\boldsymbol{M}$（算法中 $\boldsymbol{M}$ 也充当中间矩阵）：第一步，$\boldsymbol{M}\leftarrow(\boldsymbol{I}\cup\boldsymbol{A})$；第二步，$j\leftarrow1$；第三步，$i\leftarrow1$；第四步，$m_{ij}\leftarrow m_{ij}\vee(m_{ik}\wedge m_{kj})$，对于 1 到 n 的一切 k；第五步，$i\leftarrow i+1$，如果 $i\leqslant n$ 则转向第四步；第六步，$j\leftarrow j+1$，如果 $j\leqslant n$，则转向第三步，否则停止。

用数学归纳法证明这个算法产生所要的矩阵 $\boldsymbol{M}$。注意到对于 $k=0$，即对于第一步所产生的矩阵来说，如果有从 e_i 到 e_j 的“长度”为 1 的路径，则 $m_{ij}=1$。假设对于某一 k，在由算法第三步到第五步所产生的中间矩阵 $\boldsymbol{M}$ 中，当且仅当存在从 e_i 到 e_j 并通过结点 e_1，e_2，…，e_k 的路径或者有一条从 e_i 到 e_j 的边时，$m_{ij}=1$。下一步 $k=k+1$ 时，或者当以前的 $m_{ij}=1$，或者当存在一条从 e_i 到 e_j 并通过结点 e_{k+1} 的路径时，$m_{ij}=1$。这就是说，当且仅当存在一条从 e_i 到 e_j 并通过结点 e_1，e_2，…，e_{k+1} 的路径或者有从 e_i 到 e_j 的边时，有 $m_{ij}=1$。由此归纳得证。

图论中可达性的概念与二元关系中传递性的概念是相对应的。如果图 D 的二元关系

R 是传递的，即 $aRb \wedge bRc \Rightarrow aRc$，那么可达性矩阵 $\boldsymbol{M}$ 表示图 D 对应的关系矩阵 $\boldsymbol{A}$ 的传递闭包，即 tr（$\boldsymbol{A}$）=$\boldsymbol{M}$。因此，$\boldsymbol{M}$ 是可达性矩阵的充分必要条件是

$$\mathrm{tr}(\boldsymbol{M})=\boldsymbol{M} \tag{3.4.8}$$

然而，在研究社会选择和个人偏好这类问题时，有些关系虽然在逻辑上是传递的，但可能由于个人的理解不同而被视为不传递。在解析结构模型中总是假定所涉及的关系具有传递性。当问题不满足传递性时，解析结构模型不能用。

3.4.2 可达性矩阵划分

在 3.4.1 节中，我们介绍了怎样求取可达性矩阵，这里介绍怎样由可达性矩阵寻求系统结构模型，为此，需要对可达性矩阵给出的各要素间的关系加以划分。

下面介绍由可达性矩阵诱导的几种重要的划分。

1. $\pi_1(S\times S)$：关系划分

一个可达性矩阵在 $S\times S$ 上诱导出一个划分，这种划分把所有各要素分成两大类，即 R 与 $\bar{R}$，R 类包括所有可达关系，$\bar{R}$ 类包括所有不可达关系。对于 $S\times S$ 中的有序对（e_i，e_j），如果 e_i 到 e_j 是可达的，则（e_i，e_j）属于 R 类；如果 e_i 到 e_j 是不可达的，则（e_i，e_j）属于 $\bar{R}$ 类。其实，从可达性矩阵各元素是 1 还是 0 就很容易划分。

这种划分用公式表示为

$$\pi_1(S\times S)=\{R,\bar{R}\} \tag{3.4.9}$$

2. $\pi_2(S)$：区域划分

区域划分将系统分成若干（如 m）个相互独立的、没有直接或间接影响的子系统。可通过可达性矩阵，给出可达集和先行集的定义。

定义 3.4.2 如果系统 $S=\{e_i|i=1,2,\cdots,n\}$ 的可达性矩阵为 $\boldsymbol{M}=(m_{ij})_{n\times n}$，则 $\forall e_i\in S$ 的可达集为

$$R(e_i)=\{e_j|e_j\in S, m_{ij}=1\} \tag{3.4.10}$$

e_i 的先行集为

$$A(e_i)=\{e_j|e_j\in S, m_{ji}=1\} \tag{3.4.11}$$

进一步给出底层要素集的定义如下。

定义 3.4.3 系统 $S=\{e_i|i=1,2,\cdots,n\}$ 的底层要素集为

$$B=\{e_i|e_i\in S\text{且}R(e_i)\cap A(e_i)=A(e_i)\} \tag{3.4.12}$$

B 中的要素称为底层要素。

如果 e_i 是底层要素，则先行集 $A(e_i)$ 中包含它本身及与 e_i 有强连接的要素；可达集 $R(e_i)$ 包含 e_i 本身、与 e_i 有强连接的要素和可从 e_i 到达的要素。如果存在要素 e_j 在 e_i 的下层，e_j 只能包含在 $A(e_i)$ 中而不能包含在 $A(e_i)\cap R(e_i)$ 中，即 $A(e_i)\neq A(e_i)\cap R(e_i)$。因此符合条件

$$A(e_i)=A(e_i)\cap R(e_i) \tag{3.4.13}$$

的要素 e_i 一定是底层要素。

今有属于 B 的任意两个要素 t、t'，如果

$$R(t)\cap R(t')\neq\varnothing$$

则要素 t 和 t' 属于同一区域；反之，如果

$$R(t)\cap R(t')=\varnothing$$

则要素 t 和 t' 属于不同区域。经过这样的运算后，系统 S 就划分成若干区域，可写成

$$\pi_2(S)=\{P_1,P_2,\cdots,P_m\} \tag{3.4.14}$$

式中，m 为区域数。

【例 3.4.3】 利用图 3.4.3 所示关系图进行区域划分。

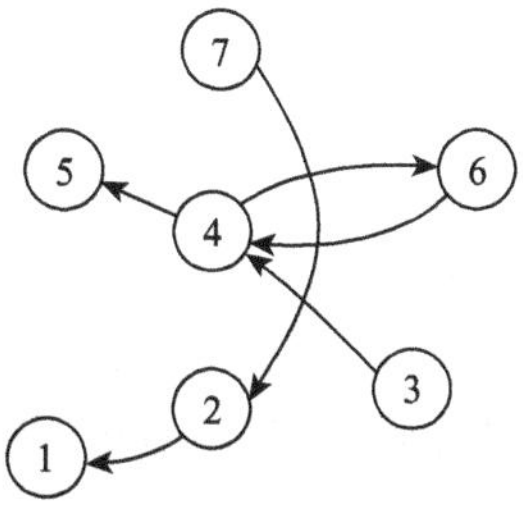

图 3.4.3　7 要素系统的关系图

解　可达性矩阵为

$$M=\begin{array}{c}\\ 1\\2\\3\\4\\5\\6\\7\end{array}\begin{array}{c}\begin{array}{ccccccc}1&2&3&4&5&6&7\end{array}\\ \begin{pmatrix}1&0&0&0&0&0&0\\1&1&0&0&0&0&0\\0&0&1&1&1&1&0\\0&0&0&1&1&1&0\\0&0&0&0&1&0&0\\0&0&0&1&1&1&0\\1&1&0&0&0&0&1\end{pmatrix}\end{array}$$

进行区域划分，由表 3.4.1 可知 $B=\{e_3,e_7\}$，因为 $R(e_3)\cap R(e_7)=\varnothing$，所以 e_3、e_7 分属两个不同的区域，可达性矩阵可划分为

$$\pi_2(S)=\{P_1,P_2\}=\{\{e_3,e_4,e_5,e_6\},\{e_1,e_2,e_7\}\}$$

两个区域。据此，对可达性矩阵作初等变换——行和列的顺序变更，化成对角分块矩阵的形式：

$$
\boldsymbol{M}=\begin{array}{c}\\3\\4\\5\\6\\1\\2\\7\end{array}
\begin{array}{c}
\begin{array}{cccc|ccc}3&4&5&6&1&2&7\end{array}\\
\left(\begin{array}{cccc|ccc}
1&1&1&1&&&\\
0&1&1&1&&&\\
0&0&1&0&&\mathbf{0}&\\
0&1&1&1&&&\\
\hline
&&&&1&0&0\\
&\mathbf{0}&&&1&1&0\\
&&&&1&1&1
\end{array}\right)
\end{array}
\begin{array}{l}\text{子系统 I}\\ \\ \text{子系统 II}\end{array}
$$

子系统 I　子系统 II

表 3.4.1　区域划分表

i	$R(e_i)$	$A(e_i)$	$R(e_i)\cap A(e_i)$
1	1	1，2，7	1
2	1，2	2，7	2
3	3，4，5，6	3	3
4	4，5，6	3，4，6	4，6
5	5	3，4，5，6	5
6	4，5，6	3，4，6	4，6
7	1，2，7	7	7

这种划分对要素很多的系统来说很必要，可以把系统分成若干子系统来研究。例如，行政区划分、大型工程的组织结构划分、复杂装备系统的分系统划分等。而且，在用计算机辅助设计时，采用区域划分后将节省内存空间和时间。

3. $\pi_3(P)$：级别划分

级别划分是在每一区域内进行的。

前面定义过要素 e_i 的可达集 $R(e_i)$ 和先行集 $A(e_i)$，这两个集合在可达性矩阵中是很直观的。在可达性矩阵中，顺着 e_i 行横看过去，凡是元素为 1 的列所对应的要素都在 $R(e_i)$ 之内；顺着 e_i 列竖看下来，凡是元素为 1 的行所对应的要素都在 $A(e_i)$ 之内。

如某要素 e_i 为最上级要素，由于 e_i 没有更高的级可达，所以它的可达集 $R(e_i)$ 中只能包括 e_i 本身和与它同级的强连接要素；且其先行集 $A(e_i)$ 包括它本身、可以到达它的下级要素及与它同级的强连接要素。这样一来，对最上级要素 e_i 来说，$A(e_i)$ 与 $R(e_i)$ 的交集就和 $R(e_i)$ 相同，所以得出 e_i 为最上级要素的条件为

$$R(e_i)=R(e_i)\cap A(e_i) \tag{3.4.15}$$

从而可给出最上级要素集的定义如下。

定义 3.4.4　系统 $S=\{e_i|i=1,2,\cdots,n\}$ 的最上级要素集为

$$T=\{e_i|e_i\in S\text{且}R(e_i)\cap A(e_i)=R(e_i)\}$$

得出最上级各要素后，把它们暂时去掉，再用同样方法便可求得次一级诸要素。这样继续下去，便可一级级地把各要素划分出来。如果用 $L_1, L_2, \cdots, L_k$ 表示从上到下的

各级，则系统 S 中的一个区域 P 的级别划分可用下式表示：

$$\pi_3(P)=\{L_1, L_2, \cdots, L_k\} \tag{3.4.16}$$

具体地按以下步骤反复进行。

（1）$L_j=\{e_i \in P-L_0-L_1-\cdots-L_{j-1} \mid R_{j-1}(e_i)\cap A_{j-1}(e_i)=R_{j-1}(e_i)\}$

式中，$L_0=\varnothing$；L_j 表示第 j 级，$j\geqslant 1$；

$$R_{j-1}(e_i)=\{e_i \in P-L_0-L_1-\cdots-L_{j-1} \mid m_{ij}=1\}$$

$$A_{j-1}(e_i)=\{e_i \in P-L_0-L_1-\cdots-L_{j-1} \mid m_{ji}=1\}$$

（2）$\{P-L_0-L_1-\cdots-L_j\}=\varnothing$ 时，级别划分完毕；反之，若 $\{P-L_0-L_1-\cdots-L_j\}\neq\varnothing$，则令 $j=j+1$，返回步骤（1）。

根据步骤（1）和（2），可以容易地给出级别划分算法的程序框图（图 3.4.4）。给定 n 阶可达性矩阵 $\boldsymbol{M}$ 后，公式 $R(e_i)=A(e_i)\cap R(e_i)$ 等价于：

$$m_{ij}\leqslant m_{ji}\ (j=1, 2, \cdots, n) \tag{3.4.17}$$

满足条件（3.4.17）的要素就是最上级要素，将这些要素对应的行和列从 $\boldsymbol{M}$ 中暂时划掉，得到一个低阶的矩阵，重复利用条件（3.4.17），便可把各级要素划分出来。

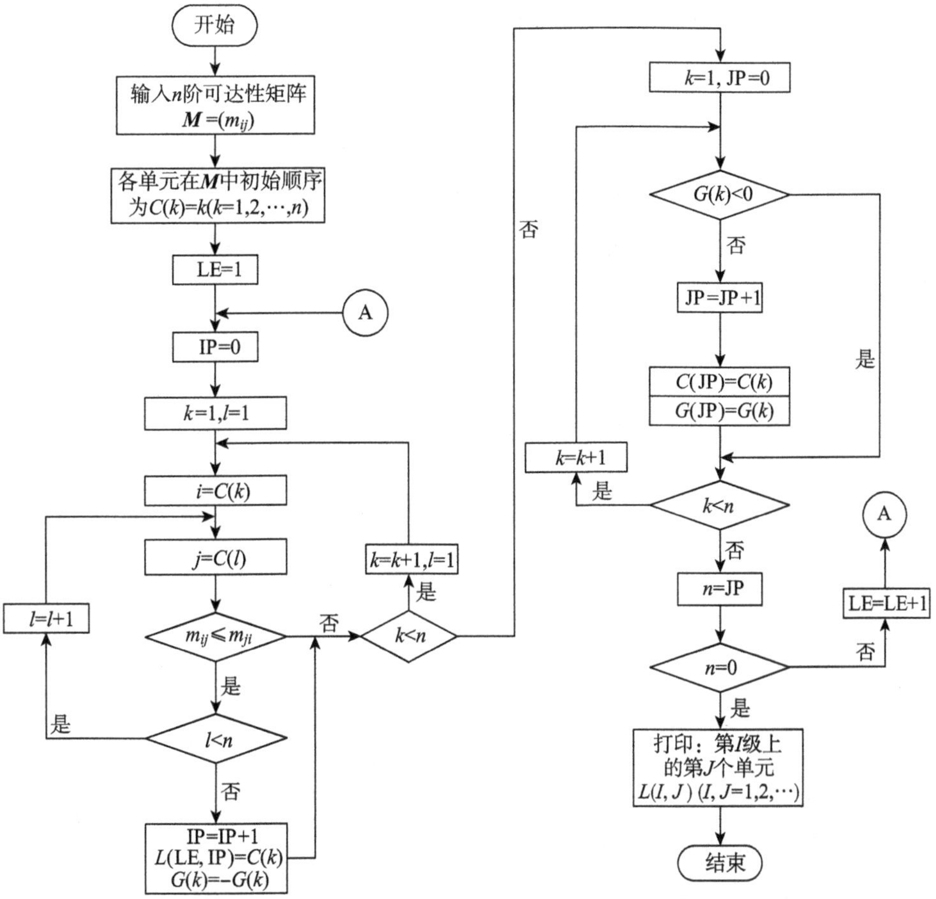

图 3.4.4　可达性矩阵级别划分的程序框图

【例 3.4.4】 对例 3.4.3 中的区域 P_1 进行级别划分。

解 由表 3.4.2 可知：① $L_1=\{e_i\in P_1-L_0 \mid R(e_i)\cap A(e_i)=R(e_i)\}=\{e_5\}$；② $\{P_1-L_0-L_1\}=\{e_3,e_4,e_6\}\neq\varnothing$。

继续进行，得表 3.4.2~表 3.4.4。

表 3.4.2 第一级划分

i	$R(e_i)$	$A(e_i)$	$R(e_i)\cap A(e_i)$
3	3，4，5，6	3	3
4	4，5，6	3，4，6	4，6
⑤	5	3，4，5，6	5
6	4，5，6	3，4，6	4，6

表 3.4.3 第二级划分

i	$R(e_i)$	$A(e_i)$	$R(e_i)\cap A(e_i)$
3	3，4，6	3	3
④	4，6	3，4，6	4，6
⑥	4，6	3，4，6	4，6

表 3.4.4 第三级划分

i	$R(e_i)$	$A(e_i)$	$R(e_i)\cap A(e_i)$
③	3	3	3

于是，第一级为 e_5；第二级为 e_4、e_6；第三级为 e_3。

同样，对区域 P_2 进行级别划分，得第一级为 e_1，第二级为 e_2，第三级为 e_7。

以上结果用公式表示为

$$\pi_3(P)_1=\{\{e_5\},\{e_4,e_6\},\{e_3\}\}$$

$$\pi_3(P_2)=\{\{e_1\},\{e_2\},\{e_7\}\}$$

通过级别划分，将可达性矩阵按级别进行变换，可得

$$\boldsymbol{M}=\begin{array}{c} \\ 5\\4\\6\\3\\1\\2\\7\end{array}\begin{array}{c}\begin{array}{ccccccc}5&4&6&3&1&2&7\end{array}\\ \left(\begin{array}{cccc:ccc} 1&0&0&0&&&\\ 1&1&1&0&&&\\ 1&1&1&0&&\mathbf{0}&\\ 1&1&1&1&&&\\ \hdashline &&&&1&0&0\\ &\mathbf{0}&&&1&1&0\\ &&&&1&1&1 \end{array}\right)\end{array} \tag{3.4.18}$$

此时，可将图 3.4.3 所示关系图整理为图 3.4.5。可见，通过例 3.4.3 和例 3.4.4 所示分析得到的图 3.4.5 对原系统中各要素之间关系的描述比图 3.4.3 更加清楚，对各要素所属区域和级别的表现清晰明了。这只是一个示例，在解决较为复杂的系统问题时，通过这样的分析可以很好地帮助分析人员厘清关系，从而更好地进行系统分析和设计。

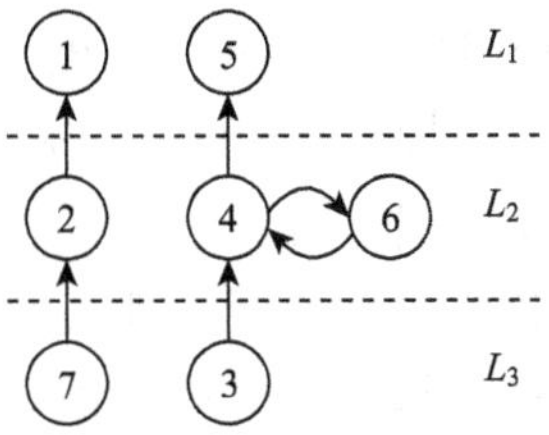

图 3.4.5　7 要素系统的关系图（整理后）

如果级别划分中的条件

$$R(e_i)=A(e_i)\cap R(e_i)$$

换成条件

$$A(e_i)=A(e_i)\cap R(e_i)$$

级别划分仍可进行，不过每次分出的不是最上级要素，而是底层要素，这在进行系统诊断、找问题的病根方面比较方便。

4. $\pi_4(L)$：是否强连接要素的划分

当按 $\pi_3(P)$ 进行级别划分之后，分出若干级。设 L_k 是第 k 级，在 L_k 内的各要素或者是某个强连接部分中的要素，或者不是。如果某要素 e_i 不属于同级的任何强连接部分，则它的可达集（限定在第 k 级上）就是它本身，即

$$R_{L_k}(e_i)=\{e_i\}$$

这样的要素称为孤立要素（限定在第 k 级上），否则称为强连接要素。于是，我们把各级上的要素分成两类，一类是孤立要素类，称为 I_1 类；另一类是强连接要素类，称为 I_2 类，即

$$\pi_4(L)=\{I_1,I_2\} \tag{3.4.19}$$

【例 3.4.5】　设对某个 9 要素系统进行了区域划分和级别划分，在此基础上整理后的关系图如图 3.4.6 所示。对其第 2 级 L_2 进行是否强连接要素的划分，结果如下：

$$\pi_4(L_2)=\{I_1,I_2\}=\{\{2\},\{4,6,8,9\}\}$$

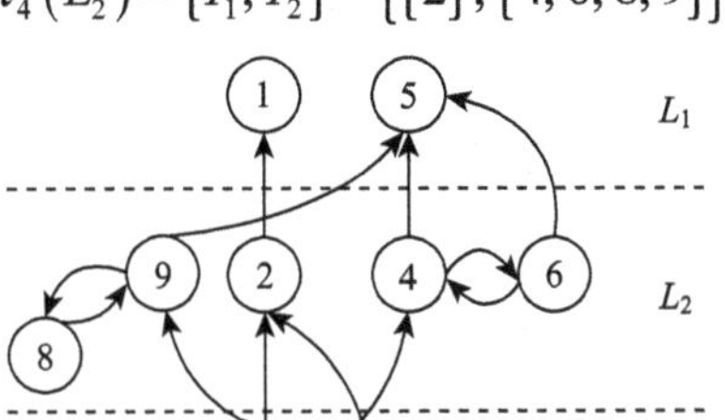

图 3.4.6　9 要素系统的关系图（整理后）

5. $\pi_4^*(L)$：级上等价关系的划分

由级 L_k 指定的可达性矩阵 $\boldsymbol{M}$ 的子矩阵 $\boldsymbol{M}_k$，显然仍是可达性矩阵。可达性矩阵对应的二元关系是自反和传递的，又由于在 L_k 中的各要素要么是孤立要素，要么是强连接要

素，具有对称性，因此可达性矩阵 $\boldsymbol{M}$ 对应的系统 S 的关系限制在 L_k 上是一个等价关系。等价关系唯一确定 L_k 的一个划分，即把 L_k 中的要素划分成若干等价类：

$$\pi_4^*(L)=\{\overline{a}_1, \overline{a}_2, \cdots, \overline{a}_v\} \tag{3.4.20}$$

式中，a_i（i=1，2，⋯，v）为等价类的代表元，孤立要素的代表元就是其本身，强连接要素的代表元可以在强连接部分中任选一个。如果把每个等价类中的所有要素综合起来看成系统 S 的一个要素，将使系统层次结构简单明了。

【例 3.4.6】 对例 3.4.5 的第 2 级 L_2 进行级上等价关系的划分，结果如下：

$$\pi_4^*(L_2)=\{\overline{2}, \overline{4}, \overline{8}\}=\{\overline{2}, \overline{6}, \overline{8}\}=\{\overline{2}, \overline{4}, \overline{9}\}=\{\overline{2}, \overline{6}, \overline{9}\}$$

6. $\pi_5(I)$：强连接子集的划分

利用 $\pi_4(L)$ 可以划分出哪些要素属于强连接要素类 I_2，这里的划分是要把具有强连接的子集（回路）进一步划分出来，即

$$\pi_5(I)=\{c_1, c_2, \cdots, c_y\} \tag{3.4.21}$$

式中，c_i 表示一个最大回路集；y 表示这种最大回路集的数目。所谓“最大”是指如果在这个集中增加一个要素，就会破坏回路的性质。这样的回路是一个完全子图，即对应子矩阵的元素全是 1。

【例 3.4.7】 对例 3.4.5 的强连接要素类 I_2 进行强连接子集的划分，结果如下：

$$\pi_5(I_2)=\{\{4, 6\}, \{8, 9\}\}$$

在以上六种划分中，后面的划分利用前面的划分，逐步深入。在建立解析结构模型的过程中，可使用六种划分中的部分或全部，视具体情况而定。

通过以上工作，可以非常清楚地描述出系统各个要素之间的相互影响关系，包括系统所有要素的区域归属情况、同一区域内要素的层次关系、要素间的对称影响关系（即强连接关系，有时视作等价关系）等。而且根据以上分析与处理，还可以进一步画出系统的结构模型图，从而帮助系统分析人员从全局上清楚地把握系统各要素之间的关系。需要说明的是，如果以上方法得到的结果与专家的定性认识不完全一致，则需要根据实际情况具体分析，可能要选择是否应对模型进行人为的调整。

3.4.3 解析结构模型的应用

以下通过一个装备型号系统分析实例介绍解析结构模型的实际应用。

【例 3.4.8】 用解析结构模型分析某型江河工程侦察车的侦察性能结构。

为论证用于渡河工程保障的某型江河工程侦察车（amphibious engineering reconnaissance automobile，AERA）的江河侦察作业能力的参数及指标，论证人员需要建立关于侦察性能的系统结构模型，以便于分析性能参数之间的影响或作用关系，建立性能指标体系，进行性能指标的优化。

1. 选择系统要素

根据型号概念设计提出的方案设想，初步确定了功能要求和技术途径。AERA 具有自动侦测江河断面、流速，以及江河断面河底性质（岩石、卵石、泥沙等）的功能，采用电磁波相位测距、超声波回声测深与探知河底性质等技术途径。解析结构模型工作小组由论证人员、渡河工程保障专家、地形测绘专家、无线电技术和声学技术专家组成。经过分析和讨论，其选择了以下系统要素，并拟制要素明细表，如表 3.4.5 所示。

表 3.4.5　AERA 侦察作业能力要素明细表

序号	要素	序号	要素	序号	要素
1	动态定位精度	9	测量水深范围	17	底质样本数量
2	适应气象能力	10	测深频率	18	测流速精度
3	测距频率精度	11	声指向角	19	测流传感器灵敏度
4	导航定位精度	12	江河含砂量	20	测流计数方式
5	适应风浪能力	13	声发射功率	21	侦察作业速度
6	最大测距测程	14	适应流速能力	22	江河最大流速
7	测频载波方式	15	测深精度	23	侦察作业能力
8	天线型式与尺寸	16	底质分辨率		

该问题的系统要素共讨论确定了 23 个，用集合表示为

$$S=\{s_i | i=1,2,\cdots,23\}$$

各个要素的具体含义在这里不做具体解释。

2. 分析要素间的相互关系

解析结构模型小组经过分析讨论描述出要素集合 S 中 23 个要素的相互关系，并用有向图表示，如图 3.4.7 所示。

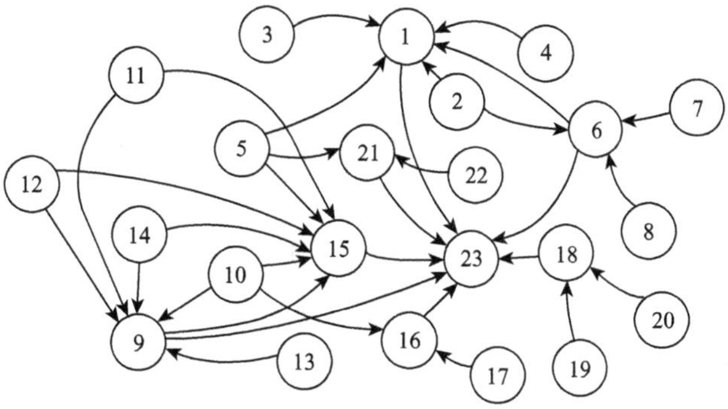

图 3.4.7　AERA 侦察作业能力要素关系图

3. 建立邻接矩阵和可达性矩阵

根据图 3.4.7 可直接建立邻接矩阵 $\boldsymbol{A}$ 如下：

$A=$

	1	2	3	4	5	6	7	8	9	10	11	12	13	14	15	16	17	18	19	20	21	22	23
1																							1
2	1					1																	
3	1																						
4	1																						
5	1														1						1		
6	1																						1
7						1																	
8						1																	
9															1								1
10									1						1	1							
11									1						1								
12									1						1								
13									1														
14									1						1								
15																							1
16																							1
17																1							
18																							1
19																			1				
20																			1				
21																							1
22																					1		
23																							

再经运算建立可达性矩阵如下：

$M=$

	1	2	3	4	5	6	7	8	9	10	11	12	13	14	15	16	17	18	19	20	21	22	23
1	1																						1
2	1	1				1																	1
3	1		1																				1
4	1			1																			1
5	1				1										1						1		1
6	1					1																	1
7	1					1	1																1
8	1					1		1															1
9									1						1								1
10									1	1					1	1							1
11									1		1				1								1
12									1			1			1								1
13									1				1		1								1
14									1					1	1								1
15															1								1
16																1							1
17																1	1						1
18																		1					1
19																		1	1				1
20																		1		1			1
21																					1		1
22																					1	1	1
23																							1

4. 建立结构模型

1）区域划分和级别划分

利用 3.4.2 节介绍的方法得到以下结果（具体步骤略）：①所有要素均属于同一区域；②级别划分为

$$\pi_3(S)=\{L_1,L_2,L_3,L_4\}$$
$$=\{\{23\},\{1,15,16,18,21\},\{3,4,5,6,9,17,19,20,22\},\{2,7,8,10,11,12,13,14\}\}$$

通过上述级别划分，得到按级排列的可达性矩阵如下：

$M'=$

	23	1	15	16	18	21	6	9	3	4	5	17	19	20	22	2	7	8	10	11	12	13	14
23	1																						
1	1	1																					
15	1		1																				
16	1			1																			
18	1				1																		
21	1					1																	
6	1	1					1																
9	1		1					1															
3		1							1														
4		1								1													
5		1	1			1					1												
17				1								1											
19					1								1										
20					1									1									
22						1									1								
2		1					1									1							
7							1										1						
8							1											1					
10			1	1				1											1				
11			1					1												1			
12			1					1													1		
13								1														1	
14			1					1															1

得到按级排列的可达性矩阵之后，还可进行是否强连接要素的划分、级上等价关系的划分，以及强连接子集的划分，本例从略。

2）建立结构模型

依照以上级别划分的结果，首先把各级要素逐级描画出来，再根据按级排列的可达性矩阵 M' 找出各要素之间的关系，并用箭线表示。至此，结构模型的草图初步完成。接下来的工作是整理草图，建立结构模型。

第三级要素为 3、4、5、6、9、17、19、20 和 22。但根据解析结构模型小组的经验判断，6、9 应当与 1、15、16、18 和 21 同为第二级要素，并且第四级要素 2、7、8、10、11、12、13、14 应当与 3、4、5、6、9、17、19、20、22 同为第三级要素。经过对建立结构模型的过程及其结果的分析，找到了产生问题的原因，这是由于解析结构模型分析法是基于可达性矩阵的传递性进行级别划分的。6 和 9 除了对 23 有影响关系外，还分别对 1 和 15 有影响关系（图 3.4.8）。这样，6 和 9 就有两条通路到达 23。以 6 为例，一条直达 23，通路长度为 1；另一条经 1 到达 23，通路长度为 2。根据可达性矩阵的传递性和级别划分原理，必然以可以到达上一级要素所有通路中最长的通路数划分系统要素的级。由于 6 和 9 可达上一级要素最长的通路数为 2，因此划分为第三级要素。从经验的角度分析，6 和 9 对 23 是直接而且对上的影响关系，对 1 和 15 是同级影响关系，并且 6 和 9 有直达 23 的通路，所以应当把 6 和 9 调整为第二级要素。此外，第 2、7、8、10、11、12、13、14 在级别划分中确定为第四级要素与 6 和 9 的通路情况有直接关联，也应当调整，改为第三级要素。对结构模型草图的整理完成以后，系统结构模型就建立起来了，如图 3.4.8 所示。

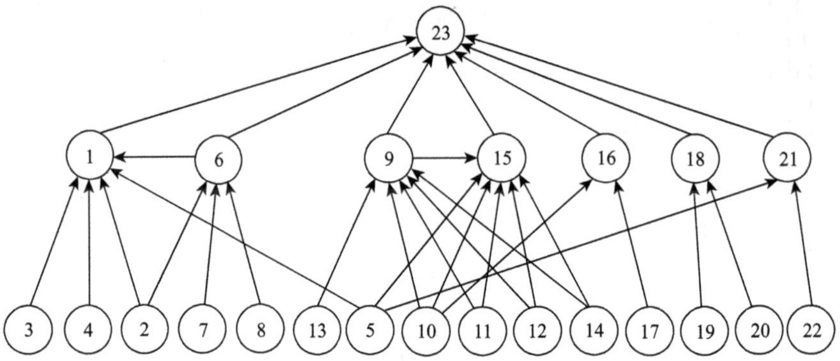

图 3.4.8　AERA 侦察作业能力的结构模型

3）建立解析结构模型

用要素名替代结构模型中的要素代码就得到解析结构模型，如图 3.4.9 所示。

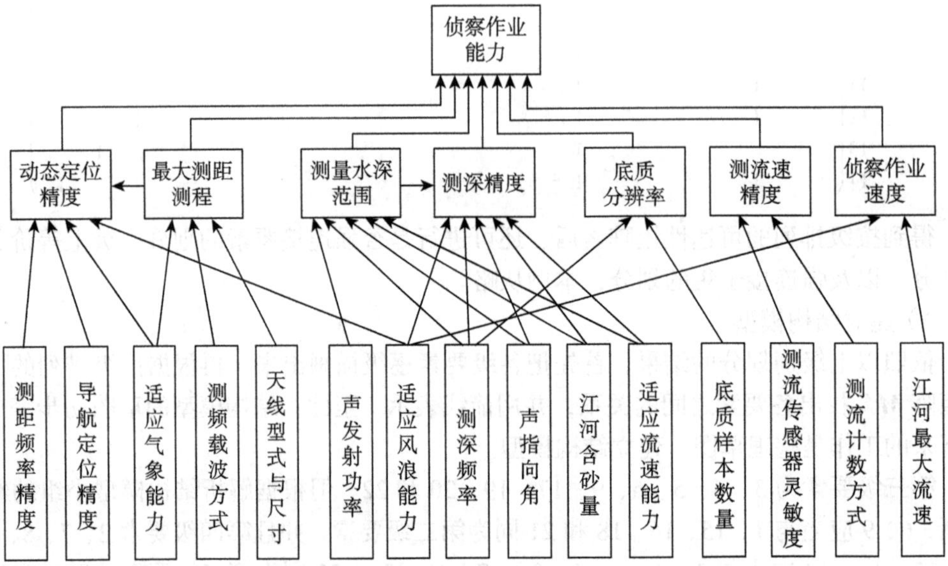

图 3.4.9　AERA 侦察作业能力的解析结构模型

解析结构模型在武器装备系统结构分析中有很高的应用价值，可以使论证人员借助结构模型了解对象系统的结构的特点和系统内部各要素的相互关系，以及系统与环境之间的相互关系，为装备型号功能或性能要求的满足和优化提供决策方案。例如，改善“动态定位精度”可以从结构模型中了解影响定位精度的性能要素，通过优化“测距频率精度”和“导航定位精度”，以及选用有良好“适应风浪能力”的渡送平台等技术途径，保证其指标的改善。

本 章 小 结

系统模型和建模方法用来研究系统内部各要素之间的关系、系统与外部环境之间的关系、系统运行机理及其发展规律，是系统工程人员必须掌握的方法。建立系统模型的意义在于，把非常复杂的系统内部和外部结构关系，通过恰当的抽象、加工、逻辑推理，变成可以进行分析和处理的形式，从而得到所需要的结论。特别是在系统工程研究的早期，当对系统的认识还不够具体、细致时，利用系统建模方法，给出定性与定量相结合的系统模型，对简化问题、规范描述、厘清关系都具有战略性的意义，为后续研究工作打下了坚实的基础。

本章介绍了系统建模和系统分析中涉及的一些主要方法，虽然还不能涵盖所有方面，但是较有代表性，其应用也比较广。在应用这些方法时，必须注意其适用性。例如，3.4 节的解析结构模型法基本解决了系统结构的规范化描述、分系统划分和要素的层次划分等问题，对厘清关系、进行问题诊断等都很有帮助，但要解决系统结构的合理性设计、综合评价等问题，还需要借助其他方法及专家经验。而且解析结构模型的基本假设是二元关系特性及关系的传递性，对不满足以上假设的问题不能应用。另外，系统仿真方法在很多课程中都有介绍，本书虽然没有设专门章节进行介绍，但并不等于它在系统工程应用中不重要，读者可以参考其他相关教材。

➢思考题 · 习题

1. 何谓系统模型？系统模型有哪些主要特征？

2. 对系统模型有哪些基本要求？系统建模主要有哪些方法？请分别说明这些建模方法的适用对象和建模思路。

3. 某钢筋车间制作一批直径相同的钢筋，需要长度为 3 米的 90 根，长度为 4 米的 60 根。已知所用的下料钢筋长度为 10 米，问怎样下料所用原材料最省？怎样下料余料总长度最少？请分别建立解决上述两个问题的数学模型。

4. 某卫星测控站每天至少需要下列数量的干部值班：

班次	1	2	3	4	5	6
起止时间	6：00~10：00	10：00~14：00	14：00~18：00	18：00~22：00	22：00~2：00	2：00~6：00
最少干部数/人	60	70	60	50	30	30

每班值班的干部在班次开始时上班，连续工作八小时。测控站首长需要确定每个班

次应派多少干部值班，才能既满足需要又使每天上班的干部人数最少，请帮助建立解决此问题的数学模型。

5. 系统结构模型的用途何在？
6. 简述解析结构模型六种划分的用途、对象和步骤。
7. 用数学归纳法证明，对任何正整数 n，下列恒等式成立：

$$(\boldsymbol{I}\cup\boldsymbol{A})^n\equiv\boldsymbol{I}\cup\boldsymbol{A}\cup\boldsymbol{A}^2\cup\cdots\cup\boldsymbol{A}^n$$

8. 设某系统 S 的可达性矩阵为

$$\boldsymbol{R}=\begin{array}{c} \\ 1\\2\\3\\4\\5\\6\\7\\8\end{array}\begin{array}{c}\begin{matrix}1&2&3&4&5&6&7&8\end{matrix}\\ \begin{pmatrix}1&0&0&0&0&0&0&0\\1&1&0&0&0&0&0&0\\0&0&1&1&1&1&0&0\\0&0&0&1&1&1&0&0\\0&0&0&0&1&0&0&0\\0&0&0&1&1&1&0&0\\0&0&0&0&1&0&1&0\\0&0&0&0&1&0&1&1\end{pmatrix}\end{array}$$

请在此基础上进行系统 S 的区域划分和级别划分。

第4章 系统分析

4.1 系统分析概述

系统分析是系统工程解决问题过程中的一个环节，更是其中的核心内容。在系统工程产生和发展的过程中，系统分析一直起着重要的作用。第一，正是随着系统分析等方法技术的产生、发展和推广应用，系统工程才得到不断的发展和进步；第二，系统分析方法的研究推动了系统工程方法的研究和发展，系统分析在系统思想、方法步骤及具体问题处理的方式、方法上，都对系统工程产生了直接的影响；第三，系统工程在处理和解决问题的过程中，首先要进行系统分析，再进行具体的操作处理，即自上而下、由粗到细、逐步深入，从一般的分析方法到具体的领域问题的处理解决。可见，应用系统工程解决问题离不开系统分析，系统分析要解决战略性、方向性的关键问题。系统分析与系统工程、系统管理一起与有关专业知识和技术相结合，综合应用于解决各个专业领域中的规划、设计和管理等问题。系统分析活动的重点在于通过系统研究，调查问题的状况和确定问题的目标，再通过系统设计，形成系统的结构，拟订可行方案，通过建模、模拟、优化和评价技术等对各种可行方案进行系统量化分析与评价比较，最后输出适宜的方案集及其可能产生的效果，供决策参考。系统工程活动还包括进行决策和把决策付诸执行的活动。系统管理则是应用系统的观点和方法对已建成的系统进行管理。

4.1.1 系统分析的产生与发展

客观事物，特别是复杂事物，在发展过程中的因果关系往往难以用直觉或一般数理方法做出本质的描述。由于事物本身具有的模糊性或不稳定性，以及外界不确定因素对它的影响等，在大多数情况下往往不可能仅利用某一个专业领域原有的专业知识就可直接预示出事物未来演变的结果。在 20 世纪 30 年代以前，人类所处理的问题多数是具有确定性的较简单的问题；40 年代以后，出现了大量具有不确定性、竞争性的复杂系统，如军事对抗、经济竞争等系统，一般预测技术方法越来越不能适应事物发展对方法论的要求，于是就产生了系统分析方法。系统分析方法是最重要的系统工程方法之一。

系统分析一词源于美国兰德公司（Research and Development，RAND）。第二次世界大战后，由于许多文职人员的建议，美国道格拉斯飞机公司组织各方面的专家，为美国空军研究“洲际导弹”，其目的是向美国空军提供战略、战术和设备的建议。这一项目被命名为“兰德公司工程”。1948 年 11 月“兰德公司工程”正式成为兰德公司，并在 1952 年由于成功预测“中国将出兵朝鲜”而一举成名，其后逐渐发展成为美国政府最重要的智库，致力于为美国决策者提供最好的信息和分析，使他们能够做出明智的选择。兰德公司虽然是民间组织，但其影响巨大，左右着美国的政治、经济、军事、外交等一系列重大事务的决策。系统分析是兰德公司在 1950 年左右提出的一种定量分析方法，最早用于冷战时期美国新型武器系统的优化配置和成本效益分析问题。

20 世纪 60 年代初期，美国国防部长麦克纳马拉把系统分析应用于整个军事领域，并很快在各政府部门推广，形成了著名的规划–计划–预算系统（planning-programming-budgeting system，PPBS）。第一步为规划，即根据世界局势，特别是美国所受的军事威胁，由参谋长联席会议制订战略方案，并据此提出为实现此方案所需的兵力和战略编成；第二步是制订计划，即在符合经济的原则下按不同时间（阶段）提供所需的人力、财力和物力，并用文件表示和报审；第三步是提出预算。这一以成本效益分析为核心的方法被称为“国防决策的近代设计”。与此相适应，麦克纳马拉专门成立系统分析局（System Analysis Office），它不仅承担国防预算规划的责任，而且国防部任何有关军事战略和武装力量结构的建议，都需由其按成本效益原则加以审核。从此，系统分析对美国的国防预算、资源分配以至于兵力结构预测来说均是不可缺少的环节和行之有效的科学方法。

20 世纪 70 年代以后，随着电子计算技术与仿真方法的进一步发展，系统分析在作战计划推演和验证等各项具体工作上显示了巨大优越性，无须实战和实兵演习即可在短期内取得大量数据。1990 年海湾战争爆发前，美军利用陆军概念分析局开发的“概念评估模型”（concept evaluation model，CEM）制订作战计划，为“沙漠盾牌”行动的战略部署和部队、人力、弹药需求，以及评估防空与战区弹道导弹防御方面的分析提供支持，而战争结果有力地证实了该模型提供的战役趋势预测有效性。在军事和政府部门的带动下，美国民间企业也开始应用系统分析方法来改善交通、通信、计算机、公共卫生设施的效率和效能，在消防、医疗、电网、导航等领域，系统分析方法也得到了广泛的应用。美国的兰德公司、斯坦福国际研究所、伦敦战略研究所、哈佛大学国际事务中心、国际应用系统分析研究所等智库积极推进相关理论和应用研究，取得了大量成果，发展出一套完整的方法、工具和技术，成为现代管理科学的重要组成部分。

进入 21 世纪后，由于互联网、物联网、云计算、思维科学等技术的兴起，人们对政治、经济、心理等不确定因素的认识和描述进入新的阶段。大数据技术的蓬勃发展彻底改变了人们的生活，也为系统分析带来了新的思考和活力。大数据本身是一个比较抽象的概念，单从字面上理解，它表示数据规模的庞大，但和以往“海量数据”（massive data）、“超大规模数据”等概念不同。大数据是指所涉及的资料量规模巨大到无法透过目前主流软件工具，在合理时间内实现其撷取、管理和处理的数据集，它具有规模性（volume）、高速性（velocity）、多样性（variety）、价值性（value）的特点。

美国政府在2012年3月发布《大数据研究和发展倡议》，投资两亿多美元，正式启动“大数据计划”。该计划的核心部分是美国国防部及国防部高级研究计划局的国家战略决策研究，最直接变化之一是从传统的“目标驱动决策”向“数据驱动决策”转型。政府能够有效地利用大数据环境，深入挖掘和分析潜在技术竞争情报，监测技术的发展动态，分析潜在的网络威胁与攻击，这反映了大数据环境下美国政府全新国家战略思维与部署。此外，许多企业也基于大数据开展生产管理、企业创新、劳动生产率提高及优化决策方面的研究，通过对大量数据的交换、整合和分析，从海量数据中挖掘相互关联的有价值的信息，发现和创造新的价值。例如，亚马逊和谷歌公司就会记录每个客户的键盘输入，然后对采集到的这些数据进行分析，从而使它们的产品、流程和营销可以得到持续的优化。在非互联网的传统大公司中同样也可以看到其应用，如哈拉斯通过采集消费者喜爱游戏类型数据分析消费者的偏好，从而设计出产品独特的包装，去吸引高端消费者、战胜自己的竞争对手。大数据技术通过对海量数据的分析，可以最大限度地降低分析过程中的不确定性，以及解决知识转化和推理过程中的难题，甚至以数据为基础的定量分析方法也有逐步取代耗时、耗力的以专家为基础的定性分析方法的趋势。

与传统的系统分析相比，大数据改变了基础数据的来源及环境基础，为挖掘知识数据中隐藏的价值带来了新的机遇和新的挑战，具有鲜明的特点。一是思维模式的转变，即从以计算为中心转变到以数据处理为中心，也就是我们所说的数据思维。在大数据时代，数据不再仅仅是收集的对象，而应当转变成一种基础资源，用数据这种资源来协同解决其他诸多领域的问题。二是分析的模型不是主要设定或普适性的，而是从数据内部逻辑和外部关联中根据问题需要建立的具体模型。分析对象的数据获取、组织、处理、模型与算法、决策乃至展现方式，都会影响到最终分析结果的可用性。三是强调分析过程中模式的变化和复杂的关系。数据的结构、特征、功能、时空变化轨迹、影响层次及变化层次之间的关系是分析的核心内容，不是传统系统分析的简单照搬，是数据建模与算法技术的结合。

4.1.2 系统分析的定义

系统分析的定义有广义和狭义之分。广义的解释是把系统分析作为系统工程的同义语，认为系统分析就是系统工程。狭义的解释是把系统分析作为系统工程的一个重要组成部分，或者说一门技术，一个逻辑步骤，一个在系统工程处理大型复杂系统的规划、计划、研制和运行问题时必须经过的逻辑步骤。由此可见，无论是广义系统分析还是狭义系统分析，对研究复杂系统问题都是非常重要的。

不同系统工程专家具有不同的专业特长，对如何运用系统工程思想、方法处理系统问题有自己的见解，并且专家所处的环境不同，导致其对系统分析的定义有不同的说法。

美国兰德公司认为，系统分析是系统地探讨决策原本的目的，对能实现目的的可行方案（政策和策略）的费用、有效度及风险进行有条件的比较，当被探讨的可行方案有缺陷时做成新的可行方案，从而帮助决策者选择行动的一种方法。

切特兰德（P. Checkland）认为，系统分析是系统观念在管理规划功能上的一种应用。它是一种科学的作业程序或方法，考虑所有不确定的因素，找出能够实现目标的各种可行方案，然后比较每一个方案的费用效益比，通过决策者对问题的直觉和判断，来决定最有利的可行方案。

宋健认为，系统分析是研究系统结构和状态变化或演化规律（即研究系统行为）的理论与方法。

汪应洛教授认为，系统分析是一个有目的、有步骤的探索过程；目的是为决策者提供直接判断和决定最优方案所需的信息和资料；步骤是使用科学方法，对系统的目的、功能、环境、效益等进行充分的调查研究，把试验、分析、计算的各种结果，同预期的目标进行比较，最后整理成完整、正确、可行的综合资料，作为决策者择优的主要依据。

魁德（E. Quad）认为，系统分析是一种研究战略的方法，是一种在各种不确定条件下帮助决策者处理好复杂问题的方法，具体来说就是通过调查全部问题，找出目标与可能选择的方案，利用恰当的评价准则，依靠专家经验，帮助决策者选择一系列方案的一种行动。

《新学科词典》认为，系统分析是一门由定性、定量方法组成的，为决策者提供正确决策和决定系统最优方案所需的信息和资料的技术。它从系统总体最优的观点出发，对系统的目的、功能、环境、费用、效益等进行充分调查，搜集、分析和处理有关的数据与信息，据此建立若干方案和必要的模型，并进行大量的仿真计算。在定量分析的基础上，考虑一些未能和无法列入模型的因素，综合考虑各可行方案，形成正确、可行的报告提交给决策者。

《美国大百科全书》指出，系统分析是一门研究相互影响的因素的组成和运用情况的技术，其特点是完整地而不是零星地处理问题。它要求人们考虑各种主要的变化因素及其相互的影响，并要用科学和数学方法对系统进行研究与应用。

日本《世界大百科年鉴》认为，系统分析是人们为了从系统的概念上认识社会现象，解决诸如环境问题、城市问题等复杂问题而提出的从确定目标到设计手段的一整套方法。系统分析的用处是通过分析一切与问题有关的要素同实现目标之间的关系，提供完整的资料，以便决策者选择最合理的解决方案。

虽然各位专家从不同角度对系统分析进行了定义，但总的来说，这些定义为如何进行系统分析提供了一种有效的分析框架，并明确了系统分析的目的是为决策者决策服务，即系统分析是为了发挥系统的整体功能及实现系统的总目标，采用科学合理的分析方法，对系统的环境、目的、功能、结构、费用与效益等问题进行深入的调查，细致的分析、设计和试验，经过不断的分析和探索，从而制定出一套经济有效的处理步骤或程序，或提出对原有系统进行改进的方案，或提出决策者关心的某项工程的设想和建议等，以此为决策者提供正确决策所需的信息和资料。

为了达到上述目的，系统分析者首先应该对研究对象进行充分的调查，在此基础上，进行系统目标、系统环境、系统功能、系统结构等方面的分析，找到系统存在的主要问题；同时，还要采用定性、定量或定性定量相结合的方式，建立必要的系统分析模型，进行综合分析、全面评价和方案优化，才能为决策者选择最优方案或满意方案提供可靠依据。

4.1.3 系统分析的要素

系统分析的基本要素有目标、可行方案、费用、模型、效果、准则和结论。下面分别加以说明。

（1）目标：系统的目标就是对系统的要求，它是系统分析的基础。系统分析人员最初的也是最重要的任务就是要了解领导者意图，明确存在的问题，确定系统的目标。

（2）可行方案：可行方案是指能够实现系统目标的各种可能的途径、措施和办法，到底其中哪种最合适，这正是系统分析所要解决的问题。

（3）费用：费用是每一方案用于实现系统目标所需消耗的全部资源（用货币表示）。系统分析要研究费用的构成，计算系统的“寿命周期费用”（life cycle cost）。由于各种方案的费用构成可能很不一样，所以必须用同一种方法去估算它们，这样才能进行有实际意义的比较。

（4）模型：模型是对系统本质的描述，是方案的表达形式。凭借模型，可以对不同方案进行分析、计算和模拟，以获得各种方案的性能、数据和其他信息。

（5）效果：系统实现目标所取得的成果就是效果，衡量效果的尺度是效益和有效性。效益可用货币形式表示，有效性则用货币尺度以外的指标来评价。对于不同方案的效果，必须使用同一种方法去估算它们，这样才能进行直接比较。

（6）准则：准则是目标的具体化，是系统价值的度量，用以评价各种可行方案的优劣。准则必须定得恰当，而且要便于度量才行。

（7）结论：结论就是系统分析得到的结果，具体形式有报告、建议或意见等。对其要求主要是：一定不要用难懂的术语和复杂的推导，而要让领导者容易理解和使用。结论的作用只是阐明问题与提出处理问题的意见和建议，而不是提出主张与进行决策。因此，结论只有经过领导者的决策以后，才能付诸行动，发挥它的社会效益和经济效益。

以上七个要素组成了如图 4.1.1 所示的系统分析要素结构图。

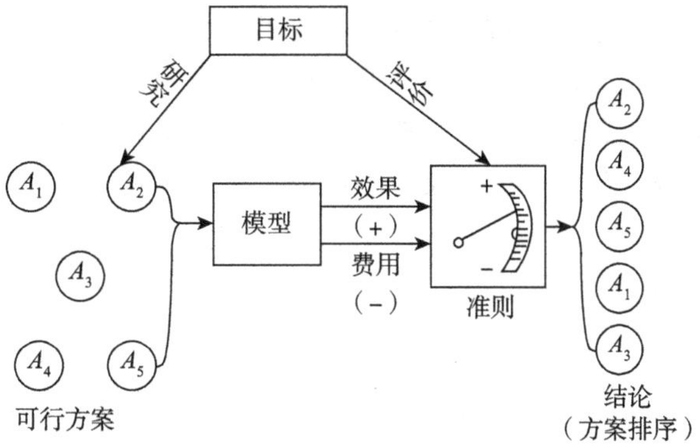

图 4.1.1　系统分析要素结构图

从图 4.1.1 可以看到：系统分析是在明确系统目标的前提下进行的，经过开发研究得到能够实现目标的各种可行方案以后，首先要建立模型，并借助模型进行效果–费用分析，然后依据准则对可行方案进行综合评价，以确定方案的优先顺序，最后向领导者提出系统分析的结论（报告、意见或建议），以辅助领导者进行科学决策。

4.1.4 系统分析的原则

1. 内部因素与外部因素相结合

系统的内部因素往往是可控的，而外部因素往往不可控，系统的功能或行为不仅受到内部因素的作用，而且受到外部因素的影响和制约。因此对系统进行分析，必须把内外各种有关因素结合到一起来考虑。通常的处理办法是，把内部因素选为决策变量，把外部因素作为约束条件，用一组联立方程式来反映它们之间的相互关系。

2. 当前利益与长远利益相结合

选择最优方案，不仅要从当前利益出发，而且要同时考虑长远利益，要两者兼顾。如果两者发生矛盾，应该坚持当前利益服从长远利益的原则。

3. 局部效益与总体效益相结合

局部的最优并不意味着总体最优。总体的最优往往要求局部放弃最优而实现次优或再次优。所以进行系统分析，必须坚持“系统总体效益最优、局部效益服从总体效益”的原则。

4. 定性分析与定量分析相结合

定量分析是指采用数学模型进行的数量指标的分析，但是对一些政治因素与心理因素、社会效果与精神效果目前还无法建立数学模型进行定量分析，只能依靠人的经验和判断力进行定性分析。因此，在系统分析中，定性分析不可忽视，必须把定性分析与定量分析结合起来进行综合分析，或者交叉地进行，从而达到系统选优的目的。

4.1.5 系统分析的步骤

系统分析是一项系统性和逻辑性较强的工作，是一个有序的探索、分析和创造过程。在系统分析时，不同的分析者由于专业经验和价值观念不同，对同一问题，即使采用同样的分析方法，也可能得到不一样的结果。尽管如此，探讨系统分析的步骤仍然是有意义的和必要的。在第2章，我们已对霍尔三维结构中的逻辑维进行了比较详细的剖析，这里所讲的系统分析步骤仍是霍尔三维结构中的逻辑维的进一步明确化，二者之间没有本质的区别。系统分析的步骤可以概括如下：

（1）明确问题与确定目标。在一个有待研究分析的问题确定以后，首先要对问题做有关系统的合乎逻辑的阐述，其目的在于确定目标，说明问题的重点与范围，以便进行分析研究。

（2）搜集资料，探索可行方案。拟定解决问题的大纲和决定分析方法，然后依据已搜集的有关资料找出其中的相互关系，寻求解决问题的各种可行方案。

（3）建立模型。为便于对各种可行方案进行分析，应建立相关模型，借助模型预测每一方案可能产生的结果，并根据其结果定性或定量分析各方案的优劣与价值。

（4）综合评价。利用模型和其他资料所获得的结果，将各种方案进行定性与定量相结合的综合分析，显示出每一种方案的利弊得失和效益成本，同时考虑到各种有关的无形因素，如政治、经济、军事、科技、环境等，以获得对所有可行方案的综合评价结论。

（5）检验和核实。以试验、抽样、试运行等方式检验所得到的结论，提出应该采取的最佳方案。

在系统分析过程中可以利用不同的模型，在不同的假定下对各种可行方案进行比较，从中选优，获得结论、提出建议，但是否实施，则是决策者的责任。

4.2 系统分析的内容

系统分析把研究对象视为一个系统，将它从外部环境中分离出来而使其成为一个独立的整体，并明确系统中的各个子系统及其相互作用。将系统从外部环境中分离的分界线就是系统边界。有了系统边界，就能对系统进行外部的环境分析和内部的功能分析及结构分析。环境分析主要是分析外部环境与系统的相互影响，找出环境对系统输入的变化规律和系统的响应规律，同时分析系统与环境的相互影响的适应性。功能分析是根据系统的总体功能要求，进一步做功能分解，直至明确各功能单元及其之间的关系。结构分析是要找出组成系统的要素、要素之间的关系、要素分布的层次等主要内容，揭示出系统组成的性质和规律。这三个方面的分析，都要围绕系统的目标。所以，系统分析首先要明确系统所要实现的目标，即目标分析。为了确定系统的目标，必须在收集、分析、处理所获得的信息资料的基础上，对系统的目的、功能、环境、费用、效益等问题进行科学的分析。

4.2.1 系统目标分析

系统目标是指系统发展所要达到的结果。系统目标对系统发展起着决定性作用，系统目标一旦确定，系统就将朝着所规定的方向发展。目标分析是整个系统分析工作的关键，是系统目的的具体化。有了明确的目标，才能针对目标提出可行方案，进而选择合理方案。

1. 目的、目标及其属性

目的和目标并非两个对等的概念。目的是指通过努力，系统预期达到的水平。目标是指系统在实现目的的过程中的努力方向，是系统目的的具体化。例如，对某一项工程，建设过程中要求它“投资省”、“建设速度快”、“建成后的经济效益好”和“对环境破坏小”等，这些都属于系统目标。目标的属性是指对目标的度量。例如，衡量投资、成本、利润用“万元”；衡量寿命、返本期、建设周期用“年”或“月”；衡量征用土地量用“平方千米”；对水环境影响的衡量可用“生化耗氧量”，大气环境的衡量可用“可吸入颗粒物比例”或直接用“污染物排放量”；等等。值得指出的是，有些目标的属性难以定量度量，如舒适度、心理承受力、社会舆论及影响等目标。在系统分析时要对这些目标的实现程度做出量化的估计，通常采取两种方法：一是经过调查研究给出比较客观的评分标准；二是应用模糊集理论中的隶属度的概念，对难以量化的因素做出评判。

2. 系统目标分析的作用

系统目标关系到系统的全局或全过程，它的正确合理与否，将影响到系统的发展方向和成败。在阐明问题阶段，无论是问题的提出者、决策者，还是系统分析人员，对目标的认识和理解多始于主观愿望，还较少有客观依据。这时就需要协同各方人员，经过分析和论证，建立合理的目标，确定系统建立的价值。这样才能避免盲目性，防止造成各种可能的错误、损失和浪费。

系统目标是系统分析和系统设计的出发点，系统目标分析的目的：一是要论证目标的合理性、可行性和经济性；二是获得分析的结果——目标集。

如何考虑系统总目标是否合理，要从目标提出的依据上找答案。如果依据充分、数据准确且有说服力，那么总目标就可初步确定。为了使目标趋于合理，在目标的分析和制定中要满足下面几项要求。

（1）制定的目标应当是稳妥的。这要从达成目标的系统方案的作用和影响来判别，把作用是否符合目标、达到什么程度作为标准。

（2）制定目标应当注意到它可能起到的所有的作用。一般来说，一个系统方案能够起到多种作用，任何一个方案都会有积极作用，也会有消极作用，它们之间在一定条件下还会发生转化。例如，科技飞速发展和工业化，给人类带来了高度的物质享受，同时带来了前所未有的污染，以及生态平衡的破坏。只看到物质的高度文明，而不看环境污染和生态平衡的破坏，就是没有看到目标的所有作用，也正是看到目标的多种作用，才会提出人类与环境协调可持续发展的目标。

（3）把各种目标归纳成目标系统。其目的是使目标间的关系更清楚，以便在寻求解决问题的方案时能够全面注意到它们。经验表明，分目标越多，忽略重点的危险也越大。

从概括各种类型分目标的意义上说，有必要建立一个目标系统，它可以用目录或目标树来表示。这样，目标间层次结构就变得清楚，也可以了解目标的交叉和重复情况，还可用来确定各类分目标的权重。

（4）要挖掘出目标间可能发生的冲突。不同目标有可能会带来各方面利益上的分歧，造成冲突。对可能出现的目标冲突要厘清线索，重新调整目标，即使预先不能调节，也要做到心中有数，一旦冲突出现，也好有解决方案。

制定的目标一般是可以改变的。如果针对目标，一时无法寻求到解决方案、重大前提条件发生变化或出现了新的有价值的设想等，都要及时对已确定的目标进行调整或修改。

3. 系统目标的确定

1）系统总体目标的确定

系统总体目标是对系统的总体要求，是确定系统整体功能和任务的依据。

制定系统的总体目标，要用全局、发展、战略的眼光，考虑社会、经济、科学技术发展所提出的新要求，注意目标的合理性、现实性、可能性和经济性，根据系统自身的状况和能力以及环境条件，提出切合实际的目标。同时还应制定出系统的近期目标和远期目标。要充分估计到总体目标在正反两方面的作用。要充分考虑系统的内部条件和外部环境的允许程度，当由于受到内部条件、外部环境的限制和约束，最佳或最理想的目标无法考虑时，可以暂时选择用可以实现的次好目标代替，当时间、空间、环境条件等发生变化时，对目标再做相应的调整和修正。

2）建立系统的目标集

建立相对稳定的目标集是逐级、逐项落实总目标的结果。总目标是对系统整体的期望和要求，通常概括性强，不宜直接用于操作，要把总目标分解为各级分目标，直到具体、易于操作为止。分解过程中，要注意使分解后的各级分目标一定与总目标保持一致，分目标所指方向要保证总目标的实现。分目标之间有时会不一致，但在整体上要达到协调。

（1）目标树。目标树就是采用树的形式，直观、清晰地表达目标及目标间的层次关系（图 4.2.1）。建立目标树的过程就是把目标分解、细化、展开的过程。从目标树可以了解系统目标的体系结构，掌握目标的全貌，便于进一步明确问题和分析问题，有利于在总体目标下统一组织、规划和协调各分目标，使系统整体功能得到优化。

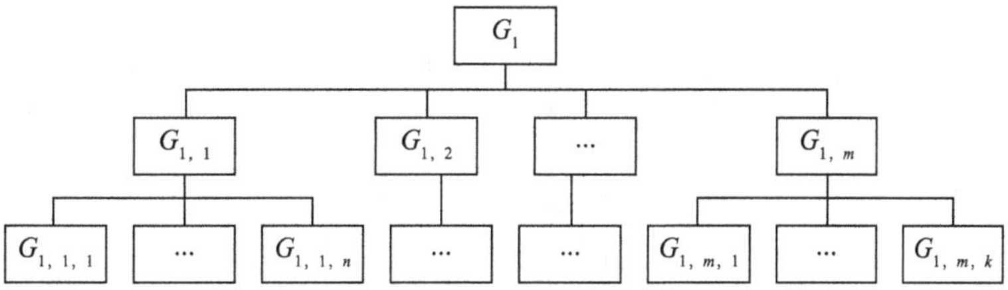

图 4.2.1 目标树

（2）目标手段分析。目标和手段是相对而言的。对目标的逐步落实，就是探索实现上层目标的途径和手段的过程，目标手段系统图如图 4.2.2 所示。目标树中的每一个目标都可看成是下一级目标或实现上一级目标的手段。每一个目标上面是它所服务的更高一级目标，也可以从每一个目标分解出作为其手段的若干个下级目标。以图 4.2.1 所示的目标树为例，对目标 G_1，试探寻找实现它的手段，把它分解为多个下级目标 $G_{1,1}$，$G_{1,2}$，…，$G_{1,m}$，然后分别探索实现 $G_{1,1}$，$G_{1,2}$，…，$G_{1,m}$ 的手段，再把它们细分为若干个更为具体的子目标，如 $G_{1,1,1} \sim G_{1,1,n}, \cdots, G_{1,m,1} \sim G_{1,m,k}$。对仍然找不到途径和手段的目标，就继续进行分解，直到找到所有可实现目标的途径和手段，使所有子目标清晰具体为止，然后把所有的目标组合起来，从而构成系统的目标体系或目标集合。

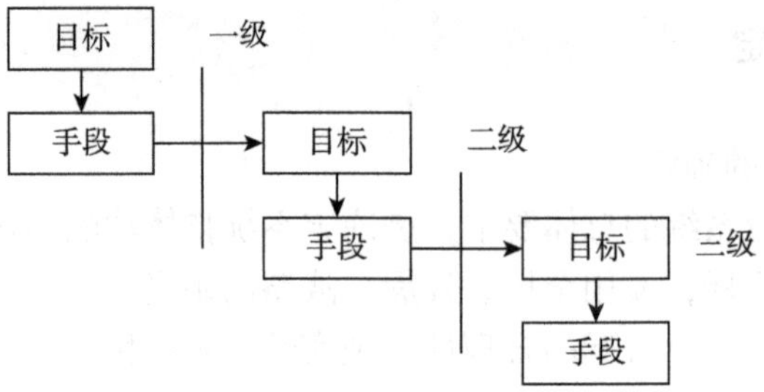

图 4.2.2　目标手段系统图

建立系统的目标集是一个细致分析、反复调整和论证的过程，需要严谨的逻辑推理和创造性的思维，需要丰富的社会、经济、科学技术知识和实践经验，以及对系统的深刻认识。

【例 4.2.1】　国家教育系统规划的目标树如图 4.2.3 所示。总目标是提高我国全民文化素质，为实现此目标就要加强基础教育、发展职业教育、提高高等教育、发展成人教育等，加强基础教育就要发展学前教育、普及九年义务教育、注重特殊教育等。

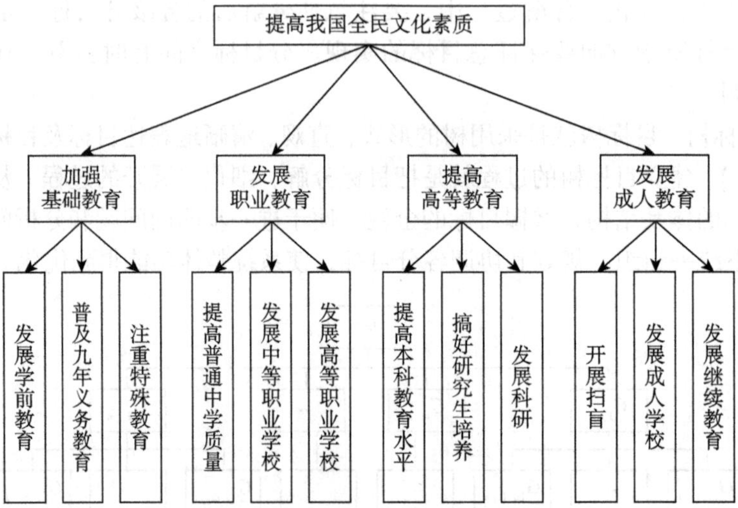

图 4.2.3　国家教育系统规划的目标树

【例 4.2.2】 若要实现“有效摧毁远距离外敌方设施”这样一个总目标，可以建立如图 4.2.4 所示的目标树。

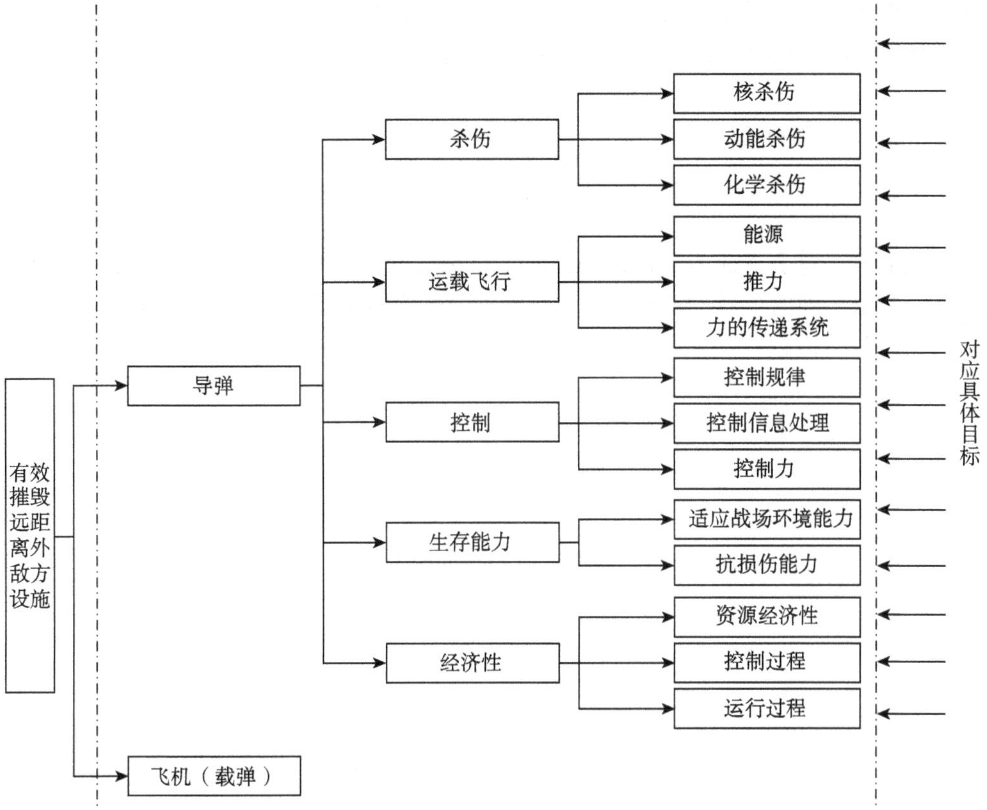

图 4.2.4 “有效摧毁远距离外敌方设施”的目标树

3）建立目标集的基本原则

建立系统的目标集应遵循如下基本原则。

（1）一致性原则。在目标分析中，要注意每一级目标都应与上一级目标保持一致，以保证总目标的实现。各分级目标之间、目标与目标之间不会是孤立的，应在上级目标指导下，做到纵向间和横向间的协调一致。

（2）全面性和关键性原则。复杂系统的子目标越多，越容易忽视重点，因此必须突出对总目标有重要意义的子目标。可以通过设置权重来表示目标之间的相对重要程度（权重设置的方法可参见 6.1 节）。当然，在突出重点目标的同时，还应考虑目标体系的完整性。

（3）应变原则。制定的目标体系不是一成不变的。当系统自身条件或环境条件发生变化，或寻求方案出现困难或提出新的见解时，必须对目标加以调整和修正，以适应新要求。

（4）可检验性与定量化原则。系统的目标必须是可检验的，否则将无法衡量其效果。要使目标具有可检验性，最好的办法就是使用可量化的指标来表示有关目标，并设定一定的指标值来进行检验与衡量[①]。例如，企业明年盈利要增长10%，税后利润要达到1 000万元，净资产收益率要达到15%以上，等等。但并不是所有的目标都能够定量表示，目标的层次越高，越难以定量表示。对不宜定量描述的目标，必须详细说明目标的重要特征和实现目标的日期等，以使其具有一定程度的可检验性。

4. 目标冲突与协调

1）目标冲突分析

一般来说，对于存在多个目标的情况，目标之间的关系可分为三类：①两个目标之间无任何关系，即两个目标相互独立；②一个目标的实现有利于另一个目标的实现，称为目标互补关系；③一个目标的实现制约或阻碍另一个目标的实现，称为目标冲突关系。例如，在寻求合理解决运输工具的目标集中，尽可能低的运输投资和尽可能高的运输效率这两个分目标是相互冲突的，是不可能同时实现的。

为充分分析目标之间的关系，可采用目标关系矩阵进行分析。设有子目标 $G_1,G_2,\cdots,G_i,\cdots,G_n$。将每个子目标与其他做比较，估计子目标间的相互影响，构造如下所示的目标关系矩阵。其中用 U 表示 G_i 与 G_j 之间无任何关系；H 表示两个目标为互补关系；Z 表示两个目标为冲突关系。

$$
\begin{array}{c} \\ G_1 \\ G_2 \\ \vdots \\ G_i \\ \vdots \\ G_n \end{array}
\begin{array}{c}
\begin{array}{cccccc} G_1 & G_2 & \cdots & G_i & \cdots & G_n \end{array} \\
\begin{pmatrix}
- & \mathrm{U} & \cdots & \mathrm{H} & \cdots & \cdots \\
 & - & \cdots & \mathrm{U} & \cdots & \cdots \\
 & & - & \mathrm{Z} & \cdots & \mathrm{U} \\
 & & & - & \cdots & \mathrm{Z} \\
 & & & & - & \mathrm{H} \\
 & & & & & -
\end{pmatrix}
\end{array}
$$

对相互冲突的目标，在处理时要进一步分析目标冲突的程度，这时又有两种情况：①目标冲突但有相容或并存的可能性；②绝对相斥。前一种情况叫做目标的弱冲突，这时原则上可以保留两个目标。在实践中，通常是限制弱冲突中的某一方，而让另一方达到最大限度。例如，在确定的费用界限下，获取最大的效率；或在确定的效率下，使费用达到最低。后一种情况就称为目标的强冲突，这时必须改变或放弃某个分目标。

对于目标互补的情况，要检查是否存在多余部分，即是否用不同的方式表达了相同的内容。

按涉及的范围，目标冲突可分为两种情况。

（1）属于技术领域的目标冲突，其无碍于社会且影响范围有限。这时，对两个相互冲突的目标，往往可以通过去掉一个目标、设置或改变约束条件，或按实际情况给某一目标加以限制的方式，使另一目标充分实现，由此来协调目标间的冲突关系。例如，以

---

① 关于指标的概念目前并未统一，有的文献中意为指标变量或指标项，有的文献中意为指标取值。这里做如下统一：指标是指指标变量或指标项；指标值是指指标的取值。

最少投入获得最大产出，这两个目标相互矛盾，但这个矛盾不是本质的，可以通过协调来解决。通常可对投入设定上限，而争取最大的产出。线性规划模型中的约束条件与目标函数之间的关系，就属于这类情况。

（2）属于社会性质的目标冲突，由于涉及了一些集团的利益，通常称为利益冲突。这类目标冲突不像前一类那样容易协调，应对其慎重处理。例如，有以下两个分目标：目标 1 采用生产自动化降低产品成本；目标 2 保证工作岗位不减员。显然，这两个目标是有利害冲突的，后者涉及工人的利益。在处理利害冲突时要慎重。一般有三种可能的处理方法：一是目标代表方之一放弃自己的利益；二是保持原目标，用其他方式补偿或部分补偿受损方的利益，如另行安排工作、给一定的经济补偿等；三是通过协商，调整目标系统，使其实现目标相容。

目标冲突还常常表现在不同层次的目标上，即基本目标、战略目标和管理目标之间的不协调。基本目标是系统存在的理由；战略目标是指导系统达成基本目标的长期方向；而管理目标则是把系统的战略目标变成具体的、可操作的形式，以便形成短期决策。这三个层次上的目标冲突反映了长期利益与短期利益之间的矛盾。因此，要有效地实现系统的基本目标就必须协调不同层次上的目标冲突。

在实际的管理和决策问题中，产生目标冲突的原因往往是多个主体对系统的期望和利益要求不同。不同的主体，如组织管理系统中的各部门及其主管等，有各自的利益要求，它们通常被称做利益集团。而目标冲突往往反映出不同主体在利益上的不同要求。因此目标协调的根本任务在于，把因有关各方在价值观、道德观、知识层次、经验和所依据的信息等方面存在的差别所造成的矛盾和冲突，加以有效地疏通和化解。经过调解得到的目标是有关各方均可接受的满意结果，并非某种意义上的最优。

2）目标协调的方法

（1）利益分配法。设有 3 个利益类型（集团）A、B、C；存在 5 个分目标 G_1、G_2、G_3、G_4、G_5。现在要确定一个各方均能接受的目标排序方案。首先，协商确定各利益类型 A、B、C 应得权数，设分别为 20、30、50；其次，由 A、B、C 将所得权数在各分目标上分配，如表 4.2.1 所示；最后，计算各分目标的权数，由此确定协调后的目标排序为 G_1、G_2、G_5、G_4、G_3。股份公司股东投票选举董事，或确定重要议案即类似于此。

表 4.2.1 利益分配法

利益类型		A	B	C	求和
权数		20	30	50	100
分目标	G_1	4	5	20	29
	G_2	14	—	10	24
	G_3	—	10	—	10
	G_4	—	15	—	15
	G_5	2	—	20	22

（2）评定等级法。首先，设定目标评分标准，如设目标合理为 3 分，一般为 2 分，

不合理为 1 分；其次，由利益主体 A、B、C 对目标 G_1、G_2、G_3 给出自己的评分，如表 4.2.2 所示；最后，计算各分目标的总得分，由此确定最终目标及排序。

表 4.2.2 评定等级法

利益类型	分目标		
	G_1	G_2	G_3
A	1	3	2
B	3	1	2
C	3	2	1
总分	7	6	5
平均分	2.33	2	1.67

4.2.2 系统环境分析

环境是存在于系统边界外的物质的、经济的、信息的和人际的相关因素的总称。开放系统与外部环境之间存在密切的联系和相互影响。解决方案的完善程度依赖于对整个系统环境的了解。因此，系统环境分析是系统分析的一项重要内容。

1. 环境因素的分类

环境因素，按环境对系统影响的层次，可分为宏观环境因素和微观环境因素；按环境对系统影响的方式，可分为直接环境因素和间接环境因素；按系统对环境因素产生影响的程度，有可控的环境因素和不可控的环境因素；按环境的范围分，有国际环境、国内环境和区域环境等因素。实际系统涉及的环境十分具体，如企业系统的环境有市场环境、技术环境、资金环境、信息环境和劳动力环境等；作战环境可分为陆上环境、海洋环境、大气环境、空间环境、电磁环境等。一般来说，按环境因素的基本特征，环境因素可归纳为自然地理环境因素、科学技术因素和社会经济因素三类因素。

1）自然地理环境因素

自然地理环境因素很多，主要包括自然资源、地理条件、气象条件和生态环境等因素。自然资源包括土地、矿产、水利、生物、气候、海洋等。地理条件包括河流、山脉、地势、地质、位置、道路等。气象条件包括气温、气压、光照、湿度、降雨量、风力等。此外，自然地理环境因素的属性还包括距离、高度、时间、水位、流量等，自然灾害也属于自然地理环境因素。

任何系统都处于一定的自然地理环境之中，不可避免地受其影响和制约。这种影响和制约通常可表述为系统的约束条件，是环境分析首先应考虑的基本因素。任何成功的系统分析都必须与自然环境之间保持正确的适应关系。

上述各种因素对任何系统都有直接和间接、明显和隐蔽的影响，是系统分析和系统设计的前提条件。例如，地理位置、原料产地、水源、能源、河流对水电站厂址选择具有明显的影响。又如，在海拔 2 000 米处建火药厂，气压对引火帽的击发产生影响，湿度对保管条件产生限制，等等。气温、风力及降水量对系统设施及运行有直接影响，如森林对水土流失的防范作用、对气候的影响等。进行环境分析时不仅要分析自然地理环境的现状，还要研究自然环境、资源方面的动向，如某些自然资源的短缺及代用品的寻求、环境污染加剧产生的影响和制约等。在进行系统分析时必须充分估计到有关自然地理环境因素的作用和影响，做好调查统计工作。

2）科学技术因素

科学技术因素主要包括工程技术的现存系统、技术标准和科技发展状况等。

现存系统是指现实中运用着的工程技术和物理系统的状况。在开发同类新系统时，必须考虑相应的规格、型号、技术标准等因素，必须收集有关的数据和资料，充分了解原有系统的现状和对新系统的要求，以保证新、旧系统的并存和协调。规划中的任何一个新系统都必须同某些现存系统结合起来工作，因此要从产量、容量、生产能力、技术标准及运输等方面考虑它们之间的可并存性和协调性。例如，分析一个新的火电厂的筹建，就要考虑与之相关的煤炭供应、电机制造、水源、输电网络等现存系统的可并存性和协调关系。这种分析和论证必将涉及新、旧系统的技术指标、经济指标、使用指标、技术方法的先进实用程度等方面的比较。现存系统是系统分析中收集各种数据资料的重要来源之一。例如，有关系统功能分析、实验数据、成本资料、材料类别、市场价格等的数据资料，只有通过现存系统的实践才能提供。

技术标准是对各类工程和物理系统的设计、制造、安装，以及对各类产品的规格、型号、指标的规范化要求。例如，对于企业系统而言，在“无国界化企业经营”的形势下，要将分布在不同国家、地区的工厂所生产的部件组装成最终产品，各地的工厂必须严格按照规格型号的技术标准进行生产。技术标准也是严格的约束条件和评价系统效果的基准之一，使用技术标准可以提高系统分析和设计的质量、节约分析时间及提高分析的经济效果。技术标准又是企业内部与外部在产品生产上协调的依据。标准通常由主管部门确定并颁布实施，一般由国家、部门或行业以国标、部标、行标的代号加编号形式公布，如我国的国标用 GB 表示，科学院标准用 KY 表示，机械行业标准用 JB 表示，等等。

科技发展状况主要包括国际、国内科技发展水平及动态，新技术、新材料、新设备、新工艺的开发和应用状况，国家的科技政策，科技人才状况，等等。科学技术的迅速发展使新技术、新产品、新工艺不断涌现和应用，只有掌握科技发展动向，及时了解和把握有关的最新科技动态和应用状况，才能制定出有活力、适用的措施和战略。技术状态影响产品的质量、品种、成本等多方面因素。在对新建或改建系统进行系统分析时，要充分了解和掌握国内外同行业的技术状态。

3）社会经济因素

社会经济因素包括社会环境因素、文化教育环境因素、政治环境因素、经济环境因素等。

社会环境因素主要是指社会风俗、道德、习惯、信仰、价值观念、行为规范、生活方式、文化传统、社会人口数量及其构成、劳动就业、治安状况、基础设施、交通状况等。这些因素对系统或其他环境因素都有直接或间接的影响。

文化教育环境因素主要是指国家的教育政策和教育状况、人们受教育的程度和文化素养、各类学校的规模和水平等。这类因素主要影响人的素质。

政治环境因素主要是指国家的社会政治制度、法律、法规、政策等。这些环境因素对系统具有强制性的约束力，系统必须符合这些因素的要求和变化。

经济环境因素主要包括社会经济发展水平和速度、国民经济结构、经济法规和政策、国家和地区的社会经济发展战略、消费水平和结构、市场状况、价格、税收、利率、汇率、关税等。这些环境因素对系统分析影响很大，因此，在系统分析中，既要分析这些因素现在对系统的影响，也要考察这些因素发展变化的趋势，估计其未来对系统的影响和后果。

上述各类环境因素相互联系和相互影响，对系统的作用是综合的，而不是孤立的。有些环境因素之间具有特定的因果联系，这使得各类环境因素的变化往往是交替发生的，而不是同步的。环境因素变化的形式也多种多样，基本形式有：①相对稳定，即变化不十分显著，变化的速率比较缓慢，如人口、社会文化、政治、法律的变化；②平稳发展，即发展变化比较明显，具有一定趋势和规律性，可进行预测，如经济、技术的变化；③动荡不定，即变化迅速，随机性较强，无规律可循，容易出现难以预料的突变，如自然灾害、社会动荡等。通常，社会环境相对稳定时经济环境的变化也较平缓，某些社会因素与自然因素如果发生突变，则会使社会、政治、经济环境相应地发生变化和动荡。因此进行环境分析时，既要看到环境因素稳定发展的一面，又要看到动荡和突变的可能，善于分析不同环境因素的特点和发展变化的趋势，有效、迅速地调整系统自身的状态，以适应复杂而多变的环境。

2. 环境因素的确定与评价

确定环境因素，就是根据实际系统的特点，通过考察环境与系统之间的相互影响和作用，找出对系统有重要影响的环境要素的集合，划定系统与环境的边界。环境因素的评价，就是通过对有关环境因素的分析，区分有利和不利的环境因素，弄清环境因素对系统的影响程度、作用方向和后果等。

在确定和评价环境因素时，需要注意以下几点。

第一，抓住重点，分清主次。选取适当的因素，只把与系统联系密切、影响较大的因素列入系统的环境范围。如果环境因素列举过多，会使分析过于复杂；如果过分简化环境因素，又会使方案的客观性差。

第二，全面、动态地考察环境因素，清楚认识到环境是一个动态发展变化的有机整体，应以发展的观点来研究环境对系统的作用和影响。

第三，细致周密地找出某些间接、隐蔽、不易被察觉的、可能会对系统产生重要影响的环境因素。对环境中人的因素，如其行为特征、主观偏好及各类随机因素都应有所考虑。

3. 未来环境预测

未来环境预测，是根据所掌握的信息和数据，对环境因素的发展变化、系统寿命周期内未来环境的可能状态，以及系统可能产生的后果进行估计。

在对环境的未来发展变化趋势进行预测时，应根据各种环境因素的特征做具体分析。例如，对利率、汇率走势的判断，对未来经济增长情况、物价状况的估计等，可以采用定性分析方法，也可以采用调查预测法、德尔菲法。许多定量分析方法可以用做预测，如时间序列分析、回归分析、投入产出法、灰色预测等。对随机性很强、动荡不定的环境因素，通常只能采用定性分析方法，如情景分析法。

情景分析法是未来环境预测常用的一种方法，又称情景描述法、脚本法。这种方法最初主要应用于政治和军事方面的系统分析，后来逐步应用于经济和科技预测。情景分析法基于逻辑推理，通过构想出未来行动方案实现时所处的几种环境状态及其特征，预测和估计行动方案的社会、技术与经济后果，是一种常用的分析、预测方法。

在情景分析法中，主要通过情景设定和描述来考察与分析系统，描述可能出现的状况和获得成功所必需的条件等。简单地说，情景设定和描述就是对每种可行方案设定未来环境的几种状态——正常的、乐观的和悲观的环境状况，并给出相应的特征和条件。既要考虑出现概率大的、一般环境状况的情景，也要考虑出现概率小的、极端或特殊环境状况的情景，如百年不遇的自然灾害、战争等。维持环境现状往往也被作为一种情景，因为其具有现实可能性，也便于分析和比较。通过对环境现状的分析，依据事件的逻辑连贯性，通过一系列的因果关系，基于逻辑推理、思维判断和构想，并结合定量分析方法，弄清从现状到未来情景的转移过程，进而判断可能出现的情况及其特征。情景描述既要发挥想象力和逻辑思维能力，又要重视人们的经验、知识、技术及综合判断能力。

应用情景分析法的大致步骤如下。

第一，明确情景描述的目的、基本设想和范围（如预测时间、关联因素、环境范围等），以及人们所持观点（如乐观、悲观和现实的观点等）。

第二，对预测对象的历史状况和现时状况进行分析，在此基础上对其发展趋势和未来状态进行分析与预测。

第三，结合有关的数据资料，采用定量方法进行预测，使对未来发展前景的描绘更科学。

第四，拟订实现未来战略目标的可行方案以及主要问题和课题，估计和预测可行方案在多种设定情景下的军事、社会、经济与技术后果，以制定适应性强的战略规划。

情景分析法在实际应用中须注意下面几个问题：①注意因果关系上的合理性。在情景描述时，要弄清从现状到未来情景的转移变化历程，要具有合理性和连续性。②对未来的前景，由于人们存在不同的看法，应充分表达可能出现的分歧点，以及研究者的看法和根据。③处理好各种矛盾。在情景描述时，既要考虑量变，又要考虑质变。④注意定性与定量分析相结合，增强分析的科学性。

美国未来学家赫·康恩（H. Kahn）是应用这种方法的代表人物之一。他在1966年出版的《关于可供选择的世界未来：问题和课题》中，运用这种方法研究了世界范围内文化、政治、科技、社会诸方面发展的可能方案。美国通用电气公司将这种方法应用于企业发展战略研究，对十年前景构想了四种状态，即标准的未来、似锦的未来、暗淡的未来、维持现状的未来。针对未来的几种状态，该公司制订了相应的方案和应变战略。

总之，系统环境因素范围很广，处理起来也较为困难，但必须要因时、因地、因条件地加以分析，找出相关环境因素的总体，确定因素的影响范围和各因素间的相关程度，并在方案分析中予以考虑。对于可以定量分析的环境因素，如限额分配的物资、资金、人力等，通常以约束条件形式列入系统模型中。某些环境因素，如系统运行时的环境温度等，要求在产品系统设计计算中给予考虑。对只能定性分析的因素可用估值法评分，尽量使之达到定量或半定量化，以便合理地确定系统目标，提出适应环境的可行方案。

4.2.3 系统功能分析

需首先明确，系统的功能和性能是两个既有联系又有区别的概念。功能是指由系统某构成要素完成的某项特性活动；而性能则是指完成某项功能的系统某要素的具体表现状况。只有同时保证系统的基本使用功能（功能基线）和性能要求，才能充分满足对系统的基本要求。

目标分析和环境分析是功能分析的前提。在系统的目标分析和环境分析阶段，可以确定系统的总体功能要求，而这种总体功能是针对系统作为一个整体所应起的总体作用而言的。但一个完整的系统是由硬件、软件、设施、数据、信息和人员等各种要素以一定的方式结合而成的，每个系统要素或若干系统要素的结合都在系统中起着其各自特有的作用（或称子功能）。这些子功能在总体内有序地综合起来，就构成系统所具有的总体功能。系统功能分析，就是根据系统构成要素的逻辑分类、时序、数据流程、控制流程或其他一些准则，对系统的总体功能要求进行分解，直至明确系统的各功能单元及其之间的相互关系。

通过对系统的功能进行分析，可以获得对系统各项功能的描述，以及各项功能之间的逻辑关系、层次关系、功能结构。这些分析结果将作为后续的系统结构分析、性能指标分析等的信息输入，并起到重要的指导作用。

本节所介绍的系统功能分析是在假定目标分析和环境分析已完成的基础上进行阐述的。

1. 系统的功能描述

1）功能的分类与结合形式

功能体现了系统最高层次的性能特点和（或）必须涉及的各种动作。因此，按照功能所对应的系统动作形式，可将功能分为独立功能和从属功能两类。所谓独立功能，就是系统在完成该项功能时所遂行的动作是独立的，不需要其他的动作来配合。独立功能往往是系统必须完成的主要功能。所谓从属功能，则是在系统完成独立功能的过程中附带完成的一些辅助功能，且完成这些功能的动作构成了完成独立功能动作的某一部分。

功能之间的结合形式可以表现为串联、并联或混联形式。图 4.2.5（a）表示两个功能以串联的形式相结合，说明系统只有在完成了功能 A 之后，才能完成功能 B。图 4.2.5（b）表示两个功能以并联的形式相结合，说明系统可以在某一时刻以这样的方式来完成指定的几项功能：完成功能 A，或者完成功能 B；同时完成功能 A 和 B。图 4.2.5（c）表示三个功能以串联及并联的形式混合，说明系统可以在某一时间内以这样的方式来完成规定的一系列功能：在完成功能 A 和功能 B 的过程中完成功能 C，且功能 A 必须在功能 B 之前完成；完成功能 A 与 B，或者完成功能 C。

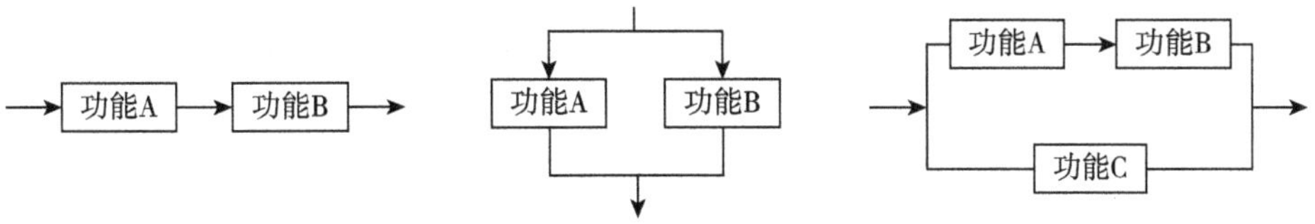

（a）串联　（b）并联　（c）混联

图 4.2.5　功能之间的各种结合形式

系统的各项功能按完成时间的先后及以上三种结合形式的组合，构成了系统在某一层次上的功能流程。

2）功能流程与功能层次

把系统的运行和使用方案转变为具体的、定性与定量的设计要求，是从确定该系统要完成的各项重要功能开始的，在此基础上再制定出系统功能的流程。

系统的功能流程由功能流程图（function flow diagrams）来表示。功能流程图是以图形的方式描述系统设计要求的一种手段。它描述了系统的各项功能按时间及串联、并联和混联关系结合的形式、系统各部分功能的层次关系、功能之间的接口等。

系统的功能按其重要性程度及其相互之间的从属关系，又可分为几个功能层次。每个层次的功能之间的相互关系都可由功能流程图来描述。因此，功能流程图可以标明为最高层次、第一层次、第二层次，以此类推。最高层次表示的是系统总的工作功能；第一层次和第二层次依次表示前一层次功能的进一步展开。功能流程图一直要向下展开到为确定该系统的各项需求（硬件、软件、设施、人员、资料数据）所必要的层次。每个图上所标明的功能应予以编号，编号的方式要能保持功能的连续性，并能贯穿整个系统，追溯到功能的开始点。按层次的功能逐级编号如图 4.2.6 所示。

功能流程分析所确定的功能不应只限于那些系统工作所必须具有的功能，而且必须考虑维护和保障对系统设计所产生的影响。有时，系统从使用的观点看在技术上是可行的，却没有考虑在预计的寿命周期内是否能够有效而经济地给予保障。所以，应该提出维护和保障要求以便消除上述可能出现的做法。经验表明，系统的维护和保障费用往往大大超过系统建设的费用。对系统功能流程进行分析的目标就是要使系统在性能、有效度、保障及经济诸因素之间达到适宜的平衡。

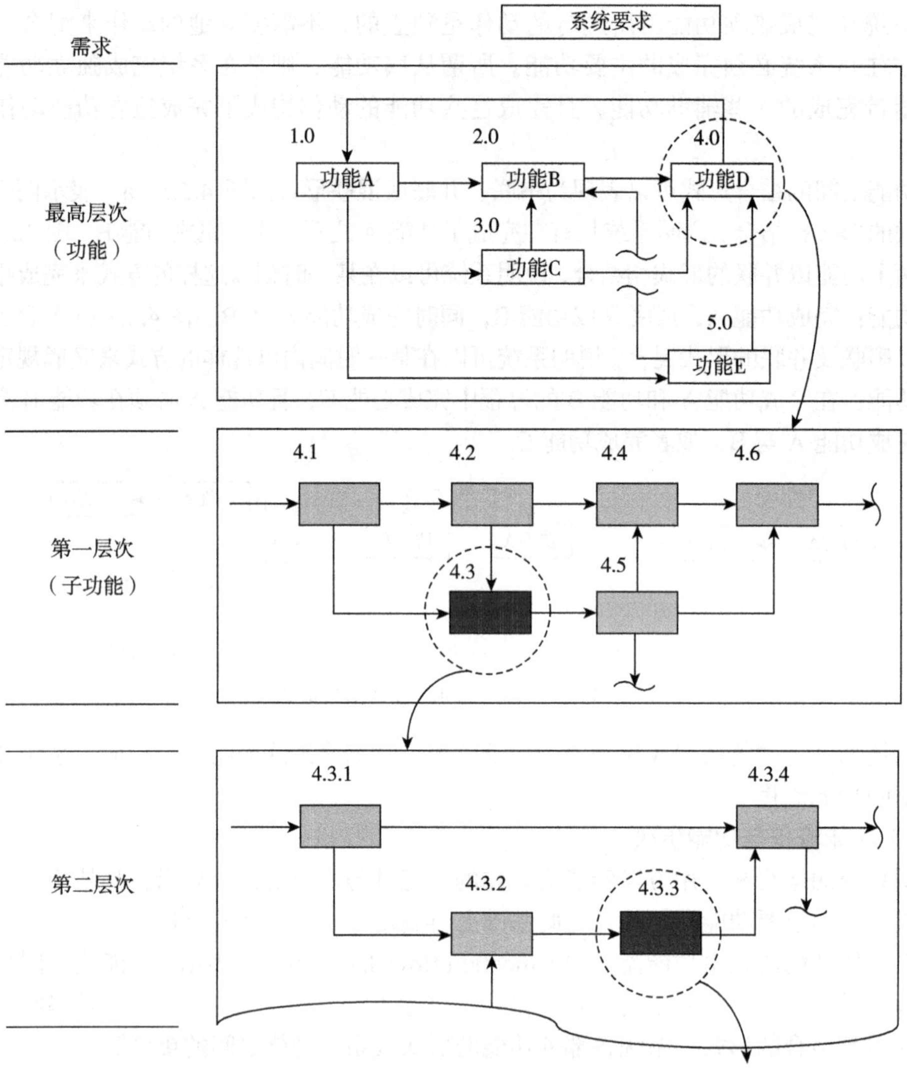

图 4.2.6　系统逐级的功能层次

制定出系统的功能流程有很多好处。首先，这个过程能够使设计分析人员从逻辑和系统的观点出发进行设计，能够迅速地建立正确的顺序和设计中的相互关系。其次，功能流程的制定能够促使存在于系统建设与使用中的众多方面综合为整体，使分析人员在寿命周期的早期阶段就能够很快地确定系统内部和外部的联系。

2. 系统总体功能的分解

进行功能分解，首先要确定系统应当具有的各项总体功能，并把它们在尽可能详细的层次上再分解为各个子功能。一般情况下，可采用自上而下的功能分解方式，即逐级地将系统的总体功能分解为若干子功能，并在子功能之间确定一定的接口关系。然后，对每个子功能再往下一层次分解下去，以致子功能的数目会不断增加，而且每个功能也都有自己的接口。依此继续分解，一直分解到最低的功能层次。在这一层次上，可以根据各个功能的特点来确定能具体执行的单一的系统构成要素。这种自上而下的功能分解法如图 4.2.7 所示。

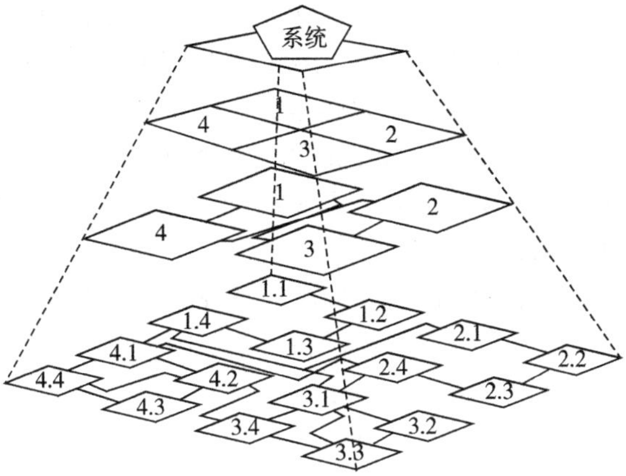

图 4.2.7 自上而下功能分解法

图 4.2.7 表示通过功能分解，将某一系统的总体功能分解成若干个功能区域或功能段。每个功能区是满足系统基本功能所分配的一个区段。这些区段集中起来就形成各个级别的完整的系统描述。当这些功能段彼此分开时（因为它们实际上可能各有其物理意义），就提出了必要的接口连接问题。功能向下一层分解一次，功能数量就要大大增加一次。每项功能又自有其接口。这个过程持续下去，直至达到最低层，并能够按规定完成具体任务为止。

值得注意的是，一个系统的功能层次结构可能与其物理层次（对工程系统而言）并不完全相同。一个物理单元可以同时具有多个功能，而一项功能又可能由几个物理单元来共同执行。相比之下，系统的物理分解工作要比系统的功能分解工作容易得多，因为一个系统的各个物理单元间的分界面较为明显。此外，确立各项功能单元与各个物理单元之间的对应关系也不是那么容易的事。

3. 功能相关性分析

所谓确定功能，就是对系统的功能要求之间的相互关系（层次关系、逻辑关系及时序关系等）进行分析，以明确哪些功能必须执行才能达到该功能区的目标。要用输入、输出和接口要求自上而下逐个确定及描述功能，从而明确分功能对较大功能区的隶属关系。这些功能要按某种逻辑顺序编排，使系统的任何一项具体使用都能够沿着一条不间断的路径加以跟踪。确定功能可以有多种方法，主要有：①功能流程框图，以表示系统各项任务的顺序和各任务之间的逻辑关系；②N 平方图，以表示系统在软件、硬件方面的各个数据接口之间的信息与能量交互关系；③时间基线分析，用于阐明时间关键功能的时间顺序。

这里只介绍功能流程框图分析法，另外两种方法可参考其他专业文献。

功能流程框图（functional flow block diagram，FFBD）分析法的用途是说明系统必须完成的各项功能的顺序关系。FFBD 展示功能事件的时间顺序。也就是说，每个功能（用一个方块表示）都跟在其前一个功能之后发生，某些功能可以平行执行或者另选替代路径。功能的持续时间和间隔时间图中未表示，它们的变化范围可以从几秒到数周。FFBD 是面向功能的，而不是面向设备的。换言之，它们要明确的是必须做“什么”，而不是就“怎样”执行某项功能假定一个具体答案。

FFBD 按一系列的层次编绘。它表示的就是功能分解所确定的任务，但它是把这些任务按其逻辑顺序关系表示出来。例如，某战略导弹系统的整个飞行任务可以用一个顶层 FFBD 加以规定，如图 4.2.8 所示。

图 4.2.7 中的构成要素项目数量对应于图 4.2.8 中的单元数量。图 4.2.8 中，第一层的每个方块都可以展开成为一系列功能，显示在第二层图中，该图所示为“执行操作任务”块。注意，第二层图中既给出了输入（转移到运行轨道），又给出了输出（发送分系统数据），因而也就示出了接口标识和控制过程。第二层图中的每个小方块又可往下展开成为一系列功能，如图 4.2.8 中的第三层图。这些图既可用于制定要求，又可用于明确有益的权衡研究。FFBD 中亦编入一些备选的和偶尔出现的作业，以此来提高任务成功概率。FFBD 提供对系统整个作业的理解，形成制定作业程序和偶发事件程序的基础，同时它正确确定在哪些地方进行作业程序修改可以简化整个系统作业。某些情况下，可用一些备选的 FFBD 表示满足某项具体功能直至取得数据的各种方法，这样就可以在这些备选图中进行选择。

4.2.4 系统结构分析

任何系统都是以一定的结构形式存在的。系统分析人员需要根据系统功能和性能要求，从深入分析系统的组成要素及其相互关系入手，了解系统的性质和特点，为实现系统功能和性能的特定需要做出系统组成和系统结构的选择。例如，在构思一个坦克系统的论证分析时，一般要对其组成要素——底盘、发动机、炮塔和火炮等进行描述，也可能根据需要还要描述得更加详尽一些，如描述组成底盘的部件和零件。仅有这些描述还不够，还要对组成要素之间物理上、功能上的相互关系，即对坦克的各个要素之间的结构关系进行描述。

系统结构分析是系统分析的重要内容，也是系统分析和系统设计的理论基础。系统结构分析的主要内容应包括要素集分析、相关性分析、层次性分析及整体性分析。

1. 要素集分析

为了达到系统给定的功能要求，即达到对应于系统总体目标具有的系统作用，系统必须有相应的组成部分，即系统要素集，记为

$$S=\{e_i \mid i=1,2,\cdots,n\}$$

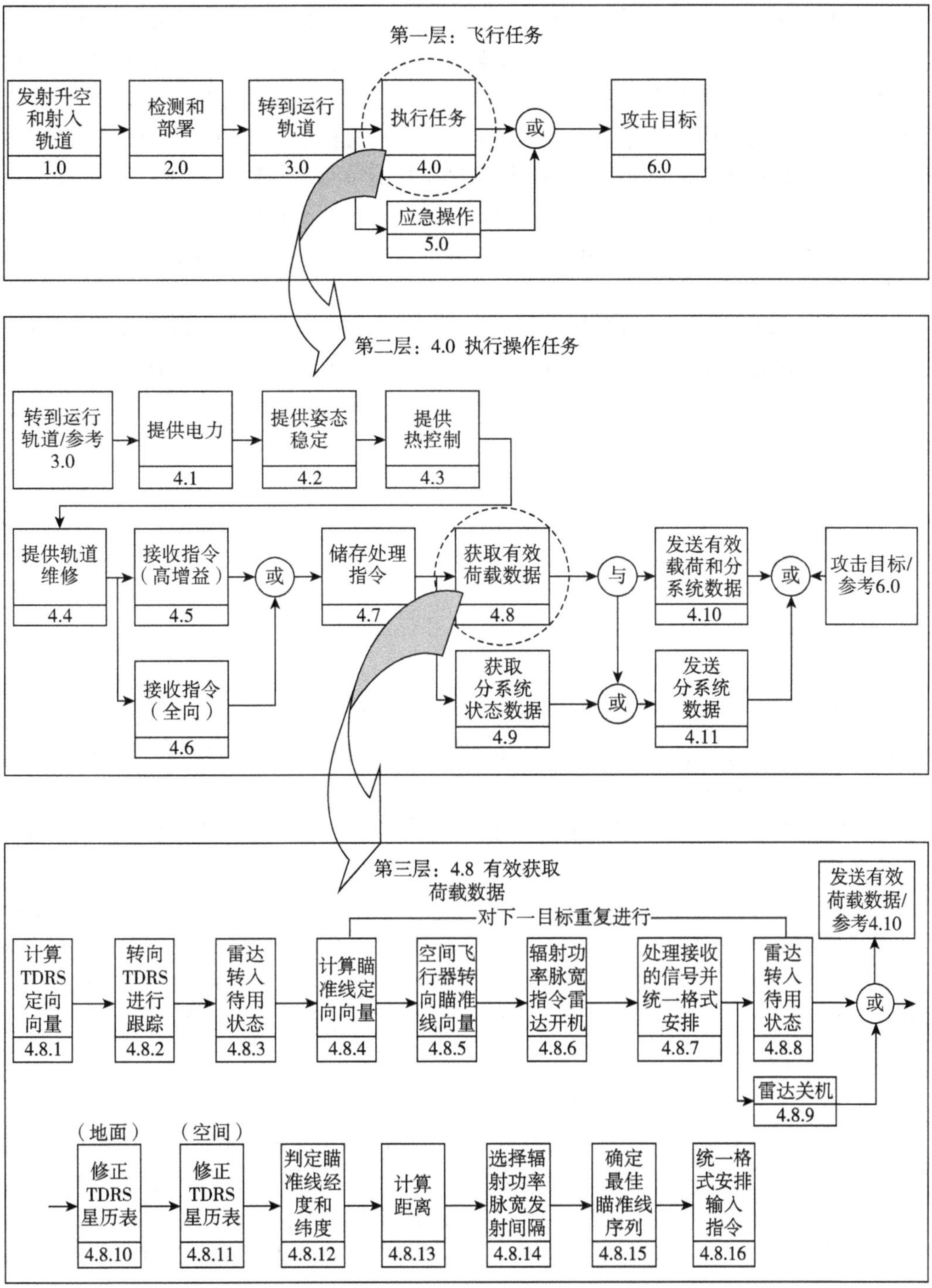

图 4.2.8 功能流程框图的编制

TDRS：tracking and data relay satellite，即跟踪与数据中继卫星

系统要素集的确定可在已确定的目标树的基础上进行。当系统目标分析取得了不同的分目标和目标单元时，系统要素也将对应产生。对应于总目标分解后的分目标和目标

单元，要搜索出能达成此目标的实体部分。例如，如果要达到运载飞行的分目标，就要有火箭或飞机的实体系统；如果要达到运载飞行，就要有能源、推力、力的传递等分目标。相应的，从系统要素集看，则要有液体或固体燃料的存储、输送和控制部分，发动机部分，力的传送机构，等等。这些要素集与系统的目标集是一一对应的。在这种对应分析中，和分目标或目标单元对应的实体结构是功能单元，即独立执行某一任务的功能体。例如，对应于动能杀伤的功能单元应是各种弹头，而不只是火药；对应于控制部分的是某种逻辑电路，而不是某种电子元件。通过目标集的对应分析就能找到构成系统的要素集或功能单元集。

由于与目标单元对应的功能单元（要素）可能不是唯一的，所以存在选择最优对应的问题，即在满足给定目标要求下确定的功能单元（要素）应使其构造成本最低。这主要借助价值分析技术。例如，要分析核弹头与普通弹头在实现同样杀伤目标的条件下，哪种弹头综合计算后比较低廉。

还必须注意技术进步的因素，这有可能使费用增加，但是功能费用比也可能更高，所以要分析考虑价值分析的结果。这就要求在系统要素集的确定过程中，充分运用各种科技知识和丰富的实践经验综合出来的创造力。

2. 相关性分析

系统要素集的确定只是说明已经根据目标集的对应关系选定了各种所需的系统结构组成要素或功能单元，它们是否达到目标要求，还要看它们之间的相互关系如何，这就是系统的相关性分析问题。

系统的属性不仅取决于它的组成要素的质量和合理性，还取决于要素之间应保持的关系。同样的砖、瓦、砂、石、木、水泥可以盖出高质量的楼盘，也可能创造出“豆腐渣”工程。由于系统的属性千差万别，其组成要素的属性复杂多样，因此要素间的关系是极其多样的。这些关系可能表现在系统要素之间保持的各类关系上，如空间结构、排列顺序、相互位置、松紧程度、时间序列、数量比例、力学或热力学的特性、信息传递方式，以及组织形式、操作程序、管理方法等。这些关系组成了一个系统的相关关系集，即

$$R=\{r_{ij}\mid i,j=1,2,\cdots,n\}$$

由于相关关系只能发生在具体的要素之间，故任何复杂的相关关系，在要素不发生规定性变化的条件下，都可变换成要素两两之间的相互关系，即二元关系是相关关系的基础，而其他更加复杂的关系则是在二元关系的基础上发展的。表 4.2.3 所示的是系统要素二元关系分析表。在二元关系分析中，首先要根据目标的要求和功能的需要明确系统要素之间必须存在及不应存在的两类关系，同时必须消除模棱两可的二元关系。当 r_{ij}=1 时，要素间存在二元关系；当 r_{ij}=0 时，要素间不存在二元关系。

表 4.2.3 系统要素二元关系分析表

要素	e_1	e_2	…	e_j	…	e_n
e_1	r_{11}	r_{12}	…	r_{1j}	…	r_{1n}
e_2	r_{21}	r_{22}	…	r_{2j}	…	r_{2n}
…	…	…	…	…	…	…
e_i	r_{i1}	r_{i2}	…	r_{ij}	…	r_{in}
…	…	…	…	…	…	…
e_n	r_{n1}	r_{n2}	…	r_{nj}	…	r_{nn}

通过二元关系分析表，可以明确存在的二元关系的必要性和这些二元关系的内容；可以明确系统内要素的重要程度及输出和输入的关系，同时又可看出所有行的二元关系都是该要素的输出关系，而列的二元关系都是输入关系，这样就可以掌握系统任何一个要素在系统运行中的输出二元关系的总和及输入的二元关系的总和，这对系统状态的掌握、管理和控制是非常有用及有效的；可以明确系统要素间二元关系的性质及其变化对分目标和总目标的影响。例如，二元关系可能是技术的、经济的、组织的、操作的、心理的等。通过对这些二元关系的性质及其变化的分析，可以得出保持最优的二元关系的尺度和范围，这为优化研究提出了更为具体和更为实际的问题。

3. 层次性分析

大多数系统都是以多层结构形式存在的。哪些要素应归属于哪一层、层次之间应保持何种关系，以及层数和层次内要素的数量等都很重要。对这些问题的研究将从系统的本质上加深对系统结构的认识，从而揭示事物合理存在的客观规律，这是提出系统层次性分析的理论依据。

为了实现给定的目标，系统或分系统必须具备某种相应的功能，这些功能是通过系统要素的一定组合来实现的。由于系统目标的多样性和复杂性，单一或比较简单的功能往往都不能达到目的，它们需要组成功能团或功能团的联合。这样，功能团需要形成某种层次结构的形式。例如，一枚飞航式反舰导弹通常由发动机、自动驾驶仪、弹上雷达、引信、战斗部、弹体等部分结合而成，这是导弹组成的第一个层次；发动机则由液体火箭发动机、助推器、电爆管、点火药盒等部分组成，这是系统结构中的第二个层次；等等。当然还会有第三个层次，这样就可看出各层次上功能团的层次关系和功能团之间的相互作用。没有这种层次上的安排，各个功能团就不能相互协调运行，不能最后实现系统整体的目标。其他的系统也大体类似。例如，工厂的分厂、车间、工段、小组，社会上的各级行政机构、社团组织等，也都是这种功能团的结合，最后实现工厂和社会组织的目标。

系统的层次性分析主要解决系统分层和各层组成及规模合理性问题。这种合理性主要从以下两个方面考虑。

（1）传递物质、信息与能量的效率、质量和费用。对于技术系统，主要看能量和信息的传递链的组成及传递路线的长短。因系统层次多少不同，这种链的环节数也不同。

环节越多，摩擦副作用越大，传递路线越长，传递效率越低，失真程度越大，周期时间越长，费用也越多。组织管理系统层次多、人员多、头绪多，导致费用高、效率低，进而导致管理困难、控制失效，以及产生多种漏洞和弊端。所以，系统层次不宜过多。另外，任何系统的层次幅度又不能太宽，否则不利于集中。若零部件分散幅度太宽，则不仅对实现功能不利，而且也较难控制，还会有管理幅度的问题。例如，一个工长最多照看 30 人左右，人数再多，将无法控制。因此层次划分应考虑这两个矛盾的统一，做到层次不多、效率很高、便于控制、费用较低。

（2）功能团（或功能单元）的合理结合和归属问题。某些功能团放在一起能起相互补益的作用，有些则相反。例如，我国陆军中三个步兵连加一个机枪连，三个步兵团加一个重炮团，就对战斗的配合起补益作用。目前海军陆战队兵种的独立也是现代战争中海、陆、空三个兵种协调的需要。管理机构系统内，不同层次内放哪些机构合适，是很重要的问题。例如，行政机构中的人事处和党的机构中的干部处在层次上如何安排是一个值得研究的问题，因为它们的功能团作用有交叉。功能团归属问题也有很大影响，如会计师、检查员归属不同层次，效用发挥是不同的。实践表明，监察功能一般不应放在同层次内管理。同样，在技术系统中，控制功能必须放在执行功能之上，否则也起不到控制作用。

4. 整体性分析

系统的整体性分析是系统结构分析的核心，是解决系统整体协调和整体最优化的基础。上述系统要素集、关系集和层次关系的分析，在某种程度上都是研究问题的一个侧面，它的合理化或优化还不足以说明整体的性质。整体性分析则要综合上述分析的结果，从整体最优上进行概括和协调，这就要使系统要素集 S、相互作用集 R 和系统层次分布集 C 达到最优结合，以实现系统效用的最大值和整体最优输出。

1）整体最优化的可能性

（1）上述 S、R 和 C 的合理性分析是在可行范围内讨论的，这些变量都有允许的变化范围，不是绝对的。例如，在炼油厂内，在原油供给量一定、工艺装置基本确定的情况下，产品品种、物料搭配关系和物料流动的层次关系出现变动的可能性较大，因此，要提高产品加工体系内各种变量变动的可能性。

（2）在对应于给定目标的要求下，S、R 和 C 将有多种结合方案，而每种方案的结合效果是不同的。例如，炼油厂在规定的计划期内，在满足国家某些指令性指标的前提下，可提出若干个产品结构设计，这是 S、R 和 C 的不同结合方案，因此存在优选的可能性。

（3）对应于一定的价值目标（如最低能耗）改变 S、R 和 C 的结合状态，可以看出效果函数的变化状态和优化方向，使取得系统最佳效能成为可能。因此可获得在系统最优条件下最大输出（如最大利润）的 S、R 和 C 的结合方案。

这些情况说明，整体性分析不仅有必要性，而且有实现的可能性。

2）整体性分析的内容

为了进行整体性分析，需要解决三个问题：建立评价指标体系，即对具体的系统来说，它的整体性效果函数应表现在哪些指标上，标准是什么；建立反映系统特性的 S、R 和 C 结合模型；建立结合模型的选优程序。下面主要讨论前两个问题。

（1）关于建立评价指标体系。为了衡量和分析系统的整体结合效果，首先要建立一套评价指标体系。指标体系是为了评价的目的建立的，是 4.2.1 节所述目标树或目标体系的具体化。指标分别说明这种综合效果表现的各个方面；指标应当有最低标准，达不到它，就说明这种结合没有取得起码的整体效果；指标应当是可衡量的价值指标，以便在多指标条件下做到综合评价。关于如何建立指标体系以及在此基础上的系统综合评价方法的介绍，参考第 6 章。

（2）建立反映系统特性的 S、R 和 C 结合模型。该类模型应反映出系统结合三要素集的特点和整体结合效果函数的表达形式，把结合状态结构化和定量化。

3）提高系统整体效果的规律性

实践表明，提高系统整体效果具有如下规律性。

（1）系统的各个组成部分对系统整体均有其独特的作用，应按“各占其位，各司其职”的整体观点对待。突出整体中的任何局部（即使它非常重要）的作用都将影响甚至是损害整体效果。例如，企业的生产功能非常重要，但是当强调其重要性以至将它提高到不适当的位置，达到一切为生产“开路”时，就会压制企业的其他相关环节，最后也使生产不能获得更佳的效果。对于生产与发展新品种、生产与销售、生产与维修、生产与培训、生产与经营、生产与生活的位置，如果长期以来摆法不正常，就可能致使出现产品几十年一贯制、设备陈旧、技术人员知识老化、工艺落后、产品积压等情况。

（2）系统的各个组成部分必须按系统整体目标进行有序化，偏离整体目标各自为政，或目标分散，或意见分歧，都将增加系统的内耗，最后使系统无输出或少输出。但是有序化要求有一个强大的引力场，像铁分子在磁场中一样，这是达到有序化的前提条件。

（3）要注意整体中的协调环节和连接部分。没有协调环节和连接部分也就没有整体，当然也谈不上提高整体效果。就好像糊纸盒的糨糊、衣服上的纽扣、十字路口的红绿灯、住房中的走廊等，都是系统中的协调环节和连接部分。这些部分往往容易被人们忽视，若考虑不周，就会影响甚至冲销整体效果。

（4）只有不断调整和处理系统中的矛盾成分和落后环节，才能不断提高系统的整体效果。系统内部的各个组成部分有基本的配套关系和适应比例。个别部分出现不适应或矛盾状态，就必须及时调整和处理，否则整体发展就要受到影响。例如，国民经济发展中农业、轻工业、重工业的比例；生命系统中各种营养成分的比例；生产系统中各个技术环节的适应关系；干部队伍中各种人员的比例；化肥品种的配合关系；各种人才的知识结构；等等。这些都存在矛盾成分和落后环节的问题。要提高系统的整体效果，就必须不断搜集资料和掌握情况并进行分析，正确处理那些不适应的部分，以促进系统的均衡、协调发展。

总之，系统结构分析包括要素集分析、相关性分析、层次性分析和整体性分析等重要内容，这些工作对合理选择构成系统的要素、厘清要素之间的相互影响关系及层次关系，进而达到系统的整体协调和最优化，具有重要作用。当系统要素较多、要素间的关系比较复杂时，全凭人脑来完成以上工作难度极高，甚至是不可能的。为此，需要采用规范化的方法，借助数学手段和计算机工具来辅助完成系统结构分析，如 3.4 节介绍的解析结构模型。

4.3 系统分析方法

4.3.1 KJ 法

KJ 法又称 A 型图解法、亲和图（affinity diagram）法，是一种将未知的问题、未曾接触过领域的问题的相关事实、意见或设想之类的语言文字资料收集起来，并利用其内在的相互关系做成归类合并图，以便从复杂的现象中整理出思路，抓住实质，找出解决问题的途径的方法。它与统计方法思路截然不同，统计方法强调一切用数据说话；而 KJ 法则主要用事实说话，靠“灵感”发现新思想、解决新问题。

KJ 法的创始人是东京工人教授、人文学家川喜田二郎，KJ 是他的姓名的英文缩写。川喜田二郎在多年的野外考察中总结出一套科学发现的方法，即把乍看上去根本不想收集的大量事实如实地捕捉下来，通过对这些事实进行有机的组合和归纳，发现问题的全貌，建立假说或创立新学说。后来他把这套方法与头脑风暴法相结合，发展成包括提出设想和整理设想两种功能的方法，这就是 KJ 法。这一方法自 1964 年提出以来，作为一种有效的创造技法很快得以推广，成为日本最流行的一种方法。KJ 法的主要特点是在比较分类的基础上由综合求创新。在对卡片进行综合整理时，既可由个人进行，也可以集体讨论。

KJ 法的实施按下列步骤进行。

（1）确定对象（或用途）。KJ 法适用于解决那种非解决不可，且又允许用一定时间去解决的问题。对要求迅速解决、“急于求成”的问题，不宜用 KJ 法。

（2）准备与收集资料。主持人和与会者 4~7 人，准备好黑板、粉笔、卡片、大张白纸、文具。主持人请与会者尽量广泛搜集与问题有关的信息，提出 30~50 条设想，将设想依次写到黑板上。

（3）制作卡片。主持人同与会者商量，将提出的设想概括为 2~3 行的短句，写到卡片上。每人写一套。这些卡片称为“基础卡片”。

（4）分成小组。让与会者按自己的思路各自进行卡片分组，把内容在某点上相同的卡片归在一起，并加一个适当的标题，用绿色笔写在一张卡片上，称为“小组标题卡”。不能归类的卡片，每张自成一组。

（5）并成中组。将每个人所写的小组标题卡和自成一组的卡片都放在一起。经与会者共同讨论，将内容相似的小组卡片归在一起，再给一个适当标题，用黄色笔写在一张卡片上，称为“中组标题卡”。不能归类的自成一组。

（6）归成大组。经讨论再把中组标题卡和自成一组的卡片中内容相似的归纳成大组，加一个适当的标题，用红色笔写在一张卡片上，称为“大组标题卡”。

（7）编排卡片。将所有分门别类的卡片，以其隶属关系，按适当的空间位置贴到事先准备好的大纸上，并用线条把彼此有联系的连接起来。如果编排后发现不了有何联系，则可以重新分组和排列，直到找到联系。

（8）确定方案。将卡片分类后，就能分别地暗示出解决问题的方案或显示出最佳设想。经会上讨论或会后专家评判确定方案或最佳设想。

4.3.2 SWOT 分析法

SWOT 分析法又称态势分析法，在 20 世纪 80 年代初由美国旧金山大学的管理学教授提出。所谓 SWOT（strengths，weaknesses，opportunities and threatens）分析，就是将研究对象密切相关的优势、劣势（SW，来自系统内部），机会、威胁（OT，来自外部环境）四个方面的情况，通过调查分析结合起来并罗列出来，并依照一定的次序按矩阵形式罗列起来，然后运用系统分析的研究方法将各因素相互匹配起来进行分析研究，从中确定适合对象的解决方案。

SWOT 分析法常常被用于制定企业发展战略和分析竞争对手情况，在战略分析中，它是最常用的方法之一。进行 SWOT 分析时，主要有以下几个方面的内容。

1. 分析环境因素

运用各种调查研究方法，分析出公司所面临的各种环境因素，即外部环境因素和内部环境因素。外部环境因素包括机会因素和威胁因素，它们是外部环境对公司的发展直接有影响的有利和不利因素，属于客观因素；内部环境因素包括优势因素和劣势因素，它们是公司在其发展中自身存在的积极和消极因素，属于主动因素，在调查分析这些因素时，不仅要考虑到历史与现状，更要考虑未来发展问题。

2. 构造 SWOT 矩阵

将调查得出的各种因素根据轻重缓急或影响程度等排序方式，构造 SWOT 矩阵。在此过程中，将那些对公司发展有直接的、重要的、大量的、迫切的、久远的影响的因素优先排列出来，而将那些间接的、次要的、少许的、不急的、短暂的影响因素排列在后面。

3. 制订行动计划

在完成环境因素分析和 SWOT 矩阵的构造后，便可以制订出相应的行动计划。制订计划的基本思路是：发挥优势因素，克服劣势因素，利用机会因素，化解威胁因素；考虑过去，立足当前，着眼未来。运用系统分析的综合分析方法，将排列与考虑的各种环境因素相互匹配起来加以组合，得出一系列可选对策，即 SWOT 四大因素排列组合形成的对策：发挥优势，克服劣势的对策（SW）；利用优势，抓住机会的对策（SO）；利用优势，消除威胁的对策（ST）；抓住机会，消除威胁的对策（OT）。对这些对策，不应机械地分割开来，而应综合运用，但在不同时期，可根据各种因素重要性的不同，着重应用某一种或某几种对策。此外，在进行 SWOT 分析之后需用 USED 技巧来给出解决方案。USED 用四个关键字表示，则是“用（use）、停（stop）、成（exploit）、御（defend）”，它是下列四个方向的重点缩写：如何善用每个优势（How can we use each strength）？如何停止每个劣势（How can we stop each weakness）？如何成就每个机会（How can we exploit each opportunity）？如何抵御每个威胁（How can we defend against each threat）？SWOT 分析在最理想的状态下，是由专属的团队来完成的，一个 SWOT 分析团队，最好由一个会计相关人员、一位销售人员、一位经理级主管、一位工程师和一位专案管理师组成。

SWOT 分析的基本过程如图 4.3.1 所示。

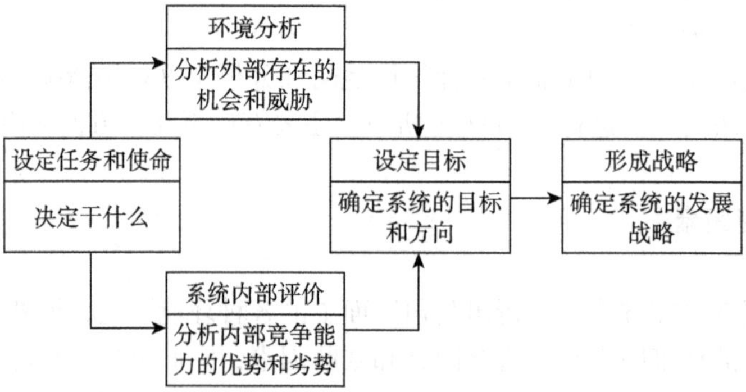

图 4.3.1 SWOT 分析的基本过程

SWOT 分析表主要用于因素调查和分析。

【例 4.3.1】 以某企业为对象的 SWOT 分析，如表 4.3.1 所示。

表 4.3.1 企业 SWOT 分析

企业内部条件		企业外部环境	
优势	1. 产品销路好 2. 产品质量好 3. 基础管理好	机遇	1. 需求量扩大 2. 引进先进技术 3. 引进人才
劣势	1. 企业规模小 2. 企业负担重 3. 资金不足	威胁	1. 原材料价格上涨 2. 利率过高 3. 竞争激烈

在分析企业内部条件时，既要找出自身的优势，又要找出劣势，优势和劣势又是相

对的，主要应与竞争对手的状况相比较。外部环境因素的分析，主要是对可能存在的机遇和威胁进行分析。但是，要认识到某些环境因素对本企业和竞争对手的影响是相同的。也就是说，有利的条件对大家都有利，不利的条件对大家的影响也会大致一样，关键是怎样发现机会，利用好有利条件，避免不利因素的影响和威胁，扬长避短。进行 SWOT 分析时要根据实际情况，比较和竞争对手所处的环境中相同、类似及不同甚至存在很大差异的方面。

【例 4.3.2】 美军航空母舰发展战略环境的 SWOT 示例分析如表 4.3.2 所示。

表 4.3.2 美军航空母舰发展战略环境的 SWOT 分析表

优势	1. 以先进装备为筹码，实施“慑止侵略”战略 2. 航空母舰战斗群的战斗潜力明显提升 3. 科学合理的武器装备体系 4. 航空母舰作战经验丰富	机遇	1. 未来一体化战争的需求 2. 未来战争环境的需要 3. 国家政策经费的支持 4. 国内外相关高技术的发展
劣势	1. 美军在全世界奉行霸权主义 2. 航空母舰作战编队尚存在致命弱点 3. 美军主力航空母舰的技术战术还存在弱点	威胁	1. 作战环境越来越复杂 2. 可能作战对象的武器装备的发展 3. 可能作战对象的海军实力的增强

具体说明如下。

（1）优势。作为传统海军强国，在半个多世纪航空母舰使用、维护及实战考验中，美海军积累了大量的航空母舰作战经验，使新一代航空母舰具有坚实的基础和较高的起点。同时，新一代航空母舰配备了航程更远、载弹量更大、雷达性能更优异、保障更方便的新型舰载机，配备了能更加有效融合航空母舰编队各作战单元能力的新一代指挥自动化系统和数据链系统；航空母舰本身的排水量增大，单舰的容量空间扩大，便于搭载更多的作战飞机和设备；航空母舰编队配备了更加先进、用途多样的各种辅助舰艇。因此，新一代航空母舰性能有了较大提高，航空母舰战斗群所构成的装备体系更加合理，战斗力得到了显著提高，这也为美军实施其“慑止侵略”战略增加了有力的筹码。

（2）劣势。美国在全世界奉行霸权主义，干涉别国内政，频频插手热点地区。因此，作为美国霸权主义象征的航空母舰编队，受到了世界大多数爱好和平国家的反感，这使美国发展新一代航空母舰在道义上处于不利的地位。同时，航空母舰本身存在弱点：舰体过于庞大，搭载设备过多，使航空母舰的安全性受到较大影响，至今美国的大型航空母舰仍旧难以摆脱火灾的困扰；甲板飞行作业计划复杂且实施难度较大、舰载机起降风险较大，助降设备有待改进；等等。航空母舰编队也存在致命弱点，如难以抵抗远程反舰弹道导弹的饱和攻击、难以有效防止某些国家先进攻击型核潜艇突破其反潜警戒圈等。

（3）机会。随着战争形态的不断演变，未来战争要求军队具有较强的一体化作战能力，即具有将各种武器装备的能力有机融合到一起进行“体系作战”的能力。因此，未来的海上战场将更加需要航空母舰编队这种具有强大的一体化作战能力的武器装备体系。同时，随着电磁弹射技术的不断成熟、无人机的实战化、新型核反应堆和推进系统的研制成功、一体化舰岛的出现，航空母舰的技术水平和高科技含量越来越高。一体化作战理论的不断成熟和新技术的积极进展，将使政府和军方给予新一代航空母舰更加充足的政策与经费支持。

（4）威胁。随着美国全球安全形势的不断恶化，其全球部署受到各种各样不确定的安全威胁，作为美军全球部署重要环节的航空母舰编队也难以摆脱日益增多的威胁，这些威胁往往是难以通过提高作战能力来解决的。例如，打击航空母舰的杀手锏武器在一些国家研制列装，使美国海军航母编队面临的威胁大大增加。同时，随着俄罗斯海军的重新崛起和一些国家非对称打击能力的提高，美国海军无论在装备上还是在作战理论上的优势越来越不明显。

4.3.3 聚类分析方法

在社会、经济、管理和自然科学的众多领域中都存在大量的分类问题，如在经济研究中一国各地区或各国经济发展水平的分类，在市场研究中的抽样方案设计、市场分析、消费者行为分析等。特别是进入大数据时代后，手机、互联网、物联网等先进的信息传输平台产生大量的相关数据，如何在种类繁多、数量庞大的数据中快速获取有价值的信息，成为当前亟待解决的问题。聚类分析作为数据挖掘中重要的分析方法，在客户细分、文本归类、结构分组和行为跟踪等问题中被广泛应用，成为大数据分析方法中一个重要的分支。

1. 基本思想

聚类分析（cluster analysis）又称集群分析，是将一批样本或变量按照它们在性质上的相似、疏远程度进行科学分类的一种多元统计方法。

其基本思想是，研究的样本或变量之间存在程度不同的相似性，根据一批样本的多个观测指标，具体找出一些能够度量样本或指标之间相似程度的统计量，以这些统计量为划分类型的依据，把一些相似程度较大的样本（或变量）聚合为一类，把另外一些彼此之间相似程度较大的样本（变量）也聚合为一类，关系密切的聚合到一个小的分类单位，关系疏远的聚合到一个大的分类单位，直到把所有的样本（或变量）都聚合完毕。例如，我们可以根据学校的研究实力、教学水平和学生素质等情况，将大学分成一流大学、二流大学等；国家之间根据其经济社会发展水平可以划分为发达国家、发展中国家等；自然界生物可以分为动物和植物等。

根据上述的基本思想，我们可以把聚类分析理解为：根据已知数据，计算各观察个体或变量之间亲疏关系的统计量。根据某种准则使同一类内的差别较小，而类与类之间的差别较大，最终将观察个体或变量分为若干类。

在实际研究中，既可以对样本个体进行聚类（clustering for individuals），也可以对研究变量进行聚类（clustering for variables）。对样本个体进行聚类通常称为Q型聚类，对研究变量进行的聚类称为 R 型聚类。

2. 统计量

聚类分析中表示个体或变量之间亲疏关系的统计量分为两类，即距离和相似系数。通常 Q 型聚类采用距离统计量，R 型聚类采用相似系数统计量。

1）距离

设有 n 个样本，每个样本观测 p 个变量，观测数据组成的矩阵为

$$\begin{bmatrix} x_{11} & x_{12} & \cdots & x_{1p} \\ x_{21} & x_{22} & \cdots & x_{2p} \\ \vdots & \vdots & & \vdots \\ x_{n1} & x_{n2} & \cdots & x_{np} \end{bmatrix}$$

式中，x_{ij} 为第 i 个样本第 j 个指标的观测值。因为每个样本点有 p 个变量，我们可以将每个样本点看做 p 维空间中的一个点，那么各样本点间的接近程度可以用距离来度量。用 d_{ij} 表示第 i 样本点与第 j 样本点间的距离长度，距离越短，表明两样本点间相似程度越高。常用的距离有

$$\text{绝对距离：} d_{ij} = \sum_{k=1}^{p} \left| x_{ik} - x_{jk} \right| \tag{4.3.1}$$

$$\text{欧氏距离：} d_{ij} = \sqrt{\sum_{k=1}^{p} \left(x_{ik} - x_{jk} \right)^2} \tag{4.3.2}$$

$$\text{切比雪夫距离：} d_{ij} = \max_{1 \leqslant k \leqslant p} \left| x_{ik} - x_{jk} \right| \tag{4.3.3}$$

$$\text{马氏距离：} d_{ij} = \left[\left(X_i - X_j \right)' \boldsymbol{S}^{-1} \left(X_i - X_j \right) \right]^{\frac{1}{2}} \tag{4.3.4}$$

式（4.3.4）中，$X_i = \left(x_{i1}, x_{i2}, \cdots, x_{ip} \right)$，$i = 1, 2, \cdots, n$；$\boldsymbol{S}$ 为样本数据矩阵对应的样本协方差矩阵，其中矩阵元素为 $\boldsymbol{S}_{ij} = \dfrac{1}{n-1} \sum_{k=1}^{p} \left(x_{ki} - \overline{x}_i \right) \left(x_{kj} - \overline{x}_j \right)$。

2）相似系数

对于 p 维总体，由于它是由 p 个变量构成的，而且变量之间一般都存在内在联系，因此往往可用相似系数来度量各变量间的相似程度。相似系数介于−1 和 1 之间，绝对值越接近于 1，表明变量间的相似程度越高。常见的相似系数有

$$\text{夹角余弦：} \cos\theta_{ij} = \frac{\sum_{k=1}^{p} x_{ki} x_{kj}}{\sqrt{\sum_{k=1}^{p} x_{ki}^2 \sum_{k=1}^{p} x_{kj}^2}} \quad (i, j = 1, 2, \cdots, p) \tag{4.3.5}$$

$$\text{相关系数：} r_{ij}=\frac{\sum_{k=1}^{p}\left(x_{ki}-\overline{x}_i\right)\left(x_{kj}-\overline{x}_j\right)}{\sqrt{\sum_{k=1}^{p}\left(x_{ki}-\overline{x}_i\right)^2\sum_{k=1}^{p}\left(x_{kj}-\overline{x}_j\right)^2}} \tag{4.3.6}$$

3. 系统聚类方法

系统聚类方法是聚类分析中应用最广泛的一种方法，适用于具有数值特征的变量和样本。系统聚类方法的不同取决于类与类间距离的选择。类与类之间用不同的方法定义距离，如定义类与类之间的距离为两类之间最近样本的距离，或者定义为两类之间最远样本的距离等，就产生了不同的系统聚类方法。常见的包括最短距离法、最长距离法、重心距离法、类平均法等。这些方法的归类步骤基本一致，所不同的仅是类与类之间距离的定义方法，即不同系统聚类方法计算距离的公式不同。若以 d_{ij} 表示样本 i 与样本 j 之间的距离，D_{ij} 表示类 G_i 与类 G_j 之间的距离，那么不同系统聚类方法的距离计算公式如下。

最短距离法：

$$D_{lm}=\min\{d_{ij}, i\in G_l, j\in G_m\} \tag{4.3.7}$$

最长距离法：

$$D_{lm}=\max\{d_{ij}, i\in G_l, j\in G_m\} \tag{4.3.8}$$

重心距离法：设 G_l 和 G_m 的重心（即该类样本的均值）分别是 $\overline{X}_l$ 和 $\overline{X}_m$（注意一般它们是 p 维向量），则

$$D_{lm}=d_{\overline{x}_l\overline{x}_m} \tag{4.3.9}$$

类平均法：

$$D_{lm}^2=\frac{1}{n_l n_m}\sum_{i\in G_l}\sum_{j\in G_m}d_{ij}^2 \tag{4.3.10}$$

4. 分析步骤

应用系统聚类方法进行聚类分析的步骤如下。

（1）确定待分类的样本指标。

（2）收集数据。

（3）对数据进行变换处理，消除量纲对数据的影响。

（4）使各样本点自成一类（即 n 个样本点一共有 n 类），然后计算各样本点之间的距离，并将距离最近的两个样本点并成一类。

（5）选择并计算类与类之间的距离，并将距离最近的两类合并，重复上面的做法直至所有样本点归为所需类数为止。

（6）最后绘制聚类图，按不同的分类标准或不同的分类原则，得出不同的分类结果。

下面通过实例来说明其具体的实施过程。

【例 4.3.3】 为了研究 2001 年我国部分地区工业企业经济效益的分布规律，需要根据调查资料进行类型划分，调查所得数据经标准化处理后的结果如表 4.3.3 所示，请利用最大距离法进行聚类分析。

表 4.3.3 2001 年我国部分地区工业企业经济效益情况表

地区	工业 增加值率/%	总资产 贡献率/%	资产 负债率/%	流动资产 周转次数	成本费用 利润率/%	劳动生产率/ [元/（人·年）]	产品 销售率/%
北京	0.77	−0.90	−0.38	−0.07	−0.55	−0.10	−0.26
天津	0.84	−0.20	−0.19	1.45	−0.02	0.73	0.80
河北	0.29	−0.20	−0.02	0.46	−0.19	−0.50	0.41
山西	0.33	−0.86	0.26	−1.26	−0.57	−1.13	0.37
内蒙古	0.49	−0.69	−0.36	−0.26	−0.59	−0.76	0.52
辽宁	0.74	−0.39	−0.11	0.42	−0.29	−0.31	−0.03
吉林	0.73	−0.17	0.51	−0.14	−0.10	−0.58	0.41
黑龙江	0.30	3.64	0.54	0.96	3.90	0.56	0.56
上海	−0.59	0.01	−1.53	0.50	0.03	2.14	0.89
江苏	0.94	−0.09	0.08	0.99	−0.31	−0.03	0.13
浙江	0.94	0.45	0.63	1.47	−0.04	0.34	0.16
安徽	0.18	−0.39	0.06	0.08	−0.54	−0.74	0.59
福建	0.01	0.46	0.22	1.47	−0.02	1.19	−0.48
江西	0.69	−0.62	0.84	−0.39	−0.69	−0.96	0.25

解

（1）首先假设每个地区对应一个样本点，每个样本点自成一类，采用欧氏距离，先求出各类间的距离矩阵 ***D***（0）如下：

	1	2	3	4	5	6	7	8	9	10	11	12	13	14
1	0.000													
2	2.221	0.000												
3	1.662	1.995	0.000											
4	2.027	3.806	2.150	0.000										
5	1.647	2.754	1.074	1.539	0.000									
6	0.859	1.720	1.160	2.278	1.650	0.000								
7	1.488	2.215	1.303	2.012	1.678	1.024	0.000							
8	7.213	6.358	6.098	7.308	6.742	6.680	6.583	0.000						
9	3.031	2.192	3.217	4.533	3.540	3.026	3.503	6.348	0.000					
10	1.406	1.331	1.529	2.953	2.254	0.738	1.521	6.570	2.888	0.000				
11	2.179	1.304	2.093	3.750	2.896	1.619	2.344	6.085	2.533	1.017	0.000			
12	1.399	2.211	0.788	1.842	0.916	1.044	0.924	6.703	3.427	1.610	2.381	0.000		
13	2.617	1.735	2.292	3.902	3.113	2.219	2.829	5.706	2.450	1.775	1.377	2.812	0.000	
14	1.560	3.009	1.870	1.500	1.870	1.498	1.142	7.406	4.271	2.029	2.991	1.385	3.371	0.000

（2）因为所有距离中最小值为 0.738，所以将 6（辽宁）和 10（江苏）归为一类，记为 G_1={6,10}。

（3）以最大距离法求第一次并类后的距离矩阵 ***D***（1）为

	G_1	1	2	3	4	5	7	8	9	11	12	13	14
G_1	0												
1	1.406	0											
2	1.720	2.221	0										
3	1.529	1.662	1.995	0									
4	2.953	2.027	3.806	2.150	0								
5	2.254	1.647	2.754	1.074	1.539	0							
7	1.521	1.488	2.215	1.303	2.012	1.678	0						
8	6.680	7.213	6.358	6.098	7.308	6.742	6.583	0					
9	3.026	3.031	2.192	3.217	4.533	3.540	3.503	6.348	0				
11	1.619	2.179	1.304	2.093	3.750	2.896	2.344	6.085	2.533	0			
12	1.610	1.399	2.211	0.788	1.842	0.916	0.924	6.703	3.427	2.381	0		
13	2.219	2.617	1.735	2.292	3.902	3.113	2.829	5.706	2.450	1.377	2.812	0	
14	2.029	1.560	3.009	1.870	1.500	1.870	1.142	7.406	4.271	2.991	1.385	3.371	0

（4）因为 ***D***（1）中所有距离最小值为 0.788，所以将 3（河北）和 12（安徽）归为一类，记为类 G_2={3,12}。

（5）再以最大距离法求第二次并类后的距离矩阵 ***D***（2），继续进行聚类，直到所有样本归为一类为止。

依以上聚类过程画聚类图（图 4.3.2）。

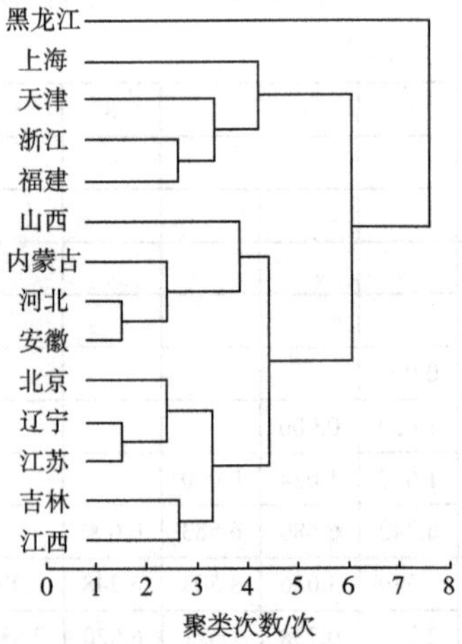

图 4.3.2　聚类图

实际上，在应用中可根据经济意义和需求将 14 个样本划分为三类或两类，不一定要归为一类。考虑到聚类分析过程的复杂性和迭代特点，可利用成熟的商用分析软件来完成分析过程，现有的分析软件有 SPSS、Matlab、Excel 等。

4.4 系统分析案例

4.4.1 老厂改造的系统分析

某锻造厂通过对现有生产情况和扩大汽车半轴生产的系统分析，提出了四种扩产和改造方案，并在全面分析和综合评价之后对方案进行了优化。改造方案实现后，该厂产值可以翻一番，投资利润率达 1 562%，利润增加 546 870 元。

1. 问题的提出

该锻造厂是以生产解放、东风 140、东风 130 等汽车后半轴为主的小型企业，年生产能力可达 1.8 万根，1982 年产值为 97 万余元。近年来，由于无计划购进设备，机加工和热处理工序的生产能力大大超过锻造工序，形成前道工序限制后道工序的局面，大量浪费了设备能力和人力，生产成本不断提高，企业经营效益受到严重影响。为改变企业现状、增加盈利，工厂提出产值翻番的设想，并就此讨论工厂的改造规划及其系统分析。

2. 扩大汽车半轴生产必要性的论证

（1）从市场需求看其必要性。由于后半轴在汽车行驶中承受相当大的阻力，在超载运行时，如果突然发生制动、启动、上坡、过沟等情况，受力将超过半轴所能承受的强度时，就会引起半轴的断裂，所以半轴属于汽车配件中的易损件。在某省近年来汽车保有量猛增的情况下，半轴需求量也从 1979 年的 3.6 万根增加到 4.8 万根，而该省的半轴生产能力只有 4.6 万根左右，满足不了当前的市场需求。

（2）从工厂的设备生产能力看其必要性。半轴生产由多种加工工艺组成，包括锻造、热处理、机加工、喷漆等 23 道工序，其中机加工设备完成 9 道工序，每班次生产能力为 120~190 根；淬火及校直设备完成 6 道工序，每班次生产能力为 70~90 根；锻造设备完成其余工序，每班次生产能力为 30~40 根。这些窄口工序影响企业生产能力的进一步提高，而过剩生产能力的设备又白白损失。因此，需扩大半轴生产，使生产能力得到有效利用，提高企业经济效益。

（3）从职工人数看其必要性。工厂原有职工 230 名，安排青年就业后增加到 320 名，经过定编定岗后有 30 人闲置。扩大生产则可以把这部分人力充分利用起来。

（4）从经营效果看其必要性。从经营效果指标（表 4.4.1）可以看出，由于设备和人员的不合理增加，企业的产值增长幅度低于费用增加的幅度，严重影响了企业的经济效益。

表 4.4.1 经营效果指标情况

序号	指标	1976 年	1982 年
1	产量/根	15 500	18 000
2	产值/元	8 447 500	979 050
3	企业管理费/元	92 310	112 400
4	车间经费/元	31 320	107 840
5	物耗/元	335 420	387 431
6	工资/元	52 125.62	97 063.2
7	总成本/元	561 175	704 734
8	单件成本/（元/根）	36.25	39.38
9	利润/元	283 574.9	264 315.80
10	生产工人数/人	68	115
11	劳动生产率/（元/人）	12 422.79	8 573

上述四个方面说明扩大半轴生产是提高企业经济效益、增加盈利的有效途径。

3. 市场分析及预测

扩产改造不仅看企业内部条件，还要看市场需要的变化。因此要做市场分析与预测。

（1）市场分析。各种汽车半轴实际消耗量如表 4.4.2 所示。

表 4.4.2 各种半轴的实消耗量

车队	1980 年		1981 年		1982 年	
	汽车拥有量/辆	实耗半轴数/根	汽车拥有量/辆	实耗半轴数/根	汽车拥有量/辆	实耗半轴数/根
运输五队	40	50	70	80	70	40
运输二队	35	40	37	70	52	100
运输十二队	—	—	—	—	30	50
汽车一队	30	45	30	40	201	150
地区运输公司	500	470	540	490	500	500
总计	605	605	677	680	853	840

计算平均加权消耗系数为

$$\partial = \frac{\sum 半轴实耗数}{\sum 汽车拥有量} = \frac{605+680+840}{605+677+853} = 0.995\,3$$

同时算得

$$\partial_{140} = 0.345, \partial_{130} = 0.498$$

统计可知汽车半轴的市场占有率为 49%，供应能力占订货数比例为 84%。即工厂只能供应订货数的 84%。

（2）市场预测。根据 1980~1982 年的汽车保有量，利用直线趋势法可预测出 1983~1987 年的解放、东风 140、东风 130 汽车的保有量（计算从略）。

根据半轴消耗系数预测1983~1987年某省半轴需求量（计算及数字从略），见图4.4.1。

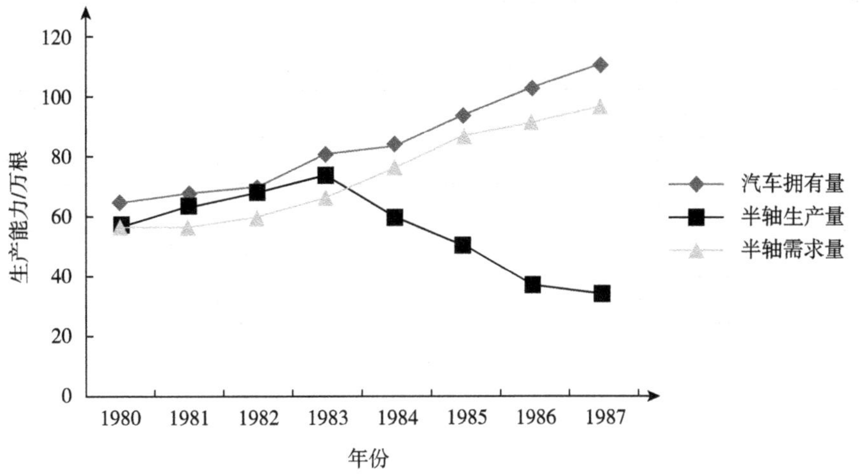

图4.4.1 目前半轴生产能力与未来需求量

从图4.4.1中可以看出：1983年以前，某省半轴生产能力不低于市场需求；从1983年起，半轴生产能力不能满足市场需求。因此锻造厂进行改造，使生产翻番的目标是符合市场预测情况的。资源、能源及相关因素分析项目及数字从略。根据上述分析，半轴扩产规模为3万~4万根较好，扩产过大则有风险。

4. 建立约束条件

综合上述情况可得：①年产量应为4万根左右；②投资最好在3.9万元内，最多不超过20万元；③设备用电不能超过250千瓦时，并应该选择用电少的方案；④扩大生产占地不应超过400平方米；⑤建设周期要短。

5. 扩大半轴生产方案的提出与分析

该厂锻造加工能力最低为1.8万根/年，铣齿、磨槽工序可生产3.6万根/年。若增加班次可超过4万根/年，其余设备能力均在5万根/年以上。根据这种情况，工作重点是寻求有关提高锻造生产能力的方案（表4.4.3）。

表4.4.3 各种锻造方案的情况

方案	项目	投资/万元	年产量/万根	难度	可行性
一	上平锻机	130	10	难	不可行
二	用轧制机和碾压机代替原有夹板锤	13.2	3.6	一般	可行
三	用轧制机和碾压机代替原有夹板锤和空气锤	20.38	4	较难	可行
四	增加一台空气锤	3.5	3.6	易	可行

四个方案中，第一个方案投资大、难度大，工厂无法实现，应予以淘汰。其余三个方案需作进一步详细分析，再从中选优（表 4.4.4）。

表 4.4.4 方案指标分析汇总表

序号	指标	二方案	三方案	四方案
1	产量/万根	3.6	4.0	3.6
2	产值/万元	193.77	215.30	193.77
3	投资/万元	13.20	20.38	3.50
4	原设备残值/元	3 000	18 000	—
5	车间经费/元	115 969.6	119 856.3	115 960.4
6	企业管理费/元	127 203.4	127 242.2	127 203.4
7	燃料动力费/元	738 850.2	105 028.0	73 385.2
8	工资/元	108 057.6	104 680.8	121 564.2
9	物料消耗/元	738 813.2	807 348.0	783 813.2
10	总成本/元	1 168 870.00	1 264 254.47	1 126 514.20
11	解放半轴成本/元	32.47	31.61	31.29
12	利润总额/元	77 385.20	388 745.53	811 185.80
13	增加投资利润/元	509 505.20	624 429.73	546 870.00
14	增加税金上缴/元	380 131.14	443 633.84	413 297.39
15	投资纯利润/元	129 374.06	180 784.89	1 133 372.61
16	投资利润率/%	385.99	306.00	1 562.00
17	投资回收期/月	12.2	12.5	3.1
18	生产工人数/人	128	124	144
19	改建周期/月	8	12	1
20	日耗电量/千瓦时	2 240	2 960	160

6. 方案优选与评价

这三个方案都可在该厂应用，技术上没有问题。它们的区别在于投资多少、技术先进程度、成本高低、耗电量大小等。为了进行优选，采用方案互比打分法，即将三个方案主要指标归纳出来，逐项打分，最好的给 2 分，中等的给 1 分，最差的不给分，方案得分最多者为最优方案。

7. 评价报告

通过对比三个方案，第四个方案明显优于第二、第三个方案。其主要优点如下。

（1）节约投资。第二个方案需要 13.20 万元投资，第三个方案需要 20.38 万元投资，而第四个方案只需要 3.50 万元投资。如果选择第二个方案，由于本厂自有资金有限，需贷款 9 万元；如果选择第三个方案，则需贷款 15 万元；而如果选择第四个方案，利用本厂设备改造资金就可以解决，这样可以立足于在本厂内部挖掘潜力，并节省贷款利息。

（2）投资利润率高。第四个方案投资利润率为 1 562%，比第二个方案约高 1 176%，比第三个方案高 1 256%，投资少、效益好。

（3）成本低。第四个方案单件成本最低，只需 31.29 元/根，比第二个方案低 1.18 元，比第三个方案低 0.32 元。

（4）投资周期短、投资回收快。第四个方案投产只要 1 个月，比第二个方案快 7 个月，比第三个方案快 11 个月。第四个方案只要 3.1 个月就可以全部收回投资，比第二个方案早 9.1 个月，比第三个方案早 9.4 个月。

（5）耗电量低。第四个方案耗电量只需增加 160 千瓦时/日，是第二个方案的 1/14、不到第三个方案的 1/18，按年工作日 300 天计算，比第二个方案年节电 62.4 万千瓦时，比第三个方案节电 84 万千瓦时。

（6）设备上马快、难度小，适应该厂的技术力量。第二、第三个方案都有一些技术难度，必将牵扯全厂的技术力量，影响生产。

但第四个方案也存在如下缺点：①劳动强度大，消耗工人体力；②用人较多，比第二、第三个方案分别多 16 人和 20 人；③技术比较落后。但综合起来看，第四个方案优点比较多，适应厂情，是其中比较理想的方案（本例引自孙东川，林福永，孙凯. 系统工程引论. 第 2 版. 北京：清华大学出版社，2009）。

4.4.2 可持续发展系统研究模式的系统分析

可持续发展的思想形成于 1972 年联合国在瑞典首都斯德哥尔摩召开的人类环境会议①。其核心思想是必须研究自然的、社会的、生态的、经济的及利用自然资源过程中的基本关系，确保全球持续、协调发展。可持续发展系统较为复杂，涉及经济、社会、环境、资源等多个层面，我们可以采用系统分析的方法对该系统进行研究，构建基于系统分析的可持续发展系统模型。

1. 分析问题，确定目标

可持续发展系统属于复合系统，具有开放性、复杂性、组织性和自组织性、层次性、差异性和动态性等特点。通过对可持续发展定义及特点的研究，我们可以进一步具体化，把可持续发展的目标概括为发展的公平性、发展的持续性和发展的协调性，具体如图 4.4.2 所示。

① 钱学森，戴汝为，于景元. 一个科学新领域——开放的复杂巨系统及其方法论. 自然杂志，1990，13（1）：3-10.

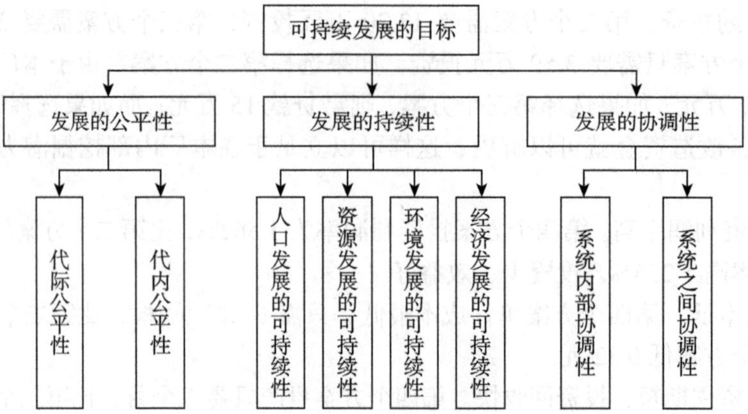

图 4.4.2 可持续发展目标层次结构

2. 可持续发展系统环境与结构分析

环境与结构分析需要找出系统各部件及外界环境因素，确定各部件与外部环境及各部件之间的相互联系，提出能反映目标方向性的参数作为系统输出，其目的是在保证决策质量的前提下，进一步减少决策者所必须理解的信息量，使目标所限定的信息源中的信息量仅包含决策者所必须了解的部分。从组成结构来看，可持续发展系统包括人口、资源、经济与环境四个子系统。其中，人口子系统包括人口总数、人口素质、劳动力供给三个因素；资源子系统包括资源结构、资源供应、资源利用率三个因素；经济子系统包含经济总量、经济效益、经济结构三个因素；环境子系统包括环境污染、环境治理、承载能力三个方面。各子系统之间及其与外界环境之间的结构关系可用图 4.4.3 来表示。

3. 可持续发展系统的定量分析

建立系统模型是系统量化作业的基础工作，数学模型是经常应用的一类模型。不同类别的模型适用于不同的系统。到目前为止，还不可能找到一个有通用性的模型。模型化的目的是模拟真实的物理系统，把最优决策施加在真实系统上。根据系统分析的量化方法，结合可持续发展系统的复杂性、动态性、层次性及多目标性的特点，选择目标规划的方法来对可持续发展系统进行量化，基本步骤为：①确定决策变量、选择约束条件和各个目标函数，构造出多目标的线性规划；②根据决策者的意图，对诸目标确定期望的目标值；③在这些目标函数方程中加入偏离系数，组成新的一组约束条件，并由这些偏离系数组成目标规划的目标函数；④根据各个目标的轻重缓急赋予不同的优先级因子，使该目标函数值达到最小。

若假设某系统由 n 个元素组成，为了实现可持续发展，需要满足 m 类指标的要求，那么对应的规划模型可表述为

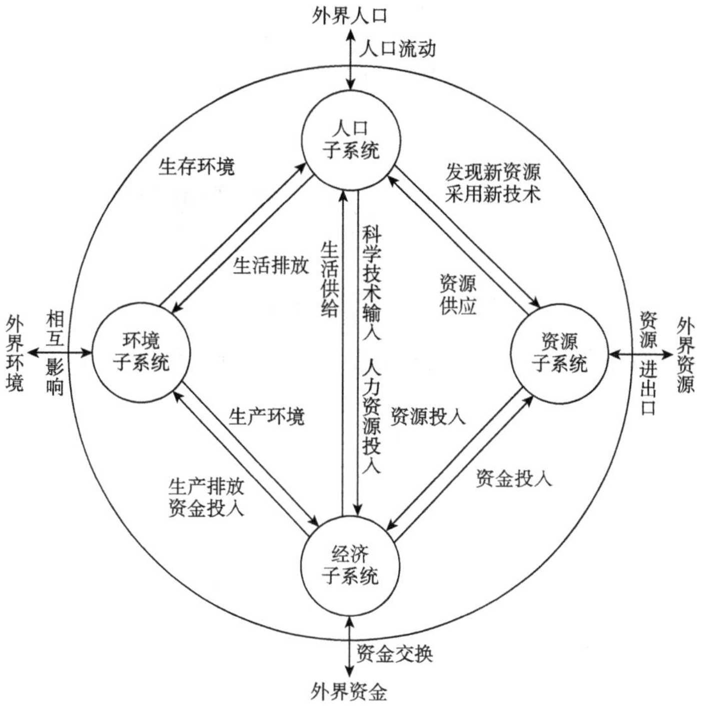

图 4.4.3 可持续发展系统结构与环境关系图

$$\min F = \sum_{i=1}^{m} w_i \left(d_i^+ + d_i^- \right)$$

$$\left.\begin{array}{l}\text{s.t.} \quad \sum_{j=1}^{n} w_i x_{ij} + d_i^+ + d_i^- = b_i,\ i = 1,2,\cdots,n \\ x_{ij} \geqslant 0,\ j = 1,2,\cdots,m \\ d_i^- \cdot d_i^+ = 0 \\ w_i, d_i^-, d_i^+ \geqslant 0 \end{array}\right\} \quad (4.4.1)$$

式中，w_i 为决策者根据具体情况选定的指标优先次序的权重；x_{ij} 为系统中各组成元素在不同指标下的得分；b_i 为各项指标需要达到的最低值；d_i^- 为负偏离系数，表示达不到目标 i 的偏差程度；d_i^+ 为正偏离系数，表示超过目标 i 的偏差程度；$d_i^- \cdot d_i^+=0$ 表示对任何一个目标，在能否达到或超过的偏差值方面，只可能选取其中之一，如 d_i^- 不为零则 d_i^+ 为零，d_i^+ 不为零则 d_i^- 为零。

4. 可持续发展系统的评价

可持续发展系统的评价是一个多层次、多指标的评价问题，包括可持续发展状态–趋势评价和可持续发展能力评价。其中，可持续发展状态–趋势评价包括综合发展水平评价、发展持续性评价及发展协调性评价。可持续发展能力评价包括资源承载能力评价、环境缓冲能力评价及经济发展能力评价，其评价内容如图 4.4.4 所示。

- 可持续发展评价内容
  - 可持续发展状态–趋势评价
    - 综合发展水平评价
    - 发展持续性评价
    - 发展协调性评价
  - 可持续发展能力评价
    - 资源承载能力评价
    - 环境缓冲能力评价
    - 经济发展能力评价

图 4.4.4 可持续发展评价的组成图

对上述内容，宜采用模糊综合评价的思路进行评价，具体方法可参考本书第 6 章的内容。

4.4.3 大数据时代商品购买的决策分析

当我们准备购买一件商品的时候，品牌、功能和价格等都是我们需要考虑的因素。然而，当我们面对琳琅满目的货架、众多的品牌和多种多样的功能组合时，我们又会为选出适合自己的商品而犯难。每到这时，有的人会求助亲朋好友，有的人会求助网络。如何能把这些资源更好地整合在一起，帮助我们做出更加明智的决策呢？接下来，让我们来看一个来自硅谷的华人工程师的“洗衣机寻购记”，他求助的是现在非常热的“Big Data”——大数据。

问题：购买一套最新的洗衣机，带烘干功能，不求最贵、务求最好。

解决方案：求助大数据分析，采用 NLP（natural language processing，即自然语言处理）工具对相关信息进行挖掘分析，逐步确定最佳选购方案。

1. 主要品牌的社会总体评价及其比较

NLP 技术支持系统拥有多种分析功能，只要输入几个美国市场品牌，就可以随时生成任何产业的“品牌舆情图”。美国洗衣机市场品牌热情指数图如图 4.4.5 所示。

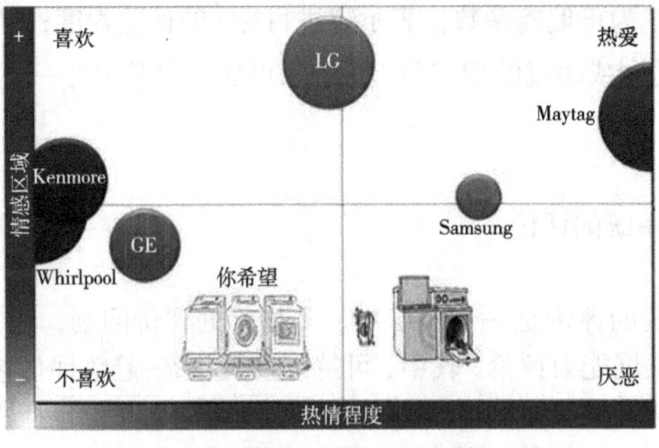

图 4.4.5 美国洗衣机市场品牌热情指数图

图 4.4.5 依据海量挖掘的社会媒体口碑（表 4.4.5）绘制，横坐标表示热情度，纵坐标表示褒贬度，气泡大小表示品牌关注度，品牌热情指数通过三维并列、二维展示，一目了然。

表 4.4.5　美国洗衣机市场社会媒体排名

洗衣机品牌	留言人数/人	提及人数/人	有印象人数/人	净情绪/%	热情指数
Maytag 洗衣机	4 917	5 587	466 388	72	100
Whirlpool 洗衣机	4 607	5 460	920 958	49	0
LG 洗衣机	3 804	4 099	1 065 483	86	48
Kenmore 洗衣机	2 688	3 508	308 054	56	5
GE 洗衣机	2 212	2 518	118 352	40	18
Samsung 洗衣机	889	962	463 914	52	72

品牌分析：Maytag 位于热情指数图最右边，说明喜欢它的客户都非常支持它，该品牌一定有迷人之处。但 Maytag 的褒贬度却不是最高，在它之上的还有 LG。虽然人们对 LG 的热情度不如对 Maytag 那么狂热，但其综合品质显然独占鳌头。Whirlpool 的客户评价低，差不多等同于 GE 这个档次。但在家电中心售货员对其推崇备至，称其与 Maytag 等同，显然二者在客户心目中的地位完全不同。所以，作为决策的第一步，Whirlpool 已经出局，绝对不听售货员的推荐而买它。Kenmore 作为北美专业洗衣店使用最广泛的品牌，评价也不高，只比 Samsung 略强，因此也差不多出局了。店员跟我们说 Kenmore 的洗衣机其实是 LG 产的（就如 Maytag 是 Whirlpool 所产一样），但是舆情图却把二者明显分开了。

品牌删选结果：初步决定在 Maytag 和 LG 中再做挑选，而这需要我们对功能细节及其评价等信息进行进一步挖掘。

2. 功能选择

顾客需要在滚筒式（front loading）和波轮式（top loading）洗衣机两者之间做出选择。起初顾客考虑选更容易清洁的波轮式洗衣机。可是通过大数据，我们可以更加清楚地知道二者的优劣及用户的选择。通过 NLP 挖掘信息，得到两种不同类型的洗衣机品牌热情指数（图 4.4.6）。

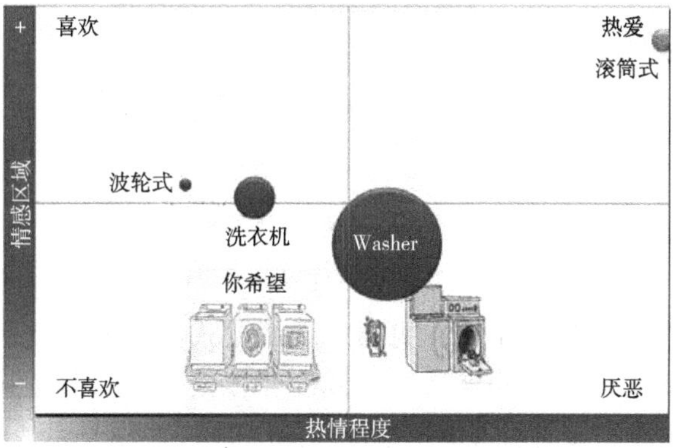

图 4.4.6　两类洗衣机品牌热情指数图

两种类型洗衣机受欢迎程度分析：洗衣机（或 washer）作为整体比较居中，波轮式类型与洗衣机整体褒贬指数相差无几，但是滚筒式则显然高出平均水平，处于热情指数图的右上角区域 [passionate love（非常喜爱）]，说明大多数客户还是推崇滚筒式洗衣机的。尽管这种洗衣机清洁起来困难一些，前门内门圈一周常常是藏污纳垢、积攒洗衣剂（或柔软剂）残余的地方，我们还是决定坚持这一款的洗衣机。消费者都很精明，那么多人喜爱滚筒式洗衣机必有其道理，随大流是稳妥的策略。不过，还是需要比较一下利弊。

两类洗衣机优点比较（图 4.4.7 和图 4.4.8）：滚筒式洗衣机最抢眼的优点不是洗衣的干净程度，而是节能，其他主要优点还有外观。原来还有这么多人认为滚筒式洗衣机外观靓丽。洗衣机刚开始在国内流行时，外观形状基本都差不多，现在技术进步了，才有了滚筒式设计，不过这一优点不应该是购买它的主要理由。

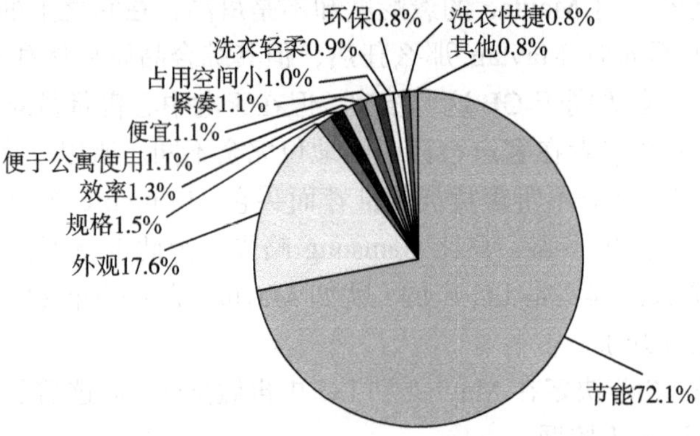

图 4.4.7　滚筒式洗衣机优点的客户评价统计图

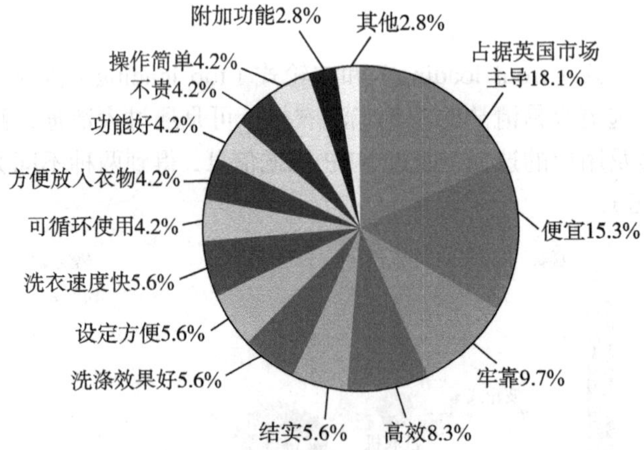

图 4.4.8　波轮式洗衣机优点的客户评价统计图

根据波轮式洗衣机的客户评价，我们发现波轮式洗衣机很受英国人的青睐。其第二大优点是便宜，其实现在这两个款式价钱已经很接近了。其他主要优点就是牢靠和结实。这一点也许正确，设计简单的产品相对更加稳定。

两类洗衣机缺点比较（图 4.4.9 和图 4.4.10）：数据显示，贵是滚筒式洗衣机最大的劣势，但是这次选择洗衣机价格因素不在考虑范围之内。排名第二的是噪声，但这要看型号，新近产品据说已经没什么动静了。排名第三的是怪味和霉点，这个劣势也是我们这次想换成波轮式的原因之一，可见不止一人受到这个困扰。

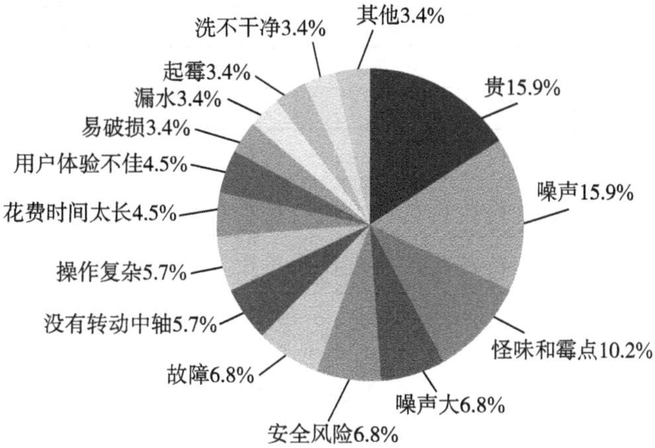

图 4.4.9　滚筒式洗衣机缺点的客户评价统计图

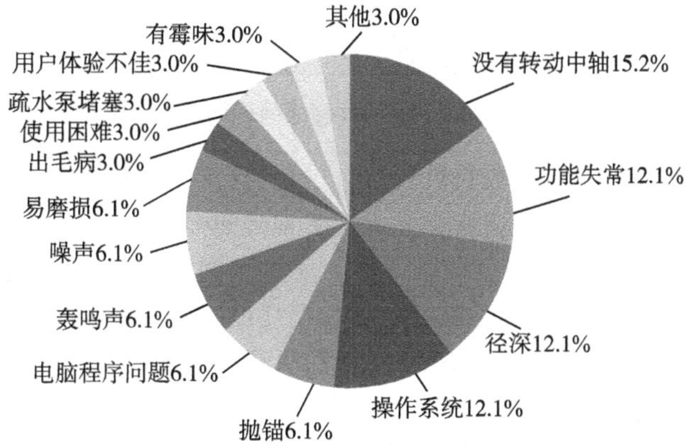

图 4.4.10　波轮式洗衣机缺点的客户评价统计图

对波轮式洗衣机的很多抱怨是它没有以前的转动中轴，这是为了不磨损衣物而进行的一种新设计，因为新技术已经可以代替转动轴而使衣物清洗得更干净，但是客户可能还不太习惯。我们没有对第二项（功能失常/操作系统）进行进一步挖掘，因为估计这是由于系统问题而产生的无效评价。另外，也有人对径深抱怨，原因可能是取衣投料不太方便。抛锚、电脑程序问题、轰鸣声、易磨损、出毛病、噪声也是顾客经常抱怨的问题。由此可知，波轮式洗衣机总体上确实不如滚筒式洗衣机。

3. 确定型号

大数据帮助确定了品牌（LG 或 Maytag）及类型（滚筒式），下一步就是确定具体的型号。在确定具体型号前我们还做了一个 LG 滚筒式和 Maytag 滚筒式的自动舆情调查，得到两者的社会媒体口碑，如表 4.4.6 所示。通过海量数据挖掘建立两者的热情指数图，如图 4.4.11 所示。

表 4.4.6　Maytag 和 LG 洗衣机市场社会媒体排名

洗衣机品牌	提及人数/人	净情绪/%	热情强度	正面评价/次	负面评价/次
Maytag 滚筒式洗衣机	29 657	76	46	829	113
LG 滚筒式洗衣机	10 761	80	100	291	32

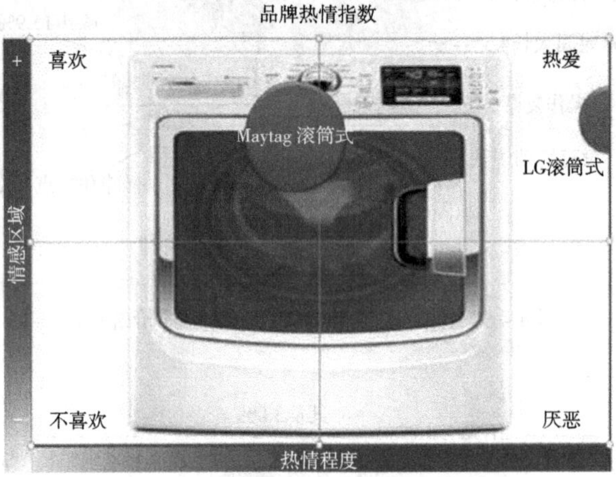

图 4.4.11　LG 与 Maytag 滚筒式热情指数图

相对 Maytag 品牌的滚筒式洗衣机而言，人们对于 LG 滚筒式洗衣机的热情更高（100 比 46），而反映顾客满意度的净情绪仍是 LG 在 Maytag 之上一些（80%比 76%），这说明 LG 也许是更好的选择。在缩小了范围以后，通过上网对五星客户评价的查找可知，以下两个具体型号比较符合我们所要求的功能和尺寸：LG 3470HVA 或者是 Maytag 7000。

最终决策：朋友推荐 Maytag 7000，而且从经济上分析该型号优惠幅度非常大，从 1 400 美元降价到了 989 美元，所降的价格可以买一个五年的保险且还有盈余。至于 LG 3470HVA，虽然看上去不错，似乎还多了几项 Maytag 7000 没有的功能和小器件，但是它只有 10%的降价，而且朋友中没有人使用过这款洗衣机，所以只能作为后备选择。最后决策结果是首选 Maytag 7000 型滚筒式洗衣机，LG 3470HVA 作为备选方案。

本 章 小 结

系统分析是系统工程处理问题的核心内容，是对客观世界进行认识、描述、模拟和评价、协调的过程，是一个逐步清晰、逐步深化、逐步完善的多次反复的论证过程。其中，系统目标分析是整个系统分析工作的出发点，是系统目的的具体化。系统目标分析需要采取科学方法、由有经验的专家和系统工程人员来确定，其结果对后续的分析具有统领作用。4.2 节介绍了系统分析的内容，包括系统目标分析、系统环境分析、系统功能分析和系统结构分析。4.3 节介绍了在系统分析中涉及的一些主要方法，虽然还不能涵盖所有方面，但是较有代表性，应用也比较广。其他方法，如系统分析中的因果图法、投入产出法、消三角形法等，读者可以参考其他教材。另外，在应用这些方法时，必须注意其适用性。4.4 节提供了几个简单的系统分析案例。

➢思考题・习题

1. 何谓系统分析？系统分析包括哪些要素？请画简图说明这些要素之间的关系。
2. 简述大数据系统分析的特点。
3. 简述系统分析与系统工程的关系、系统分析与系统建模的关系。
4. 以某系统为例，论述系统目标分析、环境分析、功能分析和结构分析的关系。
5. 简述系统目标分析的作用。
6. 如何协调目标冲突？
7. 试用目标手段分析法确定一个具体问题的目标集。
8. 简述系统环境分析的意义。
9. 试用 SWOT 分析法对一个具体问题进行系统环境分析。
10. 简述系统功能分析的作用。
11. 简述系统结构分析的内容及各项分析的作用。

第5章

系统预测

5.1 系统预测概述

5.1.1 系统预测的概念及实质

“凡事预则立，不预则废”，“人无远虑，必有近忧”。自有历史记载以来，甚至更早一些，人们就试图对将来的状况进行预测。例如，对于各种节气、日食或月食等物理现象，人们在很早以前就能够凭借经验对它们做出足够精确的预测。但是，预测当今错综复杂的系统的发展变化，远比人们依靠经验预测天气复杂和困难得多。特别值得注意的是，系统预测绝不是靠个人的想入非非或冥思苦想，更不能靠算命先生或风水先生的“未卜先知”，而是需要依靠科学，这当然包括科学的头脑、科学的方法及科学的手段，在掌握一定的实际数据和历史资料的基础上进行。也就是说，系统预测必须根据系统发展变化的实际数据和历史资料，运用现代的科学理论和方法，以及各种经验、判断和知识，对系统在未来一定时期内的可能的变化情况，进行推测、估计和分析。

系统预测的实质就是充分分析、理解系统发展变化的规律，根据系统的过去和现在估计未来，根据已知预测未知，从而减少对系统未来认识的不确定性，以指导我们的决策行动，减少决策的盲目性。

5.1.2 预测方法分类

如前所述，很多预测可以凭经验和直觉做出。例如，早晨上班之前，可以看看天色，然后根据以往的经验预测今天是否会下雨，从而决定是否带雨具。但是，随着现代社会的发展，系统结构日益复杂，变化过程中存在极大的不确定性和随机性，这就使我们在系统的组织、管理中凭经验直觉做出决策并获得成功的可能性大大减小。为了在错综复杂、急剧变化的环境中减少决策失误、改善管理调控，对科学预测的要求不断提高；系统预测的理论和方法也随着实践的需要有了迅速的发展，并形成了一套科学的系统预测理论方法体系。

根据预测对象、时间、范围、性质等的不同，可对现有预测方法进行不同的分类。根据方法本身的性质特点，我们将预测方法分为定性预测方法、时间/时空序列分析预测方法、因果关系预测方法等，具体描述如下。

（1）定性预测方法。这类方法主要是依据人们对系统过去和现在的经验、判断和直觉（如市场调查、专家打分、主观评价等）做出预测，主要有专家会议法、德尔菲法、主观概率法、领先指标法等。

（2）时间/时空序列分析预测方法。由于事物在其发展变化过程中，总有维持或延续原状态的趋向，事物的某些基本特征和性质将随时间的延续而维持下去，因此可以根据系统对象随时间变化的历史资料（如统计数据、实验数据和变化趋势等），只考虑系统变量随时间的发展变化规律，对其未来做出预测。时间序列分析预测方法主要包括移动平均法、指数平滑法、趋势外推预测法及博克斯–詹金斯法等。时空序列（space-time series）是时间序列在空间上的扩展，是指在空间上有相关关系的多个时间序列的集合，如经济统计序列、卫星影像序列、环境监测序列、交通流量序列等。时空序列分析预测方法主要包括时空自相关移动平均法、时空插值法、卡尔曼滤波法、层次贝叶斯法等。

（3）因果关系预测方法。事物发展变化具有内在因果关系，如事物的存在、发展和变化都受有关因素的影响和制约，事物的存在和变化都有一定的模式；特性相近的事物，在其变化发展过程中，常有相似之处，因此可由先发事物的变化进程与状况，推测后发类似事物的发展变化。另外，由于系统变量之间也存在某种前因后果关系，找出影响某种结果的一个或几个因素，建立它们之间的数学模型，就可以根据自变量的变化预测结果变量的变化。因果关系模型中的因变量和自变量在时间上是同步的，即因变量的预测值要由并进的自变量的值来旁推。因果关系预测方法主要有回归分析（regression analysis）法、马尔可夫过程（Markov process）法、状态空间预测法、计量经济预测法，以及系统动力学仿真法等。

（4）其他预测方法。事物发展变化的规律复杂，很难确定事物存在、发展和变化的规律，为此采用人工智能的相关方法对事物的行为进行模拟分析。这类预测方法主要是机器学习算法，如神经网络、K最近邻算法、支持/相关向量机、随机森林算法等。特别是进入大数据时代后，这类预测方法得到了新的发展和改进，应用也更为广泛，具体内容将在5.1.3节重点介绍。

上述四类预测方法中，后面三类预测方法都属于定量预测方法，归纳起来如图5.1.1所示。

5.1.3　大数据预测

近年来，随着互联网、物联网、云计算、三网融合等信息技术与通信技术的迅猛发

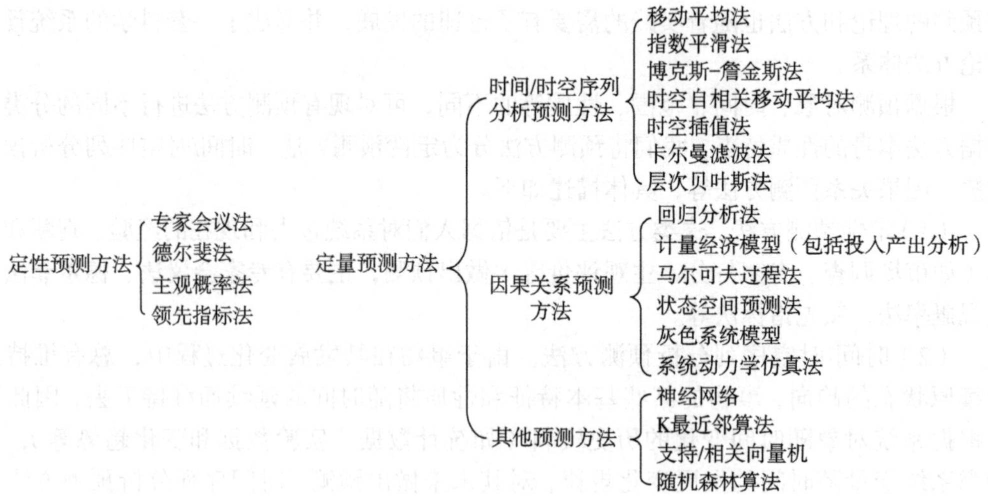

图 5.1.1　预测方法分类

展，数据快速增长，信息社会已经进入了大数据时代。大数据的涌现不仅改变着人们的生活与工作方式、企业的运作模式，甚至还引起科学研究方法的改变。作为大数据应用的核心——大数据预测，其特征、步骤和方法不同于传统的数据统计预测。

1. 大数据预测的特点

大数据预测的特点由其数据来源的特点决定，主要包括以下内容。

1）实样而非抽样

传统的统计预测方法的数据是随机抽样数据，而大数据时代，云计算和数据库使足够大样本乃至全体数据的获取变得非常容易。但需特别注意的是，实际样本不等于全体样本，依然存在系统性偏差的可能，所以存在一个数据规模的阈值问题。数据少于这个阈值，问题解决不了；达到这个阈值，就可以解决以前令人们束手无策的问题；而数据规模超过这个阈值，对解决问题也没有更多的帮助。我们把这类问题称为“预言性数据分析问题”，即在做大数据处理之前，需确定阈值，即当数据量到达多大规模时，预测可以达到何种满意程度。

2）效率而非精确

过去使用抽样的方法，需要在具体运算上非常精确，正所谓“差之毫厘，谬以千里”。但精确的计算是以时间消耗为代价的，在小数据时代，追求精确是为了避免放大偏差不得已而为之。而大数据预测具有实时性的特点，算法的准确率不再是应用的最主要指标，很多场景中算法需要在处理的实时性和准确率之间取得平衡。

3）相关而非因果

大数据时代只需要知道是什么，而不需要知道为什么。大数据预测不同于传统的逻辑推理方法，它关注数据的相关性而不是因果关系，即“知其然，而不一定知其所以然”。相关性一般用支持度、可信度、兴趣度等参数来描述，相关分析的目的就是找出数据集里隐藏的相互关系网（关联网），从而对事物的未来发展做出预测。

2. 大数据预测的步骤

大数据预测的步骤与传统预测方法类似，包括数据抽取与集成、数据分析、结果分析与展示。

1）数据抽取与集成

大数据的一个重要特点就是多样性，这就意味着数据来源广泛且类型繁杂，这种复杂的数据环境给大数据的处理带来极大的挑战。要想进行大数据预测，首先必须对所需数据源的数据进行抽取和集成，从中提取出关系和实体，经过关联和聚合之后采用统一定义的结构来存储这些数据。在数据集成和提取时需要对数据进行清洗，保证数据质量及可信性。同时还要特别注意的是，大数据时代的数据往往是先有数据再有模式（模型），且模式是在不断的动态演化之中的。

2）数据分析

数据分析是整个大数据预测流程的核心，传统的预测中数据分析包含三个步骤，即建模、参数估计、数据检验。考虑到大数据的特点，传统的预测技术（如统计分析、机器学习）都需要做出相应调整。一是大数据应用一般具有实时性特点，算法的准确率不再是最主要的指标，很多场景中预测算法要在处理的实时性和准确率之间取得平衡；二是在数据量增长到一定规模后，可以从小量数据中挖掘出有效信息的算法不一定适用，如统计学中的邦弗朗尼原理（Bonferroni's principle）就是一个典型的例子；三是验证方法需要适应数据量大、类型庞杂的特点，原有的一些统计检验方法和指标需要相应调整，对照性试验、在线测试等方法将占据重要位置。

3）结果分析与展示

传统文本或图形形式的分析与展示在大数据时代已稍显不足，可视化与人机交互技术是未来发展的重点方向。

3. 大数据预测的主要算法

1）K 最近邻算法

K 最近邻算法（k-nearest neighbor，KNN）给定一些已经训练好的数据，输入一个新的测试数据点，计算包含此测试数据点的最近的点的分类情况，哪个分类的类型占多数，则此测试点的分类与此相同。有的时候可以赋予不同的分类点不同的权重，近的点的权重大点，远的点自然就小点。

2）朴素贝叶斯算法

朴素贝叶斯（Naive Bayes）算法对给出的待分类项，求解在此项出现的条件下各个类别出现的概率，哪个最大，就认为此待分类项属于哪个类别。

3）关联规则挖掘算法

关联规则挖掘（Apriori）算法是通过连接和剪枝运算挖掘出频繁项集，然后根据频繁项集得到关联规则，关联规则的导出需要满足最小置信度的要求。

4）网页重要性/排名算法

网页重要性/排名（pagerank，PR）算法最早产生于谷歌（Google），核心思想是将网页的入链数作为一个网页好坏的判定标准，如果一个网页内部包含了多个指向外部的链接，则 PR 值将会被均分，PR 算法也会遭到 Link Spam（垃圾链接）攻击。

5）随机森林算法

随机森林（fandom forest）的思想是决策树与 boosting 算法的结合。决策树采用的是 CART（classification and regression tree，即分类回归树），通过组合各个决策树的弱分类器，构成一个最终的强分类器。在构造决策树的时候采取随机数量的样本数和随机的部分属性进行子决策树的构建，避免了过分拟合现象的发生。

虽然大数据分析预测是系统预测的发展趋势，但考虑到课程定位于基础知识的介绍，本章将重点介绍传统的系统预测方法，对大数据预测有兴趣的读者可进一步参考相关文献与书籍。

5.1.4 系统预测的一般步骤

系统预测是一种科学预测，是对系统对象的发展、演变的客观规律的认识和分析过程。因此，系统预测应该建立在科学的理论基础之上，采用合理的分析、测算，以及评价方法和手段。这样，系统预测技术应当包括它所遵循的理论、预测对象的历史和现状资料与数据、所能采用的计算方法或分析判断方法、预测方法和结果的评价与检验等要素。系统预测技术所遵循的理论又包括两个方面：一是预测对象本身所处学科领域的理论，用以辨识事物发展的客观规律，指导预测方法的选择和结果的分析检验，如天气预报和经济预报可能采用完全不同的预测模型；二是预测方法本身的理论，主要是数理统计学的一些有关理论，近来也出现了一些智能预测的理论和方法等。因此，实施一个具体的系统预测项目，必须基于上述两方面的科学理论基础。一个成功的预测实践，应当科学、合理地选择预测方法，以及准确、完整地理解预测对象（包括其发展历史、现状及其资料、数据等）。

尽管不同的预测对象、不同的预测方法可能导致不同的预测实施过程，但总体看来，系统预测方法，特别是定量预测方法大致可分为以下几个步骤。

1）明确预测目的

一般来说，系统预测不是系统工程研究的最终目的，它应当是为系统决策服务的。因此，在预测过程中，首先要在整个系统研究的总目标指导下，确定预测对象及具体的要求，包括预测指标、预测期限、可能选用的预测方法，以及要求的基本资料和数据。这是系统预测一项极为重要的准备工作，它实际上会使我们的预测工作有正确的科学理论和方法指导，做到有的放矢。

2）收集、整理资料和数据

根据选用或可能选用的预测方法和预测指标，进行两个方面的工作：一方面是把与所研究系统相关的资料，包括历史资料、相似系统资料、专家判断、工程经验等尽可能收集齐全，并进行分析、整理，去伪存真，填平补齐；另一方面是进行调查、访问或试验，以取得系统的实际数据，这一点对定性预测和定量预测都很重要。

3）建立预测模型

根据科学理论指导及所选择的预测方法，选择合适的变量来表达预测对象的关系，从而建立预测用的数学模型。必要时可对数据进行适当处理（如进行数学变换），以符合模型本身的要求。

4）模型参数估计

按照所建立的数学模型的性质和获得的样本数据，采取科学的统计方法，对模型中的参数进行估计，包括点估计和区间估计。

5）模型检验

检验包括对模型的合理性及有效性进行的验证，最终识别和确认所选用的模型形式与结构。模型检验具体包括两个方面：一方面是对有关模型结构的检验，如对线性关系的假设、变量结构（变量选取）及独立性假设等的统计检验，以保证模型假设的合理性；另一方面是对模型精度（即预测误差）的检验，如对模型参数、误差区间、标准离差等的检验。一旦检验发现模型不合理，就必须对模型加以修正。

6）预测实施与结果分析

运用通过检验的预测模型，使用已知的历史资料和实际数据，就可进行未来预测，并对预测结果进一步作理论、经验等方面的分析。此外，必要时还可通过对不同方法获得的预测结果进行分析对比，来做出更加可信的判断，为系统决策提供科学依据。

从预测实际工作来看，不可能仅靠上述六个预测步骤就能完全达成目标，有时需要若干次的反复和迭代，经过多次信息补充、模型修正等，才能完成系统预测任务。

5.2 定性预测方法

定性预测是指预测者依靠熟悉业务知识、具有丰富经验和综合分析能力的人员与专家，根据已掌握的历史资料和现实数据，运用个人经验和分析，对事物未来发展做出性质和程度上的判断，然后通过一定形式综合各方面意见，将其作为预测未来的主要依据。定性预测着重对事物发展的趋势、方向和重大转折点进行预测，主要凭借人的经验及分析能力。下面简要介绍两种典型的定性预测方法——专家会议法和德尔菲法。

5.2.1 专家会议法

专家会议法是指根据规定的原则选择一定数量的专家，按照一定的方式组织专家会议，发挥专家集体的智能结构效应，对预测对象未来的发展趋势及状况做出判断的方法。头脑风暴法是专家会议法的具体运用。

专家会议有助于专家们交换意见，他们通过互相启发，可以弥补个人意见的不足；

通过内外信息的交流与反馈，产生“思维共振”，进而将产生的创造性思维活动集中于预测对象，在较短时间内得到富有成效的创造性成果，为决策提供预测依据。但是，专家会议也有不足之处，如有时心理因素影响较大、易屈服于权威或大多数人意见、易受劝说性意见的影响、不愿意轻易改变自己已经发表过的意见等。

专家会议的人选应按下述三个原则选取：①如果参加者相互认识，要从同一职位（职称或级别）的人员中选取，领导人员不应参加，否则可能对参加者造成某种压力；②如果参加者互不认识，可从不同职位（职称或级别）的人员中选取。这时，不论成员的职称或级别的高低，都应同等对待；③参加者的专业应力求与所论及的预测对象的问题一致。

运用专家会议法，必须确定专家会议的最佳人数和会议进行的时间。专家小组规模以 10~15 人为宜，会议时间一般以进行 20~60 分钟效果最佳。会议提出的设想由分析组进行系统化处理，以便在后续阶段对提出的所有设想进行评估。

5.2.2 德尔菲法

德尔菲是古希腊传说中的神谕之地，城中有座阿波罗神殿可以预卜未来，因而借用其名。德尔菲法最早出现于 20 世纪 50 年代末，是美国为预测其“遭受原子弹轰炸后，可能出现的结果”而发明的一种方法。1964 年美国兰德公司的赫尔默（Helmer）和戈登（Gordon）发表了《长远预测研究报告》，首次将德尔菲法用于技术预测，其中涵盖了科学突破、人口控制、自动化、空间进展、预防战争、武器系统等诸多领域。后来德尔菲法不断被用于其他领域（如经济趋势、健康和教育领域）并在七八十年代成为主要的预测方法。德尔菲法在商业预测中也有成功应用，如 Basu 和 Schroeder 在 1977 年采用德尔菲法预测新产品在第一个两年内的销量，其预测结果与实际销售的误差仅为 3%~4%，远低于定量方法 10%~15%的误差，以及传统非结构化预测方法 20%的误差。据《未来》杂志报道，20 世纪 60 年代末到 70 年代中期，专家会议法和德尔菲法（以后者为主）在各类预测方法中所占比重由 20.8%增加到 24.2%。80 年代以来，中国不少单位也采用德尔菲法进行了预测、决策分析和编制规划工作。

德尔菲法根据有专门知识的人的直接经验，对研究的问题进行判断、预测，也称专家调查法。它以匿名方式通过几轮滚动式函询调查，征求专家意见，是专家会议法的发展。预测领导小组对每一轮的意见都进行汇总整理，将其作为参考资料再发给每个专家，供他们分析判断，提出新的论证。如此多次反复，专家意见日趋一致，结论的可靠性越来越大。下面从德尔菲法的特点、专家的选择、预测问题的提出、预测过程、德尔菲法应遵守的原则，以及结果的处理和表示等方面来进行介绍。

1. 德尔菲法的特点

德尔菲法有如下三个特点：①为克服专家会议法易受心理因素影响的缺点，德尔菲法采用匿名形式。应邀参加预测的专家互不了解，完全消除了心理因素的影响。专家可以参考前一轮的预测结果，修改自己的意见而无须做出公开说明，无损自己的威望。②德尔菲法不同于民意测验，一般要经过多轮才能得出结论。在匿名情况下，为了使参加预测的专家掌握每一轮预测的汇总结果和其他专家提出的意见，预测领导小组对每一轮的预测结果进行统计汇总，并将结果作为反馈材料发给每个专家，供专家在下一轮预测时参考。③对调查获得的信息作定量处理是德尔菲法的一个重要特点。为了定量评价预测结果，德尔菲法采用统计方法对结果进行处理。

2. 专家的选择

开展德尔菲法预测需要成立一个预测领导小组。该小组负责拟定预测主题、编制预测事件一览表，以及对结果进行分析处理，此外一项更重要的工作是负责专家的选择。

物色专家是实施德尔菲法的一个关键步骤，因为它本身就是一种对意见和价值进行判断的作业。因此，在选择专家过程中不仅要注意选择精通专业技术、有一定声望、有学科代表性的专家，同时还需要选择边缘学科、交叉学科的专家。是否选择承担领导职务的专家，要看他们是否有足够的时间来认真填写调查表。

根据预测问题的规模，专家组一般以 10~50 人为宜。人数太少，学科代表性不足，并缺乏权威，同时影响预测精度；人数太多，难于组织，结果的处理也比较复杂。但是，对一些重大问题，专家人数也可扩大到 100 人以上。专家选定后还可根据具体预测问题，划分从事基础研究预测和应用研究预测的小组，也可按其他形式分组。美国兰德公司在采用德尔菲法就科学的突破、人口的增长、自动化技术、航天技术、战争的可能和防止、新的武器系统 6 个问题进行预测时，专家组由 82 人组成，分 6 个小组活动；其中成员一半来自本公司，外单位成员中包括 6 名欧洲专家。在确定专家人数时，值得注意的是，即使专家同意参加预测，因种种原因专家也不见得每轮必答，有时甚至中途退出，因而预选人数要多于规定人数。

3. 预测问题的提出

在开展预测前，首先要明确预测主题和预测目的，准备背景资料，并根据预测任务拟定调查表，包括目标–手段调查表和专家应答问题调查表。

1）制定目标–手段调查表

预测领导小组与专家一起对已掌握的数据进行分析，确定预测对象的总目标和子目标，以及达成目标的手段。

例如，在预测计算机技术发展趋势时，总目标是：“当人类在所有活动领域内都采用计算机有效地解决问题时，计算机技术的发展方向是什么？”其子目标可以划分为：①解决人机联系问题；②提高计算机智能；③提高单台计算机效率；④提高全国总装机效率；等等。

达成目标的手段为：①改善单元技术；②改善外围设备和通信技术；③发展信息处理方法（数学模型）；④改善编程手段；⑤改善计算机结构；⑥改善使用计算机的组织工

作；⑦改善计算机的设计方法；等等。

2）制定专家应答问题调查表

专家应答问题调查表是德尔菲预测的重要工具，是信息的主要来源。它的质量可能直接影响预测结果。例如，如果需要专家对某个事件的完成时间进行预测，则需要根据问题制定事件完成时间调查表，其形式如表 5.2.1 所示。

表 5.2.1 事件完成时间调查表

事件	事件完成时间		
	10%概率	50%概率	90%概率
解决某一科学技术问题	a_{1i}	m_{1i}	b_{1i}
设计一种机器	a_{2i}	m_{2i}	b_{2i}
开发一种具有一定技术功能的装置	a_{3i}	m_{3i}	b_{3i}

注：i 为第 i 个专家

4. 预测过程

经典的德尔菲法预测要经过四轮调查。一般说来，经过四轮调查，专家意见可以相当协调或一致。有些派生或改造的德尔菲预测方法，考虑整个过程进行的时间和复杂程度，以及专家意见的一致程度，可以部分取消轮间反馈，适当简化预测过程。

第一轮，由组织者发给专家第一轮调查表，该表是开放式的，不带任何框，只提出预测问题。请专家围绕预测主题提出预测事件。如果限制太多，会漏掉一些重要事件。预测组织者要对专家填好的调查表进行汇总整理，归并同类事件，排除次要事件，用准确术语提出一个预测事件一览表，并作为第二轮调查表发给专家。

第二轮，专家对第二轮调查表所列的每个事件做出评价。例如，说明事件发生的时间、叙述争论问题和事件或迟或早发生的理由。预测组织者收到第二轮专家意见后，对专家意见做统计处理，整理出第三张调查表。第三张调查表包括：事件，事件发生时间的中位数和上、下四分位数，以及事件发生时间在四分位数外侧的理由。

第三轮，把第三张调查表发下去后，请专家做以下事情：重审争论；对上、下四分位数外的对立意见做一个评价；给出自己新的评价（尤其是在上、下四分位数外的专家，应重述自己的理由）；如果修正自己的观点，也请叙述为何改变，原来的理由错在哪里，或者说明哪里不完善。专家们的新评论和新争论返回到组织者手中后，组织者的工作与第二轮十分类似：统计中位数和上、下四分位数；总结专家观点，重点在于争论双方的意见，形成第四张调查表。

第四轮，请专家对第四张调查表再次评价和权衡，做出新的预测。是否要求做出新的论证与评价，取决于组织者的要求。第四张调查表返回后，组织者的任务与上一轮的任务相同：计算每个事件发生时间的中位数和上、下四分位数，归纳总结各种意见的理由及争论点。

5. 德尔菲法应遵守的原则

人们从经验中总结了如下几个在组织德尔菲方法时应遵守的主要原则：①对德尔菲法做出充分说明。在发出调查表的同时，应向专家说明德尔菲方法的目的和任务、专家回答的作用，以及德尔菲法的原理和依据。②问题要集中，提出的问题要有针对性。③避免组合事件。例如，对题为“以海水中提炼的氘（重氢）为原料的核电站到哪一年可以建成”的预测事件，有的专家就难以做出回答。因为他虽然可以对核电站建成日期做出评价，然而他认为原料应是氚而不是氘。这时他如果提出预测，似乎他同意采用氘做原料；如果拒绝回答，似乎他对能否建成核电站持怀疑态度。因而，应避免提出“一种技术的实现是建立在某种方法的基础上的”这类组合事件。④用词要确切。例如，“私人家庭到哪一年将普遍使用大屏幕彩电”的预测事件中，“普遍”二字比较含糊；另外，“大”字也含糊。如果改为“私人家庭到哪一年将有 80%使用 64 厘米以上的彩电”则是确切的。⑤领导小组意见不应强加在调查表中。⑥调查表要简化，问题数量适当限制。一般认为上限以 25 个为宜，超过 50 个问题则要相当慎重。⑦支付适当报酬，以鼓励专家的积极性。

6. 结果的处理和表示

对专家的回答进行分析和处理是德尔菲方法的最后阶段，也是最重要的阶段。在该阶段最主要的工作是用一定的统计方法对专家的意见做出统计、归纳和处理，得出代表专家意见的预测值和离散程度。然后，对专家意见做出分析和评价，确定预测方案。结果的处理与表示主要可采用中位数和上、下四分位数法，算术平均法，主观概率法，以及比重法或评分法等。例如，采用中位数和上、下四分位数法对事件完成时间预测结果的处理如下：用中位数代表专家预测的协调结果，用上、下四分位数代表专家意见的分散程度。如果将专家预测的结果在水平轴上按顺序排列，并分成四等分，则中分点值为中位数，表示专家中有一半人估计的时间早于它，而另一半人估计的时间晚于它。先于中分点的四分点为下四分位数，后于中分点的四分点为上四分位数。其他关于数量值的预测类似。

例如，2006 年由 11 位专家参加的对“2007 年参加全国研究生入学考试的人数”的预测，其预测结果在水平轴上的排列如图 5.2.1 所示。这一预测结果的中位数为 136 万人，下四分位数为 131 万，上四分位数为 141 万人。

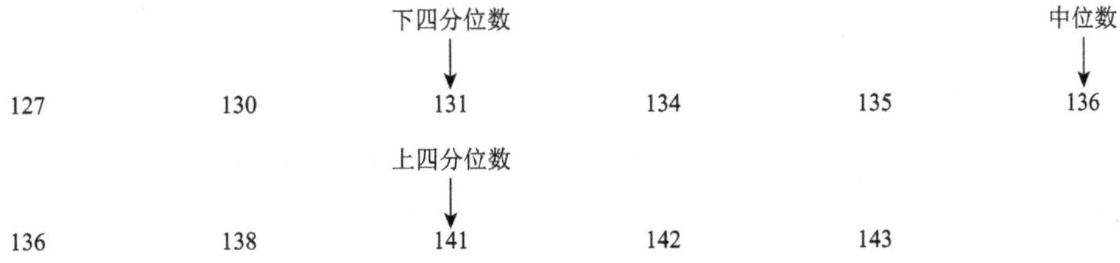

图 5.2.1　预测结果

预测学家 Jantsch 根据大量数据的统计，得出一个根据中位数推算上、下四分位数的经验公式，即如果中位数年份距组织预测的年份为 x 年，则下四分位数距组织预测年份为 $\frac{2}{3}x$ 年，上四分位数为 $\frac{5}{3}x$ 年。例如，1984 年进行了一项预测，测得中位数为 2020 年，则 x=2020−1984=36（年）；下四分位数为 1984+ $\frac{2}{3}x$ =2008（年）；上四分位数为 1984+ $\frac{5}{3}x$ =2044（年）。

有的预测结果只标明中位数，如“1988 年美国将有 50%的新产品采用计算机设计”，其中的 1988 年就是中位数。有的预测结果同时标明上、下四分位数，如“1985 年（1984~1987 年）美国自动线销售额将为 1978 年的两倍”，其中 1985 年为中位数，括号中的 1984 年和 1987 年分别为下、上四分位数。

5.3 时间序列分析预测

5.3.1 时间序列的概念

1. 什么是时间序列

系统中某一变量或指标的数值或统计观测值，按时间顺序排列成一个数值序列 x_1，x_2，…，x_n，称为时间序列（time series）。例如，商场的月销售额、城市的季度用电量、某地区每年 5 月的降雨量、某地区的工业总产值和投资总额，以及由仪器测到的人体心电图、随时间变化的电路电压、电流信号等都是时间序列的典型例子。某市 6 年来汽车货运量（表 5.3.1）是一个典型的时间序列。

表 5.3.1 某市 6 年来汽车货运量（单位：10^8 吨 · 千米）

年份	一季度	二季度	三季度	四季度
2000	4.77	6.16	5.04	5.13
2001	6.38	8.06	9.64	6.83
2002	7.46	6.37	8.46	8.89
2003	10.34	10.45	9.54	8.27
2004	8.48	8.15	9.43	9.67
2005	10.39	10.48	12.23	

从系统的角度来看，某一时间序列代表客观世界的某一动态过程，它是系统中某一变量受其他各种因素影响的总结果，且表现为动态变化。因此，时间序列也往往称为“动态数据”。系统变量变化的动态过程分为两类：一类可以用时间 t 的确定函数加以描述，称为确定性过程；另一类没有确定的变化形式，也不能用 t 的确定函数加以描述，但是可以用

概率统计方法寻求合适的随机模型来近似地反映其变化规律，这种过程称为随机过程。在系统预测中讨论的每一个时间序列都是某一事物变化的随机过程的一个样本，它的一个本质特征是相邻观测值的依赖性，这种依赖性具有很大的实际意义。通过对样本中的这种依赖性进行分析研究，找出动态过程的特性、最佳的数学模型，估计模型参数，并检验利用数学模型进行统计预测的精度，就是时间序列分析预测的主要内容。

2. 时间序列的特征

虽然客观现象的性质多种多样，发展的时空条件千差万别，影响事物发展的具体原因不可胜数，但是其仍有共同的规律性。通过对社会、经济和工程系统中的各种时间序列的分析发现，时间序列的影响因素的作用特征可以概括为四种变动方式，即趋势变动 T、季节变动 S、循环变动（周期变动）C 及不规则变动 I。也就是说，任何一个时间序列总是表现为上述几种变动的某种组合的总结果 Y，且可用乘法模型或加法模型表示为

$$Y = T \cdot S \cdot C \cdot I$$

或

$$Y = T + S + C + I$$

由此可见，时间序列的特征表现为如下四个方面。

（1）趋势性，是指客观现象在一个相当长的时期内，由于受某些基本因素持续同性质（或同向）的影响所呈现出来的一种基本走势。尽管在这个时期内，事物的发展仍有波动，变动幅度可能有时不等，但基本趋势不变。例如，股票市场的牛市和熊市。

（2）周期性，是指客观现象以若干年为周期的涨落起伏相同或基本相同的一种波浪式的变动，如股票市场由牛市到熊市的周期再到下一个牛市与熊市的周期；资本主义经济由危机、萧条、复苏、繁荣的一个周期再到下一个危机、萧条、复苏、繁荣的周期。虽然每一个周期可能长短不同，但盛衰起伏周而复始。例如，宏观经济的繁荣、萧条存在 2~5 年的短周期，同时存在 5~20 年的中周期及 30~50 年的长周期。事物的循环变动，也是由事物发展的内在原因决定的。

（3）季节性，是指由于自然条件、社会条件的影响，社会经济现象在一年内或更短的时间内，随着季节的转变而引起的周期性变动。例如，农产品收购、农业生产资料和其他季节性商品的销售、几大节日的客运量等，就有明显的季节性，而且年复一年地呈规律性变动。季节变动一般以一年为周期。此外，有的社会季节现象是以一日、一周、一月为周期而产生变动，也称为准季节变动。例如，市内公共汽车的乘客，早晨逐渐增多，上、下班时间达到高峰，入夜以后逐渐减少，是以一日为周期的变动；市内商店的顾客、影剧院的售票，星期六和星期日最多，是以一周为周期的变动；由于机关、团体、企业习惯在月初发工资，所以银行活期储蓄存款月初增加、月末减少，这是以一月为周期的变动。在现实生活中，季节变动是一种极为普遍的现象。例如，商业经营中时令商品的销售量，农业生产中的蔬菜、水果、禽蛋的生产量，工业生产中的服装生产量，等等，都受生产条件和气候变化等因素的影响而形成有规则的周期性重复变动。

季节变动是各种周期性变动中很重要的一种，但是季节性和周期性还是有差别的。

具体来说，季节性是时间序列围绕趋势和周期年复一年地重复出现的一种有规律的波动，所以季节性中可能包含趋势性和周期性的组合，而周期性则不包含趋势性。或者说，周期性是平稳序列的特征，季节性是一般序列的特征。

（4）不规则性。不规则性变动可分为突发性和随机性两种。前者是由难以预测的因素引起的，其规律目前难以认识和推测。对于具有随机性变动的时间序列，则可以利用一个经过历史或测试数据验证的概率分布加以推测。

在系统预测中，我们一般把不规则变动视为干扰，必须设法将其过滤掉，而将趋势变动反映出来，以预测时间序列的长期变化趋势，必要时还应将季节性或周期性特征反映出来。

任何一个时间序列，可能同时具有以上几个特征，也可能是其中某几个特性的组合（表 5.3.1 的时间序列就具有趋势性和季节性）。时间序列可能具有不同特征，这就导致我们在进行系统预测时采用不同方法，因此在预测之前，有必要识别时间序列的变动特征，从而选择合适的预测方法。

3. 时间序列特征的识别

识别时间序列特征的简单方法是作图法，即以时间为横坐标，以变量值为纵坐标，将时间序列数值绘在坐标图上，一般就可以大致观察到时间序列的特征。

理论上时间序列的特征识别需要利用自相关系数或自相关过程的概念。为此，首先定义自相关系数如下。设时间序列为 x_1，x_2，…，x_n，则 k 自相关系数 r_k 可按下式计算：

$$r_k=\frac{\sum_{t=1}^{n-k}(x_t-\overline{x})(x_{t+k}-\overline{x})}{\sum_{t=1}^{n}(x_t-\overline{x})^2}\quad\left(k=1,\ 2,\cdots,\frac{n}{4}\right)\qquad(5.3.1)$$

式中，

$$\overline{x}=\frac{1}{n}\sum_{t=1}^{n}x_t\qquad(5.3.2)$$

1）时间序列的随机性识别

时间序列的随机性识别，即识别时间序列的相邻观测值是否具有依赖性，还是完全由相互独立的随机数组成。当时间序列样本数 n 足够大时，如果所有的自相关系数 r_1，r_2，r_3，…都近似等于零，则表明该时间序列完全由随机数组成，具有完全的随机性特征。由数理统计知识可以推出：若计算样本较多（20 个以上）的自相关系数 r_k（k=1，2，…，20，…）为

$$-\frac{1.96}{\sqrt{n}}\leqslant r_k\leqslant\frac{1.96}{\sqrt{n}}\qquad(5.3.3)$$

当式（5.3.3）成立时，则有 95%的置信度可以认为所有的自相关系数 r_k 与零没有显著差异，因而认为该时间序列具有随机性特征。

在有些情况下，可能由于偶然因素，有个别 r_k>0，超出式（5.3.3）的范围。G. E. Box

和 D. A. Pierce 提出可用 χ^2 检验来判别 r_k 与零有无显著差异，其方法如下。

计算 m 个自相关系数 r_1，r_2，…，r_m（$m\geqslant 6$，$n>4m$），构造统计量 Q 如下：

$$Q=n\sum_{k=1}^{m}r_k^2 \tag{5.3.4}$$

于是，由 r_k（$k=1$，…，m）可直接计算 Q；再查 χ^2 分布表，取自由度为 $m-1$。给定显著性水平 $0<\alpha<1$，则当 $Q\leqslant \chi_\alpha^2$（$m-1$）时，可认为这 m 个自相关系数 r_k 与零没有显著差异，此时间序列具有随机性；否则，为非随机性。式中，χ_α^2（$m-1$）为自由度为 $m-1$ 的卡方分布的 α 分位数。

2）时间序列的平稳性识别

时间序列的平稳性识别，是检验 x_1，x_2，…，x_n 是否为平稳随机过程的一个有限样本。所谓平稳随机过程，应具有两个基本特点：一是它的数学期望和方差取常值，即其样本应在某一固定水平线附近摆动；二是它的相关函数只是时间间隔的函数，与时间起点无关。因此，时间序列的平稳性识别就是要检验这两个特性是否成立。

显然，观测时间序列的图形是一种直观识别其平稳性的办法。此外，对于一个物理随机过程，如果它的系统参数、影响因素及实际条件保持不变或变化不大的话，就可视为平稳的。用统计的办法，如果所有 r_k 与零均无显著差异，或统计量 $Q\leqslant \chi_\alpha^2$ 的关系满足，也可认为该序列具有平稳性。

3）时间序列的趋势性识别

对于非平稳的时间序列，其均值和方差可能存在某种趋势。这里介绍一种识别单调趋势的有效方法。设有时间序列 x_1，x_2，…，x_n，每当出现一个 $x_j>x_i$（$j>i$，$i=1$，2，…，n）时，就将其定义为 x_i 的一个逆序，x_i 的逆序数定义为 x_i 相应逆序的总个数 A_i。于是，时间序列的逆序总数为

$$A=\sum_{i=1}^{n-1}A_i \tag{5.3.5}$$

于是，在时间序列不存在单调趋势的条件下，统计量

$$u=\left(A+\frac{1}{2}-E(A)\right)\Big/\sqrt{\mathrm{Var}(A)} \tag{5.3.6}$$

渐近服从正态分布 N（0，1）。式中，A 的平均值为

$$E(A)=n(n-1)/4 \tag{5.3.7}$$

A 的方差为

$$\mathrm{Var}(A)=n\left(2n^2+3n-5\right)\big/72 \tag{5.3.8}$$

于是由 n 可以计算 E（A）及 Var（A），而且由实际序列可得 A 的值，从而由式（5.3.6）可计算 u 的值。设显著性水平为 0.05，则如果$-1.96\leqslant u\leqslant 1.96$，可认为“序列无趋势”，否则拒绝上述假设。显然，如果 A 很大，则表明时间序列均值（或方差）有上升的趋势；而 A 很小，则表明时间序列均值（或方差）有下降趋势。

上述方法仅对单调序列有效，对一些复杂趋势序列可能存在困难。此时，一种办法是把数据分成若干段，然后分段利用上述方法加以识别。

4）时间序列的周期性（季节性）识别

时间序列的周期性识别的简单方法，仍然是计算所有的自相关系数 r_k，并组成 r_k 序列。一般说来，r_k 序列与原序列会具有相同的周期性规律，即在序列的峰、谷处，会出现 $|r_k| \geqslant \frac{1.96}{\sqrt{n}}$ 的情况，而其余的 r_k 大多仍满足 $|r_k| < \frac{1.96}{\sqrt{n}}$。

实际的时间序列，其统计特性往往是错综复杂的，可能含有多个未知的周期分量及噪声干扰，因此采用有限的采样数据比较理想地识别其周期性规律往往是比较困难的，有兴趣的读者可进一步参考有关时间序列分析的文献和书籍。

5.3.2 平滑预测法

平滑预测法通常包括移动平均法和指数平滑法两种。

1. 移动平均法

设时间序列 x_1，x_2，…，x_n，对其中连续 N（$N \leqslant n$）个数据点进行算术平均，得 t 时刻的移动平均值，记为 M_t，有

$$M_t = \frac{x_t + x_{t-1} + \cdots + x_{t-N+1}}{N} \tag{5.3.9}$$

当用移动平均法进行超前一个周期预测时，采用移动平均值作为预测值 $\hat{x}_{t+1}$，即有

$$\begin{aligned}\hat{x}_{t+1} = M_t &= \frac{x_t + x_{t-1} + \cdots + x_{t-N+1} + x_{t-N} - x_{t-N}}{N} \\ &= M_{t-1} + \frac{x_t - x_{t-N}}{N} \\ &= \hat{x}_t + \frac{x_t - x_{t-N}}{N}\end{aligned}$$

【例 5.3.1】 现有某商场 1~6 月的销售额（表 5.3.2），试用 N=5 来进行移动平均，预测 6 月和 7 月的销售额。

表 5.3.2 某商场 1~6 月的销售额（单位：万元）

月份	1 月	2 月	3 月	4 月	5 月	6 月
销售额	35	38	33	34	38	40

解

$$\begin{aligned}\hat{x}_6 &= \frac{x_5 + x_4 + x_3 + x_2 + x_1}{5} = \frac{38+34+33+38+35}{5} \\ &= 35.6(\text{万元})\end{aligned}$$

$$\begin{aligned}\hat{x}_7 &= \frac{x_6 + x_5 + x_4 + x_3 + x_2}{5} = \frac{40+38+34+33+38}{5} \\ &= 36.6(\text{万元})\end{aligned}$$

移动平均法虽然简单，但它一般只对发展变化曲线比较平坦、增长趋势不明显，并且与以往时期的状况联系不大的时间序列有效。

2. 指数平滑法

指数平滑法也是对时间序列进行修匀，不过它不是求算术平均，而是注重时间序列的长期数值对未来预测值的共同影响，即对时间序列的各个数据进行加权平均，时间越近的数据，其权值越大。

设有时间序列 x_1，x_2，⋯，x_t，用全部历史数据加权平均，有

$$\hat{x}_{t+1} = a_0 x_t + a_1 x_{t-1} + \cdots + a_{t-1} x_1 \tag{5.3.10}$$

式中，

$$\begin{cases} 0 \leqslant a_i \leqslant 1 \\ \sum_{i=0}^{t-1} a_i = 1 \end{cases}$$

现特取 $a_0 = \alpha$，$a_j = \alpha(1-\alpha)^j\ (j = 1, 2, \cdots, t-1; 0 \leqslant \alpha \leqslant 1)$，于是

$$\begin{aligned} \hat{x}_{t+1} &= \alpha x_t + \alpha(1-\alpha)x_{t-1} + \alpha(1-\alpha)^2 x_{t-2} + \cdots \\ &= \alpha x_t + (1-a)\left[\alpha x_{t-1} + \alpha(1-\alpha)x_{t-2} + \cdots\right] \\ &= \alpha x_t + (1-\alpha)\hat{x}_t \end{aligned} \tag{5.3.11}$$

或

$$\hat{x}_{t+1} = \hat{x}_t + \alpha(x_t - \hat{x}_t) \tag{5.3.12}$$

式（5.3.11）说明 t+1 时刻的预测值可用前一时刻的实际值 x_t 和预测（拟合）值 $\hat{x}_t$ 加权组合得到，式中，x_t 为 t 时刻得到的关于时间序列的最新信息，而 $\hat{x}_t$ 为在 t 时刻前对 x_t 的估计，它包含 t 时刻之前获得的全部关于 x_t 的信息；而式（5.3.12）表示 t 时刻的预测值 $\hat{x}_{t+1}$ 是获得新信息 x_t 后，用误差信息 $e_t = x_t - \hat{x}_t$ 来修正原来的预测值 $\hat{x}_t$ 获得的。显然，α 越大，表明越重视新信息的影响，但这种办法只能预测一期。

为适应一般情况，将式（5.3.11）改为

$$\begin{aligned} s_t^{(1)} = \hat{x}_{t+1} &= \alpha x_t + (1-\alpha)\hat{x}_t \\ &= \alpha x_t + (1-\alpha)s_{t-1}^{(1)} \end{aligned} \tag{5.3.13}$$

同时取 s_0=x_1，称 α 为平滑常数（系数），称 $s_t^{(1)}$ 为 t 时刻的一次指数平滑值。相应地，可对一次平滑序列 $\left\{s_t^{(1)}\right\}$ 再进行一次指数平滑，称为二次指数平滑。设 $s_t^{(2)}$ 为二次指数平滑值，则有

$$s_t^{(2)} = \alpha s_t^{(1)} + (1-\alpha)s_{t-1}^{(2)} \tag{5.3.14}$$

由式（5.3.13）和式（5.3.14）求得 $s_t^{(1)}$、$s_t^{(2)}$ 后，可用下面公式预测 t 之后第 T 个时刻的值 $\hat{x}_{t+T}$：

$$\hat{x}_{t+T} = a_t + b_t T \tag{5.3.15}$$

且可以证明：

$$a_t = 2s_t^{(1)} - s_t^{(2)}$$

$$b_t = \frac{\alpha}{1-\alpha}\left(s_t^{(1)} - s_t^{(2)}\right) \tag{5.3.16}$$

如果对$\{x_t\}$的二次指数平滑值$s_t^{(2)}$再进行一次平滑，得到三次指数平滑值$s_t^{(3)}$为

$$s_t^{(3)} = \alpha s_t^{(2)} + (1-\alpha)s_{t-1}^{(3)} \tag{5.3.17}$$

这时，三次指数平滑的预测方程为

$$\hat{x}_{t+T} = a_t + b_t T + c_t T^2 \tag{5.3.18}$$

也可以证明：

$$\begin{cases} a_t = 3s_t^{(1)} - 3s_t^{(2)} + s_t^{(3)} \\ b_t = \dfrac{\alpha}{2(1-\alpha)^2}\left[(6-5\alpha)s_t^{(1)} - 2(5-4\alpha)s_t^{(2)} + (4-3\alpha)s_t^{(3)}\right] \\ c_t = \dfrac{\alpha^2}{2(1-\alpha)^2}\left(s_t^{(1)} - 2s_t^{(2)} + s_t^{(3)}\right) \end{cases} \tag{5.3.19}$$

从理论上讲，还可以对$\{x_t\}$进行更多次的指数平滑。但在实际中，三次以上的平滑公式几乎不会用到。

不难看出，式（5.3.15）及式（5.3.18）提供了一种较为方便的能进行多期（T=1，2，…，n）预测的方法。但是，这里仍有两个问题需要解决，即平滑系数α的选取，以及初始条件$s_0^{(1)}$、$s_0^{(2)}$、$s_0^{(3)}$的确定。

在指数平滑中，平滑系数α对预测精度影响很大，因此它的选择十分重要。α值代表模型对过程变化的反应速度，α越大（向1接近），表示模型越重视近期数据的作用，对过程的变化反应越快。另外，α值又代表预测系统对随机误差的修匀能力，α越小（向0接近），表示模型越重视离现时更远的历史数据的作用；系统滤波（修匀）能力越强，对过程变化的反应越迟钝。为了兼顾预测系统既有一定的跟踪过程变化的能力，又有一定的滤波能力，α的取值应在二者之间折中。

在实际中，应根据具体的预测问题，主要凭经验来选择α值，有下面几条原则可供参考。

（1）如果对初始值的正确性有疑问，α的值宜取大一些，以便扩大近期数据的作用，迅速减小初始值的影响。

（2）如果外部环境变化较快，数据随时产生大的变化，α的值宜取大一些，以便跟踪过程的变化（一般取0.3~0.5）。

（3）如果原始资料比较缺乏，或历史资料的参考价值小（如历史统计数据准确性差），α的值宜取大一点。

（4）如果时间序列虽然具有不规则变动，但长期趋势比较稳定（如接近某一稳定常数），α的值应取得较小（0.05~0.2）。

（5）对变化甚小的时间序列，α值宜取小（一般0.1~0.4），使较早观察值也能充分反映在平滑值中。

至于平滑序列初始值的确定，当时间序列原始数据样本较多、α的值较大时，可取

$$s_0^{(1)}=x_1,\ s_0^{(2)}=s_0^{(1)},\ s_0^{(3)}=s_0^{(2)}$$

而当数据点不够多、初始值对预测结果影响较大时，可取开始几个观测值的算术平均值、加权平均值或指数平均值作为初始值。

总之，无论是平滑系数 α，还是初始条件 $s_0^{(1)}$、$s_0^{(2)}$、$s_0^{(3)}$，对预测结果都有直接的影响。那么，一般可以选择不同的 α，通过对预测结果的评价来选择较好的值。这里，评价的原则主要有以下三个：

（1）对不同的 α，计算平均绝对误差 $\mathrm{MAE}=\frac{1}{n}\sum_{i=1}^{n}|x_i-\hat{x}_i|$，选择使 MAE 最小的。

（2）用历史数据检验，即对每一个 α，用离现时较远的历史数据建立预测模型，“预测”离现时较近的历史（事后预测），看符合程度如何，选用符合较好的 α。

（3）对用不同 α 的预测结果，采用专家评估法，取评价结果好的 α。

【例 5.3.2】 已知 1994~2008 年某地区的人均工业总产值如表 5.3.3 所示，用指数平滑法预测 2009~2018 年各年的人均工业总产值（计算结果保留两位小数）。

表 5.3.3 1994~2008 年某地区的人均工业总产值（单位：美元/人）

年份	周期数	历年人均产值 x_t	$s_t^{(1)}$	$s_t^{(2)}$	$s_t^{(3)}$
	0		114.50	114.50	114.50
1994	1	134.40	118.46	115.29	114.66
1995	2	165.00	127.77	117.79	115.29
1996	3	195.10	141.24	122.48	116.73
1997	4	164.10	145.81	127.15	118.81
1998	5	151.50	146.95	131.11	121.27
1999	6	198.20	157.20	136.33	124.28
2000	7	251.90	176.14	144.29	128.28
2001	8	281.80	197.27	154.89	133.60
2002	9	293.70	216.56	167.22	140.32
2003	10	314.20	236.09	180.99	148.45
2004	11	309.30	250.73	194.90	157.75
2005	12	350.00	270.58	210.07	168.21
2006	13	349.70	286.40	225.34	179.64
2007	14	394.40	308.00	241.87	192.09
2008	15	441.60	334.72	260.44	205.76

取 α=0.2，$s_0^{(1)}=s_0^{(2)}=s_0^{(3)}$，则各次平滑值可由平滑公式得到，列在表 5.3.3 的右边三列内。

$$a_{15}=3\times334.72-3\times260.44+205.76=428.60$$

$$b_{15}=\frac{0.2}{2(1-0.2)^2}\left[(6-5\times0.2)\times334.72-2(5-4\times0.2)\times260.44+(4-3\times0.2)\times205.76\right]$$
$$=28.98$$

$$c_{15}=\frac{0.2^2}{2(1-0.2)^2}(334.72-2\times260.44+205.76)=0.61$$

预测模型为

$$Y_{15+T}=428.60+28.98T+0.61T^2$$

按照这个公式，可计算出各年份的预测值，如

$$2009\text{年，}T=1\text{，}Y_{16}=428.60+28.98\times1+0.61\times1^2=458.19$$
$$\vdots$$
$$2018\text{年，}T=10\text{，}Y_{25}=428.60+28.98\times10+0.61\times10^2=779.40$$

5.3.3 趋势外推预测法

在一个时间序列中，特别是某些社会、经济系统中的渐变发展过程，往往可能存在某种长期趋势，用适当的方法测定这个趋势，给它选择一个合适的趋势曲线方程，以作为外推预测的依据，是时间序列分析预测的基本方法之一。

趋势外推预测基于如下两个假设：第一，影响预测对象过去发展的因素，在很大程度上也将决定其未来的发展；第二，预测对象的发展过程不是突变过程，而是渐变过程。

利用趋势外推预测法，主要可以解决两个问题：一是找到合适的趋势拟合曲线方程；二是确定趋势曲线方程中的参数。下面着重讨论几种常见的趋势曲线方程及其参数辨识方法。

1. 常用的趋势曲线

在实际应用中，最常用的是一些比较简单的函数形式，如多项式函数、指数函数、生长曲线、包络曲线以及其他趋势曲线等，下面介绍几种主要形式。

1）多项式函数

多项式模型的一般形式为

$$y_t=a_0+a_1t+a_2t^2+\cdots+a_kt^k \tag{5.3.20}$$

式中，y_t为 t 时预测变量；t 为时间自变量；$a_0,a_1,a_2,\cdots,a_k$ 为多项式系数。

当 $k=1$ 时，称为线性模型；当 $k=2$ 时，称为二次抛物线模型；当 $k=3$ 时，称为三次抛物线模型（图 5.3.1）。实际上，三次以上的多项式模型应用很少。线性模型用来描述系统随时间均匀发展的过程；二次抛物线模型描述增量 $u_t=y_t-y_{t-1}$ 均匀变化的过程，或者说以等加速度增加或以等加速度减小的过程；三次抛物线模型描述加速度与时间成比例增加或减小的过程。

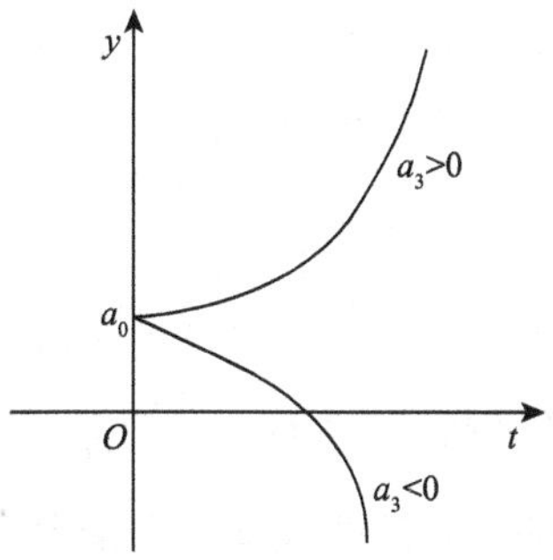

图 5.3.1　三次抛物线模型

2）指数函数

指数函数一般形式为

$$y_t = y_0 e^{at} \tag{5.3.21}$$

该函数曲线如图 5.3.2 所示。它适应于变化率和变量本身 y 成比例的对象，如人口或生物种群的繁殖生长、物体质变前的发展速度、新产品在成长期的销售量等。

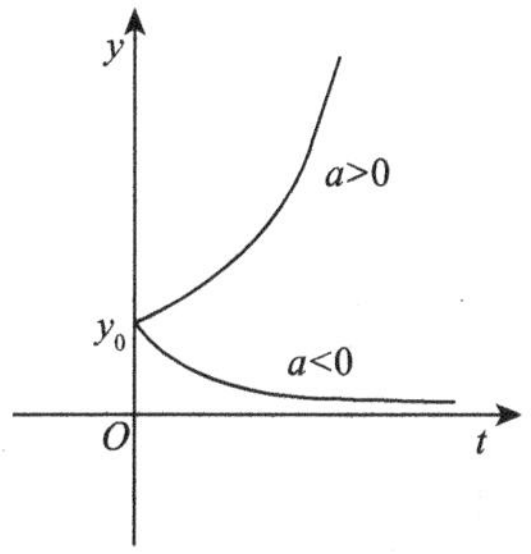

图 5.3.2　指数函数曲线

3）生长曲线

生长曲线本是用来描述生物生长过程的一种特殊曲线。科学家们研究发现，生物的生长过程，一般经历发生、发展、成熟和衰亡四个阶段，每个阶段的成长速度各不相同：发生初期成长速度较慢，由慢渐快；发展时期成长速度则较快；成熟时期，其成长速度则由最快开始变慢，最终进入饱和状态直至衰亡。这一过程如图 5.3.3 所示，其曲线形如 S，故又称 S 曲线。将这一过程推广到一般事物，能够比较客观地描述事物的演变规律。用它进行中长期预测比较可靠，因而该方法得到广泛应用。S 曲线又叫 Logistic 曲线，它有多种数学形式，这里介绍两种。

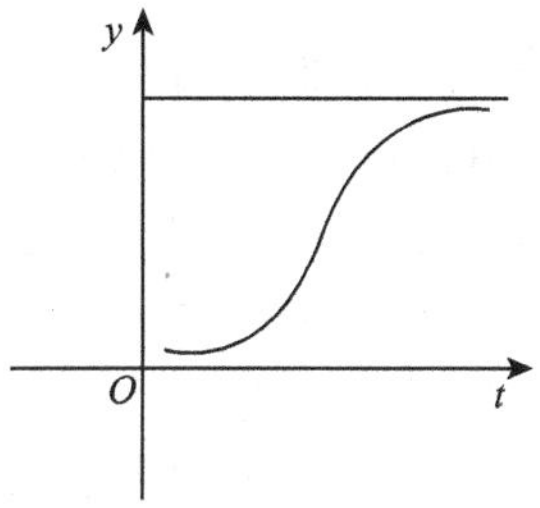

图 5.3.3　生长曲线

（1）逻辑斯蒂（Logistic）曲线。该曲线由德国数学-生物学家 Verhust 于 1837 年首先提出，之后美国生物学家、人口统计学家皮尔（Pearl）用它对生物繁殖和生长过程进行了大量研究，故又称皮尔曲线。其形式如下：

$$y_t = \frac{K}{1+a\mathrm{e}^{-bt}} \tag{5.3.22}$$

式中，$a>0$；$b>0$。由式（5.3.22）可见，当 $t\to+\infty$ 时，$y_t\to K$，是达到饱和状态的极限值，而 y_t 对 t 的拐点（即增长速度的转折点）为 $t=\dfrac{\ln a}{b}, y_t=\dfrac{1}{2}K$。

（2）龚伯茨（Compertz）曲线。该曲线又称双指数模型，是英国统计学家和数学家龚伯茨发现的，其形式如下：

$$y_t = K\mathrm{e}^{-b\mathrm{e}^{kt}} \tag{5.3.23}$$

式中，$b>0$；$k<0$。它和 Logistic 曲线类似，K 是饱和极限值（$t\to+\infty$，$y_t\to K$），其拐点为 $t=\dfrac{\ln b}{k}$，$y_t=K\mathrm{e}^{-1}$。

4）其他趋势曲线

实际上，预测用的趋势曲线远不止上述几种，通过适当组合变形，还可以产生很多可供选择的趋势曲线，如

$$\begin{cases} y_t = L+ab^t & \text{（修正指数曲线）} \quad (5.3.24) \\ y_t = a+\dfrac{b}{c+t} & \text{（双曲线）} \quad (5.3.25) \\ y_t = at^{\alpha}\mathrm{e}^{\beta t} & \quad (5.3.26) \\ y_t = a\mathrm{e}^{\frac{b}{t}} & \text{（另一种指数曲线）} \quad (5.3.27) \end{cases}$$

因此，如何根据实际中预测对象的规律来选择合适的趋势曲线，就成为趋势外推预测法应用的一个重要问题。

2. 趋势预测模型的选择

由于预测曲线具有多样性，能否正确地选择趋势模型，对预测任务的成败至关重要。为了获得与预测对象发展趋势一致的趋势模型，不仅要分析预测对象历史演变的特点，即历史数据的特点，更重要的是要分析其未来发展趋势。由此看来，选择趋势预测模型时，一方面要从客观上分析其过去序列的特点，另一方面又要从主观上判断其未来趋势。前者主要可由已有的样本数据分析得到，而后者却要依据预测人员的经验和判断，体现了预测的科学性和艺术性的统一。具体来说，有以下几方面的问题需要研究：①预测对象发展的时间特征——是单调递增的，还是递减的；是有发展趋势的，还是周期性变化的；是有发展极限的，还是没有发展极限的；是渐变的，还是跳跃变化的。②预测对象发展的极值特征，即预测对象的变化过程是否有极大值或极小值，这些极值点是否稳定，是可达到的，还是渐近的。③预测对象发展的时间函数形状特点——是否有拐点、是否具有对称性等。④预测对象的发展过程在时间上是否有明显的限制。⑤预测对象未来发展速度——是等速的还是变速的、速度和加速度的变化特点等。

利用趋势外推预测法从事实际预测时，一般可以建立几种不同的趋势模型，然后逐个进行分析比较，包括进行残差平方和检验与进行专家评审等，来最终选择一个预测模型，实施预测或选择预测结果。

3. 趋势模型的参数辨识

显然，在趋势模型选定后，首要的工作就是要确定模型参数。不同的趋势模型可能会有不同的参数辨识方法，这里介绍最经典的最小二乘法。

最小二乘法是广泛使用的一种曲线拟合方法。其优点是运算简单，能很好地平滑趋势中的随机干扰，对模型中的参数做出无偏估计（详见 5.4 节）。在实际运用中，有两种情况。一种是可以直接采用最小二乘法，只要作简单的变量替换，就可以进行，如多项式函数；另一种是模型需要作适当的变换，以转换成第一种情形，再做处理。

1）多项式模型的参数辨识

给定时间序列数据为

$$(t_1,\ y_1),\ (t_2,\ y_2),\ \cdots,\ (t_n,\ y_n)$$

设选取的趋势曲线为 t 的 k 次多项式：

$$\hat{y}_t = a_0 + a_1 t + \cdots + a_k t^k \tag{5.3.28}$$

用最小二乘法估计参数 a_0，a_1，…，a_k。设 y_t 表示样本值，$\hat{y}_t$ 为其估计值，则估计误差为

$$e_t = y_t - \hat{y}_t \tag{5.3.29}$$

曲线拟合目标是使误差的平方和最小，即

$$\min Q = \min \sum_{t=t_1}^{t_n} e_t^2 = \min \sum_{i=1}^{n} \left(y_i - \hat{y}_i\right)^2 \tag{5.3.30}$$

式中，$y_i = y_t\ (t = t_i)$；$\hat{y}_i = \hat{y}_i\ (t = t_i)$，现记

$$\boldsymbol{Y} = \begin{pmatrix} y_1 \\ y_2 \\ \vdots \\ y_n \end{pmatrix},\ \boldsymbol{B} = \begin{pmatrix} a_0 \\ a_1 \\ \vdots \\ a_k \end{pmatrix},\ \boldsymbol{E} = \begin{pmatrix} e_1 \\ e_2 \\ \vdots \\ e_n \end{pmatrix}$$

$$\boldsymbol{T} = \begin{pmatrix} 1 & t_1 & t_1^2 & \cdots & t_1^k \\ 1 & t_2 & t_2^2 & \cdots & t_2^k \\ \vdots & \vdots & \vdots & & \vdots \\ 1 & t_n & t_n^2 & \cdots & t_n^k \end{pmatrix}$$

于是，

$$\boldsymbol{Q} = \boldsymbol{E}^{\mathrm{T}} \boldsymbol{E} = (\boldsymbol{Y} - \boldsymbol{TB})^{\mathrm{T}} (\boldsymbol{Y} - \boldsymbol{TB})$$

$$\frac{\partial \boldsymbol{Q}}{\partial \boldsymbol{B}} = -2\boldsymbol{T}^{\mathrm{T}}\boldsymbol{Y} + 2\boldsymbol{T}^{\mathrm{T}}\boldsymbol{TB} = 0$$

使 $\boldsymbol{Q}$ 最小的 $\boldsymbol{B}$ 为

$$\hat{\boldsymbol{B}}=(\boldsymbol{T}^{\mathrm{T}}\boldsymbol{T})^{-1}\boldsymbol{T}^{\mathrm{T}}\boldsymbol{Y} \tag{5.3.31}$$

式（5.3.31）可以用标准的算法实现。但在手工运算中，当自变量时间 t 取间距相等的自然数时，矩阵 $\boldsymbol{T}$ 将变得特殊。而且，一般情况下，$k\leqslant3$，这就有可能为手工运算提供方便的途径。分别令对 $k=1$，2，3，将式（5.3.28）乘以 t 和 t^2，再对 n 个样本点求和，就可分别得到如下方程：

$$k=1:\hat{y}_t=a+bt$$

$$\begin{cases}\sum y_t=an+b\sum t\\ \sum ty_t=a\sum t+b\sum t^2\end{cases} \tag{5.3.32}$$

$$k=2:\hat{y}_t=a+bt+ct^2$$

$$\begin{cases}\sum y_t=an+b\sum t+c\sum t^2\\ \sum ty_t=a\sum t+b\sum t^2+c\sum t^3\\ \sum t^2y_t=a\sum t^2+b\sum t^3+c\sum t^4\end{cases} \tag{5.3.33}$$

$$k=3:\hat{y}_t=a+bt+ct^2+dt^3$$

$$\begin{cases}\sum y_t=an+b\sum t+c\sum t^2+d\sum t^3\\ \sum ty_t=a\sum t+b\sum t^2+c\sum t^3+d\sum t^4\\ \sum t^2y_t=a\sum t^2+b\sum t^3+c\sum t^4+d\sum t^5\\ \sum t^3y_t=a\sum t^3+b\sum t^4+c\sum t^5+d\sum t^6\end{cases} \tag{5.3.34}$$

式中，$\sum$ 均表示 $\sum\limits_{t=1}^{n}$。而且，通过适当地选取时间坐标原点，可使式（5.3.32）~式（5.3.34）变得更简单。当样本点数 n 为奇数时，取

$$t=\cdots,-3,-2,-1,0,1,2,3,\cdots$$

而当样本点数 n 为偶数时，取

$$t=\cdots,-5,-3,-1,1,3,5,\cdots$$

则可分别使 $\sum\limits_{t=1}^{n}t^{2i+1}(i=0,1,2,\cdots)=0$，从而使式（5.3.32）~式（5.3.34）的计算大为简化。

【例 5.3.3】 某地谷物产量历史数据如表 5.3.4 和图 5.3.4 所示，预测 2005 年、2010 年该地区谷物的产量。

表 5.3.4 某地谷物产量历史数据

年份	1984	1985	1986	1987	1988	1989	1990	1991	1992
期数 t	−8	−7	−6	−5	−4	−3	−2	−1	0
产量 y_t/万吨	54.1	35.4	56.6	46.6	46.7	52.1	56.1	44.8	68.3
年份	1993	1994	1995	1996	1997	1998	1999	2000	
期数 t	1	2	3	4	5	6	7	8	
产量 y_t/万吨	36.3	75.0	57.2	69.0	55.5	73.3	64.1	60.0	

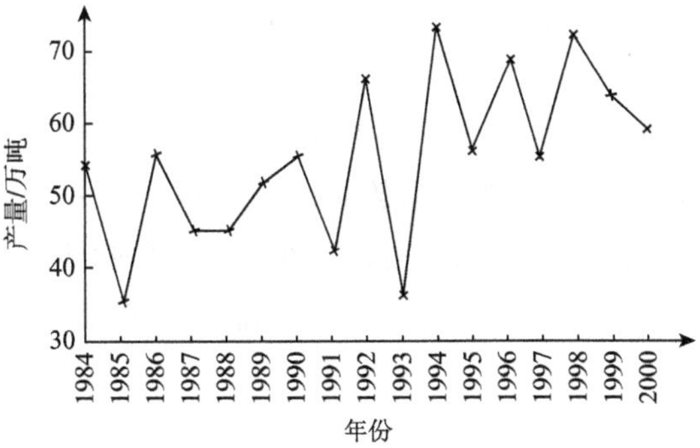

图 5.3.4 某省谷物产量曲线

从该省谷物产量的历史数据来看，虽然波动较大，但总趋势是增长的。记 y_t 为谷物产量；t 为代表年份的期数。因时间序列数据项数 n=17 为奇数，采用坐标平移法，取 1992 年为基准年，令期数号 t 为 0，若用二次抛物线

$$y_t = a + bt + ct^2$$

拟合时，式（5.3.33）中的系数可大为简化，则有

$$\begin{cases} \sum y_t = an + c\sum t^2 \\ \sum t y_t = b\sum t^2 \\ \sum t^2 y_t = a\sum t^2 + c\sum t^4 \end{cases}$$

且

$$\sum t^2 = \frac{(n-1)\ n(n+1)}{12} = \frac{(17^2-1)\times 17}{12} = 408$$

$$\sum t^4 = \sum t^2 \cdot \frac{3n^2-7}{20} = 17\,544$$

$$\sum y_t = 951.6$$

$$\sum t y_t = 525.6$$

$$\sum t^2 y_t = 22\,849.2$$

将它们代入方程组中得

$$b = \frac{\sum t y_t}{\sum t^2} = \frac{525.6}{408} = 1.288$$

$$a = \frac{\sum y_t}{n} - \frac{\sum t^2}{n} \cdot \frac{n\sum t^2 y_t - \sum t^2 \sum y_t}{n\sum t^4 - \left(\sum t^2\right)^2} = 55.943$$

$$c = \frac{n\sum t^2 y_t - \sum t^2 \sum y_t}{n\sum t^4 - \left(\sum t^2\right)^2} = 0.033$$

预测模型为

$$\hat{y}_t = 55.943 + 1.288t + 0.033t^2$$

预测值为

$$2005\text{ 年}，t=13，\hat{y}_t(2005)=78.264$$

$$2010年，t=18，\hat{y}_t(2010)=89.819$$

2）间接使用最小二乘法

实际中有许多趋势曲线不能直接使用最小二乘法，但是只要经过简单的变换可以变换成使用最小二乘的标准形式。例如，指数曲线 $y_t=a\cdot b^t$，$y=y_0\mathrm{e}^{at}$，以及 Logistic 曲线、Compertz 曲线等，都可以使用最小二乘法，下面仅以指数曲线 $y=y_0\mathrm{e}^{at}$ 为例介绍。

已知时间序列（t_1，y_1），（t_2，y_2），…，（t_n，y_n），则将指数曲线

$$\hat{y}=y_0\mathrm{e}^{at}$$

两边取对数，得

$$\ln\hat{y}_t=\ln y_0+at$$

于是，记 $\hat{y}_t'=\ln\hat{y}_t, a_0=\ln y_0, a_1=a$，则有

$$\hat{y}_t'=a_0+a_1t$$

利用最小二乘法，就可以求得使

$$Q=\sum_{t=1}^{n}(\ln\hat{y}_t-\ln y_t)^2$$

最小的 a_0 和 a_1，进而求得 y_0 和 a。需要说明的是，这时求得的是关于 y_0 和 a 的有偏估计。因此，当样本值之间变化幅度很大时，可以考虑采用非线性的最小二乘法。

5.4 回归分析预测

由于系统中元素之间的相互作用、相互影响，系统中对象发展变化的过程是许多其他因素共同作用的综合结果。这些因素与变量之间常常存在统计依赖关系。我们可以依据观测数据，利用控制论的“黑箱”（black box）原理，找出这些因素之间的统计依赖规律，并选用合适的数学方程式加以描述。回归分析是对变量间非确定关系进行统计分析的方法，它根据存在于现象之间的统计依赖关系建立模型，用来从一种现象的变动去估计另一种现象的变动方向和程度，其基本分析过程主要有五个步骤：①调查分析，确定相关因素，收集统计资料；②建立回归模型，估计模型中的参数；③对回归模型进行统计检验，验证模型的合理性；④利用回归方程进行预测，并估计预测精度；⑤对预测结果进行分析、评价。

回归分析根据自变量的个数通常分为一元回归和多元回归，根据数学方程式中未知参数与因变量之间的相互关系又可分为线性回归和非线性回归。本节主要介绍多元线性回归，非线性回归一般可以转化成线性回归分析进行，这一点从 5.3 节可以看出。

5.4.1 线性回归模型

1. 一元线性回归模型

一元线性回归预测利用一元线性方程

$$y=a+bx \tag{5.4.1}$$

设已知 n 组样本数据（x_1，y_1），（x_2，y_2），…，（x_n，y_n），它们满足如下一元线性回归模型：

$$y_i = a + bx_i + \varepsilon_i, i = 1, \cdots, n \tag{5.4.2}$$

式中，ε_i 为测量误差，一般假设 ε_i 服从同一正态分布 $\mathrm{N}\left(0,\ \sigma^2\right)$，且 ε_i 相互独立。利用最小二乘法估计参数 a、b 的值 $\hat{a}$、$\hat{b}$，则一元线性回归预测方程可表示为

$$\hat{y} = \hat{a} + \hat{b}x \tag{5.4.3}$$

或简写为

$$\hat{y} = a + bx \tag{5.4.4}$$

实际上，5.3 节中时间序列分析预测中有多种情况可以归纳于上述情况，此时唯一的自变量是时间变量 t。

2. 多元线性回归模型

设系统变量 y 与 k 个自变量 x_1，x_2，…，x_k 之间存在统计关系，且可表示为

$$y = a_0 + a_1x_1 + a_2x_2 + \cdots + a_kx_k \tag{5.4.5}$$

设给定 n 组样本数据点，即（y_1，x_{11}，x_{21}，…，x_{k1}），（y_2，x_{12}，x_{22}，…，x_{k2}），…，（y_n，x_{1n}，x_{2n}，…，x_{kn}），它们满足如下多元线性回归模型：

$$y_i = a_0 + a_1x_{1i} + a_2x_{2i} + \cdots + a_kx_{ki} + \varepsilon_i \quad (i = 1, 2, \cdots, n) \tag{5.4.6}$$

式中，ε_i 为测量误差，一般假设 ε_i 服从同一正态分布 $\mathrm{N}\left(0,\ \sigma^2\right)$，且 ε_i 相互独立。由最小二乘法可获得多元线性回归预测方程为

$$\hat{y} = a_0 + a_1x_1 + a_2x_2 + \cdots + a_kx_k \tag{5.4.7}$$

5.4.2 线性回归模型的参数估计

下面以多元线性回归模型为对象，讨论模型参数估计问题。若假设式（5.4.6）的 ε_i 服从同一分布 $\mathrm{N}\left(0,\ \sigma^2\right)$，且相互独立，则模型中的 k+1 个参数 a_j（j=0，1，…，k）可以利用最小二乘法进行估计，记

$$\boldsymbol{Y} = \begin{pmatrix} y_1 \\ y_2 \\ \vdots \\ y_n \end{pmatrix}, \quad \boldsymbol{A} = \begin{pmatrix} a_0 \\ a_1 \\ \vdots \\ a_k \end{pmatrix}, \quad \boldsymbol{\Sigma} = \begin{pmatrix} \varepsilon_1 \\ \varepsilon_2 \\ \vdots \\ \varepsilon_n \end{pmatrix}$$

$$\boldsymbol{X} = \begin{pmatrix} 1 & x_{11} & x_{21} & \cdots & x_{k1} \\ 1 & x_{12} & x_{22} & \cdots & x_{k2} \\ \vdots & \vdots & \vdots & & \vdots \\ 1 & x_{1n} & x_{2n} & \cdots & x_{kn} \end{pmatrix}$$

于是，式（5.4.6）可表示成

$$\boldsymbol{Y}=\boldsymbol{XA}+\boldsymbol{\Sigma} \tag{5.4.8}$$

式中，$\boldsymbol{A}$ 为待估参数向量。定义性能指标为系统变量估计的误差平方和，即

$$\begin{aligned}\boldsymbol{Q}&=\sum_{i=1}^{n}(y_i-\hat{y}_i)^2=\left\|\boldsymbol{Y}-\hat{\boldsymbol{Y}}\right\|^2\\&=(\boldsymbol{Y}-\boldsymbol{XA})^{\mathrm{T}}(\boldsymbol{Y}-\boldsymbol{XA})\end{aligned} \tag{5.4.9}$$

式中，$\hat{\boldsymbol{Y}}$ 为拟合值向量；$\hat{\boldsymbol{Y}}=\boldsymbol{XA}$。于是由

$$\frac{\partial \boldsymbol{Q}}{\partial \boldsymbol{A}}=0 \tag{5.4.10}$$

得

$$\frac{\partial(\boldsymbol{Y}-\boldsymbol{XA})^{\mathrm{T}}(\boldsymbol{Y}-\boldsymbol{XA})}{\partial \boldsymbol{A}}=0$$

即有

$$\hat{\boldsymbol{A}}=(\boldsymbol{X}^{\mathrm{T}}\boldsymbol{X})^{-1}(\boldsymbol{X}^{\mathrm{T}}\boldsymbol{Y}) \tag{5.4.11}$$

通常记 $\boldsymbol{R}=\boldsymbol{X}^{\mathrm{T}}\boldsymbol{X}$，称为系数矩阵，它是一对称矩阵。

由式（5.4.11）可知，由 n 个样本点数据估计 k+1 个回归系数，那么只要 $\boldsymbol{R}=\boldsymbol{X}^{\mathrm{T}}\boldsymbol{X}$ 非奇异，就可以方便地由式（5.4.11）完成，而且可用标准的算法在计算机上实现。

此外，若将式（5.4.7）直接代入性能指标，有

$$\begin{aligned}Q&=\sum_{i=1}^{n}(y_i-\hat{y}_i)^2\\&=\sum_{i=1}^{n}(y_i-a_0-a_1x_{1i}-a_2x_{2i}-\cdots-a_kx_{ki})^2\end{aligned}$$

同样，欲估计参数 a_0，a_1，…，a_k，应满足条件

$$\begin{cases}\dfrac{\partial Q}{\partial a_0}=-2\sum(y_i-a_0-a_1x_{1i}-a_2x_{2i}-\cdots-a_kx_{ki})=0\\\dfrac{\partial Q}{\partial a_1}=-2\sum x_{1i}(y_i-a_0-a_1x_{1i}-a_2x_{2i}-\cdots-a_kx_{ki})=0\\\qquad\cdots\\\dfrac{\partial Q}{\partial a_k}=-2\sum x_{ki}(y_i-a_0-a_1x_{1i}-a_2x_{2i}-\cdots-a_kx_{ki})=0\end{cases}$$

整理上式，即可得便于手工操作的低阶（k≤3）参数估计方法：

$$\begin{cases}na_0+a_1\sum x_{1i}+a_2\sum x_{2i}+\cdots+a_k\sum x_{ki}=\sum y_i\\a_0\sum x_{1i}+a_1\sum x_{1i}^2+a_2\sum x_{1i}x_{2i}+\cdots+a_k\sum x_{1i}x_{ki}=\sum x_{1i}y_i\\\qquad\cdots\\a_0\sum x_{ki}+a_1\sum x_{ki}x_{1i}+a_2\sum x_{ki}x_{2i}+\cdots+a_k\sum x_{ki}^2=\sum x_{ki}y_i\end{cases} \tag{5.4.12}$$

式中，$\sum$ 均表示 $\sum\limits_{i=1}^{n}$。解式（5.4.12），可以得到 a_0，a_1，…，a_k 的估计值。

关于最小二乘估计，有如下性质成立。

（1）最小二乘估计 $\hat{\boldsymbol{A}}$ 是 $\boldsymbol{A}$ 的无偏估计。

这一点可由下面看出：

$$\begin{aligned} E(\hat{\boldsymbol{A}}) &= E\left[(\boldsymbol{X}^{\mathrm{T}}\boldsymbol{X})^{-1}\boldsymbol{X}^{\mathrm{T}}\boldsymbol{Y}\right] \\ &= (\boldsymbol{X}^{\mathrm{T}}\boldsymbol{X})^{-1}\boldsymbol{X}^{\mathrm{T}}E(\boldsymbol{Y}) \\ &= (\boldsymbol{X}^{\mathrm{T}}\boldsymbol{X})^{-1}\boldsymbol{X}^{\mathrm{T}}\left[\boldsymbol{X}\boldsymbol{A}+E(\boldsymbol{\Sigma})\right] \\ &= (\boldsymbol{X}^{\mathrm{T}}\boldsymbol{X})^{-1}\boldsymbol{X}^{\mathrm{T}}\boldsymbol{X}\boldsymbol{A}=\boldsymbol{A} \end{aligned} \tag{5.4.13}$$

（2）估计系数向量 $\hat{\boldsymbol{A}}$ 的协方差矩阵为 $\boldsymbol{\sigma}^2\boldsymbol{R}^{-1}$，即

$$\begin{aligned} &E\left\{\left[\hat{\boldsymbol{A}}-E(\hat{\boldsymbol{A}})\right]\left[\hat{\boldsymbol{A}}-E(\hat{\boldsymbol{A}})^{\mathrm{T}}\right]\right\} \\ &=\begin{pmatrix} D(\hat{a}_0) & \mathrm{Cov}(\hat{a}_0,\hat{a})_1 & \cdots & \mathrm{Cov}(\hat{a}_0,\hat{a}_k) \\ \mathrm{Cov}(\hat{a}_1,\hat{a}_0) & D(\hat{a}_1) & \cdots & \mathrm{Cov}(\hat{a}_1,\hat{a}_k) \\ \vdots & \vdots & & \vdots \\ \mathrm{Cov}(\hat{a}_k,\hat{a}_0) & \mathrm{Cov}(\hat{a}_k,\hat{a}_1) & \cdots & D(\hat{a}_k) \end{pmatrix} \\ &=\sigma^2\boldsymbol{R}^{-1} \end{aligned} \tag{5.4.14}$$

因为

$$\begin{aligned} &E\left\{\left[\hat{\boldsymbol{A}}-E(\hat{\boldsymbol{A}})\right]\left[\hat{\boldsymbol{A}}-E(\hat{\boldsymbol{A}})^{\mathrm{T}}\right]\right\} \\ &=E\left\{(\boldsymbol{X}^{\mathrm{T}}\boldsymbol{X})^{-1}\boldsymbol{X}^{\mathrm{T}}\boldsymbol{Y}-E\left[(\boldsymbol{X}^{\mathrm{T}}\boldsymbol{X})^{-1}\boldsymbol{X}^{\mathrm{T}}\boldsymbol{Y}\right]\cdot\left(\ (\boldsymbol{X}^{\mathrm{T}}\boldsymbol{X})^{-1}\boldsymbol{X}^{\mathrm{T}}\boldsymbol{Y}-E\left[(\boldsymbol{X}^{\mathrm{T}}\boldsymbol{X})^{-1}\boldsymbol{X}^{\mathrm{T}}\boldsymbol{Y}\right]\right)^{\mathrm{T}}\right\} \\ &=(\boldsymbol{X}^{\mathrm{T}}\boldsymbol{X})^{-1}\boldsymbol{X}^{\mathrm{T}}E\left\{\left[Y-E(\boldsymbol{Y})\right]\left[\boldsymbol{Y}-E(\boldsymbol{Y})\right]^{\mathrm{T}}\right\}\boldsymbol{X}(\boldsymbol{X}^{\mathrm{T}}\boldsymbol{X})^{-1} \\ &=(\boldsymbol{X}^{\mathrm{T}}\boldsymbol{X})^{-1}\boldsymbol{X}^{\mathrm{T}}E\left\{\boldsymbol{\Sigma}\boldsymbol{\Sigma}^{\mathrm{T}}\right\}\boldsymbol{X}(\boldsymbol{X}^{\mathrm{T}}\boldsymbol{X})^{-1} \\ &=(\boldsymbol{X}^{\mathrm{T}}\boldsymbol{X})^{-1}\boldsymbol{X}^{\mathrm{T}}\cdot\sigma^2\boldsymbol{I}\cdot\boldsymbol{X}(\boldsymbol{X}^{\mathrm{T}}\boldsymbol{X})^{-1} \\ &=\sigma^2\boldsymbol{R}^{-1} \end{aligned}$$

$$\left(\text{注：由}E\left\{\varepsilon_i\varepsilon_j\right\}=\begin{cases}0, & i\neq j\\ \sigma^2, & i=j\end{cases},\quad \text{得}E\left\{\boldsymbol{\Sigma}\boldsymbol{\Sigma}^{\mathrm{T}}\right\}=\sigma^2\boldsymbol{I},\ \boldsymbol{I}\text{为单位矩阵}\right)$$

5.4.3 回归模型的统计检验与区间预测

对利用最小二乘法建立的线性回归模型，在用于实际预测之前，必须对事先的一些假设，如线性假设、误差的独立性假设，以及模型的相关程度和对实际数据的拟合程度等方面，进行数理统计意义上的检验，以证实模型是否可用于实际预测。常进行的检验方法包括变量相关性检验、回归方程和回归系数的显著性检验、残差独立性和正态性检验等。此外，由于统计存在一定误差，统计所得的预测结果有一定的波动范围，因此需要在检验后对这一范围进行预测，即区间预测。下面将分别简要描述这些统计检验及区间预测的方法。

1. 变量相关性检验

为讨论方便，首先定义回归平方和 $S_{回}$、剩余平方和 $S_{剩}$及总平方和 $S_{总}$（表 5.4.1）。

表 5.4.1 $S_{回}$、$S_{剩}$和 $S_{总}$的定义

平方和	定义	自由度
$S_{回}$	$\sum_{i=1}^{n}(\hat{y}_i-\overline{y})^2$	k
$S_{剩}$	$\sum_{i=1}^{n}(y_i-\hat{y}_i)^2$	$n-k-1$
$S_{总}$	$S_{回}+S_{剩}=\sum_{i=1}^{n}(y_i-\overline{y})^2$	$n-1$

（1）复相关系数 r。定义为

$$r=\sqrt{\frac{S_{回}}{S_{总}}}=\sqrt{1-\frac{S_{剩}}{S_{总}}}=\sqrt{\frac{\sum_{i=1}^{n}(\hat{y}_i-\overline{y})^2}{\sum_{i=1}^{n}(y_i-\overline{y})^2}} \tag{5.4.15}$$

它表示因变量 y 对 k 个自变量 x_1，x_2，⋯，x_k的整体线性相关程度。r 有时简称为相关系数。

（2）单相关系数（一元相关系数）。y 对自变量 x_j 的单相关系数 $r_{y,j}$是不计除 x_j外其他变量影响，仅考虑 y 对 x_j进行一元回归的相关系数：

$$r_{y,j}=\sqrt{1-\frac{S_{剩}(y,j)}{S_{总}}}=\frac{\sum_{i}\left(x_{ji}-\overline{x}_j\right)\left(y_i-\overline{y}\right)}{\sqrt{\sum_{i}\left(x_{ji}-\overline{x}_j\right)^2\sum_{i}\left(y_i-\overline{y}\right)^2}} \tag{5.4.16}$$

（3）偏相关系数。在多元回归分析中，可以定义各个自变量对因变量的影响程度，即偏相关系数，筛选对因变量影响最大的自变量作为回归自变量。在计算某一自变量 x_j 对 y 的偏相关系数时，将把其他自变量 x_i（i=1，⋯，n，且 $i\neq j$）作为常量处理，并设法考虑它们对 y 的影响。x_j对 y 的偏相关系数 $R_{y,j}$定义如下：

$$R_{y,j}=\sqrt{1-\frac{S_{剩}}{S'_{剩}}} \tag{5.4.17}$$

式(5.4.17)中，$S'_{剩}$表示 y 只对 x_i(i=1，⋯，n，且 $i\neq j$)进行回归的剩余平方和。式(5.4.17)中 $S_{剩}/S'_{剩}$表示在 x_i（i=1，⋯，n，且 $i\neq j$）的基础上，再加上 x_j作自变量来进行回归时，能为因变量 y 额外提供信息的程度。显然，偏相关系数 $R_{y,j}$越大（越接近 1），表示自变量 x_j对因变量 y 的作用越大，越不可忽视。

回归模型的相关系数的数值可由式（5.4.15）~式（5.4.17）确定，而其符号（除 r 以外）则应与相应的参数 a_j的符号一致。这样，$r_{y,j}$及 $R_{y,j}$的取值范围为

$$-1\leqslant r_{y,j}\leqslant 1 \text{ 或 } -1\leqslant R_{y,j}\leqslant 1 \tag{5.4.18}$$

下面以一元回归模型为例，说明 r、$r_{y,j}$或 $R_{y,j}$在分析自变量 x_j同因变量 y 之间相关关系中的意义。对多元回归模型中的 r、$r_{y,j}$或 $R_{y,j}$，结论完全相同。

当 $|r|=1$ 时，样本点完全落在回归直线上，则 y 与 x 有完全的线性相关关系，且 $r=1$ 时，表示 y 与 x 是正的完全线性相关；$r=-1$ 时，表示 y 与 x 是负的完全线性相关，具体如图 5.4.1（a）和图 5.4.1（b）所示。

当 $0<r<1$ 时，表示 y 与 x 有一定的正线性相关关系，即 y 随 x 的增加而成比例倍数增加，具体如图 5.4.1（c）所示。

当 $-1<r<0$ 时，表示 y 与 x 有一定的负线性相关关系，即 y 随 x 的增加而成比例倍数减少，具体如图 5.4.1（d）所示。

当 $r=0$ 时，说明 y 与 x 之间不存在线性相关关系，或者是二者之间确实没关系，或者是二者之间不存在线性关系，但可能存在其他关系，具体如图 5.4.1（e）和图 5.4.1（f）所示。

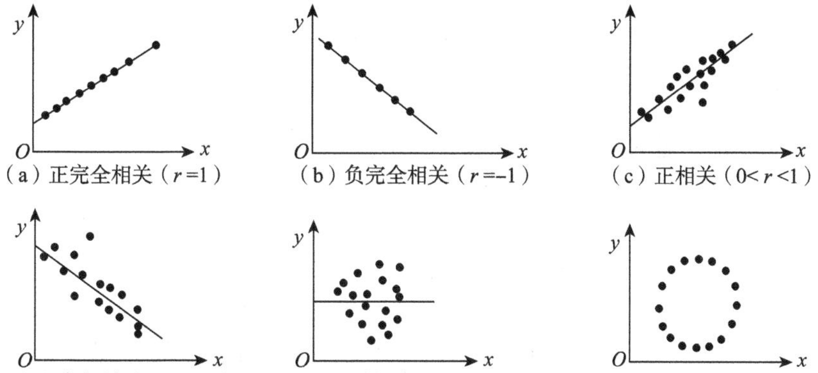

（a）正完全相关（$r=1$）　（b）负完全相关（$r=-1$）　（c）正相关（$0<r<1$）

（d）负相关（$-1<r<0$）　（e）零相关（$r=0$）　（f）零相关（$r=0$）

图 5.4.1　相关系数与相关关系

由相关系数的定义及其与变量之间相关关系的讨论可以看到，只有当 $|r|$ 接近 1 时，y 与 x_1，x_2，⋯，x_k 之间的关系才能用线性回归模型来描述。但在实际预测中，$|r|$ 应该大到什么程度，才能说明 y 与 x_1，x_2，⋯，x_k（对于偏相关系数为 y 与 x_j）之间的线性关系是显著的呢？这除了与样本数据值有关以外，还与样本点个数 n 有关。如图 5.4.2（a）所示，当 $n=4$ 时，y 与 x 之间似乎用线性关系描述很合理，这时线性相关系数可能大到 $r=0.90$。但若多取几个样本，则可能有如图 5.4.2（b）所示的情形，这时 y 与 x 不再是线性相关。因此，在 $n=4$ 时，即使 $r=0.90$，也还不能说 y 与 x 之间存在线性相关关系，这主要是因为 n 太小了。在实际检验中，我们可以通过与临界相关系数 r_α 的比较来判断，这就是相关性检验。统计学家为相关性检验编制了一个相关系数检验临界值表（本书附录）。如果相关系数 r 在某个显著性水平 α（一般 α 取 0.05）下超过了临界值 r_α，则认为 r 在显著性水平 α 下与 0 显著不同，否则就认为 r 与 0 无显著差异，说明 y 与 x_1，x_2，⋯，x_k 无线性相关关系，检验不能通过。

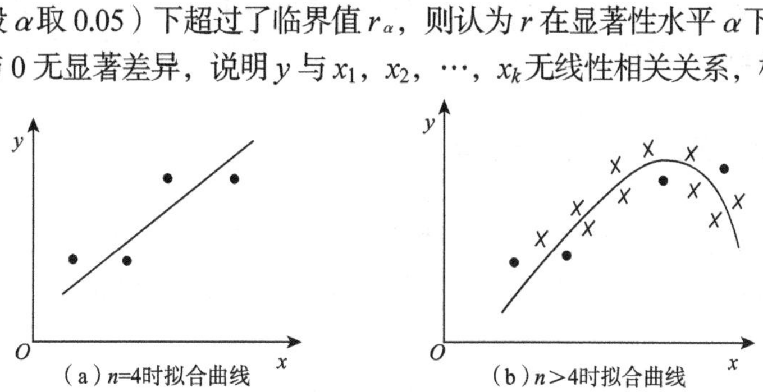

（a）$n=4$ 时拟合曲线　（b）$n>4$ 时拟合曲线

图 5.4.2　相关性

2. 标准离差检验

标准离差检验的作用是检验回归模型预测精度能否满足要求，标准离差 S 的计算式为

$$S=\sqrt{\frac{1}{n-k-1}\sum_{i=1}^{n}(y_i-\hat{y}_i)^2} \tag{5.4.19}$$

从式（5.4.19）可以看出，S 反映了回归预测模型所得到的估计值 $\hat{y}_i$ 与样本数值 y_i 之间平均误差，所以 S 的值越趋近零越好。一般要求

$$\frac{S}{\bar{y}}<10\%\sim15\%$$

3. 回归方程的显著性检验：*F* 检验

回归方程的显著性是指所建立的回归方程是否能够解释自变量和因变量之间存在的依赖关系，若不能，则 $a_i=0$（$i=1, 2, \cdots, k$），表明 y 与 x_i（$i=1, 2, \cdots, k$）之间的相关关系不显著，用式（5.4.7）描述的 y 与 x_i（$i=1, 2, \cdots, k$）的统计关系没有意义；反之，则 y 与 x_i（$i=1, 2, \cdots, k$）之间的关系可用式（5.4.7）描述。由于观测数据并不是完全确定的，而是存在测量误差，因此检验回归方程是否显著，必须设定一定的显著性水平。

因为

$$\frac{S_{回}}{\sigma^2}\sim\chi^2(k)$$

$$\frac{S_{剩}}{\sigma^2}\sim\chi^2(n-k-1)$$

且 $S_{回}$与 $S_{剩}$相互独立，则可构造如下统计量 F：

$$F=\frac{S_{回}/k}{S_{剩}/(n-k-1)}\sim F(k,\ n-k-1) \tag{5.4.20}$$

则当

$$F>F_{\alpha}(k,\ n-k-1) \tag{5.4.21}$$

时，否定假设，认为在显著性水平 α 下，回归模型（5.4.7）有意义（或者说回归方程是显著的），检验通过；否则，接受假设，式（5.4.7）无意义，检验不能通过。

4. 回归系数的显著性检验：*t* 检验

回归方程的显著性检验是对方程总体的检验，并不能说明每个自变量 x_i 与 y 的相关关系都是显著的。为此，还需分别对 y 与各个因变量进行显著性检验。

假设

$$\mathrm{H}_0: a_j=0,\ j\in\{1,2,\cdots,k\}$$

因为

$$E(\hat{a}_j)=a_j$$

$$D(\hat{a}_j)=c_{jj}\sigma^2$$

则

$$\frac{\hat{a}_j-a_j}{\sqrt{c_{jj}\sigma^2}}\sim \mathrm{N}(0,1)$$

于是有

$$t=\frac{(\hat{a}_j-a_j)/\sqrt{c_{jj}}}{\sqrt{S_{剩}/(n-k-1)}}\sim t(n-k-1) \tag{5.4.22}$$

因假设

$$a_j=0$$

所以有

$$t=\frac{\hat{a}_j/\sqrt{c_{jj}}}{\sqrt{S_{剩}/(n-k-1)}}=\frac{\hat{a}_j}{\hat{\sigma}\sqrt{c_{jj}}} \tag{5.4.23}$$

只有当

$$t=\frac{\hat{a}_j}{\hat{\sigma}\sqrt{c_{jj}}}>t_\alpha(n-k-1) \tag{5.4.24}$$

时，否定假设，即承认 x_j 对 y 有显著影响；否则，接受假设，即承认 x_j 对 y 的影响不显著，且可以考虑从回归方程中将其剔除，得到新的回归模型：

$$\hat{y}=a_0^*+a_1^*x_1+\cdots+a_{j-1}^*x_{j-1}+a_{j+1}^*x_{j+1}+\cdots+a_k^*x_k \tag{5.4.25}$$

且式（5.4.25）中的系数与式（5.4.7）中的系数存在下面的关系：

$$a_i^*=a_i-\frac{c_{ji}}{c_{jj}}a_j \quad (j\neq i) \tag{5.4.26}$$

这里，x_j 是剔除的变量；a_i、a_j 是原方程（5.4.7）中对应于 x_i 和 x_j 的系数（注意：$\boldsymbol{R}=\boldsymbol{X}^{\mathrm{T}}\boldsymbol{X}$，$\boldsymbol{C}=[c_{ij}]=\boldsymbol{R}^{-1}$，$\hat{\sigma}$ 可用 $\sqrt{\dfrac{S_{剩}}{n-k-1}}$，即标准离差近似）。

5. 残差独立性检验：DW 检验

在本节利用最小二乘对回归模型参数进行估计时，我们曾假定误差 ε_i 之间是相互独立的。然而，现实问题不一定能满足这个条件。如果 ε_i 是相关的，则采用经典最小二乘法建立回归模型时，获得的 a_i（i=0，1，…，k）的估计不再是最小方差线性无偏估计，模型预测精度也将降低。因而，必须对回归预测模型进行残差独立性检验，以保证预测方法和结果的有效性。

由 Durbin 和 Watson 提出相关性检验方法是一种有效的残差独立性检验方法，又称 DW 检验。其方法是，首先，构造 DW 统计量：

$$DW=\frac{\sum_{i=2}^{n}(\varepsilon_i-\varepsilon_{i-1})^2}{\sum_{i=1}^{n}\varepsilon_i^2} \tag{5.4.27}$$

然后，给定显著性水平，查DW检验表（本书附录），得到样本量为n、自变量个数为k时的临界值d_u、d_l。由于DW数值为0~4，于是可根据表5.4.2的DW检验规则进行ε_i的相关性判别。

表5.4.2 DW检验规则

DW值	检验结论
$0<DW\leqslant d_l$	ε_i存在正自相关
$d_l<DW<d_u$	不能确定ε_i是否存在自相关
$d_u<DW<4-d_u$	ε_i无自相关
$4-d_u<DW<4-d_l$	不能确定ε_i是否存在自相关
$4-d_l\leqslant DW<4$	ε_i存在负自相关

显然，DW值等于2时最好。根据经验，若DW值为1.5~2.5，则一般可表示无明显的自相关问题。如果检验结果表明ε_i之间存在自相关，那么需要通过数据变换来消除它。这方面读者可参考数理统计学、计量经济学等专门书籍。

6. 预测区间的确定

经过以上检验并通过后，回归模型可用于预测。但是，由于回归预测模型是经数理统计方法得到的，有一定误差，因而会使预测结果也有一定的误差，即预测结果有一定的波动范围，这个范围就是预测置信区间。其确定方法如下。

根据正态分布理论，当置信度为95%时，预测区间为

$$\begin{aligned}&\text{上限：}\quad \hat{y}_H=\hat{y}_0+1.96S\\&\text{下限：}\quad \hat{y}_L=\hat{y}_0-1.96S\end{aligned} \tag{5.4.28}$$

式中，S为标准离差；$\hat{y}_0$为对于某组自变量取值为x_{10}，x_{20}，…，x_{k0}时的预测值。于是，预测区间可表示为（$\hat{y}_L,\hat{y}_H$）。

【例5.4.1】 某企业固定资产x_1、职工人数x_2和利润总额y的统计数据如表5.4.3中的前三列所示。试建立以x_1、x_2为自变量的利润回归预测模型。

解 采用手工方法，先计算有关项（表5.4.3）。于是有

$$\overline{x}_1=295.8,\quad \overline{x}_2=174,\quad \overline{y}=274.1$$

现设待建的回归预测模型为

$$\hat{y}=a_0+a_1x_1+a_2x_2$$

表5.4.3 某企业固定资产、职工人数和利润总额的统计数据

年份	y_i	x_{1i}	x_{2i}	x_{1i}^2	x_{2i}^2	$x_{1i}x_{2i}$	$x_{1i}y_i$	$x_{2i}y_i$	y_i^2
2001	233	250	161	62 500	25 921	40 250	58 250	37 513	54 289

续表

年份	y_i	x_{1i}	x_{2i}	x_{1i}^2	x_{2i}^2	$x_{1i}x_{2i}$	$x_{1i}y_i$	$x_{2i}y_i$	y_i^2
2002	238	257	163	66 049	26 569	41 891	61 166	38 794	56 644
2003	261	271	167	73 441	27 889	45 257	70 731	43 587	68 121
2004	264	290	169	84 100	28 561	49 010	76 560	44 610	69 696
2005	270	300	171	90 000	29 241	51 300	81 000	46 170	72 900
2006	273	296	176	87 616	30 976	52 096	80 808	48 048	74 529
2007	285	311	180	96 721	32 400	55 980	88 635	51 300	81 225
2008	298	320	181	102 400	32 761	57 920	95 360	53 938	88 804
2009	304	325	185	105 625	34 225	60 125	98 800	56 240	92 416
2010	315	338	187	114 244	34 969	63 206	106 470	58 905	99 225
合计	2 741	2 958	1 740	882 696	303 512	517 035	817 780	479 105	757 849

那么有

$$\boldsymbol{R}=\boldsymbol{X}^{\mathrm{T}}\boldsymbol{X}=\begin{pmatrix} n & \sum x_{1i} & \sum x_{2i} \\ \sum x_{1i} & \sum x_{1i}^2 & \sum x_{1i}x_{2i} \\ \sum x_{2i} & \sum x_{1i}x_{2i} & \sum x_{2i}^2 \end{pmatrix}$$

$$=\begin{pmatrix} 10 & 2\,958 & 1\,740 \\ 2\,958 & 882\,696 & 517\,035 \\ 1\,740 & 517\,035 & 303\,512 \end{pmatrix}$$

而

$$\boldsymbol{C}=\boldsymbol{R}^{-1}=\begin{pmatrix} 184.993\,7 & 0.587\,3 & -2.060\,8 \\ 0.587\,3 & 0.002\,4 & -0.007\,4 \\ -2.060\,8 & -0.007\,4 & 0.024\,5 \end{pmatrix}$$

又有

$$\boldsymbol{X}^{\mathrm{T}}\boldsymbol{Y}=\begin{pmatrix} \sum y_i \\ \sum x_{1i}y_i \\ \sum x_{2i}y_i \end{pmatrix}=\begin{pmatrix} 2\,741 \\ 817\,780 \\ 479\,111 \end{pmatrix}$$

于是

$$\boldsymbol{A}=\begin{pmatrix} a_0 \\ a_1 \\ a_2 \end{pmatrix}=(\boldsymbol{X}^{\mathrm{T}}\boldsymbol{X})^{-1}\boldsymbol{X}^{\mathrm{T}}\boldsymbol{Y}$$

$$=\begin{pmatrix} 184.993\,7 & 0.587\,3 & -2.060\,8 \\ 0.587\,3 & 0.002\,4 & -0.007\,4 \\ -2.060\,8 & -0.007\,4 & 0.024\,5 \end{pmatrix}\begin{pmatrix} 2\,741 \\ 817\,780 \\ 479\,105 \end{pmatrix}$$

$$=\begin{pmatrix} -94.342\,2 \\ 0.543\,5 \\ 1.193\,5 \end{pmatrix}$$

求得预测模型为

$$\hat{y}=-94.342\,2+0.543\,5x_1+1.193\,5x_2$$

下面将对上述模型进行统计检验。先计算有关平方和如下：

$$S_{回}=\sum_{i=1}^{n}(\hat{y}_i-\overline{y})^2=6\,391.145\,7$$

$$S_{剩}=\sum_{i=1}^{n}(y_i-\hat{y}_i)^2=\sum_{i=1}^{n}\varepsilon_i^2=135.025\,3$$

$$S_{总}=S_{回}+S_{剩}=\sum_{i=1}^{n}(y_i-\overline{y})^2=6\,526.170\,9$$

式中，$\overline{y}$=274.1。

（1）标准离差检验。

$$S=\sqrt{\frac{1}{n-k-1}\sum(y_i-\hat{y}_i)^2}=\sqrt{\frac{1}{n-k-1}S_{剩}}$$
$$\approx 4.392\,0$$

且 $\dfrac{S}{\overline{y}}=\dfrac{4.392\,0}{274.1}\approx 0.016<10\%$，检验通过。

（2）相关关系检验。

$$r=\sqrt{\frac{S_{回}}{S_{总}}}=\sqrt{\frac{6\,391.145\,7}{6\,526.170\,9}}\approx 0.979\,3$$

又取 α=0.05，查相关系数表（n=10，k=2）得 r_α=0.666，$r>r_\alpha$，检验通过。

（3）回归方程显著性检验（F 检验）。

$$F=\frac{S_{回}/k}{S_{剩}/(n-k-1)}=\frac{6\,391.145\,7/2}{135.025\,3/(10-2-1)}\approx 165.67$$

取 α=0.05，查 F_α（k，$n-k-1$）=4.74。显然，$F>F_\alpha$，检验通过。

（4）回归系数显著性检验（t 检验）。

$$S=\sqrt{\frac{S_{剩}}{n-k-1}}=\sqrt{\frac{135.025\,3}{(10-2-1)}}\approx 4.392\,0$$

所以

$$t_1=\frac{\hat{a}_1}{S\sqrt{c_{11}}}=\frac{0.543\,5}{4.392\,0\times\sqrt{0.002\,4}}=2.526\,0$$

$$t_2=\frac{\hat{a}_2}{S\sqrt{c_{22}}}=\frac{1.193\,5}{4.392\,0\times\sqrt{0.024\,5}}=1.736\,1$$

取 α=0.20，查表知，t_α=1.415，即有

$$t_1>t_\alpha,\ t_2>t_\alpha$$

在显著水平为 α=0.20 下，x_1、x_2 均对 y 有显著影响，检验通过（注：如取 α=0.02，则 t_α=2.889，x_1、x_2 的显著性检验不能通过，需修正数据，或重新建立预测模型）。

（5）残差独立性检验（DW 检验）。

$$\varepsilon_i = y_i - \hat{y}_i$$

那么

$$\sum \varepsilon_i^2 = S_{剩}$$

于是

$$\mathrm{DW} = \sum_{i=2}^{10} (\varepsilon_i - \varepsilon_{i-1})^2 \Big/ S_{剩}$$
$$\approx 1.968\,1$$

取 α=0.05，查 DW 检验表，并推算得 d_u=1.32，d_l=0.879，于是

$$d_u < \mathrm{DW} < 4 - d_u$$

故不存在序列相关，模型 DW 检验通过。

（6）系统预测。

取 x_{10}=350，x_{20}=190，代入模型得

$$\hat{y}_0 = -94.342\,2 + 0.543\,5 \times 350 + 1.193\,5 \times 190$$
$$= 322.647\,8$$

于是可得

上限：$$\hat{y}_0 + 1.96S = 331.256\,1$$

下限：$$\hat{y}_0 - 1.96S = 314.039\,5$$

最后，本问题全部解答结论表示如下：

$$\hat{y} = -94.342\,2 + 0.543\,5x_1 + 1.193\,5x_2$$
$$(2.526\,0) \quad (1.736\,1)$$

$$S\text{=4.392 0，} r \text{=0.979 3，} F \text{=165.67，DW=1.968 1}$$

当 x_1=350、x_2=190 时，95%的置信区间为（314.039 5，331.256 1）。

5.4.4 多重共线性及处理

在应用最小二乘法估计多元线性回归模型参数时，一个必要条件是自变量之间为不完全线性相关关系，也就是矩阵 $\boldsymbol{R}=\boldsymbol{X}^{\mathrm{T}}\boldsymbol{X}$ 的逆阵存在。所谓多重共线性就是某一个自变量与其他自变量的总体线性相关。这将导致 $\boldsymbol{R}$ 矩阵退化，无法求出回归系数。

产生多重共线性的原因不能从数学上找。以经济预测为例，主要可能是因为经济变量往往具有同样的变化趋势，如在经济繁荣和高速增长时期，工农业产值、交通、能源、职工收入、消费、投资、就业人数等都呈增长趋势。当然，这里也不排除其他因素产生多重共线性的可能性。当有严重的多重共线性时，即使 $\boldsymbol{R}$ 不完全退化，也可能会产生如下后果：①参数估计的精度降低，某些回归系数的标准偏差很大，不能正确反映自变量与因变量之间的关联程度，使参数估计值很不可靠；②回归系数的估计值可能对某几组观察值特别敏感，这些观察值对回归系数估计值影响很大；③回归系数可能出现与事理意义不符的符号；④可能将有用的变量排除掉。

判别多重共线性是否存在或是否有严重影响，主要可以通过计算自变量之间的相关系数来判断，即 x_i 与 x_j 之间的相关系数 r_{ij}，其表达式如下：

$$r_{ij}=\frac{\sum_{t=1}^{n}x_{it}\cdot x_{jt}}{\sqrt{\sum_{t=1}^{n}x_{it}^2}\sqrt{\sum_{t=1}^{n}x_{jt}^2}} \tag{5.4.29}$$

显然，当 $r_{ij}=1$ 时，x_i 与 x_j 完全相关，出现完全的多重共线性；当 $r_{ij}=0$ 时，x_i 与 x_j 完全不相关；一般有 $0<r_{ij}<1$。Klein 认为，只有当 $r_{ij}^2>r^2$（r 为回归模型的复相关系数）时，多重共线性才是严重的，应予以消除。

另一种判别多重共线性的办法是利用不包含某个变量 x_j 的复相关系数 r_j 来判断。设回归方程为

$$y=f(x_1,x_2,\cdots,x_k)$$

分别构造 k 个回归方程

$$y_i=f_j\left(x_1,x_2,\cdots,x_{j-1},x_{j+1},\cdots,x_k\right),\ j=1,2,\cdots,k$$

并对每个方程估计复相关系数 $r_1^2,r_2^2,\cdots,r_m^2$。r_j^2 越大，则所对应的自变量 x_j 与其他自变量发生多重共线性的情况越严重。

消除多重共线性的方法主要有如下几种：①剔除不必要的自变量，即从一组高度相关的自变量中剔除某个变量，该变量可以是回归系数最小的，或 t 检验值最小的，或系数符号与经济意义不符的，然后重新估计参数，建立预测模型，这是最常用的方法；②改变自变量的定义形式，如将观察值累加生成，或将两个自变量合并成一个新的变量，或用新的变量代替具有多重共线性的变量；③增加观察值，避免或减少多重共线性；④寻找新的自变量；⑤采用逐步回归法估计参数，减少多重共线性的影响。

5.5 状态空间分析预测

5.5.1 状态空间分析法

状态空间分析法是现代控制理论进行描述、分析和设计的工具，是现代控制理论的基础和标志，而这一切都是建立在系统状态这一概念上的。

1）系统状态和状态变量

表征动态系统运动（发展、变化）的信息称为系统状态（states），确定系统状态的数目最少的独立变量称为状态变量。如果状态变量有 n 个，一般记为 $x_1(t)$，$x_2(t)$，…，$x_n(t)$。

2）状态向量和状态空间

把描述系统状态的 n 个状态变量 $x_1(t)$，$x_2(t)$，…，$x_n(t)$ 看做向量 $\boldsymbol{X}(t)$ 的分量，则称 $\boldsymbol{X}(t)$ 为 n 维状态向量，记为 $\boldsymbol{X}(t)=[x_1(t),\ x_2(t),\ \cdots,\ x_n(t)]^{\mathrm{T}}$。于是，给定 $t=t_0$ 时初始状态向量 $\boldsymbol{X}(t_0)$ 及 $t\geqslant t_0$ 的输入向量，则 $t\geqslant t_0$ 的系统状态可由状态向量

$\boldsymbol{X}(t)$唯一确定。

以n个状态变量作为坐标轴所组成的n维空间称为状态空间。系统在任一时刻的状态，都能用状态空间中的一个点来表示。

3）状态空间分析法

在状态空间中，以系统的状态向量或状态变量来描述系统，揭示系统状态之间的相互联系，并进行分析设计的方法称为状态空间分析法。

状态空间分析法用于系统预测，能从一定深度上揭示系统运动的规律和机制，较全面地反映系统各种因素和变量之间的相互联系，并把系统的发展、变化同系统的控制变量（输入）联系起来，建立一种因果关系，这对系统的规划、控制十分有利。但状态空间分析的建模一般所需数据信息较多，建立模型结构的难度也较大。

有关状态空间分析法的详细内容请参见现代控制理论的文献，下面以一个离散时间状态空间模型为例做简单介绍。

5.5.2 宋健人口模型

中国的控制理论和系统科学学者宋健等，利用状态空间分析法，提出了中国的人口模型。下面建立这个模型的离散形式。

1. 人口系统状态变量

设t时刻人口系统内年满i岁但不足$i+1$岁的人数为$x_i(t)$，则用$x_1(t)$，$x_2(t)$，…，$x_m(t)$能完整地描述给定的人口系统，其中，m为系统中人口能活到的最大年龄，而且这组变量也是一组最小描述，因而它们可选为状态变量，即

$$\boldsymbol{X}(t)=\begin{pmatrix} x_1(t) \\ x_2(t) \\ \vdots \\ x_m(t) \end{pmatrix}$$

这就是人口系统的状态向量。

2. 人口动态过程

引起人口系统状态变化的三个基本要素是生育、死亡和随机扰动（如人口迁移、战争、瘟疫等原因），这其中的动态过程如图 5.5.1 所示。由此可以看到，人口动态过程实际上就是反映在两个过程上，即为年龄过程和生育过程。下面通过分析这两个过程来建立状态空间模型。

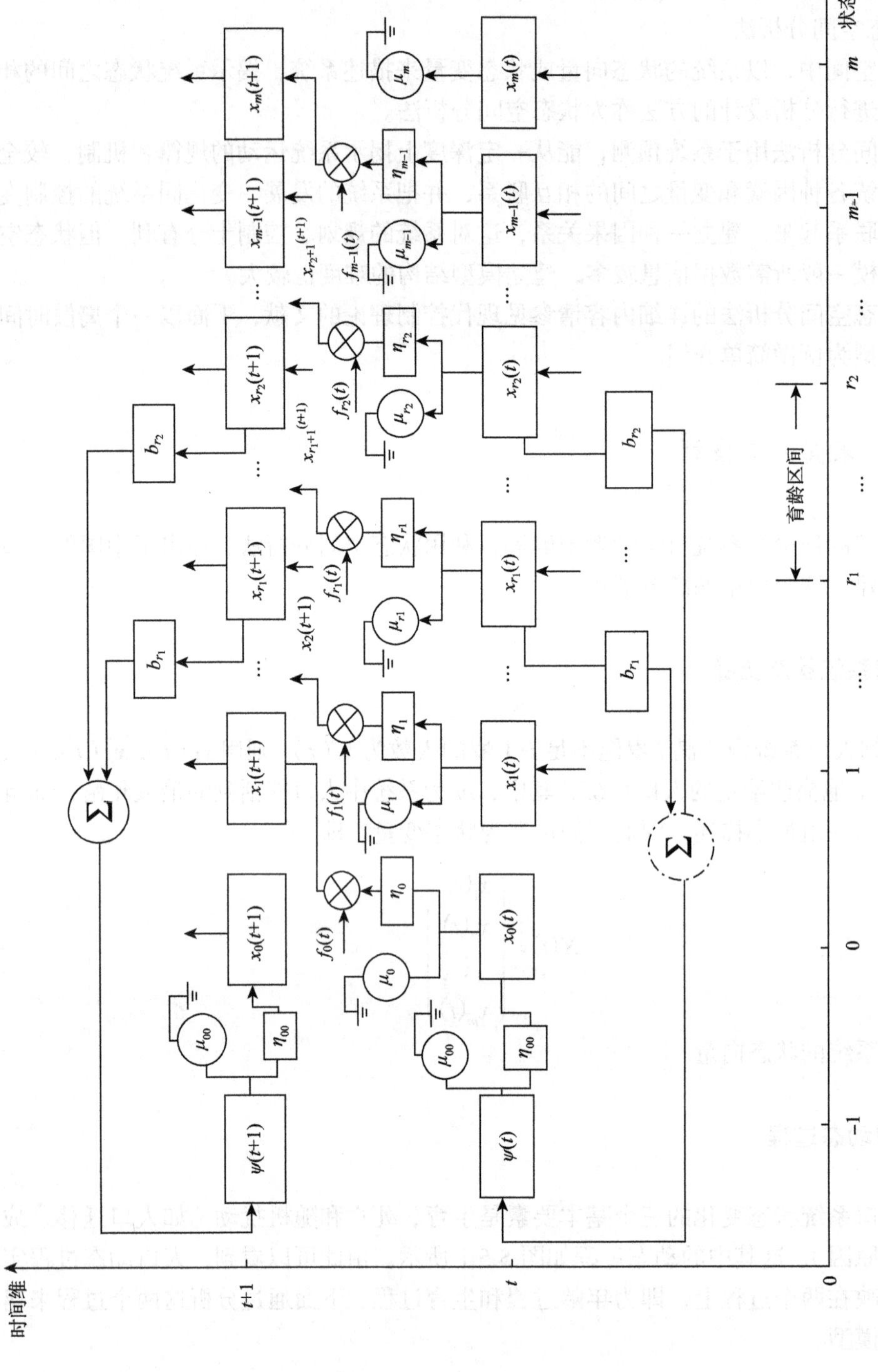

图 5.5.1 人口系统的动态过程

3. 人口动态模型的建立

1）年龄过程

t 时刻年满 i 岁不足 $i+1$ 岁的人口，经过一年时间，减去其间死亡的，再加上其间随机净增长，就是 $t+1$ 时刻年满 $i+1$ 岁而不足 $i+2$ 岁的人口数。

设 $x_i(t)$ 为 t 时刻 i 岁的人口数，$\mu_i(t)$ 为 t 年度（即 t 时刻至 $t+1$ 时刻）i 岁人口的按龄死亡率，$f_i(t)$ 为 t 年度 i 岁人口的随机净增长量，则有

$$x_{i+1}(t+1)=\left[1-\mu_i(t)\right]x_i(t)+f_i(t) \quad (i=0,1,2,\cdots,m-1) \tag{5.5.1}$$

将式（5.5.1）写成矩阵形式为

$$\begin{pmatrix} x_1(t+1) \\ x_2(t+1) \\ \vdots \\ x_m(t+1) \end{pmatrix}=\begin{pmatrix} 0 & 0 & \cdots & 0 & 0 \\ 1-\mu_1 & 0 & \cdots & 0 & 0 \\ 0 & 1-\mu_2 & & 0 & 0 \\ \vdots & \vdots & & \vdots & \vdots \\ 0 & 0 & \cdots & 1-\mu_{m-1} & 0 \end{pmatrix}\begin{pmatrix} x_1(t) \\ x_2(t) \\ \vdots \\ x_m(t) \end{pmatrix}$$

$$+\begin{pmatrix} (1-\mu_0)x_0(t) \\ 0 \\ \vdots \\ 0 \end{pmatrix}+\begin{pmatrix} f_0(t) \\ f_1(t) \\ \vdots \\ f_{m-1}(t) \end{pmatrix} \tag{5.5.2}$$

式中，按龄死亡率 $\mu_i(t)$ 反映了人口死亡现象的统计规律性，表示 i 年龄组人口中在 t 年度内死亡人口所占的比率，既是年龄的函数，又是时间的函数。当 t 固定时，μ_i 随年龄变化规律呈图 5.5.2 中所示的马鞍形。当 i 固定时，μ_i 随时间一般呈逐渐递减的趋势，反映了人类医疗水平和生活水平的提高，如图 5.5.3 所示。

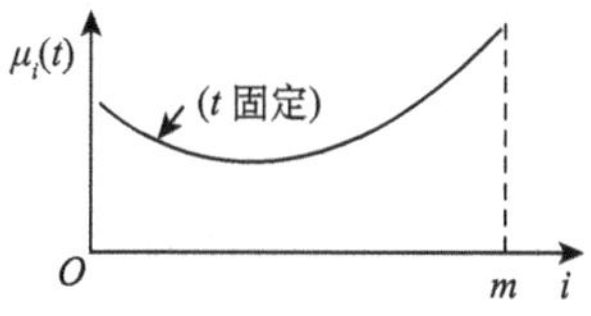

图 5.5.2 按龄死亡率随年龄的变化

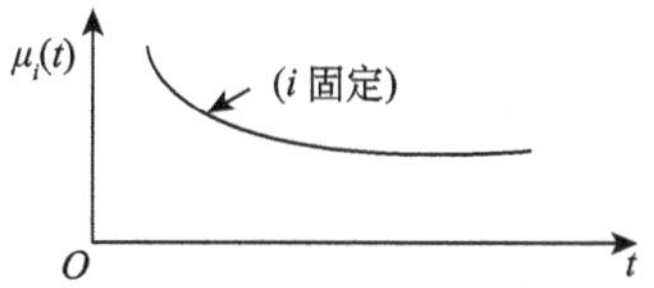

图 5.5.3 按龄死亡率随时间的变化

2）生育过程

设 r_1 是系统内妇女最低生育年龄，r_2 为最高生育年龄，称 $[r_1, r_2]$ 为妇女的育龄区间，即妇女有生育能力的年龄段。并记 $\Psi_j(t)$ 为 t 年代 j 岁妇女生育的婴儿

总数（$j\in[r_1, r_2]$）；$\Psi(t)$ 为 t 年代内生育的婴儿总数；$\mu_{00}(t)$ 为婴儿的后向死亡率。

定义按龄增生率为 b_j（$j\in[r_1, r_2]$）：

$$b_j \triangleq \frac{\Psi_j(t)}{x_j(t)} \tag{5.5.3}$$

于是有

$$\begin{aligned}
x_0(t) &= \left(1-\mu_{00}(t)\right)\Psi(t) \\
\Psi(t) &= \sum_{j=r_1}^{r_2}\Psi_j(t) = \sum_{j=r_1}^{r_2} b_j(t)x_j(t) \\
&= \begin{pmatrix} 0\cdots 0 & b_{r_1}\cdots b_{r_2} & 0\cdots 0 \end{pmatrix}\begin{pmatrix} x_1(t) \\ x_2(t) \\ \vdots \\ x_m(t) \end{pmatrix}
\end{aligned} \tag{5.5.4}$$

将式（5.5.3）和式（5.5.4）代入式（5.5.2）中右边第二项，得

$$\begin{pmatrix} (1-\mu_0)\ \ x_0(t) \\ 0 \\ \vdots \\ 0 \end{pmatrix} = (1-\mu_0)(1-\mu_{00})\begin{pmatrix} 0\cdots 0 & b_{r_1}\cdots b_{r_2} & 0\cdots 0 \\ 0 & \cdots & 0 \\ \vdots & & \vdots \\ 0 & \cdots & 0 \end{pmatrix}\begin{pmatrix} x_1(t) \\ x_2(t) \\ \vdots \\ x_m(t) \end{pmatrix} \tag{5.5.5}$$

若进一步记 $K_i(t)$ 为按龄女性比，即 t 年代 i 岁妇女占 i 岁人口的比例；$n_i(t)$ 为 t 年代 i 岁妇女平均生育婴儿个数。

$$\eta_{0\mathrm{A}} = (1-\mu_0)(1-\mu_{00})$$

且定义 $\beta(t)\triangleq\sum\limits_{i=r_1}^{r_2} n_i(t)$ 为总和生育率，在一个平稳的人口系统中，其意义近似为一对夫妇终生生育的胎数。

$$h_i(t) \triangleq \frac{n_i(t)}{\sum\limits_{i=r_1}^{r_2} n_i(t)}$$

称为妇女的生育模式

则

$$\begin{aligned}
b_i(t) &= \frac{\Psi_i(t)}{x_i(t)} \\
&= \frac{n_i(t)K_i(t)x_i(t)}{x_i(t)} \\
&= K_i(t)n_i(t) \\
&= K_i(t)\left(\sum_{i=r_1}^{r_2} n_i(t)\right)\cdot h_i(t)
\end{aligned} \tag{5.5.6}$$

综合式（5.5.2）~式（5.5.4），得到人口模型的一种离散形式：

$$\boldsymbol{X}(t+1)=\boldsymbol{H}(t)\boldsymbol{X}(t)+\eta_{0A}(t)\beta(t)\boldsymbol{B}(t)\boldsymbol{X}(t)+\boldsymbol{F}(t) \tag{5.5.7}$$

式中，$\boldsymbol{X}(t)=[x_1(t), x_2(t), \cdots, x_m(t)]^{\mathrm{T}}$ 为人口系统的状态向量；$\boldsymbol{H}(t)$ 为人口留存矩阵，其表达式如下：

$$\boldsymbol{H}(t)=\begin{pmatrix} 0 & 0 & \cdots & 0 & 0 \\ \eta_1(t) & 0 & \cdots & 0 & 0 \\ 0 & \eta_2(t) & & 0 & 0 \\ \vdots & \vdots & & \vdots & \vdots \\ 0 & 0 & \cdots & \eta_{m-1}(t) & 0 \end{pmatrix}$$

式中，

$$\eta_i(t)=1-\mu_i(t)$$

$$\boldsymbol{B}(t)=\begin{pmatrix} 0\cdots0 & K_{r_1}(t) & h_{r_1}(t)\cdots K_{r_2}(t) & h_{r_2}(t) & 0\cdots0 \\ 0 & & \cdots & & 0 \\ \vdots & & & & \vdots \\ 0 & & \cdots & & 0 \end{pmatrix}$$

$$\boldsymbol{F}(t)=\begin{pmatrix} f_0(t) \\ f_1(t) \\ \vdots \\ f_{m-1}(t) \end{pmatrix}$$

$\boldsymbol{F}(t)$ 为人口随机扰动向量。

一般来说，如果人口系统比较稳定，则按龄女性比可当成常数处理，即 $K_i(t)=k\approx 0.483\,5$，于是式（5.5.7）进一步简化为

$$\boldsymbol{X}(t+1)=\boldsymbol{H}(t)\boldsymbol{X}(t)+\eta_{0A}(t)\beta(t)k\boldsymbol{\Lambda}\boldsymbol{X}(t)+\boldsymbol{F}(t) \tag{5.5.8}$$

式中，$\boldsymbol{\Lambda}$ 称为生育模式矩阵。

$$\boldsymbol{\Lambda}=\begin{pmatrix} 0\cdots0 & h_{r_1}(t)\cdots h_{r_2}(t) & 0\cdots0 \\ 0 & \cdots & 0 \\ \vdots & & \vdots \\ 0 & \cdots & 0 \end{pmatrix}$$

式中，$h_i(t)(i=r_1,\cdots,r_2)$ 可以人为控制，但如不加控制，任其自然，则 $h_i(t)$ 几乎与时间 t 无关。统计表明，$h_i(t)$ 近似服从 $\chi^2(n)$ 分布。例如，从浏阳县第三次人口普查资料中发现，该县妇女的生育模式服从 $\chi^2(8)$ 分布。

此外，在很多场合下 $\boldsymbol{F}(t)$ 可以忽略。

4. 模型的应用

由上述给出的递推模型（5.5.7）或模型（5.5.8）可以看出，只要给定基期 t_0 的人口状态 $\boldsymbol{X}(0)$，以及由按龄死亡率、女性人口比、按年龄的妇女平均生育婴儿个数等确定

$\boldsymbol{H}(t)$、$\boldsymbol{B}(t)$ 及生育模式矩阵 $\boldsymbol{\Lambda}$，且若忽略人口随机扰动 $\boldsymbol{F}(t)$，就可以递推得到未来各年份的人口状态向量的预测值。并且，通过确定不同总和生育率，即一对夫妇终生生育的胎数，还可以分析不同的人口控制方案的预测结果。此外，在预测的基础上，我们还可以通过定义不同的人口系统的特征指标，如总人口、总人口平均年龄、人口平均寿命、老龄化指数、劳动力总数、劳动力指数、社会抚养指数来分析人口系统的结构、性质及变化趋势。可分别定义为式（5.5.9）~式（5.5.15）：

$$N(t)=\sum_{i=0}^{m}x_i(t) \tag{5.5.9}$$

$$\overline{I}(t)=\frac{1}{N(t)}\sum_{i=1}^{m}ix_i(t) \tag{5.5.10}$$

$$\overline{S}(t)=\sum_{i=0}^{m}\exp\left\{-\sum_{j=0}^{i}\mu_j(t)\right\} \tag{5.5.11}$$

$$\omega(t)=\frac{\overline{I}(t)}{\overline{S}(t)} \tag{5.5.12}$$

$$L(t)=\sum_{i=r_3}^{r_4}K_i(t)x_i(t)+\sum_{i=r_5}^{r_6}\left[1-K_i(t)\right]x_i(t) \tag{5.5.13}$$

式中，$[r_3, r_4]$，$[r_5, r_6]$ 分别为女性和男性劳动年龄区间。

$$\lambda(t)=\frac{L(t)}{N(t)} \tag{5.5.14}$$

$$\rho(t)=\frac{N(t)-L(t)}{N(t)}=1-\lambda(t) \tag{5.5.15}$$

以上介绍了状态空间分析法在人口系统预测中的应用。实际上，对类似问题，如林木生长、禽畜饲养、人才预测、干部管理等，都可以进行同类的研究和应用。

5.6 马尔可夫预测

马尔可夫预测方法是根据俄国数学家马尔可夫（Markov）的随机过程理论提出来的，它主要采用概率论的方法，通过研究系统对象的状态转移过程进行预测。

5.6.1 马尔可夫预测原理

1. 马尔可夫过程

马尔可夫预测是从状态及状态转移的概念出发的。考虑对研究对象进行一系列试验，每次试验的结果如果出现在有限集合 $S=\{S_1, S_2, \cdots, S_n\}$ 中，且其中的事件是两两互斥的，则称事件 $S_i\in S$ 为系统的一个状态。若事件 S_i 出现，则称系统处在状态 S_i。例如，

机器设备在 $t=t_0$ 时刻处于正常运行状态，则在任何 $t_1>t_0$ 时刻可能转变成故障而不能运行状态，也可能继续保持正常运行。S_1=正常运行，S_2=故障。同样，若在 t_0 时刻设备为故障状态，而 $t_1>t_0$ 时，设备可能已修复好，变为正常运行，也可能未能修复，继续处于故障状态。

马尔可夫在 20 世纪初经过多次试验研究发现，现实中有这样一类随机过程，在系统状态转移过程中，系统将来的状态只与现在的状态有关，而与过去的状态无关。这种性质叫做无后效性，符合这种性质的状态转移过程叫做马尔可夫过程。时间离散状态离散的马尔可夫过程称为马尔可夫链（Markov chain）。

2. 状态转移概率矩阵

马尔可夫预测的关键是研究系统在当前状态发生状态转移的概率。设系统共有 N 个状态，记作 S_1，S_2，⋯，S_N。设在 t_{n-1} 时刻系统处在 S_i 状态，t_n 时刻系统状态变为 S_j，则称在第 n 次状态转移中，系统由状态 S_i 转移到 S_j，且这种状态转移的概率记为

$$p\left\{x_n=S_j\left|x_{n-1}=S_i\right.\right\}\triangleq p_{ij}\ (i,j=1,2,\cdots,N;n=1,2,\cdots) \tag{5.6.1}$$

典型的情况是 p_{ij} 与 n 无关，只与 i、j 有关，即只与转移前后的状态有关。称这个概率为马尔可夫链的一步转移概率。

例如，某城市的出租车公司，在机场、风景区及宾馆设有三个出租汽车站，也就是该公司的车可以停放在上述任意一个站。根据统计资料，三个站租车和还车一步转移概率如表 5.6.1 所示。

表 5.6.1 三个站租车和还车一步转移概率

还车 租车	机场	风景区	宾馆
机场	0.8	0.2	0
风景区	0.2	0	0.8
宾馆	0.2	0.2	0.6

将上述表中概率依次排成一个矩阵，得

$$\boldsymbol{P}=\begin{pmatrix} p_{11} & p_{12} & p_{13} \\ p_{21} & p_{22} & p_{23} \\ p_{31} & p_{32} & p_{33} \end{pmatrix}=\begin{pmatrix} 0.8 & 0.2 & 0 \\ 0.2 & 0 & 0.8 \\ 0.2 & 0.2 & 0.6 \end{pmatrix}$$

矩阵 $\boldsymbol{P}$ 称为一步转移概率矩阵。如果系统有 N 个状态，则一步转移概率矩阵为 N 阶方阵：

$$\boldsymbol{P}=\begin{pmatrix} p_{11} & p_{12} & \cdots & p_{1N} \\ p_{21} & p_{22} & \cdots & p_{2N} \\ \vdots & \vdots & & \vdots \\ p_{N1} & p_{N2} & \cdots & p_{NN} \end{pmatrix}$$

转移概率矩阵具有如下特点：

（1）$p_{ij}\geqslant 0$，且 $\sum\limits_{j=1}^{N}p_{ij}=1, i\in\{1,2,\cdots,N\}$。

（2）若存在正整数 m，使概率矩阵 $\boldsymbol{P}$ 的 m 次幂 $\boldsymbol{P}^m$ 的所有元素皆为正，则该概率矩阵 $\boldsymbol{P}$ 称为正规概率矩阵。

（3）当任一非零向量 $\boldsymbol{u}=(u_1, u_2, \cdots, u_n)$ 左乘某一 $n\times n$ 方阵 $\boldsymbol{A}$，其结果仍为 $\boldsymbol{u}$，即

$$\boldsymbol{uA}=\boldsymbol{u} \tag{5.6.2}$$

时，则称 $\boldsymbol{u}$ 为 $\boldsymbol{A}$ 的固定向量。

（4）正规概率矩阵 $\boldsymbol{P}$ 具有如下性质：

第一，正规概率矩阵 $\boldsymbol{P}$ 有一个固定向量 $\boldsymbol{u}$，且 $\boldsymbol{u}$ 的元素皆为正，此向量叫做特征向量。

第二，正规概率矩阵 $\boldsymbol{P}$ 的各次幂序列 $\boldsymbol{P}$，$\boldsymbol{P}^2$，$\boldsymbol{P}^3$，…趋向于方阵 $\boldsymbol{U}$，且 $\boldsymbol{U}$ 的每一行均为其固定向量 $\boldsymbol{u}$。

第三，若 $\boldsymbol{F}$ 为任一概率向量，则向量序列 $\boldsymbol{FP}$，$\boldsymbol{FP}^2$，$\boldsymbol{FP}^3$，…将趋近 $\boldsymbol{P}$ 的固定向量。

（5）若某事物状态转移概率矩阵是正规的，则该马尔可夫链就是正规的，通过若干步转移，最终达到某种稳定状态，即其后再转移一次、二次……达到各个状态的概率不再变化，这时稳定状态概率可用行向量 $\boldsymbol{X}$ 表示，即

$$\boldsymbol{X}=(x_1, x_2, \cdots, x_n)$$

$$\sum x_i = 1$$

这个行向量 $\boldsymbol{X}$ 即为此正规概率转移矩阵的固定向量，可用上述方法求得。

例如，某事物在状态 S_1、S_2、S_3 之间转移的概率矩阵为正规概率矩阵 $\boldsymbol{P}$

$$\boldsymbol{P}=\begin{matrix} & S_1 & S_2 & S_3 \\ S_1 & 0.5 & 0.25 & 0.25 \\ S_2 & 0.5 & 0 & 0.5 \\ S_3 & 0.25 & 0.25 & 0.5 \end{matrix}$$

则若干步转移后达到稳定状态时的特征向量 $\boldsymbol{X}=(x_1, x_2, x_3)$，可求解如下：

$$\begin{cases} (x_1, x_2, x_3)\begin{pmatrix} 0.5 & 0.25 & 0.25 \\ 0.5 & 0 & 0.5 \\ 0.25 & 0.25 & 0.5 \end{pmatrix} = (x_1\ x_2\ x_3) \\ x_1 + x_2 + x_3 = 1 \end{cases}$$

解此联立方程式得

$$\boldsymbol{X}=(0.4, 0.2, 0.4)$$

（6）事物经过 k 步转移的转移概率记为

$$p(S_{n+k}=j/S_n=i)=p_{ij}(k) \quad (i, j=1, 2, \cdots, N)$$

其矩阵为

$$\left(p_{ij}(k)\right)=\begin{pmatrix} p_{11}(k) & p_{12}(k) & \cdots & p_{1N}(k) \\ p_{21}(k) & p_{22}(k) & \cdots & p_{2N}(k) \\ \vdots & \vdots & & \vdots \\ p_{N1}(k) & p_{N2}(k) & \cdots & p_{NN}(k) \end{pmatrix} \tag{5.6.3}$$

即为 k 步转移概率矩阵。数学上可证明

$$\left(p_{ij}(k)\right)=\begin{pmatrix} p_{11} & p_{12} & \cdots & p_{1N} \\ p_{21} & p_{22} & \cdots & p_{2N} \\ \vdots & \vdots & & \vdots \\ p_{N1} & p_{N2} & \cdots & p_{NN} \end{pmatrix}^k \tag{5.6.4}$$

即 k 步转移概率矩阵即为一步转移概率矩阵的 k 次幂。

5.6.2　市场占有率预测

在市场经济条件下，同类商品销售总额中某个生产厂家生产的该商品的销售额所占的比率，就称为该厂生产的该商品的市场占有率。由于顾客的心态、广告、售后服务，以及营销策略等方面的原因，商品市场占有率往往发生变化。因此，有必要调查研究市场占有率的转变，以便从中寻求商品营销策略和商品质量保证决策。

【例 5.6.1】 A、B 两家毛巾厂的市场销售占有预测。毛巾是生活必需品，同时假定毛巾平均使用期为 6 年。因此，每年两家毛巾厂的总销售量为常数，而引起两个厂家各自销量增减的主要原因是厂家的营销策略、产品质量。毛巾市场销售调查表如表 5.6.2 所示。

表 5.6.2　毛巾市场销售调查表

年份	*A* 厂			*B* 厂		
	销售量/万条	顾客		销售量/万条	顾客	
		老顾客/万人	原购 *B* 厂毛巾、现购 *A* 厂毛巾人数/万人		老顾客/万人	原购 *A* 厂毛巾、现购 *B* 厂毛巾人数/万人
2003	200	160	40	300	280	20
2004	217	178.5	38.5	283	261.5	21.5

由表 5.6.2 易求得状态转移概率

$$p_{11}=160/(160+20)=0.889,\quad p_{12}=20/180=0.111$$

$$p_{21}=40/(280+40)=0.125,\quad p_{22}=280/320=0.875$$

因此，得状态概率转移矩阵为

$$\boldsymbol{P}_{2003}=\begin{pmatrix} 0.889 & 0.111 \\ 0.125 & 0.875 \end{pmatrix}$$

相应状态矩阵为

$$\boldsymbol{A}_{2003}=(0.4 \quad 0.6)$$

同样可得

$$\boldsymbol{P}_{2004}=\begin{pmatrix} 0.892 & 0.108 \\ 0.128 & 0.872 \end{pmatrix}$$

$$\boldsymbol{A}_{2004}=(0.434 \quad 0.566)$$

由于 $\boldsymbol{P}_{2003}$ 与 $\boldsymbol{P}_{2004}$ 近似相等，所以本系统可看做一个平稳马尔可夫过程，且取

$$\boldsymbol{A}_0=(0.43\quad 0.57)$$

作为初始状态概率矩阵，取

$$\boldsymbol{P}=\begin{pmatrix}0.89 & 0.11\\ 0.13 & 0.87\end{pmatrix}$$

作为转移概率矩阵。

由初始状态概率矩阵和转移概率矩阵，可以预测 A、B 两厂的毛巾销售量，以及相应的市场占有率，见表 5.6.3。

表 5.6.3 毛巾市场预测结果

年份	A 厂		B 厂	
	状态概率（市场占有率）	销售量/万条	状态概率（市场占有率）	销售量/万条
2005	0.456	228	0.544	272
2006	0.476	238	0.524	262
2007	0.492	246	0.508	254
2008	0.503	251.5	0.497	248.5
2009	0.512	256	0.488	244
2010	0.519	259.5	0.481	240.5

当 t 充分大时，转移概率将趋于稳态，设为 u_1、u_2，则有

$$\begin{cases}u_1=0.89u_1+0.13u_2\\ u_2=0.11u_1+0.87u_2\\ u_1+u_2=1\end{cases}$$

删去其中一个方程（如第二个），解得

$$u_1=0.54,\quad u_2=0.46$$

因此，在稳定状态下，A、B 两厂最终毛巾销售量分别为

$$m_A=500\times 0.54=270\ （万条）$$

$$m_B=500\times 0.46=230\ （万条）$$

从市场竞争来看，显然 A 厂比 B 厂有利，但是 B 厂不满足于 0.46 的市场占有率。在生产过程中，B 厂提高产品质量，加强广告宣传，采取多种营销手段，设法使每一步保持顾客的可能性提高 0.05，即由 0.87 增为 0.92，相应原购 B 厂毛巾、现购 A 厂毛巾的概率下降 0.05，即为 0.08（原为 0.13）。这样，状态转移矩阵为

$$\boldsymbol{P}'=\begin{pmatrix}0.89 & 0.11\\ 0.08 & 0.92\end{pmatrix}$$

在新的市场竞争下，稳态概率为 u_1'、u_2'，即有

$$\begin{cases}u_1'=0.89u_1'+0.08u_2'\\ u_2'=0.11u_1'+0.92u_2'\\ u_1'+u_2'=1\end{cases}$$

同样解得

$$u_1' = 0.42, u_2' = 0.58$$

相应 A、B 两厂毛巾销售量为

$$m_A' = 500 \times 0.42 = 210(\text{万条})$$

$$m_B' = 500 \times 0.58 = 290(\text{万条})$$

也就是说，在新的竞争形势下，B 厂的市场占有率高于 A 厂的市场占有率。

5.6.3 设备维修方面的应用

企业中的机器设备，粗略地划分，可以分为良好和损坏两种状态，在运转和使用过程中，良好可能会转变为损坏，而损坏也可能经过维修转变为良好。一般可用图 5.6.1 表示这种状态转移。状态转移概率矩阵可写为

$$\boldsymbol{P} = \begin{pmatrix} p_{11} & p_{12} \\ p_{21} & p_{22} \end{pmatrix}$$

式中，p_{11} 为某时刻机器处于良好状态、到下一时刻仍转变为良好状态的概率；p_{12} 为某时刻机器处于良好状态、到下一时刻转变为故障状态的概率；p_{21} 为某时处于故障状态、到下一时刻转为良好状态的概率；p_{22} 为某时处于故障状态、到下一时刻仍为故障状态的概率。

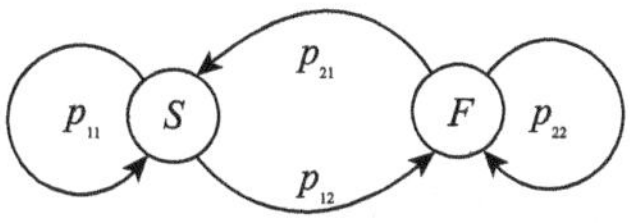

图 5.6.1 机器状态转移

S 表示良好状态；F 表示故障状态

如果通过记录统计获得厂内或车间里的机器设备在运行中出现的上述四个概率（频率），则可以求得稳定状态下的机器处于不同状态的比率。

【例 5.6.2】 设某车间里的机器出故障的概率为 0.2，机器能修复良好的概率为 0.85，试求稳定状态下，机器处于良好状态和故障状态的概率各为多少。

解 由题意可知，机器不出故障的概率为 1−0.2=0.8；机器修不好的概率为 1−0.85=0.15。故得状态转移概率矩阵：

$$\boldsymbol{P} = \begin{pmatrix} 0.80 & 0.20 \\ 0.85 & 0.15 \end{pmatrix}$$

于是有

$$\begin{cases} \boldsymbol{S}^{(n)} \begin{pmatrix} 0.80 & 0.20 \\ 0.85 & 0.15 \end{pmatrix} = \boldsymbol{S}^{(n)} \\ S_1^{(n)} + S_2^{(n)} = 1 \end{cases}$$

解此联立方程组得 $S_1^{(n)} = 0.81, S_2^{(n)} = 0.19$，即在稳定状态下机器不出故障的概率为 0.81，而出故障的概率为 0.19。

知道了机器出故障的概率，将有助于做出正确的机器维修决策、计划和组织工作。

应用状态转移概念分析设备状态概率，如上例所述，可以是针对某台设备进行分析，也

可以分析厂内或车间内的设备群，这取决于调查统计的对象及其转移概率矩阵的含义。

本章小结

一个系统，无论是物理系统，还是社会经济系统抑或其他系统，不管是已经实现了的历史演变，还是没有实现的未来发展，都有其特定的状态变化或状态转移的规律。系统预测的实质，就是要根据系统状态转移的规律，揭示其在预测期限内转移的方向，并估计可能实现的状态。系统未来的状态不仅取决于系统的结构及其变化，还取决于对系统引导、控制的方式及其水平，以及系统环境对系统发展的制约。因此，预测的水平（即预测的精度）不仅取决于对系统结构揭示的深度，还取决于对制约系统发展的各种外部因素（包括各种可控因素和不可控因素）的不确定性、随机性的认识深度（即不确定性、随机性的减少程度）。本章介绍了一些比较典型的系统预测方法，国内外学者和工程技术人员针对不同类型的系统和系统模型，也提出了大量其他不同类型的预测方法。这些预测方法的实质，都是为了更准确地描述系统状态转移的规律。随着计算机技术、建模技术、数据处理技术的不断发展和完善，以及数据和信息的积累，人们认识和预测系统的能力将得到进一步提高。

➢思考题 · 习题

1. 什么是系统预测？其实质是什么？
2. 预测方法有哪几大类？各有何特点？
3. 什么是时间序列？举例说明。
4. 时间序列有哪些特征？举例说明，并简述其识别方法。
5. 设某企业一种产品从 2007 年 1 月至 2008 年 2 月的销售量如下表所示。

时间	t	销售量/万吨	$S_t^{(1)}$	$S_t^{(2)}$
	0		139.67	139.67
2007 年 2 月	1	139		
2007 年 3 月	2	143		
2007 年 4 月	3	142		
2007 年 5 月	4	150		
2007 年 6 月	5	161		
2007 年 7 月	6	162		
2007 年 8 月	7	167		
2007 年 9 月	8	165		
2007 年 10 月	9	170		
2007 年 11 月	10	174		
2007 年 12 月	11	180		
2008 年 1 月	12	171		
2008 年 2 月	13	183		

试分别用下列方法预测 2008 年 3 月、8 月和 12 月的销售量（计算数据取两位小数）：

①二次指数平滑(取$\alpha = 0.3$, $S_0^{(1)} = S_0^{(2)} = 139.67$)；②用多项式函数 $\hat{y}_t = \alpha + bt$，数据取 t=1~13；③用逻辑曲线 $\hat{y}_t = \dfrac{L}{1 + a\mathrm{e}^{-bt}}$（用间接最小二乘法）。

6. 有 n 组观测值(x_i, y_i), i=1, 2, …, n, 用最小二乘法将 y 回归到 x 上得 $y = \hat{\alpha}_0 + \hat{\alpha}_1 x$，将 x 回归到 y 上得 $x = \hat{\beta}_0 + \hat{\beta}_1 y$，问两条直线是否重合？在什么条件下重合？

7. 某地区能源消耗（y）、工业总产值（x_1）、运输业产值（x_2）如下表所示，试建立能耗与工业产值、运输业产值之间的二元线性回归预测模型（不要求统计检验）。

序号	y	x_1	x_2	x_1^2	x_2^2	$x_1 x_2$	$x_1 y$	$x_2 y$	y^2
1	2.1	1.8	1.1						
2	2.2	1.9	1.1						
3	2.4	2.0	1.2						
4	2.6	2.2	1.3						
5	2.9	2.5	1.8						
6	3.2	2.7	2.3						
7	3.4	3.3	2.5						
8	3.6	3.4	2.9						
求和	22.4	19.8	14.2	51.68	28.74	38.15	57.83	42.51	64.94

8. 设某地连续 7 个季度以来的商品零售额如下表所示。

季度 t	1	2	3	4	5	6	7
商品零售额 y/亿元	1.1	1.4	1.3	1.6	1.8	1.7	2.1

尽管数据有一定波动，但总体趋势是增加的，现拟合二次抛物线模型

$$y = a + bt + ct^2$$

进行趋势预测。要求如下：①估计模型系数 a、b、c；②求第 8、9 和 10 季度商品零售额的预测值。

9. 试简述状态空间预测原理。

10. 试简述马尔可夫预测原理。

11. 由四辆坦克组成的坦克群遭到反坦克火器三次连续射击。坦克群（系统）的可能状态是：S_1 为所有坦克完好；S_2 为一辆坦克被击毁；S_3 为两辆坦克被击毁；S_4 为三辆坦克被击毁；S_5 为全部坦克被击毁。经过注记的状态图如下图所示。试求三次射击后，坦克群的状态概率。

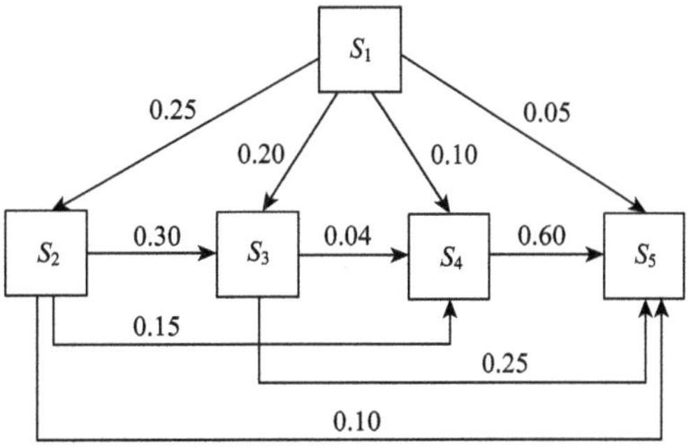

12. F 检验和 t 检验有何异同？说明预测区间估计的含义。

13. 已知某新型导弹的全寿命费用 C 与其重量 W 和射程 X 之间存在线性相关关系，这种关系可以由如下的试验数据获得。

样本 参数	1	2	3	4	5
费用 C	1.00	0.85	0.80	0.90	1.40
重量 W	1.00	0.90	0.95	1.05	1.10
射程 X	1.00	1.00	0.85	0.95	1.20

（1）试建立该型导弹的全寿命费用估计模型。

（2）若新设计该型导弹的重量为 0.95，射程为 1.3，则其全寿命费用为多少？

14. 10 个企业的产出量、资金投入和劳动力投入的观测值如下表所示。

企业	产出量 Y	资金投入 K	劳动力投入 L
1	17.0	13.7	32.8
2	21.1	16.9	26.3
3	26.2	26.3	32.7
4	40.9	51.2	26.2
5	26.3	32.7	32.8
6	64.2	64.2	51.3
7	51.2	80.6	32.7
8	80.5	40.9	67.1
9	16.9	16.9	21.0
10	32.7	41.0	16.9

试估计以下形式的回归方程，并进行检验：

（1）$Y = AL^{\alpha}K^{\beta}\mathrm{e}^{\varepsilon}$ 。

（2）$Y = A + \alpha K + \beta L + \varepsilon$ 。

（3）$\ln(X/K) = A + \alpha\ln(L/K) + \varepsilon$ 。

第6章

系统评价

6.1 系统评价概述

6.1.1 系统评价的概念、方法与步骤

1. 系统评价的概念

系统评价是指运用系统工程的思想，根据预定的系统目标，对不同系统或系统的各种方案，采用科学方法，从涉及的各个方面（技术、经济、社会、生态、政治、军事等）属性进行评审和比较，全面权衡利弊得失，以综合评定方案优劣，从而为决策选择最优方案提供科学依据。如无特别说明，本章及后续内容所指的系统评价均指对多属性（有时也称指标）对象的综合评价。

为了对系统评价有具体化的理解，下面举两个例子。

【例 6.1.1】 某大学拟通过对学生综合素质的测评来评选优秀学生，并将这一项目委托某研究所进行研究。为此，设计了一套如图 6.1.1 所示的指标体系，并用某种算法将其变换成一个综合指标，计算每个大学生的综合分，再按综合分的高低来推举优秀学生。

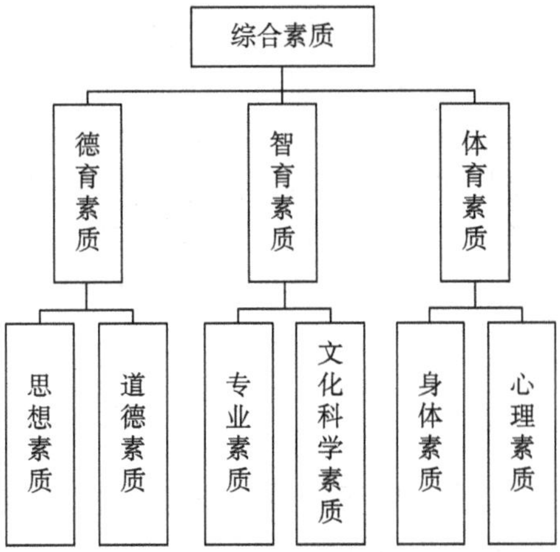

图 6.1.1 评选优秀学生的指标体系

【例 6.1.2】 某研究所受市政府委托，对市属工业企业按综合经济实力进行评价与排序，市领导要求提供多个评价方案，以期“多中选好”。考虑到指标体系的权威性和通用性，该所采用原国家经济贸易委员会（以下简称原国家经贸委）和国家统计局制定的指标体系，如图 6.1.2 所示，并用多种评价方法，得到多个评价结果。

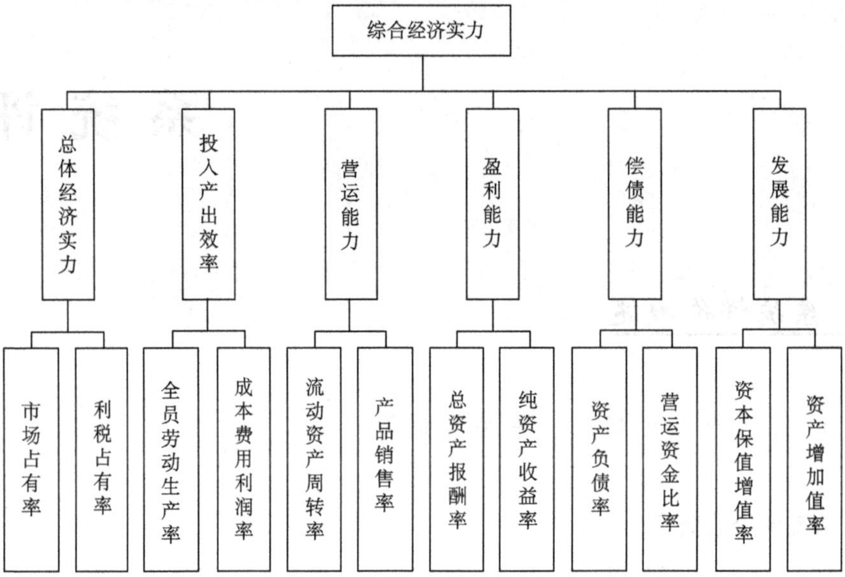

图 6.1.2　原国家经贸委和国家统计局指标体系

系统评价是科学决策的前提，是科学决策中的一项基础性工作。在上面的两个例子中，例 6.1.1 评价的结果是为决策选择出优秀学生提供依据；例 6.1.2 的结果则用于对各个市属工业企业进行综合经济实力的排序，从而为下一步制定指导企业发展的有关政策来服务。但是，系统评价与系统决策至少有两点区别：第一，系统评价是一项技术工作，是由分析者（即系统工程人员）承担的；而系统决策是领导工作，是领导者在系统工程人员的辅助下完成的。第二，系统评价是系统决策的主要依据，但是重大问题的决策往往还有“看不见的”（或者“不公开的”）因素在起作用，这些因素往往难以纳入系统工程人员的评价工作之中。

系统评价随系统科学理论的发展而发展。自 20 世纪 40 年代系统科学理论体系创立，特别是美国兰德公司首次运用运筹学有关理论之后，系统评价飞速发展并被广泛应用于社会、经济、科技、军事等各领域，其结论为社会发展改革论证、经济建设方案确定、科研项目立项决策与过程控制、装备研制选型等方面问题的解决提供了科学决策的依据。近年来成熟度评价在很多领域内得到了应用，主要用于评价系统的技术、集成、管理、服务、软件等的成熟程度，已成为系统评价的一个重要方面。

2. 系统评价的方法

目前的系统评价方法比较多，以下是一种分类方式：①专家（纯定性）评价法，即由专家或专家群体根据经验知识直接判断来进行评价，如评分法、表决法、检查表法，还有主要用于评价国家安全问题的净评估方法等，这些方法本身也可能需要 SWOT 法、德尔菲法等方法的支持。②数学模型法，即利用数学分析和模型进行系统评价，如效费分析法、DEA、主成分分析方法等。③混合方法，即专家评价和数学模型法相结合的评价，主要有模糊综合评价法、AHP、ANP 和灰色评价法等。系统评价方法的选用应视具体情况而定，其中最重要的标准是对系统的认识和对定量资料的掌握情况。一般来说，对系统认识越清楚，掌握的定量资料越丰富，越适于采用数学模型法。

本章后续将分别以一节的篇幅对其中的模糊综合评价法、AHP、ANP 和 DEA 进行重点介绍，其中 ANP 是选学内容。以上列出的系统评价方法中，有的已形成了成熟的软件工具，如支持 AHP 的 yaahp 和 Super Decision，支持 AHP、模糊综合评价法和灰色评价法的 MCE 现代综合评价方法软件，以及支持 DEA 的 MaxDEA 等，部分软件可以在网上免费下载使用。

3. 系统评价的一般步骤

从例 6.1.1 和例 6.1.2 可以看出，系统评价工作主要存在以下两方面的困难：①有的指标难以数量化，有时同使用人或评价人的主观感受和经验有关，如例 6.1.1 中学生的思想素质和道德素质就是这样的一类指标。②不同的方案可能各有所长，难以取舍。例如，设有两个方案 A_1、A_2，在一些指标上 A_1 比 A_2 优越，而在另一些指标上 A_2 又比 A_1 优越，这时就很难定夺。指标越多，方案越多，问题就越复杂，方案就越难定夺。

为了解决上述困难，一般可按以下步骤进行系统评价：①对评价方案做出简要说明，使方案的优缺点清晰、明了，便于评价人员掌握；②确定由所有单项和大类指标组成的评价指标体系；③确定各大类及单项评价指标的权重；④进行单项评价，确定各单项指标的评价值；⑤进行综合评价，确定各评价对象的总评价值；⑥根据总评价值对评价对象进行择优或排序。

其中，确立评价指标体系、确定各指标权重、单项指标评价和综合评价是实现系统评价的四个关键环节，下面分别予以介绍。

6.1.2 评价指标体系的建立

评价对象的指标集具有两个基本特性，即层次性及多样性。

指标集的层次性表现为层次结构。第一层是目标层，第二层至倒数第二层是分支层，最下层是测度层，它反映了人们从抽象到具体的思维过程。

指标集的多样性是由于其组成元素受到多个因素的影响。它不仅受评价客体与评价目的的制约，如评价客体不同，评价目的不同，指标集也就不同，这从例 6.1.1 和例 6.1.2 即可看出；而且也受评价主体价值观念的影响，即使评价客体与评价目的相同，不同的评价主体会设计出不同的指标集。

现实世界的复杂性和评价目的的多样性，决定了指标集的复杂性和多变性。因此，有必要探讨一下设计指标集所应遵循的若干共同原则：①整体性原则。指标集应涵盖为达到评价目的所需的基本内容，如例 6.1.1 中大学生的综合素质应包含德育素质、智育素质和体育素质三个分支内容。②简要性原则。指标集要层次分明，简明扼要；每个指标要内涵清晰，相对独立。切忌搞烦琐哲学，使人不得要领。③导向性原则。指标集应体现政策导向。例如，针对我国高等教育中迄今存在的“三重三轻”的偏向，即在培养德育素质中重思想教育、轻道德教育；在培养智育素质中重专业教育、轻文化科学素质教育；在培养体育素质中重身体教育、轻心理教育，我们在例 6.1.1 指标集第二层三个分支下面，各列了并列的两个栏目，以提高“三轻”教育的地位。④可比性原则。要尽可能采用相对指标，以便于对不同对象进行对比，但为了反映对象之间规模上的差异，也应选取一些绝对指标。⑤均匀性原则。凡开发周期较长或时间滞后较大的指标，如房地产开发中竣工面积之类的指标、科技评价中每百名科技活动人员的专利授权之类的指标等，为避免指标值大起大落，可以采用三年平均值为宜。⑥可操作性原则。指标集所需数据原则上从现有统计指标中产生，少量需重新统计的指标应是确定的且易于采集的。⑦实际性原则。应从我国的现状出发，切忌照搬发达国家的指标集。

6.1.3 指标权重的确定方法

用若干个指标进行综合评价时，各个指标对评价对象的作用从评价的目标来看并不是同等重要的。为了体现各个评价指标在评价指标体系中的作用、地位及重要程度，在指标体系确定后，必须对各指标赋予不同的权重系数。权重是以某种数量形式对比、权衡被评价事物总体中诸因素相对重要程度的量值。同一组指标数值，不同的权重系数，会导致截然不同的甚至相反的评价结论。因此，权重确定问题是综合评价中十分棘手的问题。合理确定权重对评价决策有重要意义。

指标的权重应是评价过程中指标相对重要程度的一种主、客观度量的反映。一般而言，指标间的权重差异主要由以下三方面的原因造成：①评价者对各指标的重视程度的不同，反映评价者的主观差异；②各指标在评价中所起的作用的不同，反映各指标间的客观差异；③各指标的可靠程度的不同，反映各指标所提供的信息的可靠性不同。

既然指标间的权重差异主要是由上述三方面引起的，那么我们在确定指标的权重时就应该从这三方面来考虑，其中第三方面在上面指标体系的确定中已经进行了考虑。确定评价指标权重的基本原则如下：①权重的取值范围应尽量方便综合评价值的计算。权重总值可以取 1、10、100 或 1 000 等，但一般取 1。当评价指标数值接近时，权重取值范围应适当增大，以拉开各个方案之间的差距，另外还要和指标评价值配合，二者不能相差太大，否则会削弱评价指标值的重要性。②指标的权重分配应反复听取各种意见并要灵活处理，避免为了取得一致意见而轻率地做出决定。为此，可采取德尔菲法广泛征求意见，使权重分配尽量合理。③权重的分配方式应采取从粗到细的给值方式。先粗略地把权重分配到指标大类，然后把大类所得的权重分配到各个指标。保持大类指标权重的比例就从整体上保证了评价指标的协调和评价的合理。试以某企业选择设备时对各大类指标的权重分配为例加以说明，具体如表 6.1.1 所示。

表 6.1.1 设备权重分配

指标大类	权重 w_i
积极性指标	350
技术性指标	250
社会性指标	150
维修性指标	150
运行性指标	100
合计	1 000

最后，将各大类指标权重分配到子类指标中。例如，对表 6.1.1 中的技术性指标的权重进行再分配，如表 6.1.2 所示。

表 6.1.2 技术性指标权重的再次分配

指标大类	指标子类	权重 w_i
技术性指标	运行安全性	80
	乘客坐席数	50
	货物装载量	50
	最大航速	30
	全天候性	30
	飞行特性	10
合计		250

分配权重也称加权，它表示对某指标重要程度的定量分配。加权的方法大体上可以分为两种：①经验加权，也称定性加权或主观加权。它的主要优点是由专家直接估计，简便易行。②数学加权，也称定量加权或客观加权。它以经验为基础，以数学原理为背景，间接生成，具有较强的科学性。

一般而言，确定评价指标权重的方法主要有相对比较法、连环比率法、德尔菲法等。

1. 相对比较法

相对比较法是一种经验加权法。它将所有的 n 个指标列出来，组成一个 $n\times n$ 的方阵；然后对各指标两两比较并打分；最后对各指标的得分求和，并做规范化处理。需要注意的是，方阵的对角线上的元素可以不填写，也不参加运算；打分时可采用 0~1 打分法；方阵中元素可以按照下面的规则进行确定，并使其满足 $a_{ij}+a_{ji}=1$。

$$a_{ij}=\begin{cases}1, & \text{当指标 } i \text{ 比指标 } j \text{ 重要时}\\ 0.5, & \text{当指标 } i \text{ 和指标 } j \text{ 同样重要时}\\ 0, & \text{当指标 } i \text{ 没有指标 } j \text{ 重要时}\end{cases}$$

基于此方阵，可以按照下面的公式计算指标 i 的权重系数：

$$w_i = \frac{\sum_{j=1}^{n} a_{ij}}{\sum_{i=1}^{n}\sum_{j=1}^{n} a_{ij}}, \quad i = 1, 2, \cdots, n$$

下面举例说明相对比较法的使用。为了改善某工地的安全条件，现在对拟订的方案建立评价指标，即减少死亡人数、减少负伤人数、减少经济损失、改善环境、预期实施费用。用相对比较法得到的方阵见表 6.1.3。

表 6.1.3　各个指标相互比较的结果

指标	f_1	f_2	f_3	f_4	f_5	得分合计	权重 w_i
减少死亡人数 f_1		1	1	1	1	4	0.4
减少负伤人数 f_2	0		1	1	1	3	0.3
减少经济损失 f_3	0	0		1	0	1	0.1
改善环境 f_4	0	0	0		0	0	0.0
预期实施费用 f_5	0	0	1	1		2	0.2
合计						10	1.0

可见，用相对比较法加权比较简单，但在实际使用中需要注意以下几点：①各指标间相对重要程度要有可比性。指标体系中任意两个指标均能通过主观判断确定彼此重要性的差异。②应满足指标比较的传递性。若 f_1 比 f_2 重要，f_2 比 f_3 重要，则 f_1 比 f_3 重要。由于人的主观性，打分时不一定总是满足传递性，为了谨慎起见，可以请多个专家同时独立打分，然后求其平均。

2. 连环比率法

连环比率法以任意顺序排列指标，按此顺序从前到后，相邻两指标比较其相对重要性，依次赋予比率值，并赋予最后一个指标得分值为 1。从后到前，按比率值依次求出各指标的修正评分值，最后归一化处理得到各指标的权重。方法的具体步骤如下。

（1）以任意顺序排列 n 个指标，不妨设为 f_1，f_2，…，f_n。

（2）填写暂定分数列（r_i 列）。从评价指标的上方依次以邻近的底下那个指标为基准，在数量上进行重要性的判定，如 $r_i=3$ 表示 f_i 的重要程度是 f_{i+1} 的 3 倍；$r_i=1$ 表示 f_i 和 f_{i+1} 同样重要；$r_i=1/2$ 表示 f_i 只有 f_{i+1} 一半重要。表 6.1.4 反映出 f_1 的重要性是 f_2 的 3 倍，而 f_2 的重要性是 f_3 的 3 倍等。

表 6.1.4　用连环比率法确定权重

评价指标	暂定分数 r_i	修正分数 k_i	权重分数 w_i
减少死亡人数 f_1	3	9.0	0.62
减少负伤人数 f_2	3	3.0	0.21
减少经济损失 f_3	2	1.0	0.07
改善环境 f_4	0.5	0.5	0.03
预期实施费用 f_5	—	1.0	0.07
合计	—	14.5	1.00

（3）填写修正分数列（k_i 栏）。把最下行的指标设为 1，按从下而上的顺序计算 k_i

的值，$k_i=r_ik_{i+1}$（i=1，2，…，n−1）。

（4）对所有修正分数求和并计算得分系数 w_i：

$$w_i=\frac{k_i}{\sum_{i=1}^{n}k_i}\quad(i=1,2,\cdots,n)$$

表 6.1.4 给出了用连环比率法计算权重的例子。和相对比较法一样，连环比率法也是一种经验加权方法。当评价指标的重要性可以在数量上做出判断时，该方法优于相对比较法。但由于加权结果依赖于相邻的比率值，比率值的主观判断误差会在逐步计算过程中进行误差传递。

3. 德尔菲法

该方法又称专家调查法，调查者先将调查内容制成表格，然后根据调查内容选择权威人士作为调查对象，请他们发表意见并把打分填入调查表，最后由调查者汇总，求得各指标的权重值 w_i。德尔菲法的具体步骤如下。

（1）调查者将调查内容制定成表格。

（2）根据调查内容选择权威人士对调查表格中的各项指标进行打分，具体如表 6.1.5 所示。

表 6.1.5 一位专家对各项指标的打分结果

指标	f_1	f_2	f_3	f_4	合计	w_i
f_1		1	1	1	3	0.500
f_2	0		1	0	1	0.167
f_3	0	0		1	1	0.167
f_4	0	1	0		1	0.167
合计					6	1.000

（3）分析各专家对各指标重要程度的打分，用统计方法处理这些得分，把处理的结果再寄回各专家供他们参考、提出意见，并请他们再重新打分，再做统计处理。经过多次循环，专家们的意见可能会取得相对一致。

（4）对各专家的意见进行综合，对调查表做统计处理，计算出综合各专家意见以后的各指标权重值，具体如表 6.1.6 所示（以 4 名专家为例）。

表 6.1.6 综合各专家打分结果以后得到的指标权重值

专家 \ 指标	f_1	f_2	f_3	f_4	合计
专家 1	0.5	0.167	0.167	0.167	1.00
专家 2	0.4	0.2	0.2	0.2	1.00
专家 3	0.45	0.15	0.2	0.2	1.00
专家 4	0.39	0.21	0.25	0.15	1.00
合计	1.74	0.727	0.817	0.717	
权重	0.435	0.182	0.204	0.179	

通过对德尔菲法计算权重步骤的描述，可以看出用德尔菲法进行权重计算的关键有两点：①事先选好并确定足够数量的专家，同时要求专家独立发表意见、不互相影响；②调查表格的设计最好采用简单的打分比较法，使专家凭感觉和经验评分。

另外，该方法建立在大多数专家意见的基础上，因此在其他方法不宜采用的情况下用此法是比较科学的，当然采用这种方法需要的时间比较长，工作量也比较大。

6.1.4 评价指标数量化方法

常用的系统评价指标数量化（即单项指标评价）方法有排队打分法、体操计分法、专家评分法、相对比较法、连环比率法。其中相对比较法和连环比率法见 6.1.3 节，下面主要介绍排队打分法、体操计分法和专家评分法。

1）排队打分法

如果某个指标因素（如汽车的时速、油耗，工厂的产值、利润、能耗等）已有明确的数量表示，那么就可以采用排队打分法。设有 m 种方案，则可采取 m 级记分制：最优者记 m 分，最劣者记 1 分，中间各方案可以等步长记分（步长为 1 分），也可以不等步长记分，灵活掌握，或者各项指标均采用 10 分制，最优者满分为 10 分。

2）体操计分法

体育比赛中许多计分方法也可以用到系统评价工作中来。例如，体操计分法是请 6 位裁判员各自独立地对表演者按 10 分制评分，得到 6 个评分值，然后舍去最高分和最低分，对中间的 4 个分数取平均，就得到表演者最后的得分数。

在系统评价工作中，就可用这种体操计分法得到系统的各评价指标的最后得分。

3）专家评分法

这是一种利用专家经验的评分法。例如，要对多台设备操作性进行评价，可以请若干专家，即有经验的实际操作者来试车，专家们根据主观感觉和经验，对每台设备按一定的记分制来打分，再将每台设备的得分相加，最后将和数除以操作者的人数，就获得了各台设备的得分。

【例 6.1.3】 设有 5 台设备和 15 个操作者，操作者操作感受情况记录如表 6.1.7 所示，评分结果也表示在表中，显然，样机Ⅳ的操作性最佳，样机Ⅴ次之。

表 6.1.7 操作者对各设备的操作感受情况

操作者＼样机	Ⅰ	Ⅱ	Ⅲ	Ⅳ	Ⅴ
1	差	可	差	良	良
2	良	差	差	差	可
3	可	差	良	可	差
4	可	可	良	可	可
5	差	差	可	可	可
6	可	可	良	可	可
7	差	差	可	良	可

续表

操作者 \ 样机		Ⅰ	Ⅱ	Ⅲ	Ⅳ	Ⅴ
8		可	可	可	可	良
9		良	可	良	良	良
10		差	可	可	良	良
11		可	可	差	良	可
12		可	良	良	良	良
13		良	可	良	良	良
14		良	可	可	良	良
15		可	可	可	良	良
列计	良（a）	4	1	6	9	8
	可（b）	7	10	6	5	6
	差（c）	4	4	3	1	1
$3a+2b+c=S$		30	27	33	38	37
得分 $F=S/15$		2.00	1.80	2.20	2.53	2.47

对于各个得分 F_j，我们也可以将其化为百分制得分 B_j（最高分为 100 分）：

$$B_j = \frac{F_j}{F_{\max}} \times 100 \tag{6.1.1}$$

式中，$F_{\max} = \max\limits_j \{F_j\}$。

如果式（6.1.1）右端不是乘以 100，而是乘以 10 或 5，则化为 10 分制或 5 分制得分（最高分为 10 分或 5 分）。

我们还可将得分 F_j 作如下处理：

$$f_j = \frac{F_j}{\sum\limits_{i=1}^{n} F_i} \tag{6.1.2}$$

式中，f_j 称为得分系数，其值大小也可作为衡量操作性好坏的数量标准。

例 6.1.3 的得分作以上转化后如表 6.1.8 所示。

表 6.1.8　不同得分制下的得分表

方案（样机）	Ⅰ	Ⅱ	Ⅲ	Ⅳ	Ⅴ	$\sum$
得分 F_j	2.00	1.80	2.20	2.53	2.47	11
百分制得分 B_j	79.1	71.1	87.0	100	97.6	
10 分制得分	7.91	7.11	8.70	10	9.76	
5 分制得分	3.96	3.56	4.35	5	4.88	
得分系数 f_j	0.182	0.164	0.200	0.230	0.224	1.00

6.1.5　评价指标综合的主要方法

将各评价指标数量化，得到各个可行方案的所有评价指标的无量纲的统一得分以后，采用下述各种方法进行指标的综合，就可以得到每一方案的综合评价值，再根据综合评价值的高低，排出方案的优劣顺序。

1. 加权平均法

加权平均法是指标综合的基本方法，具有两种形式，分别称为加法规则与乘法规则。

设方案 A_i 的指标因素 F_j 的得分（或得分系数）为 a_{ij}，将 a_{ij} 排列成评价矩阵，具体如表 6.1.9 所示。

表 6.1.9 评价矩阵

指标因素 F_j		F_1	F_2	$\cdots$	F_n	综合评价值 ϕ_i
权重 ω_j		ω_1	ω_2	$\cdots$	ω_n	
方案 A	A_1	a_{11}	a_{12}	$\cdots$	a_{1n}	
	A_2	a_{21}	a_{22}	$\cdots$	a_{2n}	
	$\vdots$	$\vdots$	$\vdots$		$\vdots$	
	A_m	a_{m1}	a_{m2}	$\cdots$	a_{mn}	

1）加法规则

图 6.1.3 给出了加权平均法（加法规则）的一般思路，方案 i 的综合评价值 ϕ_i 按如下公式计算：

$$\phi_i = \sum_{j=1}^{n} \omega_j a_{ij} \quad (i = 1, 2, \cdots, m) \tag{6.1.3}$$

式中，ω_j 为权重，满足如下关系式：

$$0 \leqslant \omega_j \leqslant 1, \sum_{j=1}^{n} \omega_j = 1$$

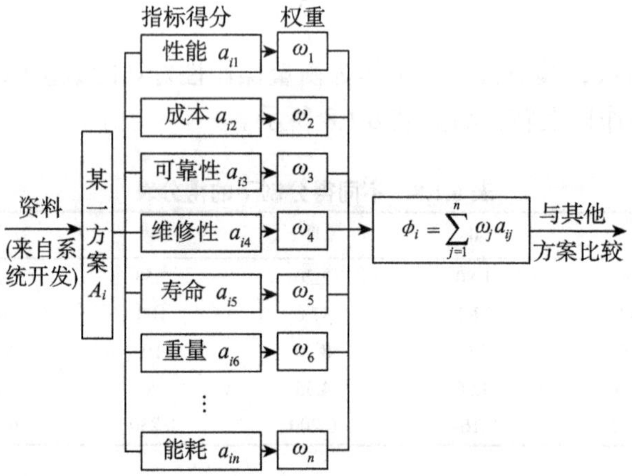

图 6.1.3 加权平均法（加权法则）

【例 6.1.4】 设有 3 个方案和 5 项指标，数据如表 6.1.10 所示，试计算各个方案的综合评价值。

表 6.1.10　例 6.1.4 数据

指标因素 F_j		F_1	F_2	F_3	F_4	F_5
权重 ω_j		0.4	0.3	0.15	0.1	0.05
方案 A	A_1	7	6	9	10	2
	A_2	8	6	4	2	8
	A_3	4	9	5	10	6

解　按式（6.1.3）计算各个方案的评价值 ϕ_i：

$$\phi_1=0.4\times7+0.3\times6+0.15\times9+0.1\times10+0.05\times2=7.05$$

$$\phi_2=0.4\times8+0.3\times6+0.15\times4+0.1\times2+0.05\times8=6.20$$

$$\phi_3=0.4\times4+0.3\times9+0.15\times5+0.1\times10+0.05\times6=6.35$$

因为 $\phi_1>\phi_3>\phi_2$，所以方案 A_1 最优，A_3 次之。

2）乘法规则

乘法规则采用下列公式计算各个方案的综合评价值 ϕ_i：

$$\phi_i=\prod_{j=1}^{n}a_{ij}^{\omega_j}\ (i=1,2,\cdots,m) \tag{6.1.4}$$

式中，a_{ij} 为方案 i 的第 j 项指标的得分；ω_j 为第 j 项指标的权重。对式（6.1.4）的两边求对数，得

$$\lg\phi_i=\sum_{j=1}^{n}\omega_j\lg a_{ij}\ (i=1,2,\cdots,m) \tag{6.1.5}$$

对照式（6.1.3）可知，这是对数形式的加法规则。

乘法规则应用的场合是要求各项指标尽可能取得较好的水平，这样才能使总的评价值较高。它不容许哪一项指标处于最低水平。只要有一项指标的得分为零，不论其余的指标得分有多高，总的评价值都将是零，因而该方案将被淘汰。例如，一个系统的各项技术指标尽管很好，但是由于有碍政治的因素，最后还是要被否决。

相反，在加法规则式（6.1.3）中，各项指标的得分可以线性地互相补偿。一项指标的得分比较低，其他指标的得分都比较高，总的评价值仍然比较高，任何一项指标的改善都可以使得总的评价值提高。例如，衡量人民群众的生活水平，衣、食、住、行任何一个方面的提高都意味着生活水平的提高。

下面介绍理想系数法，实际上它是乘法规则的应用。理想系数法的步骤如下。

（1）先用某种评分方法对每个方案的各项功能进行评分。

（2）按式（6.1.6）计算功能满足系数 f_i:

$$f_i=\frac{\text{方案}\,i\,\text{总分}\,F_i}{\text{理想状态总分}F} \tag{6.1.6}$$

（3）按式（6.1.7）计算经济满意系数 e_i:

$$e_i=\frac{\text{成本基数}-\text{方案}\,i\,\text{预计成本}}{\text{成本基数}} \tag{6.1.7}$$

（4）计算方案的理想系数 ϕ_i：

$$\phi_i=\sqrt{f_ie_i} \tag{6.1.8}$$

理想系数 ϕ_i 是从功能和成本两个方面综合衡量方案符合理想状态的程度。显然，有 $0\leqslant f_i\leqslant 1$，$0\leqslant e_i\leqslant 1$，且 $0\leqslant \phi_i \leqslant 1$。若 $\phi_i=0$，则方案完全不理想；若 $\phi_i=1$，则方案符合理想状态。应当保留 ϕ_i 数值较高的方案。

【例 6.1.5】 森林火警探测系统有四个可行方案，对它们从技术上按照表 6.1.11 所示的标准进行评分，其评分结果和功能满足系数如表 6.1.12 所示。

表 6.1.11 评分标准

方案	理想状态	好的方案	较好方案	较差方案	差的方案	不予考虑
评分	5	4	3	2	1	0

表 6.1.12 评分结果和功能满足系数

方案＼功能	可靠性	连续性	气候环境影响	信息传递速度	后勤供应	维修保养	总分 F_i	功能满足系数 $f_i=F_i/F$
A. 飞机瞭望	4	3	2	5	4	3	21	$f_A=0.70$
B. 机载红外照相	5	3	3	5	4	2	22	$f_B=0.73$
C. 地面红外仪	4	5	5	4	3	4	25	$f_C=0.83$
D. 人工瞭望塔	4	4	4	4	3	5	24	$f_D=0.80$
理想状态	5	5	5	5	5	5	30	$F=30$

式（6.1.7）中的成本基数按森林火灾平均损失的 1/30 计算，这里取为 119 万元。各方案的经济满意系数如表 6.1.13 所示。最后按式（6.1.8）算得各方案的理想系数（表 6.1.13），很明显，应该选择方案 *D* 或 *C*。

表 6.1.13 经济满意系数和理想系数（成本基数 119 万元）（单位：万元）

方案	方案预计成本	经济满意系数 e_i	理想系数 ϕ_i
A. 飞机瞭望	37.5	$e_A=0.68$	$\phi_A=0.690$
B. 机载红外照相	75.9	$e_B=0.36$	$\phi_B=0.513$
C. 地面红外仪	19.2	$e_C=0.84$	$\phi_C=0.835$
D. 人工瞭望塔	10.9	$e_D=0.91$	$\phi_D=0.853$

对比式（6.1.8）与式（6.1.4），我们看到，在式（6.1.8）中，相当于取 $\omega_1=\omega_2=\dfrac{1}{2}$。

2. 功效系数法

设系统具有 n 项评价指标 $f_1(x)$，$f_2(x)$，…，$f_n(x)$，其中 k_1 项越大越好，k_2 项越小越好，其余 $n-k_1-k_2$ 项要求适中。现在分别赋予这些指标一定的功效系数 d_i，$0\leqslant d_i\leqslant 1$，其中 $d_i=0$ 表示最不满意，$d_i=1$ 表示最满意。一般地，$d_i=\phi_i(x)$，对于不同的要求，函数 $\phi_i(x)$ 有不同的形式。如图 6.1.4 所示，当 f_i 越大越好（效益型指标）时选用图 6.1.4（a），越小越好（成本型指标）时选用图 6.1.4（b），适中时选用图 6.1.4（c）。把 $f_i(x)$ 转化为 d_i 后，用一个总的功效系数

$$D=\sqrt[n]{d_1\cdot d_2\cdots\cdots d_n} \tag{6.1.9}$$

作为单一评价指标，希望 D 越大越好（$0\leqslant D\leqslant 1$）。

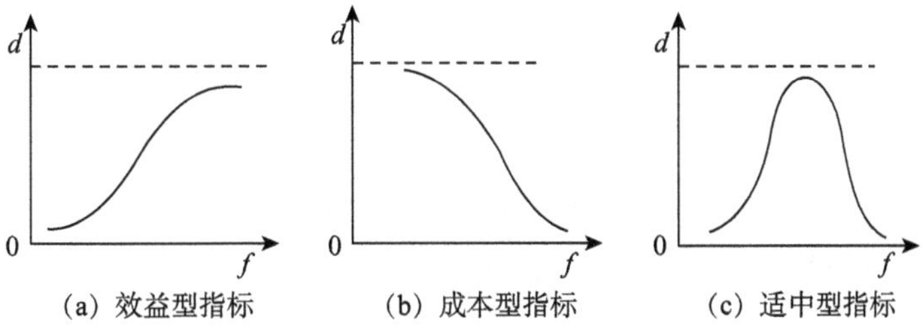

图 6.1.4 不同形式 ϕ_i（x）

D 的综合性很强，如当某项指标 d_k 很不满意时，d_k=0，则 D=0。如果各项指标都令人满意，$d_i\approx 1$（i=1，2，…，n），则 $D\approx 1$。其中，式（6.1.9）就是加权平均法中乘法规则式（6.1.4）的特例：$\omega_1=\omega_2=\cdots=\omega_n=\dfrac{1}{n}$。

【例 6.1.6】 设某产品有 4 项指标：f_1 表示产量，允许在 40~100 件变化；f_2 表示产品的硬度，允许在 3.2~4.4 变化；f_3 表示能耗，允许在 6.0~8.5 千瓦时变化；f_4 表示产品合格率，不允许低于 50%。显然 f_1 与 f_4 越高越好，f_3 越低越好，而 f_2 则以适中为好，它们的功效函数 ϕ_i（i=1，2，3，4）如图 6.1.5 所示。现有两种工艺方案，满足 4 项指标的情况如表 6.1.14 所示，试评价两种方案的优劣。

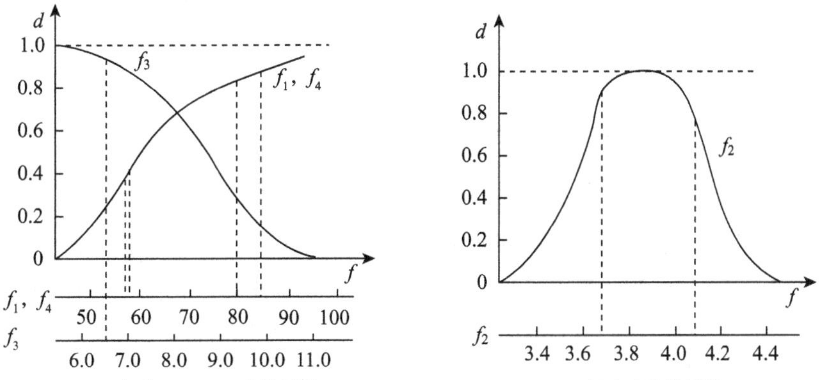

图 6.1.5 各项指标的功效函数

表 6.1.14 例 6.1.6 数据

方案 \ 指标	f_1	f_2	f_3	f_4
A_1	58	3.7	6.5	80
A_2	57	4.1	6.5	85

解 由表 6.1.14 可知，两种方案中，指标值 f_3 是相同的，其他指标各有所长，难以一下判别哪种方案好。根据表 6.1.14 的数据查图 6.1.5 中各曲线，得到功效系数，具体如表 6.1.15 所示。

表 6.1.15 各方案指标的功效系数

方案 \ 指标	d_1	d_2	d_3	d_4	D
A_1	0.43	0.94	0.94	0.84	0.752
A_2	0.41	0.80	0.94	0.90	0.726

总的功效系数

$$D=\sqrt[4]{d_1\cdot d_2\cdot d_3\cdot d_4}$$

分别算得

$$D_1=0.752,\ D_2=0.726$$

显而易见，由于 $D_1>D_2$，所以方案 A_1 比 A_2 好。

3. 主次兼顾法

设系统具有 n 项指标 $f_1(x)$，$f_2(x)$，…，$f_n(x)$，$x\in R$，如果其中某一项最为重要，不妨设为 $f_1(x)$，希望它取极小值，那么我们可以让其他指标在一定约束范围内变化，并求 $f_1(x)$ 的极小值。也就是说，将问题化为单项指标的数学规划：

$$\min f_1(x),\quad x\in R'$$

$$R'=\{x\mid f_i'\leqslant f_i(x)\leqslant f_i'',\ i=2,3,\cdots,n,x\in R\} \tag{6.1.10}$$

例如，一个化工厂，要求产品成本低、质量好，同时还要求污染少。如果降低成本是当务之急，则可以让质量指标和污染指标满足一定约束条件而求成本的极小值；如果控制污染、保护环境是当务之急，则可以让成本指标和质量指标满足一定约束条件而求污染的极小值；等等。

4. 效益成本法与罗马尼亚选择法

1）效益成本法

在系统评价中，所涉及评价指标总可以划分为两类：一类是效益，一类是成本。前者是我们实现方案后能够获得的结果，后者是为了实现方案而必须支付的投资。将每个方案的效益与成本分别计算后，再比较其效益/成本，就可以评价方案的优劣。显然，效益/成本越大，方案越好。

【例 6.1.7】 某厂为了扩大生产，准备新建一间厂房，为此提出三个方案（表 6.1.16），请用效益成本法对三个方案进行评价。

表 6.1.16 建厂方案指标比较

序号	指标	单位	第Ⅰ方案	第Ⅱ方案	第Ⅲ方案
1	造价	万元	100	86	75
2	建成年限	年	5	4	3
3	建成后需流动资金	万元	45.8	33.3	38.5
4	建成后发挥效益时间	年	10	10	10
5	年产值	万元	260	196	220
6	产值利润率	%	12.0	15.0	12.5
7	环境污染程度		稍重	最轻	轻

对三个方案进行比较后发现它们各有优缺点。为了便于进一步判断，应把目标适当

集中。由于在系统评价中最关心的是成本和效益这两大类，所以应该首先集中注意这两类指标。已知建成后发挥效益的时间是 10 年，则可计算出三个方案的 10 年总利润及全部投资额。比较结果如表 6.1.17 所示。

表 6.1.17　各方案投资利润比较

指标	单位	第Ⅰ方案	第Ⅱ方案	第Ⅲ方案
总利润额	万元	312	294	275
全部投资额	万元	145.8	119.3	113.5
利润高于投资的余额	万元	166.2	174.7	161.5
投资利润率	%	214	246	242

从表 6.1.17 可以看出，第Ⅱ方案是最理想的。Ⅰ的总利润虽高于Ⅱ、Ⅲ，但投资额也高于Ⅱ、Ⅲ，结果使投资利润率低于Ⅱ、Ⅲ。况且，其在环境保护方面效果差，因此应放弃此方案。同理，进一步分析Ⅱ、Ⅲ以后可以看出，放弃Ⅲ也是理所当然的。

2）罗马尼亚选择法

上述效益成本法没有严格的步骤，随着评价的问题的不同，分析的内容和方法也不相同。为了使多指标评价问题的解决能够尽量规范化，罗马尼亚人曾经采用所谓的选择法。这种方法是一种比较简便的规范化方法。此法的进行过程如下。

首先，把表征各个指标的具体数值化为以 100 分为满分的分数，这一步称为标准化。标准化时分别从各个指标比较方案的得分，最好的方案得 100 分，最差的方案得 1 分，待评价的方案按式（6.1.11）计算得分数：

$$X = \frac{99\times(C-B)}{A-B}+1 \tag{6.1.11}$$

式中，A 为最好方案的变量值；B 为最差方案的变量值；C 为待评价方案的变量值；X 为待评价方案的得分数。

现在仍以上述例子为例，将表 6.1.16 经过标准化后得到的结果列在表 6.1.18 中。

表 6.1.18　表 6.1.16 数据的标准化

序号	目标	Ⅰ	Ⅱ	Ⅲ	权重
1	造价	1	56.4	100	40
2	建成年限	1	50.5	100	40
3	建成后需流动资金	1	100	58.8	40
5	年产值	100	1	38.1	30
6	产值利润率	1	100	17.5	80
7	环境污染程度	1	100	70	20

因为各方案“建成后发挥效益时间”相等，故其可不列于表中。

标准化之后进行综合数量评价，以确定中选方案。在此之前，先根据各指标的重要性确定权重，重要的给予较大的权重；另外，同一指标中各方案分数差异大的，权重也应大一些。按照这些原则本例确定了权重，并已填在表 6.1.18 的最右边一列里。

权重总和为 250，有了权重和每个方案相对于各个指标的得分数，就可对方案进行综合评价。此处采用加权平均法，即将各指标的权重乘以各方案相对于各指标的得分数，然后相加求总和，就得到各个方案的分数加权和。对于本例，由表 6.1.18 得到Ⅰ、Ⅱ、Ⅲ方案的分数加权和分别为 3 220、18 306、14 295。因为第Ⅱ方案的分数加权和最大，故选第Ⅱ方案。从上述计算过程可以看出，权重的大小对方案的选择影响很大，上面的分析对产值利润率比较重视，所以给予其的权重比较大。如果不考虑这个指标，即令其权重等于 0，则此时Ⅰ、Ⅱ、Ⅲ方案的分数加权和分别为 3 140、10 306、12 895，此时就应该选择第Ⅲ方案了。

6.2 模糊综合评价法

6.2.1 模糊概念和模糊现象

在客观世界中存在大量的模糊概念和模糊现象。一个概念和与其对立的概念无法划出一条明确的分界，它们是随着量变逐渐过渡到质变的。例如，“年轻”和“年老”就是如此，人们无法划出一条严格的年龄界限来区分“年轻”和“年老”。生活中，类似这样的事例可以举出很多，“高与矮”、“胖与瘦”和“美与丑”等没有确切界限的一些对立概念都是所谓的模糊概念。凡涉及模糊概念的现象都被称为模糊现象。现实生活中的绝大多数现象都存在中介状态，并非非此即彼，而是表现出亦此亦彼，存在许多甚至无穷多的中间状态。

一个事物往往需要用多个指标刻画其本质与特征，并且人们对一个事物的评价又往往不是简单的好与不好，而是采用模糊语言给予其不同程度的评语。显而易见，对这类评价对象，利用经典的评价方法存在不合理性。那么，用什么办法解决这类问题呢？由于在很多问题上我们对事物的评价常常带有模糊性，所以，应用模糊数学的方法进行综合评价将会取得更好的实际效果。

模糊综合评价就是一种以模糊数学为基础，应用模糊关系合成原理，将一些边界不清、不易定量的因素定量化，从多个因素对被评价事物隶属等级状况进行综合性评价的一种方法，即一种对评判对象的全体，根据所给的条件，对每个对象赋予一个非负实数——评判指标，再据此排序择优的方法。下面先介绍模糊数学的基础知识，再介绍模糊综合评价的数学模型和步骤。

6.2.2 模糊数学基础

1. 模糊集合隶属度函数的概念

既然模糊现象是大量存在的，那么进行综合评价时，如何从数学的角度来刻画它呢？正像用经典集合论来描述非模糊现象一样，对模糊现象的研究则是利用模糊集合理论。

本节中，模糊现象总假设在一个集合 X 上进行，X 称为论域，而 X 的全体普通子集所构成的集合记为 $\varphi(X)$。

众所周知，若 $A\in\varphi(X)$，则 A 可由其特征函数 $\chi_A(\cdot)$ 唯一确定：

$$\chi_A(x)=\begin{cases}1, & x\in A\\ 0, & x\notin A\end{cases}$$

即 $x\in A$ 和 $x\notin A$ 有且仅有一个成立，其分界清晰。而模糊现象的分界却是含糊不清的，所以为了刻画模糊现象，有必要将离散的 0、1 两点扩充为连续状态的区间 [0，1]。这样，普通集合的特征函数就扩展为模糊集的隶属函数。

定义 6.2.1 设 $\tilde{A}$ 是论域 X 到 [0，1] 的一个映射，即

$$\tilde{A}: X\to[0,1],\ x\to\tilde{A}(x)$$

称 $\tilde{A}$ 是 X 上的模糊集，而函数 $\tilde{A}(\cdot)$ 称为模糊集 $\tilde{A}$ 的隶属函数，$\tilde{A}(x)$ 称为 x 对模糊集 $\tilde{A}$ 的隶属度。

为区别计，称 $\varphi(X)$ 中的元素（即普通集合）为分明集，用 A，B，C，…表示，而模糊集用 $\tilde{A}$，$\tilde{B}$，$\tilde{C}$，…表示。对模糊集合的表示，一般可将其表述为 $\tilde{A}=\{(x,\tilde{A}(x))|x\in X\}$；若 X 为有限集 $\{x_1, x_2, \cdots, x_n\}$，则 $\tilde{A}$ 可表示为 $\tilde{A}=\sum\frac{\tilde{A}(x_i)}{x_i}$ 或者 $\tilde{A}=(\tilde{A}(x_1), \tilde{A}(x_2), \cdots, \tilde{A}(x_n))$；若 X 为无限集，则 $\tilde{A}$ 可表示为 $\tilde{A}=\int\frac{\tilde{A}(x)}{x}$。

例如，对身高而言，$\tilde{A}=(1/180, 0.5/175, 0.2/170, 0/165)$ 表示身高为 180 厘米时完全可以认为是高个子，175 厘米身高者为高个子的程度仅为 0.5 等，以此类推。显然，隶属度表征了模糊性，并且隶属度为 0.5 时模糊性最强。

2. 模糊关系的复合运算

定义 6.2.2 设 X、Y 为论域，若 $\boldsymbol{R}$ 是 $X\times Y$ 上的模糊集合，则称 $\boldsymbol{R}$ 是 X 到 Y 的模糊关系。对于 $x\in X$，$y\in Y$，$\boldsymbol{R}(x,y)$ 刻画了 x 对于 y 的相关程度。

定义 6.2.3 设 $\boldsymbol{R}$、$\boldsymbol{Q}$ 是 X 到 Y 的模糊关系，则称 $\boldsymbol{R}\cup\boldsymbol{Q}$，$\boldsymbol{R}\cap\boldsymbol{Q}$ 分别为模糊关系 $\boldsymbol{R}$ 与 $\boldsymbol{Q}$ 的并和交。其中，$(\boldsymbol{R}\cup\boldsymbol{Q})(x,y)=\boldsymbol{R}(x,y)\vee\boldsymbol{Q}(x,y)$，$(\boldsymbol{R}\cap\boldsymbol{Q})(x,y)=\boldsymbol{R}(x,y)\wedge\boldsymbol{Q}(x,y)$。“$\vee$”表示取大运算，“$\wedge$”表示取小运算，称为扎德算子。

定义 6.2.4 设 $\boldsymbol{R}$ 是 $X\times Y$ 上的模糊集合，$\boldsymbol{Q}$ 是 $Y\times Z$ 上的模糊集合，则 $\boldsymbol{R}$ 与 $\boldsymbol{Q}$ 的复合 $\boldsymbol{R}\circ\boldsymbol{Q}$ 是 $X\times Z$ 上的模糊集合，其中 $(\boldsymbol{R}\circ\boldsymbol{Q})(x,z)=\bigvee_{y\in Y}(\boldsymbol{R}(x,y)\wedge\boldsymbol{Q}(y,z))$。

【例 6.2.1】 设有模糊关系矩阵 $\boldsymbol{R}$ 和 $\boldsymbol{S}$

$$\boldsymbol{R}=\begin{pmatrix}0.5 & 0.3\\ 0.4 & 0.8\end{pmatrix}, \boldsymbol{S}=\begin{pmatrix}0.8 & 0.5\\ 0.3 & 0.7\end{pmatrix}$$

则

$$R \cup S = \begin{pmatrix} 0.5 \vee 0.8 & 0.3 \vee 0.5 \\ 0.4 \vee 0.3 & 0.8 \vee 0.7 \end{pmatrix} = \begin{pmatrix} 0.8 & 0.5 \\ 0.4 & 0.8 \end{pmatrix}$$

$$R \cap S = \begin{pmatrix} 0.5 \wedge 0.8 & 0.3 \wedge 0.5 \\ 0.4 \wedge 0.3 & 0.8 \wedge 0.7 \end{pmatrix} = \begin{pmatrix} 0.5 & 0.3 \\ 0.3 & 0.7 \end{pmatrix}$$

$$C = R \circ S = \begin{pmatrix} (0.5 \wedge 0.8) \ \vee \ (0.3 \wedge 0.3) & (0.5 \wedge 0.5) \ \vee \ (0.3 \wedge 0.7) \\ (0.4 \wedge 0.8) \ \vee \ (0.8 \wedge 0.3) & (0.4 \wedge 0.5) \ \vee \ (0.8 \wedge 0.7) \end{pmatrix} = \begin{pmatrix} 0.5 & 0.5 \\ 0.4 & 0.7 \end{pmatrix}$$

6.2.3 模糊综合评价的数学模型

一般而言，模糊综合评价可按照如下步骤进行。

1. 确定评价因素、评价等级

设 $U=\{u_1, u_2, \cdots, u_m\}$为刻画被评价对象的 m 种因素（即评价指标或评价因素）；$V=\{v_1, v_2, \cdots, v_n\}$为刻画每一因素所处的状态的 n 种评价等级（即评语）。

以人员管理为例，人员管理工作涉及的一些概念，常常是客观上存在的模糊概念。对于政治思想水平的高低、业务工作能力的大小、群众关系的好坏等，用传统的数学模型难以描述。设有 t 个人员组成待评价对象集。在人员管理中，对每个对象的评价因素包括：①政治思想与工作态度；②解决实际问题的能力；③创新能力；等等。

这些评价因素是可以衡量一个待评价对象“水平”的测度。考核成绩的评定若习惯于四级评分制，则取优秀、良好、及格、不及格。评语等级应尽可能满足人们区分能力的要求和符合人事部门的一般习惯。

2. 构造评价矩阵和确定权重

首先对因素集中的单因素 u_i（i=1，2，⋯，m）作单因素评判，从因素 u_i 着眼，该事物对评语等级 v_j（j=1，2，⋯，n）的隶属度为 r_{ij}，这样就得出第 i 个因素 u_i 的单因素评判集

$$r_i = (r_{i1}, r_{i2}, \ldots, r_{in})$$

这样，m 个因素的评价集就构造出一个总的评价矩阵 R，即某一个被评价对象确定了从 U 到 V 的模糊关系 R，它是一个矩阵

$$R = (r_{ij})_{m \times n} = \begin{pmatrix} r_{11} & r_{12} & \cdots & r_{1n} \\ r_{21} & r_{22} & \cdots & r_{2n} \\ \vdots & \vdots & & \vdots \\ r_{m1} & r_{m2} & \cdots & r_{mn} \end{pmatrix}$$

式中，r_{ij} 表示从因素 u_i 着眼，该评价对象能被评为 v_j 的隶属度。具体地说，r_{ij} 表示第 i 个

因素 u_i 在第 j 个评语 v_j 上的频率分布，一般将其归一化使其满足 $\sum_j r_{ij} = 1$。这样，**R** 矩阵本身就是没有量纲的，不需作专门处理。

一般来说，用等级比重法确定隶属矩阵，可以满足模糊综合评价的要求。用等级比重法确定隶属度时，为了保证可靠性，一般要注意两个问题：第一，评价者人数不能太少，因为只有这样，等级比重才趋于隶属度；第二，评价者必须对被评事物有相当的了解，特别是一些涉及专业方面的评价，更应该如此。

得到这样的模糊关系矩阵，尚不足以对事物做出评价。评价因素集中的各个因素在“评价目标”中有不同的地位和作用。引入 U 上的一个模糊子集 **A**，称权重或权数分配集，$\boldsymbol{A}=(a_1, a_2, \cdots, a_m)$，其中 $a_i>0$，且 $\sum_i a_i = 1$，它反映对诸因素的一种权衡。6.1.3 节给出了几种加权方法，这里不再赘述。

这样，在这里就存在两种模糊集，一类是标志因素集 U 中各元素在人们心目中的重要程度的量，表现为因素集 U 上的模糊权重向量 $\boldsymbol{A}=(a_1, a_2, \cdots, a_m)$；另一类是 $U\times V$ 上的模糊关系，表现为 $m\times n$ 模糊矩阵 **R**，这两类模糊集都是人们价值观念或者偏好结构的反映。

3. 进行模糊合成和做出评价

R 中不同的行反映了某个被评价对象从不同的单因素来看对各等级模糊子集的隶属程度。用模糊权重向量 **A** 将不同的行进行综合，就可得到该被评对象从总体上来看对各等级模糊子集的隶属程度，即模糊综合评价结果向量。

引入 V 上的一个模糊子集 **B**，称模糊评价，又称决策集，$\boldsymbol{B}=(b_1, b_2, \cdots, b_n)$。

如何由 **R** 与 **A** 求 **B** 呢？一般地，令 $\boldsymbol{B}=\boldsymbol{A}*\boldsymbol{R}$（*为算子符号），称为模糊变换。**A** 称输入，**B** 称输出。这里的算子*的取法主要有两种，一是定义 6.2.4 所指复合算子；二是直接借用代数中的矩阵乘法。

如果评价结果 $\sum_j b_j \neq 1$，则应将它归一化。

b_j 表示被评价对象被评为评语 v_j 的程度。各个评价指标具体反映了评价对象在所评价的特征方面的分布状态，使评价者对评价对象有更深入的了解，并能做各种灵活的处理。如果要选择一个决策，则可选择最大的 b_j 所对应的等级 v_j 作为综合评价的结果。

B 是对每个被评价对象综合状况分等级的程度描述，它不能直接用于被评价对象间的排序评优，必须要更进一步地分析处理，待分析处理之后才能应用。通常可以采用最大隶属度法则对其处理，得到最终评价结果。此时，我们只利用了 b_j（$j=1, 2, \cdots, n$）中的最大者，没有充分利用 **B** 所带来的信息。为了充分利用 **B** 所带来的信息，可把各种等级的评级参数和评价结果 **B** 进行综合考虑，使评价结果更加符合实际。

设相对于各等级 v_j 规定的参数列向量为

$$\boldsymbol{C}=(c_1, c_2, \cdots, c_n)^{\mathrm{T}}$$

则得出等级参数评价结果为

$$\boldsymbol{B}*\boldsymbol{C}=p$$

这里的算子$*$一般借用代数中的矩阵乘法。p是一个实数，它反映了由等级模糊子集$\boldsymbol{B}$和等级参数向量$\boldsymbol{C}$所带来的综合信息，在许多实际应用中，它是十分有用的综合参数。

6.2.4 模糊综合评价的应用举例

某服装厂生产某种服装，欲了解顾客对该种服装的欢迎程度。顾客是否喜欢这种服装，与这种服装的花色、样式、价格、耐用度和舒适度等因素有关。现采用模糊综合评价法来确定顾客对该种服装的欢迎程度。

1. 确定模糊综合评价因素集

影响顾客对服装评价的因素主要是以上提到的几个方面，故因素集为

$$U=\{花色，样式，价格，耐用度，舒适度\}$$

2. 建立综合评价的评语集

因综合评价的目的是弄清楚顾客对衣服的欢迎程度，总评价的结果应是各个欢迎等级。因此，评语集应为

$$V=\{很欢迎，欢迎，一般，不欢迎\}$$

3. 进行单因素模糊评价，并求得评价矩阵 $\boldsymbol{R}$

单独从上述各个因素出发，访问一定数量的顾客，请其对服装进行评价，分别得单因素评价集为

$$\boldsymbol{R}_1=(0.2，0.5，0.3，0.0)$$
$$\boldsymbol{R}_2=(0.1，0.3，0.5，0.1)$$
$$\boldsymbol{R}_3=(0.0，0.1，0.6，0.3)$$
$$\boldsymbol{R}_4=(0.0，0.4，0.5，0.1)$$
$$\boldsymbol{R}_5=(0.5，0.3，0.2，0.0)$$

如以$\boldsymbol{R}_1$为例，以上数据表示，在被访顾客中，20%的人在花色上对这种服装“很欢迎”；50%的人认为“欢迎”；30%的人认为“一般”；没有人认为“不欢迎”。由此得评价矩阵为

$$\boldsymbol{R}=\begin{pmatrix} 0.2 & 0.5 & 0.3 & 0.0 \\ 0.1 & 0.3 & 0.5 & 0.1 \\ 0.0 & 0.1 & 0.6 & 0.3 \\ 0.0 & 0.4 & 0.5 & 0.1 \\ 0.5 & 0.3 & 0.2 & 0.0 \end{pmatrix}$$

4. 建立评价模型，进行综合评价

对某种服装的评价，由于男、女、老、少各有所好，各消费层次的人观点不尽相同，对各因素的侧重也会不一样，因此，对不同的人群，权重是不同的。现假设我们选定某类男顾客。经了解，他们比较侧重于舒适度和耐用度，而不太讲究花色和样式，对各因素的权重可确定如下：

$$\boldsymbol{A}=(0.10,\ 0.10,\ 0.15,\ 0.30,\ 0.35)$$

如果采用定义 6.2.4 的复合算子，则评价模型为

$$\boldsymbol{B}=\boldsymbol{A}*\boldsymbol{R}=(0.10,0.10,0.15,0.30,0.35)*\begin{pmatrix}0.2&0.5&0.3&0.0\\0.1&0.3&0.5&0.1\\0.0&0.1&0.6&0.3\\0.0&0.4&0.5&0.1\\0.5&0.3&0.2&0.0\end{pmatrix}$$

$$=(0.35,0.30,0.30,0.15)$$

5. 评价指标处理

采用模糊分布法，将上述评价指标归一化得

$$\boldsymbol{B}'=(0.32,\ 0.27,\ 0.27,\ 0.14)$$

这一评价结果可以解释为，这种服装在男顾客中 32%的人“很欢迎”，27%的人“欢迎”，27%的人态度“一般”，14%的人“不欢迎”。

如果评判者是女顾客，由于她们特别看重花色和样式，故假设各因素的权重为

$$\boldsymbol{A}=(0.30,\ 0.35,\ 0.10,\ 0.10,\ 0.15)$$

则综合评价的结果为

$$\boldsymbol{B}=(0.20,\ 0.30,\ 0.35,\ 0.10)$$

将上述评价指标归一化得

$$\boldsymbol{B}'=(0.21,\ 0.315,\ 0.37,\ 0.105)$$

可以解释为，这种服装在女顾客中 21%的人“很欢迎”，31.5%的人“欢迎”，37%的人态度“一般”，10.5%的人“不欢迎”。

以上可见，模糊综合评价可以归纳为如下几个步骤。

（1）给出待评价的对象集：$X=(x_1,\ x_2,\ \cdots,\ x_t)$。

（2）找出因素集（或称指标集）：$U=\{u_1,\ u_2,\ \cdots,\ u_m\}$，表明对被评价对象从哪些方面进行评价描述。

（3）找出评语集（或称等级集）：$V=\{v_1,\ v_2,\ \cdots,\ v_n\}$，这实际上是对被评价对象变化区间的一个划分。

（4）确定评价矩阵：$\boldsymbol{R}=(r_{ij})_{m\times n}$，先通过调查统计确定单因素评价向量。调查的人数要足够多且具有代表性。然后由各单因素评价向量得到评价矩阵。r_{ij} 在实际的应用

处理中有许多方法来确定，但不论如何确定 r_{ij}，都必须本着实事求是的原则，因为它是评价的基础环节。

（5）确定权重向量：$\boldsymbol{A}$=（a_1，a_2，…，a_m），这实际上是指人们在评价时，依次着重于哪些指标。

（6）选择适当的合成算法计算评价指标。模糊综合评价的结果是被评事物对各等级模糊子集的隶属度，它一般是一个模糊向量，而不是一个点值，因而它能提供的信息比其他方法更丰富。若对多个事物比较并排序，就需要进一步处理，即计算每个评价对象的综合分值，按大小排序，按序择优。综合评价的目的是要从对象集中选出优胜对象，所以还需要将所有对象的综合评价结果进行排序。将综合评价结果 $\boldsymbol{B}$ 转换为综合分值，于是可依其大小进行排序，从而挑选最优者。

在复杂系统中，由于要考虑的因素很多，并且各因素之间往往还有层次之分，所以在这种情况下，如果仍用前面所述的综合评价的初始模型，则难以比较系统中事物之间的优劣次序，得不出有意义的评价结果。我们在实际应用中遇到这种情形时，可把因素集合 U 按某些属性分成几类，先对每一类（因素较少）进行综合评价，然后对评价结果进行“类”之间的高层次的综合评价。

6.3 层次分析法

AHP 是指将决策问题的有关元素分解成目标、准则、方案等层次，在此基础上进行定性分析和定量分析的一种评价方法，它由美国匹兹堡大学的 T. L. Saaty 教授于 20 世纪 70 年代提出。这一方法的特点是，在对复杂决策问题的本质、影响因素及其内在关系等进行深入分析之后，构建一个层次结构模型，然后利用较少的定量信息，把决策的思维过程数学化，从而为求解多目标、多准则或无结构特性的复杂决策问题，提供一种简便的评价方法。

下面结合一个购置微机的简单例子，阐明用 AHP 进行评价的基本过程。

6.3.1 AHP 基本过程

1. 构建层次结构模型

某君拟购一台微机，希望在功能强、价格低、维护易三者之间求得一个满意的折中方案，现有 A、B、C 三种机型可供选择。据此可构建如图 6.3.1 所示的三级层次结构模型，其中第一级是目标层，表示决策者所要达成的目标；第二级是准则层，表示衡量是否达成目标的判别准则；第三级是方案层，表示可供选择的方案。层与层之间的连线表示上、下级之间各元素的相关关系。

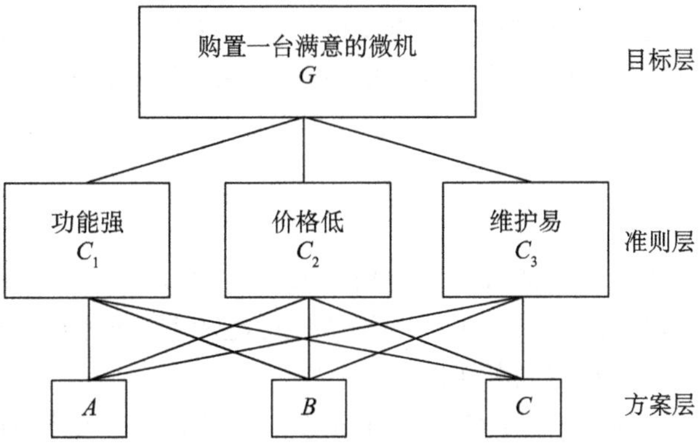

图 6.3.1　购置微机的层次结构模型

对于复杂的决策问题，其目标可能不止一个，这时可将目标层扩展为两层，第一层为总目标，第二层为并列的分目标；其准则也可能不只一层，需将其划分成准则层和子准则层，如此等等。

2. 建立判断矩阵群

从第二层开始，针对上一层某个元素（以后泛称为准则），对下一层与之相关的元素（即层间有连线的元素），进行两两对比，并按其重要程度评定等级。记 a_{ij} 为 i 元素比 j 元素的重要性等级，表 6.3.1 列出了九个重要性等级及其赋值。

表 6.3.1　元素两两对比时的重要性等级及其赋值

序号	重要性等级	a_{ij} 赋值
1	i，j 两元素同样重要	1
2	i 元素比 j 元素稍重要	3
3	i 元素比 j 元素明显重要	5
4	i 元素比 j 元素强烈重要	7
5	i 元素比 j 元素极端重要	9
6	i 元素比 j 元素稍不重要	1/3
7	i 元素比 j 元素明显不重要	1/5
8	i 元素比 j 元素强烈不重要	1/7
9	i 元素比 j 元素极端不重要	1/9

注：a_{ij}={2，4，6，8，1/2，1/4，1/6，1/8}表示重要性等级介于 a_{ij}={1，3，5，7，9，1/3，1/5，1/7，1/9}相应值之间时的赋值

按两两比较结果构成的矩阵 $\boldsymbol{A}=(a_{ij})$ 称为判断矩阵（或称比较矩阵）。易见，$a_{ij}>0$，$a_{ii}=1$ 且 $a_{ij}=\dfrac{1}{a_{ji}}$，即 $\boldsymbol{A}$ 为正互反矩阵。

仍以购置微机为例。设某君对三个准则的价值取向为：首先要求功能强，其次要求维护易，最后才是价格低，则可认为准则层对目标层的判断矩阵为

$$G=\begin{pmatrix}1 & 5 & 3\\ 1/5 & 1 & 1/3\\ 1/3 & 3 & 1\end{pmatrix}$$

又设三种机型中，A 型微机性能较好，价格一般，维护需要一般水平；B 型微机性能最好，价格较贵，维护也只需一般水平；C 型微机性能较差，但价格便宜，维护容易。据此可建立方案层对每个准则的判断矩阵如下：

对准则 C_1——功能强、准则 C_2——价格低、准则 C_3——维护易来说，其判断矩阵分别为

$$C_1=\begin{pmatrix}1 & 1/4 & 2\\ 4 & 1 & 8\\ 1/2 & 1/8 & 1\end{pmatrix}\quad C_2=\begin{pmatrix}1 & 4 & 1/3\\ 1/4 & 1 & 1/8\\ 3 & 8 & 1\end{pmatrix}\quad C_3=\begin{pmatrix}1 & 1 & 1/3\\ 1 & 1 & 1/5\\ 3 & 5 & 1\end{pmatrix}$$

实际上，凡是较复杂的决策问题，其判断矩阵群是经由多位不同职业的相关学科专家填写咨询表之后形成的。设专家数为 m，则将产生 m 份同一类型的判断矩阵群。

3. 计算权重向量

为了从判断矩阵群中提炼出有用的信息，达到对事物规律性的认识，为决策提供科学的依据，就需计算每个判断矩阵的权重向量和全体判断矩阵的合成权重向量。

1）层次单排序——求每个判断矩阵的权重向量

记判断矩阵为 $A=(a_{ij})_{n\times n}$，如 $\forall i,\ j,\ k=1,\ 2,\ \cdots,\ n$，$a_{ik}=a_{ij}\cdot a_{jk}$ 成立，就称 A 是一致性矩阵。很明显，一致性矩阵 A 中元素可表示成 $a_{ij}=\dfrac{w_i}{w_j}$ 的形式。

定理 6.3.1 一致性矩阵 A 具备下列性质：

（1）rank A=1，且存在唯一的非零特征值 $\lambda_{\max}=n$，其规范性特征向量 $w=(w_1,\ w_2,\ \cdots,\ w_n)^{\mathrm{T}}$ 叫做权重向量。

（2）A 可以表示成 $A=\left(\dfrac{w_i}{w_j}\right)_{n\times n}$。

（3）A 的列向量之和经规范化后的向量，就是权重向量。

（4）对 A 的全部列向量求每一分量的几何平均，再规范化后的向量，就是权重向量。

通常，判断矩阵 A 并不满足一致性条件，但参照一致性矩阵的性质，可以提出如下求权重向量的三种简易算法。

其一，和法。

参照上述性质（3），对判断矩阵 A 每行诸元素求和，有

$$\bar{w}_i = \sum_{j=1}^{n} a_{ij} \quad (i = 1, 2, \cdots, n)$$

再规范化，得

$$w_i = \frac{\sum_{j=1}^{n} a_{ij}}{\sum_{k=1}^{n}\sum_{j=1}^{n} a_{kj}} \quad (i = 1, 2, \cdots, n)$$

其二，和积法（正规化求和法）。

首先对判断矩阵 $\boldsymbol{A}$ 的每一列进行正规化，即

$$b_{ij} = \frac{a_{ij}}{\sum_{k=1}^{n} a_{kj}} \quad (i, j = 1, 2, \cdots, n)$$

正规化后，每列元素之和为 1。

各列正规化后的判断矩阵按行相加，即

$$U_i = \sum_{j=1}^{n} b_{ij} \quad (i = 1, 2, \cdots, n)$$

再对向量 $\boldsymbol{U} = [U_1, U_2, \cdots, U_n]^{\mathrm{T}}$ 进行正规化

$$w_i = \frac{U_i}{\sum_{j=1}^{n} U_j} \quad (i = 1, 2, \cdots, n)$$

这样得到的向量 $[w_1, w_2, \cdots, w_n]^{\mathrm{T}}$ 即为权重向量。

其三，方根法。

参照上述性质（5），对判断矩阵 $\boldsymbol{A}$ 每行诸元素求几何平均，有

$$\bar{w}_i = \left(\prod_{j=1}^{n} a_{ij}\right)^{\frac{1}{n}} \quad (i = 1, 2, \cdots, n)$$

再规范化，得

$$w_i = \frac{\left(\prod_{j=1}^{n} a_{ij}\right)^{\frac{1}{n}}}{\sum_{k=1}^{n}\left(\prod_{j=1}^{n} a_{kj}\right)^{\frac{1}{n}}} \quad (i = 1, 2, \cdots, n)$$

用方根法求上例中诸判断矩阵的权重向量，可得

$$\begin{aligned} \boldsymbol{w}_G &= (0.637, 0.105, 0.258)^{\mathrm{T}} \\ \boldsymbol{w}_{C_1} &= (0.181\,8, 0.727\,2, 0.091\,0)^{\mathrm{T}} \\ \boldsymbol{w}_{C_2} &= (0.255\,9, 0.073\,3, 0.670\,8)^{\mathrm{T}} \\ \boldsymbol{w}_{C_3} &= (0.185\,1, 0.156\,2, 0.658\,7)^{\mathrm{T}} \end{aligned} \quad (6.3.1)$$

式（6.3.1）中同属方案层的后三个权重向量，可组成一个权重矩阵

$$W_C=(w_{C_1},w_{C_2},w_{C_3})=\begin{pmatrix}0.181\,8 & 0.255\,9 & 0.185\,1\\0.727\,2 & 0.073\,3 & 0.156\,2\\0.091\,0 & 0.670\,8 & 0.658\,7\end{pmatrix} \tag{6.3.2}$$

2）层次总排序——求全体判断矩阵的合成权重向量

所谓合成权重向量，是指最下层（方案层）诸元素对最上层（目标层）的权重向量，它的每一分量表示相应方案在目标中所占的份额或比重。

分析式（6.3.2）中矩阵的构成，可见第一行中三个元素依次是 A 型微机在三个准则（功能强、价格低、维护易）中所占的份额，而三个准则在目标中所占的份额依次是权重向量 w_G 中的三个分量。因此，A 型微机在目标中所占的份额恰好是式（6.3.2）中第一个行向量与向量 w_G 的内积，即

$$(0.181\,8\quad 0.255\,9\quad 0.185\,1)\cdot(0.637\quad 0.105\quad 0.258)^{\mathrm{T}}=0.190\,4$$

其余依此类推。由此可见，合成权重向量可按下式计算：

$$w_T=W_C\cdot w_G=\begin{pmatrix}0.181\,8 & 0.255\,9 & 0.185\,1\\0.727\,2 & 0.073\,3 & 0.156\,2\\0.091\,0 & 0.670\,8 & 0.658\,7\end{pmatrix}\cdot\begin{pmatrix}0.637\\0.105\\0.258\end{pmatrix}=\begin{pmatrix}0.190\,4\\0.511\,2\\0.298\,4\end{pmatrix}$$

从以上分析可知，某君宜首选 B 型微机，次选 C 型微机。这就得到了这个问题的最终结论，但是这个结论是不是可信的，还依赖于对判断矩阵的一致性检验。

6.3.2 判断矩阵的一致性检验

判断矩阵的不一致性，究其产生原因，主要有两个，一是专家在进行两两比较时的价值取向和定级技巧，二是重要性等级赋值的非等比性。因此，当判断矩阵的阶数 $n>2$ 时，通常难于构造出满足一致性条件的矩阵来。但判断矩阵偏离一致性条件应有一个度，举例来说，一个出现“A 元素比 B 元素重要，B 元素比 C 元素重要，C 元素又比 A 元素重要”之类有悖于常理的判断矩阵，是难以令人置信的。为此，必须对判断矩阵是否可接受进行鉴别，这就是一致性检验的内涵。

1. 单个判断矩阵的一致性检验

我们将分三步来建立一致性检验判别式。

第一，定义一致性指标（consistency index，CI）。

定理 6.3.2 设 $\lambda_{\max}$ 是正互反矩阵 $A=(a_{ij})_{n\times n}$ 的最大特征值，则必有

$$\lambda_{\max}\geqslant n$$

其中，当且仅当 A 为一致性矩阵时等式成立。

证明 设 $w=(w_1,\ w_2,\ \cdots,\ w_n)^{\mathrm{T}}$ 为与 $\lambda_{\max}$ 对应的特征向量，则

$$\sum_{j=1}^{n} a_{ij} w_j = \lambda_{\max} w_i \quad (i = 1, 2, \cdots, n)$$

上式两边除以 w_i，再对 i 求和，得

$$\sum_{i=1}^{n}\sum_{j=1}^{n} a_{ij} \cdot \frac{w_j}{w_i} = \sum_{i=1}^{n} \lambda_{\max}$$

注意到 $a_{ii}=1$ 与 $a_{ij}=\dfrac{1}{a_{ji}}$，就有

$$n\lambda_{\max} - n = \sum_{i=1}^{n}\sum_{\substack{j=1\\ j\neq i}}^{n} a_{ij} \cdot \frac{w_j}{w_i} = \sum_{1\leqslant i<j\leqslant n}\left(a_{ij} \cdot \frac{w_j}{w_i} + a_{ji} \cdot \frac{w_i}{w_j}\right) \tag{6.3.3}$$

记 $\varepsilon_{ij} = \dfrac{a_{ij}}{\dfrac{w_i}{w_j}}$，式（6.3.3）可写成

$$n\lambda_{\max} - n = \sum_{1\leqslant i<j\leqslant n}\left(\varepsilon_{ij} + \frac{1}{\varepsilon_{ij}}\right) \tag{6.3.4}$$

应用不等式

$$x + \frac{1}{x} \geqslant 2, x > 0$$

得

$$n\lambda_{\max} - n \geqslant \sum_{1\leqslant i<j\leqslant n} 2 = n(n-1)$$

由此推出 $\lambda_{\max} \geqslant n$。

下面证明 $\lambda_{\max}=n$ 当且仅当 $\boldsymbol{A}$ 为一致性矩阵时成立。

若 $\boldsymbol{A}$ 为一致性矩阵，则 $a_{ij} = \dfrac{w_i}{w_j}$，即 $\varepsilon_{ij} = 1$，由式（6.3.4）知

$$n\lambda_{\max} - n = \sum_{1\leqslant i<j\leqslant n} 2 = n(n-1)$$

于是 $\lambda_{\max} = n$。

反之，若 $\lambda_{\max} = n$，则由式（6.3.4），有

$$n^2 - n = \sum_{1\leqslant i<j\leqslant n}\left(\varepsilon_{ij} + \frac{1}{\varepsilon_{ij}}\right)$$

由此知上式右边必取最小值，即 $\varepsilon_{ij} = \dfrac{1}{\varepsilon_{ij}}=1$，也即 $a_{ij}=\dfrac{w_i}{w_j}$，从而 $\boldsymbol{A}$ 为一致性矩阵。

令 $\lambda_{\max}$，λ_2，…，λ_n 为 $\boldsymbol{A}$ 的特征根，注意到 $\lambda_{\max} + \sum_{i=2}^{n} \lambda_i = \mathrm{tr}\boldsymbol{A} = n$，即 $\sum_{i=2}^{n} \lambda_i = n - \lambda_{\max}$，定义一致性指标为等式左边 $n-1$ 个特征值的平均值再取负值：

$$\mathrm{CI} = \frac{-\sum_{i=2}^{n} \lambda_i}{n-1} = \frac{\lambda_{\max} - n}{n-1} \tag{6.3.5}$$

应用关系式（6.3.4），式（6.3.5）还可表示为

$$\mathrm{CI}=-1+\frac{\lambda_{\max}-1}{n-1}=-1+\frac{1}{n(n-1)}\sum_{1\leqslant i<j\leqslant n}\left(\varepsilon_{ij}+\frac{1}{\varepsilon_{ij}}\right)$$

由此可见，一致性指标 CI 是衡量判断矩阵 $\boldsymbol{A}$ 对其主特征向量 $\boldsymbol{w}$ 中元素构成的矩阵 $\boldsymbol{A}^*=\left(\dfrac{w_i}{w_j}\right)_{n\times n}$ 偏离程度的一个尺度。

第二，定义随机一致性指标（random consistency index，RI）。

式（6.3.5）表明，一致性指标与 n 有关。判断矩阵的阶数不同，CI 可接受的临界值也不同。而为了获得一个统一的一致性检验可接受的临界值，需对式（6.3.5）加以修正。为此，我们按如下方式定义随机一致性指标：①从数集 $R=\left\{1,2,\cdots,9,\frac{1}{2},\frac{1}{3},\cdots,\frac{1}{9}\right\}$ 中独立地随机取数 $\frac{n(n-1)}{2}$ 次，用做 n 阶矩阵的上三角元，构造随机正互反矩阵；②计算该随机矩阵的 CI 值；③重复上述步骤，以获得足够数量的样本，再计算 CI 的样本均值，称为随机一致性指标。

表 6.3.2 给出了样本容量为 1 000 的 3~9 阶随机矩阵的 RI 值（对于 1 阶和 2 阶矩阵，判断矩阵的一致性必能保证）。

表 6.3.2 矩阵阶数为 3~9 的 RI 值

阶数	3	4	5	6	7	8	9
RI	0.58	0.90	1.12	1.24	1.32	1.41	1.45

第三，建立一致性检验判别式。

Saaty 建议取一致性指标 CI 与随机一致性指标 RI 之比，即一致性比率（consistency ratio，CR），作为一致性检验判别式

$$\mathrm{CR}=\frac{\mathrm{CI}}{\mathrm{RI}} \tag{6.3.6}$$

单个判断矩阵一致性检验的算法为：①求矩阵的最大特征值 $\lambda_{\max}$，并按式（6.3.5）计算 CI 值；②按矩阵阶数从表 6.3.2 中查出 RI 值；③按式（6.3.6）计算 CR 值；④若 $\mathrm{CR}<0.1$，检验通过；否则需对判断矩阵进行某些调整，再返回第一步。

2. 判断矩阵的分层整体一致性检验

设已知以第 k-1 层第 j 元素为准则的 $\mathrm{CI}_j^{(k)},\mathrm{RI}_j^{(k)},\mathrm{CR}_j^{(k)}$，$j=1,2,\cdots,n_{k-1}$，则第 k 层以上判断矩阵群的整体一致性检验可按下式计算：

$$\mathrm{CI}^{(k)}=(\mathrm{CI}_1^{(k)},\ \mathrm{CI}_2^{(k)},\cdots,\mathrm{CI}_{n_{k-1}}^{(k)})\cdot \boldsymbol{w}^{(k-1)}$$

$$\mathrm{RI}^{(k)}=(\mathrm{RI}_1^{(k)},\ \mathrm{RI}_2^{(k)},\cdots,\mathrm{RI}_{n_{k-1}}^{(k)})\cdot \boldsymbol{w}^{(k-1)}$$

$$\mathrm{CR}^{(k)}=\frac{\mathrm{CI}^{(k)}}{\mathrm{RI}^{(k)}}$$

若 $\mathrm{CR}^{(k)}<0.1$，则认为层次结构模型在第 k 层以上的所有判断矩阵满足整体一致性。

易证，若第 k 层以下的判断矩阵满足一致性要求，则第 k 层的判断矩阵必满足一致性要求。因此，部分学者认为，整体一致性检验往往可以忽略。

结合 6.3.1 节和 6.3.2 节，可以得到实施 AHP 的基本过程，如图 6.3.2 所示。

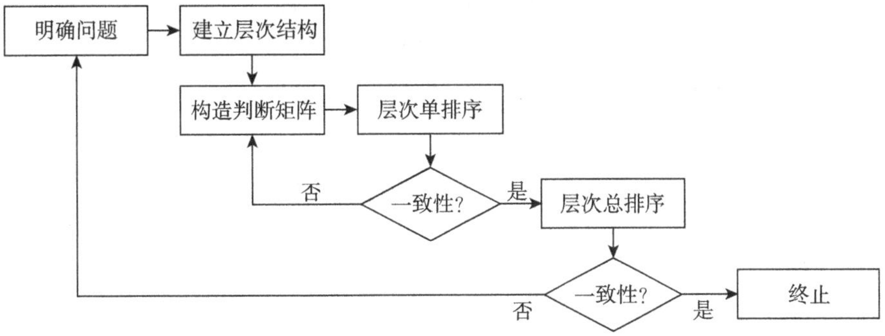

图 6.3.2 实施 AHP 的基本过程

6.4 网络分析法

6.4.1 网络分析法的基本原理

AHP 自提出以来，在各行各业都得到了广泛的应用，并取得了一些成果。但是 AHP 的核心是只考虑上层元素对下层元素的支配作用，同一层元素是彼此独立的。而在复杂系统评价和决策中，各因素往往是互相依存的，同层元素内部存在依存关系，下层元素对上层元素也存在支配关系。此时的系统结构是网状的。ANP 正是适应这种需要，由 Saaty 教授于 1996 年提出的一种复杂系统评价和决策方法，它是 Saaty 教授提出的反馈 AHP 系统的深化和发展。

ANP 首先将系统元素划分为两大部分，第一部分称为控制因素层，包括问题目标及决策准则，所有的决策准则均被认为是彼此独立的，且只受目标元素支配，控制因素中可以没有决策准则，但至少有一个目标。控制层中每个准则的权重均可用传统 AHP 获得。第二部分为网络层，它是由所有受控制层支配的元素组（也称为主因子）组成的，其内部是互相影响的元素组（也称为次因子）构成的网络结构，图 6.4.1 就是一个典型的 ANP 结构。

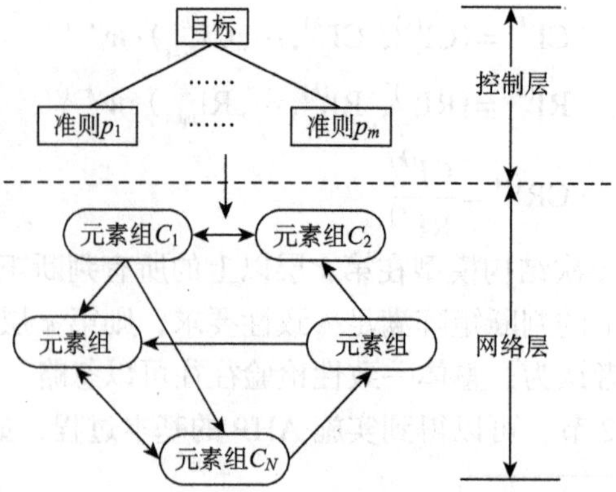

图 6.4.1 ANP 结构

ANP 计算原理包括以下内容。

1）间接优势度

给出一个准则，两个元素在准则下对第三个元素（称为次准则）的影响程度进行比较。例如，要比较甲、乙两成员对商品营销能力的优势度，可通过他们对董事长所采取的营销策略的影响力比较而间接获得。这种方法与传统 AHP 直接比较方法不同，适用于元素间互相依存的情形，即 ANP 模型。

2）权矩阵

权矩阵就是要构造网络层中元素组之间的相互影响，具体如表 6.4.1 所示，即在控制层元素 p_s（s=1，2，…，m）下各元素组对 C_i（i=1，2，…，n）的相对重要性。与 AHP 中构造判断矩阵不同的是，在 ANP 的判断矩阵中如果某元素对另外的元素没有影响，则在判断矩阵中该处的值为 0，相应的特征向量中的值也为 0，其他的进行归一化。

表 6.4.1 权矩阵

C_i	C_1 … C_n	归一化特征向量
C_1 ⋮ C_n	判断矩阵	a_{1i} ⋮ a_{ni}

其中，最后一列“归一化特征向量”是根据判断矩阵采用 AHP 中确定特征向量的方法计算得到的，因此在计算每一组归一化特征向量时都是按照 AHP 中的构造判断矩阵、一致性检验等四步进行。

将所有的归一化特征向量组成矩阵即得到加权矩阵 $\boldsymbol{A}$：

$$\boldsymbol{A}=\begin{pmatrix} a_{11} & \cdots & a_{1n} \\ \vdots & & \vdots \\ a_{n1} & \cdots & a_{nn} \end{pmatrix}$$

这里，$\boldsymbol{A}$ 是一个列和为 1 的非负矩阵，而且在控制层中有 m 个元素，所以类似于 $\boldsymbol{A}$ 的矩阵有 m 个。

3）超矩阵

超矩阵构造的是次准则下元素之间的相互影响程度，即次因子之间的相互影响程度。

设 C_i 中有元素（即次因子）e_{i1}，e_{i2}，…，e_{iN_i}（i=1，2，…，n），以控制层元素 p_s（s=1，2，…，m）为准则，以 C_i（i=1，2，…，n）中的元素 e_{ik}（k=1，2，…，N_i）为次准则，元素组 C_1，C_2，…，C_n 中元素按其对 e_{ik} 的影响力大小进行优势度判断，即构造判断矩阵（表 6.4.2）。

表 6.4.2 超矩阵

e_{ik}	e_{i1} e_{i2} … e_{iN_i}	归一化特征向量
e_{i1}		w_{i1}^{ik}
e_{i2}	判断矩阵	w_{i2}^{ik}
⋮		⋮
e_{iN_i}		$w_{iN_i}^{ik}$

将 C_i 中所有元素对 C_j 中所有元素的相对影响判断矩阵计算出的归一化特征向量组成矩阵 $\boldsymbol{W}_{ij}$，即

$$\boldsymbol{W}_{ij}=\begin{pmatrix} w_{i1}^{j1} & w_{i1}^{j2} & \cdots & w_{i1}^{jN_j} \\ w_{i2}^{j1} & w_{i2}^{j2} & \cdots & w_{i2}^{jN_j} \\ \vdots & \vdots & & \vdots \\ w_{iN_i}^{j1} & w_{iN_i}^{j2} & \cdots & w_{iN_i}^{jN_j} \end{pmatrix}$$

那么 $\boldsymbol{W}_{ij}$ 中的列向量就是 C_i 中的元素 e_{i1}，e_{i2}，…，e_{iN_i} 对 C_j 中的元素 e_{j1}，e_{j2}，…，e_{jN_j} 的影响程度排序向量。若 C_j 中的元素不受 C_i 中的元素影响，则 $\boldsymbol{W}_{ij}$=0。

将所有这样的矩阵 $\boldsymbol{W}_{ij}$ 组成块矩阵，最终获得 p_s 下的超矩阵 $\boldsymbol{W}$

$$\boldsymbol{W}=\begin{pmatrix} \boldsymbol{W}_{11} & \boldsymbol{W}_{12} & \cdots & \boldsymbol{W}_{1n} \\ \boldsymbol{W}_{21} & \boldsymbol{W}_{22} & \cdots & \boldsymbol{W}_{2n} \\ \vdots & \vdots & & \vdots \\ \boldsymbol{W}_{n1} & \boldsymbol{W}_{n2} & \cdots & \boldsymbol{W}_{nn} \end{pmatrix}$$

式中，超矩阵 $\boldsymbol{W}$ 中元素 $\boldsymbol{W}_{ij}$ 为列归一化矩阵或等于零的矩阵，故 $\boldsymbol{W}$ 为非负矩阵，但不是归一化矩阵。在控制层中有 m 个这样的 p_s 元素，所以类似于 $\boldsymbol{W}$ 的超矩阵有 m 个。

这里值得一提的是，如果元素组 C_i 对元素组 C_j 没有影响，即 a_{ij}=0，那么对应在超矩阵 $\boldsymbol{W}$ 中，$\boldsymbol{W}_{ij}$=0，因为主因子间若相互独立，那么其下的次因子间也应该相互独立，否则产生矛盾。

4）加权超矩阵

权矩阵构造了元素组之间的相互影响程度，超矩阵构造了元素组下各元素之间的相互影响程度，那么存在从属与反馈关系的 ANP 中的元素之间的实际影响关系度就可以通过加权超矩阵表示。

加权超矩阵 $\bar{\boldsymbol{W}}=\left(\bar{\boldsymbol{W}}_{ij}\right)$：

$$\bar{\boldsymbol{W}}_{ij}=a_{ij}\boldsymbol{W}_{ij}$$

那么，加权超矩阵 $\bar{\boldsymbol{W}}$ 是一个列和为 1 的非负矩阵，称为列随机矩阵。为简单起见，以后称加权超矩阵仍然为超矩阵，并且仍然用 $\boldsymbol{W}$ 表示。

5）元素权重的确定

设超矩阵 $\boldsymbol{W}$ 的元素为 w_{ij}，则 w_{ij} 的大小反映了元素 i 对元素 j 的影响度，也称一步优势度。元素 i 对元素 j 的优势度还可以通过 $\sum_{k=1}^{n} w_{ik}w_{kj}$ 得到，称为二步优势度，它就是 $\boldsymbol{W}^2$ 的元素。

定理 6.4.1 如果 $\boldsymbol{W}$ 是归一化方阵，那么 $\boldsymbol{W}^2$ 仍是归一化矩阵，并且 $\boldsymbol{W}^k$ 也是归一化矩阵。

6.4.2 网络分析法确定指标权重的步骤

在系统中，我们假设 ANP 模型的控制层中有元素 p_1，p_2，…，p_m，在控制层下，网络层有元素组 C_1，C_2，…，C_n，其中 C_i 中有元素 e_{i1}，e_{i2}，…，e_{iN_i}（i=1，2，…，n），那么计算指标权重的步骤可归纳如下。

（1）确定主因子层的权矩阵。以 0~9 为标度，以控制层元素 p_s（s=1，2，…，m）为准则，以 C_i（i=1，2，…，n）中的一个元素为次准则，其他因子相对于该准则作相对影响度比较，共构造 n 个判断矩阵，对每个矩阵计算其最大特征值所对应的特征向量，然后进行一致性检验。若通过检验，则将这些特征向量归一化处理，若通不过检验，则需要重新构造判断矩阵。将这些归一化的特征向量组成一个 n 阶的权矩阵。

（2）确定次因子层的超矩阵。以控制层元素 p_s（s =1，2，…，m）为准则，以 C_i（i=1，2，…，n）中的元素 e_{ik}（k =1，2，…，N_i）为次准则，元素组 C_1，C_2，…，C_n 中元素按其对 e_{ik} 的影响力大小进行优势度比较，类似权矩阵的计算，构造每个主因子下的次因子组的权矩阵，形成一个 $\sum_{i=1}^{n} N_i$ 阶的超矩阵，并且这个超矩阵是由 n 个块矩阵构成的。

（3）确定加权超矩阵。将（1）中权矩阵的每个元素与（2）中超矩阵的块相乘，构成加权超矩阵。加权超矩阵反映了主因子对次因子的控制作用与次因子对主因子的反馈作用。

（4）求解指标权重。根据（3）中的加权超矩阵所属类型，采用相应的计算方法，确定元素的相对排序向量，即 $\sum_{i=1}^{n} N_i$ 个元素的权重。

6.4.3 ANP 的应用举例

首先给出 ANP 的主要计算步骤，如图 6.4.2 所示。下面以某高校图书馆的评估为例进行说明。

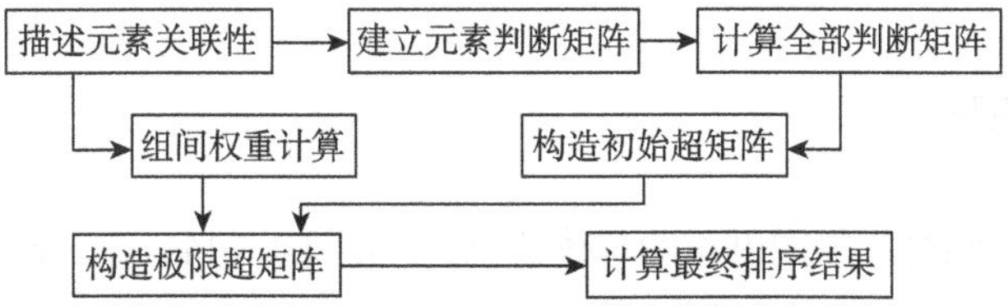

图 6.4.2　ANP 主要计算步骤

1. 构造 ANP 影响网络

图 6.4.3 建立的是三层指标体系。四个主要元素组 B、C、D、E 之间及各子元素之间的关系都不是独立的，它们相互之间有依存关系和反馈关系。图 6.4.4 为主指标影响网络，图 6.4.5 为二级指标影响网络。

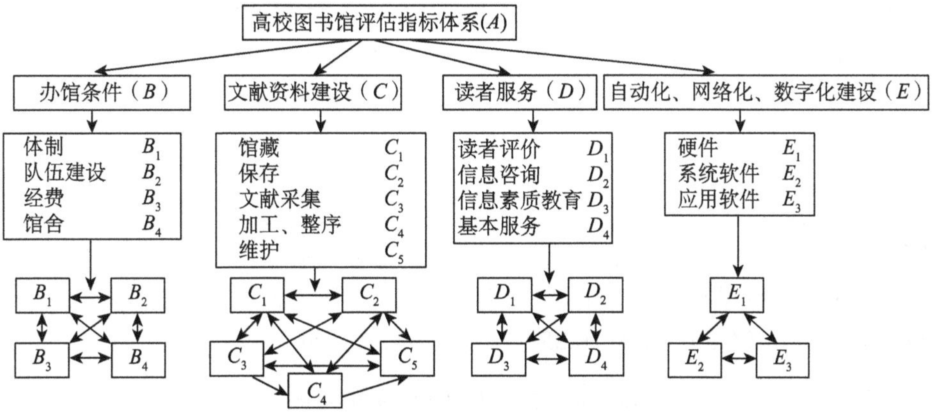

图 6.4.3　高校图书馆评价指标体系

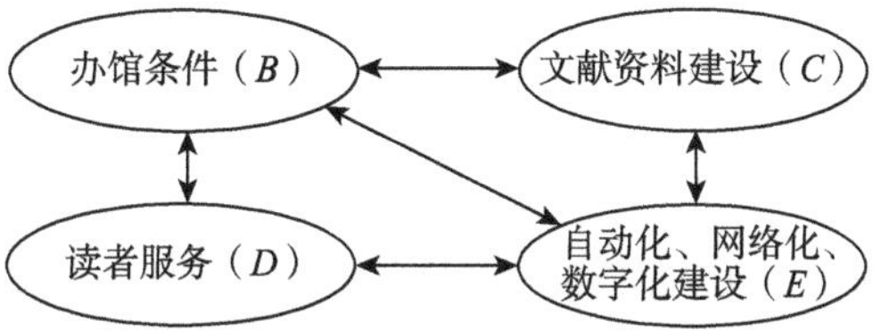

图 6.4.4　主指标影响网络

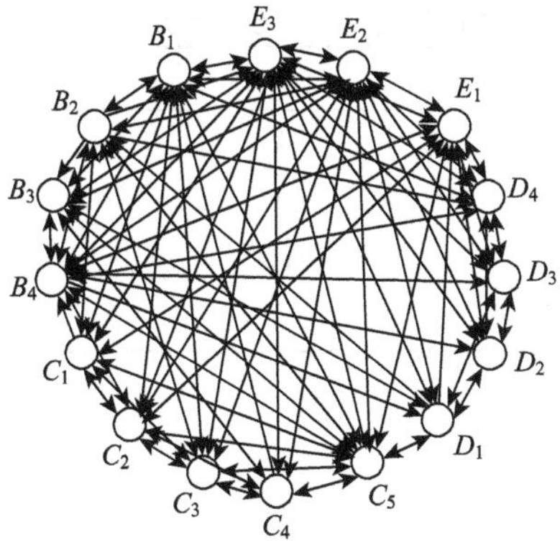

图 6.4.5　二级指标影响网络

2. 构造判断矩阵

通过专家打分，结合高校图书馆的具体情况，构造判断矩阵。特请到五位图书情报专家，采用 1~9 标度对各指标的相对重要性进行评判，专家的评判值分别为 $U_{(ij)}^{(1)}, U_{(ij)}^{(2)}, \cdots, U_{(ij)}^{(5)}$，求出它们的几何均值，即 $a_{ij}=\sqrt[5]{\prod_{k=1}^{5}U_{ij}^{(k)}}$，可得准则 C_k 下的判断矩阵 $\boldsymbol{A}=(a_{ij})_{n\times n}$。

设 $\boldsymbol{w}$ 对应此矩阵的排序向量，$\lambda_{\max}$ 为最大特征值，CR 为一致性指标。当 CR<0.1 时，说明判断矩阵合乎要求。

各元素组判断矩阵及其用特征值法计算的结果见表 6.4.3。

表 6.4.3 准则 *A* 下各元素组对 *B* 的重要性比较

B	*B*	*C*	*D*	*E*	$\boldsymbol{w}$	
B	1	2	3	5	0.483 2	$\lambda_{\max}$ =4.014 5 CR=0.005 4
C	1/2	1	2	3	0.271 7	
D	1/3	1/2	1	2	0.156 9	
E	1/5	1/3	1/2	1	0.088 2	

同理可得，准则 *A* 下各元素组对 *C*、*D*、*E* 的重要性的比较。

二阶以下的矩阵可直接给出权重。同组内部各元素重要性比较见表 6.4.4，其余类似，排序权重向量 $\boldsymbol{v}_{B_1}=(0.50，0.25，0.25)^{\mathrm{T}}$，$\lambda_{\max}=3$，CR=0。

表 6.4.4 B_2、B_3、B_4 对准则 B_1 的判断矩阵

B_1	B_2	B_3	B_4
B_2	1	2	2
B_3	1/2	1	1
B_4	1/2	1	1

不同组的各元素重要性比较见表 6.4.5，排序权重向量 $\boldsymbol{v}_{B_4}=(0.368\,3，0.192\,9，0.070\,4，0.368\,3)^{\mathrm{T}}$，$\lambda_{\max}=4.004\,2$，CR=0.001 5，其余类似。

表 6.4.5 D_1、D_2、D_3、D_4 对准则 B_4 的判断矩阵

B_4	D_1	D_2	D_3	D_4
D_1	1	2	5	1
D_2	1/2	1	3	1/2
D_3	1/5	1/3	1	1/5
D_4	1	2	5	1

3. 构造加权矩阵

按照 ANP 的计算过程，经计算所得加权矩阵为

$$A=\begin{pmatrix}0.483\ 2 & 0.539\ 6 & 0.648\ 3 & 0.400\ 0\\ 0.271\ 7 & 0.297\ 0 & 0.000\ 0 & 0.200\ 0\\ 0.156\ 9 & 0.000\ 0 & 0.229\ 7 & 0.200\ 0\\ 0.088\ 2 & 0.163\ 4 & 0.122\ 0 & 0.200\ 0\end{pmatrix}$$

第一列为准则 B 下 B、C、D、E 的权重。同理求得第二、三、四列，得到加权矩阵 $\boldsymbol{A}$。

4. 构造初始超矩阵

根据所给的网络，超矩阵的构成如下：

$$\begin{pmatrix}\boldsymbol{W}_{BB} & \boldsymbol{W}_{BC} & \boldsymbol{W}_{BD} & \boldsymbol{W}_{BE}\\ \boldsymbol{W}_{CB} & \boldsymbol{W}_{CC} & \boldsymbol{W}_{CD} & \boldsymbol{W}_{CE}\\ \boldsymbol{W}_{DB} & \boldsymbol{W}_{DC} & \boldsymbol{W}_{DD} & \boldsymbol{W}_{DE}\\ \boldsymbol{W}_{EB} & \boldsymbol{W}_{EC} & \boldsymbol{W}_{ED} & \boldsymbol{W}_{EE}\end{pmatrix}$$

$\boldsymbol{W}_{BB}$ 表示办馆条件（B）这个元素组内部的相对排序，首先以 B_1 为准则，构造判断矩阵，求得对应的排序向量放入 $\boldsymbol{W}_{BB}$ 的第一列。

同理，可以求得 $\boldsymbol{W}_{BB}$ 的第二列、第三列和第四列元素。其余（如 $\boldsymbol{W}_{BC}$ 等）可用类似方法计算。

把 $\boldsymbol{W}_{BB}$ 放入 $\boldsymbol{W}$ 中，即可得到 $\boldsymbol{W}$ 第一行第一列的分块，最后得到的初始超矩阵见表 6.4.6。

表 6.4.6　初始超矩阵

	B_1	B_2	B_3	B_4	C_1	C_2	C_3	C_4	C_5	D_1	D_2	D_3	D_4	E_1	E_2	E_3
B_1	0.000 0	0.750 0	0.000 0	1.000 0	0.750 0	1.000 0	0.500 0	0.000 0	0.000 0	0.000 0	0.000 0	0.000 0	1.000 0	0.000 0	0.423 6	0.489 1
B_2	0.500 0	0.000 0	1.000 0	0.000 0	0.250 0	0.000 0	0.500 0	0.500 0	1.000 0	0.500 0	0.000 0	0.000 0	0.000 0	0.000 0	0.227 0	0.232 1
B_3	0.250 0	0.250 0	0.000 0	0.000 0	0.000 0	0.000 0	0.000 0	0.500 0	0.000 0	0.500 0	0.000 0	0.000 0	0.000 0	0.000 0	0.122 3	0.089 3
B_4	0.250 0	0.000 0	0.000 0	0.000 0	0.000 0	0.000 0	0.000 0	0.000 0	0.000 0	0.000 0	1.000 0	1.000 0	0.000 0	1.000 0	0.227 0	0.189 6
C_1	0.200 0	0.500 0	0.000 0	0.200 0	0.000 0	0.359 3	0.298 6	0.482 9	0.280 4	0.000 0	0.000 0	0.000 0	0.000 0	0.387 4	0.000 0	0.110 2
C_2	0.200 0	0.000 0	0.000 0	0.400 0	0.350 9	0.000 0	0.334 4	0.272 0	0.312 0	0.000 0	0.000 0	0.000 0	0.000 0	0.169 2	0.000 0	0.110 2
C_3	0.200 0	0.500 0	0.000 0	0.400 0	0.189 1	0.199 9	0.000 0	0.157 0	0.127 2	0.000 0	0.000 0	0.000 0	0.000 0	0.443 4	0.000 0	0.277 9
C_4	0.200 0	0.000 0	0.500 0	0.000 0	0.350 9	0.359 3	0.272 9	0.000 0	0.280 4	0.000 0	0.000 0	0.000 0	0.000 0	0.000 0	0.500 0	0.277 9
C_5	0.200 0	0.000 0	0.500 0	0.000 0	0.109 1	0.081 5	0.104 1	0.088 2	0.000 0	0.000 0	0.000 0	0.000 0	0.000 0	0.000 0	0.500 0	0.223 8
D_1	0.000 0	0.000 0	0.000 0	0.368 3	0.000 0	0.000 0	0.000 0	0.000 0	0.000 0	0.000 0	0.250 0	0.163 4	0.549 9	0.326 1	0.163 0	0.250 0
D_2	0.000 0	0.000 0	0.000 0	0.192 9	0.000 0	0.000 0	0.000 0	0.000 0	0.000 0	0.240 2	0.000 0	0.297 0	0.340 2	0.148 0	0.326 1	0.000 0
D_3	0.000 0	0.000 0	0.000 0	0.070 4	0.000 0	0.000 0	0.000 0	0.000 0	0.000 0	0.209 8	0.250 0	0.000 0	0.209 8	0.163 0	0.362 9	0.000 0
D_4	1.000 0	0.000 0	0.000 0	0.368 3	0.000 0	0.000 0	0.000 0	0.000 0	0.000 0	0.549 9	0.500 0	0.539 6	0.000 0	0.362 9	0.148 0	0.750 0
E_1	0.000 0	0.000 0	0.000 0	0.000 0	0.250 0	0.000 0	0.000 0	0.000 0	0.250 0	0.000 0	0.000 0	0.000 0	0.000 0	0.000 0	0.500 0	0.500 0
E_2	0.500 0	0.000 0	0.500 0	0.000 0	0.000 0	0.500 0	0.000 0	1.000 0	0.750 0	0.000 0	0.000 0	0.000 0	0.000 0	0.750 0	0.000 0	0.500 0
E_3	0.500 0	1.000 0	0.500 0	1.000 0	0.750 0	0.500 0	0.000 0	0.000 0	0.000 0	0.000 0	0.000 0	0.000 0	1.000 0	0.250 0	0.500 0	0.000 0

实线、虚线和曲线框分别与 W_{BB}、W_{CC}、W_{EE} 对应，W 就是初始的超矩阵。

5. 建立加权超矩阵

加权矩阵 A 的每一个元素乘以初始超矩阵的相应元素块就得到加权超矩阵 W' 为

0	0.321 7	0	0.428 9	0.404 7	0.539 6	0.269 8	0	0	0	0	0	0.648 3	0	0.169 4	0.195 6
0.214 5	0	0.428 9	0	0.134 9	0	0.269 8	0.269 8	0.539 6	0.324 1	0	0	0	0	0.090 8	0.092 8
0.107 2	0.107 2	0	0	0	0	0	0.269 8	0	0.324 1	0	0	0	0	0.048 9	0.035 7
0.107 2	0	0	0	0	0	0	0	0	0	0.648 3	0.648 3	0	0.400 0	0.090 8	0.075 8
0.054 4	0.136 0	0	0.054 4	0	0.106 7	0.088 7	0.143 4	0.083 3	0	0	0	0	0.077 5	0	0.022 0
0.054 4	0	0	0.108 8	0.104 2	0	0.096 3	0.080 8	0.092 7	0	0	0	0	0.033 8	0	0.022 0
0.054 4	0.136 0	0	0.108 8	0.056 2	0.059 4	0	0.046 6	0.037 8	0	0	0	0	0.088 7	0	0.055 6
0.054 4	0	0.136 0	0	0.104 2	0.106 7	0.081 1	0	0.083 3	0	0	0	0	0	0.100 0	0.055 6
0.054 4	0	0.136 0	0	0.032 4	0.024 2	0.030 9	0.026 2	0	0	0	0	0	0	0.100 0	0.044 8
0	0	0.157 0	0.057 8	0	0	0	0	0	0	0.057 4	0.037 5	0.126 3	0.065 2	0.032 6	0.050 0
0	0	0	0.030 3	0	0	0	0	0	0.055 2	0	0.068 2	0.055 2	0.029 6	0.065 2	0
0	0	0	0.011 1	0	0	0	0	0	0.048 2	0.057 4	0	0.048 2	0.032 6	0.072 6	0
0.157 0	0.157 0	0	0.057 8	0	0	0	0	0	0.126 3	0.114 8	0.123 9	0	0.072 6	0.029 6	0.150 0
0	0	0	0	0.040 8	0	0	0	0.040 8	0.040 7	0.061 0	0.061 0	0.030 5	0	0.100 0	0.100 0
0.044 1	0	0.044 1	0	0	0.081 7	0.163 4	0.163 4	0.122 5	0.040 7	0.030 5	0.030 5	0.030 5	0.150 0	0	0.100 0
0.044 1	0.088 2	0.044 1	0.088 2	0.122 5	0.081 7	0	0	0	0.040 7	0.030 5	0.030 5	0.061 0	0.050 0	0.100 0	0

6. 计算极限超矩阵权重

加权超矩阵 W' 自相乘，直到积收敛为止，则每一列归一化就得到最后的排序向量，借助 Matlab 7.0 软件计算：$W'^2 \cdot W'^2 = W'^4; W'^4 \cdot W'^4 = W'^8; W'^8 \cdot W'^8 = W'^{16}$，得极限超矩阵为

0.216 4	0.216 4	0.216 4	0.216 4	0.216 4	0.216 4	0.216 4	0.216 4	0.216 4	0.216 4	0.216 4	0.216 4	0.216 4	0.216 4	0.216 4	0.216 4
0.161 3	0.161 3	0.161 3	0.161 3	0.161 2	0.161 3	0.161 3	0.161 3	0.161 3	0.161 3	0.161 2	0.161 2	0.161 3	0.161 3	0.161 2	0.161 2
0.073 0	0.073 0	0.073 0	0.073 0	0.073 0	0.073 0	0.073 0	0.073 0	0.073 0	0.073 0	0.073 0	0.073 0	0.073 0	0.073 0	0.073 0	0.073 0
0.057 8	0.057 8	0.057 8	0.057 8	0.057 8	0.057 8	0.057 8	0.057 8	0.057 8	0.057 8	0.057 8	0.057 8	0.057 8	0.057 8	0.057 8	0.057 8
0.058 1	0.058 1	0.058 1	0.058 1	0.058 1	0.058 1	0.058 1	0.058 1	0.058 1	0.058 1	0.058 1	0.058 1	0.058 1	0.058 1	0.058 1	0.058 1
0.038 2	0.038 2	0.038 2	0.038 2	0.038 2	0.038 2	0.038 2	0.038 2	0.038 2	0.038 2	0.038 2	0.038 2	0.038 2	0.038 2	0.038 2	0.038 2
0.053 8	0.053 8	0.053 8	0.053 8	0.053 8	0.053 8	0.053 8	0.053 8	0.053 8	0.053 8	0.053 8	0.053 8	0.053 8	0.053 8	0.053 8	0.053 8
0.047 1	0.047 1	0.047 1	0.047 1	0.047 1	0.047 1	0.047 1	0.047 1	0.047 1	0.047 1	0.047 1	0.047 1	0.047 1	0.047 1	0.047 1	0.047 1
0.034 8	0.034 8	0.034 8	0.034 8	0.034 8	0.034 8	0.034 8	0.034 8	0.034 8	0.034 8	0.034 8	0.034 8	0.034 8	0.034 8	0.034 8	0.034 8
0.031 8	0.031 8	0.031 8	0.031 8	0.031 7	0.031 7	0.031 7	0.031 7	0.031 7	0.031 7	0.031 7	0.031 7	0.031 7	0.031 7	0.031 7	0.031 7
0.012 5	0.012 5	0.012 5	0.012 5	0.012 5	0.012 5	0.012 5	0.012 5	0.012 5	0.012 5	0.012 5	0.012 5	0.012 5	0.012 5	0.012 5	0.012 5
0.011 0	0.011 0	0.011 0	0.011 0	0.011 0	0.011 0	0.011 0	0.011 0	0.011 0	0.011 0	0.011 0	0.011 0	0.011 0	0.011 0	0.011 0	0.011 0
0.080 6	0.080 6	0.080 6	0.080 6	0.080 6	0.080 6	0.080 6	0.080 6	0.080 6	0.080 6	0.080 6	0.080 6	0.080 6	0.080 6	0.080 6	0.080 6
0.019 4	0.019 4	0.019 4	0.019 4	0.019 4	0.019 4	0.019 4	0.019 4	0.019 4	0.019 4	0.019 4	0.019 4	0.019 4	0.019 4	0.019 4	0.019 4
0.049 5	0.049 5	0.049 5	0.049 5	0.049 5	0.049 5	0.049 5	0.049 5	0.049 5	0.049 5	0.049 5	0.049 5	0.049 5	0.049 5	0.049 5	0.049 5
0.055 2	0.055 2	0.055 2	0.055 2	0.055 2	0.055 2	0.055 2	0.055 2	0.055 2	0.055 2	0.055 2	0.055 2	0.055 2	0.055 2	0.055 2	0.055 2

取其一列得到最后的排序向量

w =（0.216 4，0.161 3，0.073 0，0.057 8，0.058 1，0.038 2，0.053 8，0.047 1，0.034 8，0.031 8，0.012 5，0.011 0，0.080 6，0.019 4，0.049 5，0.055 2）

运用 ANP 对高校图书馆评估模型求解，核心工作在于超矩阵构造及权重计算。具体的判断矩阵等求解过程非常浩大、复杂，借助 Matlab 7.0 软件能够使计算程序化。这里对高校图书馆评估模型的 ANP 算法做了具体分析和详细解答，其结果说明了 ANP 方法在高校图书馆评估中的可行性与合理性。

6.4.4 ANP与AHP的比较

以上我们对AHP和ANP进行了介绍及理论探讨，下面将对这两种方法进行定性的比较。

（1）从理论上看，ANP是在AHP的基础上发展起来的，可以更具体地说ANP的前身是反馈的AHP。它们的相同点是都构造判断矩阵确定特征向量，并且进行一致性检验。不同点是AHP是一种多准则评价和决策方法，它将系统划分层次，并假定系统内不存在反馈，且同层内元素相互独立。ANP则取消这些假定，在理论上有了解决复杂动态系统问题的可能性。

（2）从结构上看，ANP由控制层和网络层两部分组成。其中ANP控制层的结构与AHP结构相同，而ANP的网络层则是由受控于控制层的、所有能反映系统特性的元素组成，其内部的网络结构是多样的，可以是上述讨论的结构中的任何一种。

（3）从解决问题的实效性看，AHP的递阶层次结构由于独立性假设，虽然简单易行，但是对复杂系统往往由于假设的太过理想化而失真。ANP的结构具有多样性，能很好地描述实际复杂系统的结构，确定的元素相对排序向量也更具有说服力，从而能更客观地对复杂系统进行评价。

（4）从运行的复杂度比较，AHP简单易行，对解决简单系统问题有很好的效果。ANP解超矩阵是一项非常复杂的运算过程，运算量大，但一般在实际应用中多采用计算机软件，因此计算复杂不会阻碍ANP的推广和应用。

6.5 数据包络分析法

DEA是美国著名运筹学家A. Charnes和W. Cooper等学者，以相对效率概念为基础发展起来的一种效率评价方法。它不但可以对同一类型的各决策单元的相对有效性进行评定、排序，而且可利用DEA“投影原理”进一步分析各决策单元非DEA有效的原因及其改进方向，从而为决策者提供重要的管理决策信息。这种方法结构简单、使用方便，特别能有效处理多种投入、多种产出指标时的评价问题。所以，从1978年第一个DEA模型——C^2R模型（这一模型是由A. Charnes，W. Cooper和E. Rhodes提出的，模型的名称用三位作者的第一个字母表示，简记为C^2R模型）建立以来，有关的理论研究不断深入，其应用领域也日益广泛。

6.5.1 多指标评价的DEA模型

首先举一个例子。

【例6.5.1】 设有七个双投入、单产出的同型企业，其投入量与产出量如表6.5.1

所示。试对他们的生产效率进行概略分析。

表 6.5.1 七个企业的投入量与产出量

企业序号	1	2	3	4	5	6	7
投入 1（x_{1j}）	19	1	1	2	10	5	8
投入 2（x_{2j}）	10	1	6	15	17	1	1
产出（y_j）	120	8	24	40	120	20	24

为方便计算，对每个企业的投入量与产出量按相同的比数扩大，使产出量均达到 120，结果如表 6.5.2 所示。

表 6.5.2 七个企业的等效投入量与产出量

企业序号	1	2	3	4	5	6	7
x_{1j}	19	15	5	6	10	30	40
x_{2j}	10	15	30	45	17	6	5
y_j	120	120	120	120	120	120	120

在投入平面上用表 6.5.2 中的数据画出七个企业的生产点，再通过其中某些点做含七个生产点的最小凸包，即把七个生产点包围在右上方最小的凸集中，由此产生的折线总体称为数据包络曲线（图 6.5.1）。

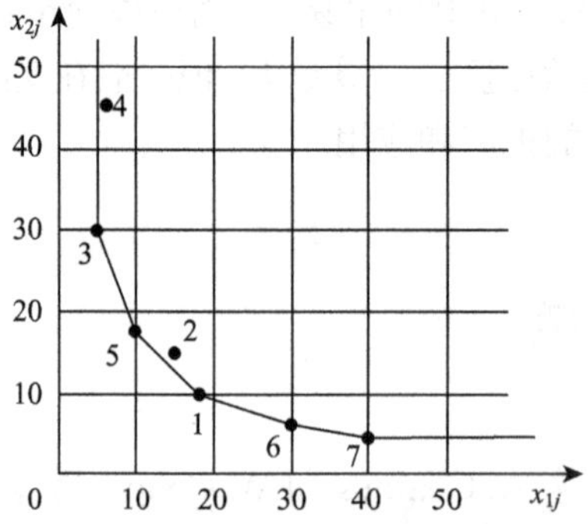

图 6.5.1 七个企业的数据包络曲线

对照图 6.5.1，对七个企业的生产效率做一概略分析。

（1）凡凸包中 $\dfrac{\Delta x_{2j}}{\Delta x_{1j}} < 0$ 的边界点（如 1、3、5、6、7 点）都是生产效率较高的点；而凡凸包中的内点（如 2、4 点）都是生产效率较低的点。

（2）可以设想，随着企业个数的增加，数据包络曲线上的折线段数将随之增多，可能导致某些原来的边界点演变为内点，即从生产高效的点转化为生产低效的点。因此，这里所说的高效或低效，是针对某一组实际的企业而言的，因而是相对的。

DEA 是指以相对效率概念为基础、以凸分析和线性规划为工具的一种评价方法。

设有 n 个被评价的同类部门，称为决策单元（decision making units，DMU），每个 DMU 都有 m 种输入及 s 种输出（图 6.5.2）。其中，x_{ij} 表示第 j 个 DMU 对第 i 种输入的投入量，$x_{ij}>0$；y_{rj} 表示第 j 个 DMU 对第 r 种输出的产出量，$y_{rj}>0$；v_i 表示第 i 种输入的权；u_r 表示第 r 种输出的权，x_{ij}、y_{rj} 为已知数据，可以根据历史资料得到；v_i、u_r 为变量，

$i=1,2,\cdots,m;\ j=1,2,\cdots,n;\ r=1,2,\cdots,s$。

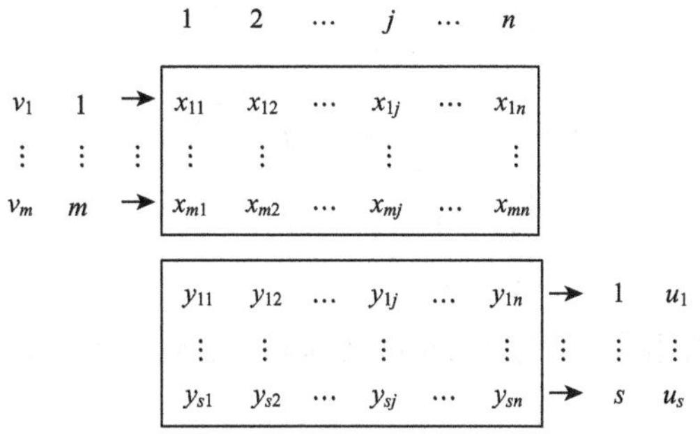

图 6.5.2 n 个 DMU 的输入输出

对应于一组权系数

$$\boldsymbol{v}=(v_1,\ \cdots,\ v_m)^{\mathrm{T}},\ \boldsymbol{u}=(u_1,\ \cdots,\ u_s)^{\mathrm{T}}$$

每个决策单元都有相应的效率评价指数

$$h_j=\frac{\boldsymbol{u}^{\mathrm{T}}\boldsymbol{y}_j}{\boldsymbol{v}^{\mathrm{T}}\boldsymbol{x}_j}=\frac{\sum_{r=1}^{s}u_r y_{rj}}{\sum_{i=1}^{m}v_i x_{ij}}\quad (j=1,\cdots,n)$$

式中，$\boldsymbol{x}_j=(x_{1j},x_{2j},\cdots,x_{mj})^{\mathrm{T}}$；$\boldsymbol{y}_j=(y_{1j},y_{2j},\cdots,y_{sj})^{\mathrm{T}}$；$j=1,\cdots,n$。我们总可以适当地选择权系数 $\boldsymbol{u}$ 和 $\boldsymbol{v}$，使其满足

$$h_j\leqslant 1,\ j=1,2,\cdots,n$$

现在，对第 j_0 个 DMU 进行效率评价（$1\leqslant j_0\leqslant n$），以权系数 $\boldsymbol{u}$ 和 $\boldsymbol{v}$ 为变向量，以第 j_0 个 DMU 的效率指数为目标，以所有的 DMU（也包括第 j_0 个 DMU）的效率指数为约束，即

$$h_j\leqslant 1,\ j=1,2,\cdots,n$$

构建如下的最优化模型：

$$\max\ h_{j_0}=\frac{\sum_{r=1}^{s}u_r y_{rj_0}}{\sum_{i=1}^{m}v_i x_{ij_0}}$$

$$\text{s.t.}\ \frac{\sum_{r=1}^{s}u_r y_{rj}}{\sum_{i=1}^{m}v_i x_{ij}}\leqslant 1\quad (j=1,2,\cdots,n)$$

$$\boldsymbol{v}=(v_1,\ v_2,\ \cdots,\ v_m)^{\mathrm{T}}\geqslant 0$$

$$\boldsymbol{u}=(u_1,\ u_2,\ \cdots,\ u_s)^{\mathrm{T}}\geqslant 0$$

式中，$\boldsymbol{v}\geqslant 0$ 表示对 $i=1,2,\cdots,m,\ v_i\geqslant 0$，并且至少存在某 i_0（$1\leqslant i_0\leqslant m$），$v_{i_0}>0$；对于 $\boldsymbol{u}\geqslant 0$ 有类似的含义。写成向量的形式是（为方便起见，进行如下替换：$\boldsymbol{x}_0=\boldsymbol{x}_{j_0},\boldsymbol{y}_0=\boldsymbol{y}_{j_0}$）

$$
(\mathrm{P})\begin{cases}\max \dfrac{\boldsymbol{u}^{\mathrm{T}}\boldsymbol{y}_0}{\boldsymbol{v}^{\mathrm{T}}\boldsymbol{x}_0} \\ \text{s.t.} \dfrac{\boldsymbol{u}^{\mathrm{T}}\boldsymbol{y}_j}{\boldsymbol{v}^{\mathrm{T}}\boldsymbol{x}_j} \leqslant 1, \quad j=1,2,\cdots,n \\ \boldsymbol{v} \geqslant 0 \\ \boldsymbol{u} \geqslant 0 \end{cases}
$$

这是一个分式规划问题，使用 Charnes-Cooper 变换，可以转化为一个等价的线性规划问题。令

$$
\boldsymbol{t}=1/\boldsymbol{v}^{\mathrm{T}}\boldsymbol{x}_0, \boldsymbol{\omega}=\boldsymbol{t}\cdot\boldsymbol{v}, \boldsymbol{\mu}=\boldsymbol{t}\cdot\boldsymbol{u}
$$

则有

$$
\boldsymbol{\mu}^{\mathrm{T}}\boldsymbol{y}_0=\frac{\boldsymbol{u}^{\mathrm{T}}\boldsymbol{y}_0}{\boldsymbol{v}^{\mathrm{T}}\boldsymbol{x}_0}
$$

$$
\frac{\boldsymbol{\mu}^{\mathrm{T}}\boldsymbol{y}_j}{\boldsymbol{\omega}^{\mathrm{T}}\boldsymbol{x}_j}=\frac{\boldsymbol{u}^{\mathrm{T}}\boldsymbol{y}_j}{\boldsymbol{v}^{\mathrm{T}}\boldsymbol{x}_j}\leqslant 1
$$

$$
\boldsymbol{\omega}^{\mathrm{T}}\boldsymbol{x}_0=1
$$

$$
\boldsymbol{\omega}\geqslant 0, \ \boldsymbol{\mu}\geqslant 0
$$

于是,（P）转化成一个等价的线性规划

$$
(\mathrm{P}_{\mathrm{C^2R}})\begin{cases}\max h_{j_0}=\boldsymbol{\mu}^{\mathrm{T}}\boldsymbol{y}_0 \\ \text{s.t. } \boldsymbol{\omega}^{\mathrm{T}}\boldsymbol{x}_j-\boldsymbol{\mu}^{\mathrm{T}}\boldsymbol{y}_j\geqslant 0, \quad j=1,2,\cdots,n \\ \boldsymbol{\omega}^{\mathrm{T}}\boldsymbol{x}_0=1 \\ \boldsymbol{\omega}\geqslant 0, \ \boldsymbol{\mu}\geqslant 0 \end{cases} \tag{6.5.1}
$$

展开，得

$$
\max h_{j_0}=\left(\boldsymbol{\omega}^{\mathrm{T}} \ \boldsymbol{\mu}^{\mathrm{T}}\right)\begin{pmatrix}0\\ \boldsymbol{y}_0\end{pmatrix}
$$

$$
\text{s.t. } \left(\boldsymbol{\omega}^{\mathrm{T}}\boldsymbol{\mu}^{\mathrm{T}}\right)\begin{pmatrix}\boldsymbol{x}_1 & \boldsymbol{x}_2 & \cdots & \boldsymbol{x}_n \\ -\boldsymbol{y}_1 & -\boldsymbol{y}_2 & \cdots & -\boldsymbol{y}_n\end{pmatrix}\geqslant 0
$$

$$
\left(\boldsymbol{\omega}^{\mathrm{T}}\boldsymbol{\mu}^{\mathrm{T}}\right)\begin{pmatrix}\boldsymbol{x}_0\\ 0\end{pmatrix}=1
$$

$$
\boldsymbol{\omega}\geqslant 0, \ \boldsymbol{\mu}\geqslant 0
$$

其对偶规划为

$$
(\mathrm{D}_{\mathrm{C^2R}})\begin{cases}\min\theta \\ \text{s.t. } \sum_{j=1}^{n}\lambda_j\boldsymbol{x}_j\leqslant\theta\boldsymbol{x}_0 \\ \sum_{j=1}^{n}\lambda_j\boldsymbol{y}_j\geqslant\boldsymbol{y}_0 \\ \lambda_j\geqslant 0, j=1,2,\cdots,n \\ \theta\text{无约束}\end{cases} \tag{6.5.2}
$$

定理 6.5.1 规划$\left(\mathrm{P}_{\mathrm{C^2R}}\right)$和对偶规划$\left(\mathrm{D}_{\mathrm{C^2R}}\right)$都存在可行解，因而都有最优解。设它们的最优值分别为$h_{j_0}^*$和θ^*，则$h_{j_0}^* = \theta^* \leqslant 1$。

为了用$\mathrm{C^2R}$模型进行效率评价，给出下列定义。

定义 6.5.1 若线性规划$\left(\mathrm{P}_{\mathrm{C^2R}}\right)$的最优值$h_{j_0}^*=1$，则称$\mathrm{DMU}_{j_0}$为弱 DEA 有效。

定义 6.5.2 若线性规划$\left(\mathrm{P}_{\mathrm{C^2R}}\right)$存在最优解$\boldsymbol{\omega}^*$、$\boldsymbol{\mu}^*$，满足$\boldsymbol{\omega}^*>0$、$\boldsymbol{\mu}^*>0$，并且最优值$h_{j_0}^*=1$，则称$\mathrm{DMU}_{j_0}$为 DEA 有效。

由上述定义可以看出，若DMU_{j_0}为 DEA 有效，则它也是弱 DEA 有效。

应用线性规划对偶理论，可以通过对偶规划$\left(\mathrm{D}_{\mathrm{C^2R}}\right)$来判断$\mathrm{DMU}_{j_0}$的有效性。在$\left(\mathrm{D}_{\mathrm{C^2R}}\right)$中，引进松弛变量$\boldsymbol{s}^-$和剩余变量$\boldsymbol{s}^+$，得到如下的线性规划：

$$
\left(\mathrm{D}_{\mathrm{C^2R}}^1\right)\begin{cases}\min\theta \\ \text{s.t.}\ \displaystyle\sum_{j=1}^{n}\lambda_j\boldsymbol{x}_j+\boldsymbol{s}^-=\theta\boldsymbol{x}_0 \\ \displaystyle\sum_{j=1}^{n}\lambda_j\boldsymbol{y}_j-\boldsymbol{s}^+=\boldsymbol{y}_0 \\ \lambda_j\geqslant 0,\ j=1,2,\cdots,n \\ \boldsymbol{s}^-\geqslant 0,\ \boldsymbol{s}^+\geqslant 0\end{cases} \tag{6.5.3}
$$

借助对偶规划来判断DMU_{j_0}的有效性，有下面的基本定理。

定理 6.5.2 DMU_{j_0}为弱 DEA 有效的充分必要条件是规划$\left(\mathrm{D}_{\mathrm{C^2R}}^1\right)$的最优值$\theta^*=1$；$\mathrm{DMU}_{j_0}$为 DEA 有效的充分必要条件是规划$\left(\mathrm{D}_{\mathrm{C^2R}}^1\right)$的最优值$\theta^*=1$，并且对每个最优解$\boldsymbol{\lambda}^*$、$\boldsymbol{s}^{*-}$、$\boldsymbol{s}^{*+}$都有$\boldsymbol{s}^{*-}=0$，$\boldsymbol{s}^{*+}=0$。

在实际应用中，各输入量与输出量都带有一定的量纲。可以证明，决策单元的最优效率指数与输入量及输出量的量纲选取无关。

6.5.2 DEA 方法的应用举例

我们把城市的可持续发展系统（某一时间或某一时段）视作 DEA 中的一个 DMU，它具有特定的输入输出，在将输入转化为输出的过程中，要努力实现系统的可持续发展目标。

利用 DEA 方法对某市的可持续发展进行评价。在这里选取较具代表性的指标，作为输入变量和输出变量，具体如表 6.5.3 所示，即输入变量为政府财政收入占 GDP（国内生产总值）的比重、环保投资占 GDP 的比重、每千人科技人员数，输出变量为经济发展（用人均 GDP 表示）、环境发展（用城市环境质量指数表示；在计算过程中，对城市环境指数的数值做了归一化处理）。计算结果见表 6.5.4，最优解用θ表示。

表 6.5.3 各决策单元输入、输出指标值

序号	决策单元	政府财政收入占GDP的比重/%	环保投资占GDP的比重/%	每千人科技人员数/人	人均GDP/元	城市环境质量指数
1	2000年	14.40	0.65	31.30	3 621.00	0.00
2	2001年	16.90	0.72	32.30	3 943.00	0.09
3	2002年	15.53	0.72	31.87	4 086.00	0.07
4	2003年	15.40	0.76	32.23	4 904.67	0.13
5	2004年	14.17	0.76	32.40	6 311.67	0.37
6	2005年	13.33	0.69	30.77	8 173.33	0.59
7	2006年	12.83	0.61	29.23	10 236.00	0.51
8	2007年	13.00	0.63	28.20	12 094.33	0.44
9	2008年	13.40	0.75	28.80	13 603.33	0.58
10	2009年	14.00	0.84	29.10	14 841.00	1.00

表 6.5.4 用 DEA 方法对某市可持续发展的相对评价的结果（评价模型：C^2R）

年份	θ	结论
2000	0.285 4	非DEA有效
2001	0.290 2	非DEA有效
2002	0.296 8	非DEA有效
2003	0.342 5	非DEA有效
2004	0.459 5	非DEA有效
2005	0.718 3	非DEA有效
2006	0.906 9	非DEA有效
2007	1	DEA有效
2008	1	DEA有效
2009	1	DEA有效

显而易见，该市在2000~2009年整个期间的发展是朝着可持续发展方向前进的。

本章小结

系统评价是系统科学研究评价理论的一个重要分支，也是系统工程的重要内容。系统评价是方案优选和决策的基础，评价的好坏影响着决策的正确性。系统的评价指标体系是由若干个单项评价指标组成的有机整体，应考虑多方面系统功能指标。一般地，评价指标体系具有层次性和多样性的特征。

本章在对系统评价技术概述的基础上，着重介绍了模糊综合评价法、AHP、ANP和DEA等常见的综合评价方法。

模糊综合评价法是运用模糊集理论对系统进行综合评价的一种方法，可分为一级综合评价模型和多级综合评价模型两类。因素就是评价对象的各种属性或性能、参数指标或质量指标，它们构成因素集。评语集是评价者对评价对象可能做出的各种总的评价结果所组成的集合。单独从一个因素出发进行评价，以确定评价对象对备择集元素的隶属度便称为单因素模糊评价。模糊综合评价指标由权重矩阵与单因素评价合成得到，在此过程中根据实际问题选择合适的评价模型，再依评价准则做出最后的综合评价。

AHP 是处理多目标、多准则、多层次的复杂问题，进行决策分析、综合评价的一种简单、实用而有效的方法，是一种定性分析和定量分析相结合的系统评价方法。利用 AHP 分析问题时，首先将所要分析的问题层次化，根据问题的性质和所要达成的总目标，将问题分解为不同的组成因素，并按照这些因素间的相互关联影响及隶属关系将因素按不同层次聚集组合，形成一个多层次的分析结构模型，最后将该问题转化为最底层（待评价方案）相对最高层（总目标）的比较优劣的排序问题，借助这些排序，最终可以做出评价。

ANP 是在 AHP 的基础上发展起来的。AHP 是一种多准则评价和决策方法，它将系统划分层次，并假定系统内不存在反馈，且同层内元素相互独立。ANP 则取消这些假定，在理论上有了解决复杂动态系统问题的可能性。由于 ANP 的结构具有多样性，能很好地描述实际复杂系统的结构，确定的元素相对排序向量也更具有说服力，从而能更客观地对复杂系统进行评价。

DEA 是以相对效率概念为基础，以凸分析和线性规划为工具的一种评价方法。对一组给定的决策单元，选定一组输入、输出的评价指标，求所关心的特定决策单元的有效性系数，以此来评价决策单元的优劣，即被评价单元相对于给定的那组决策单元中的相对有效性。据此将各决策单元定级排队，确定有效的决策单元，并可给出其他决策单元非有效的原因和程度。它不仅可以对同一类型各决策单元的相对有效性做出评价与排序，而且可以进一步分析各决策单元非 DEA 有效的原因及其改进方法，从而为决策者提供重要的信息。

➢思考题・习题

1. 系统评价的主要困难是什么？应该如何去解决这些困难？
2. 简述系统评价的一般步骤。
3. 确定评价指标的原则有哪些？并解释原因。
4. 评价指标数量化方法有几种？请分别叙述这些方法的特点和实施步骤。
5. 评价指标综合的方法有几种？如何运用这些方法排出方案的优劣顺序？
6. 某项新工程初步拟订了四个方案，各方案的主要指标如下表所示。请分别用效益成本法和罗马尼亚选择法为此工程负责人做出正确评价与选择（设评价方案应着重考虑投资效益；罗马尼亚选择法中，除了使用寿命之外六个指标的权重分别为 40、40、30、80、20、40；环境污染程度在标准化时，方案Ⅰ、Ⅱ、Ⅲ、Ⅳ得分分别为 33、1、66、100）。

序号	指标项目	单位	方案Ⅰ	方案Ⅱ	方案Ⅲ	方案Ⅳ
1	工程投资	万元	5 000	4 200	3 500	3 000
2	建成年限	年	8	6	5	4
3	年产值	万元	12 000	10 500	9 000	8 400
4	产值利润率	%	15	13	17	14
5	使用寿命	年	12	12	12	12
6	环境污染程度		一般	较重	轻	最轻
7	建成后需流动资金数	万元	2 000	1 500	1 400	1 200

7. 简述 AHP 方法的基本原理和步骤。

8. 某领导岗位需增配一名领导者，现有甲、乙、丙三位候选人可供选择，选择的原则是合理兼顾以下六个方面——思想品德、工作成绩、组织能力、文化程度、年龄大小、身体状况。此问题的层次结构如下图所示，已知上述六个方面的判断矩阵及三位候选人在此六个方面比较的判断矩阵如下表所示，请用 AHP 对甲、乙、丙三人进行排序，给出最佳人选。

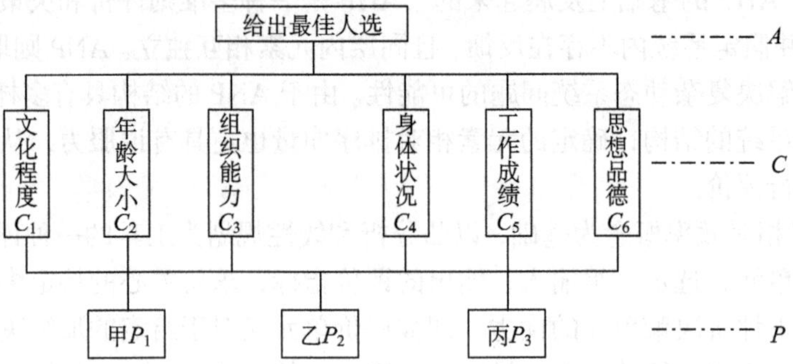

A	C_1	C_2	C_3	C_4	C_5	C_6
C_1	1	1	1	4	1	1/2
C_2	1	1	2	4	1	1/2
C_3	1	1/2	1	5	3	1/2
C_4	1/4	1/4	1/5	1	1/3	1/3
C_5	1	1	1/3	3	1	1
C_6	2	2	2	3	1	1

C_1	P_1	P_2	P_3	C_2	P_1	P_2	P_3	C_3	P_1	P_2	P_3
P_1	1	1/4	1/2	P_1	1	1/4	1/5	P_1	1	1/3	1/5
P_2	4	1	3	P_2	4	1	1/2	P_2	3	1	1/3
P_3	2	1/3	1	P_3	5	2	1	P_3	5	3	1
C_4	P_1	P_2	P_3	C_5	P_1	P_2	P_3	C_6	P_1	P_2	P_3
P_1	1	1/3	5	P_1	1	1	7	P_1	1	2	3
P_2	3	1	7	P_2	1	1	7	P_2	1/2	1	3
P_3	1/5	1/7	1	P_3	1/7	1/7	1	P_3	1/3	1/3	1

9. ANP 与 AHP 的主要区别是什么？

10. ANP 的主要计算步骤是什么？

11. 现要对某企业上年度的业绩进行评估，已知评价指标为 U={利润，上缴税务，职工培训，治理污染}；可能评估值为 V={很好，较好，一般，差}；各个指标的权重分配为 $\tilde{A}$={0.5，0.2，0.2，0.1}，该企业的评价矩阵为

$$\tilde{\boldsymbol{R}}=\begin{pmatrix}0.4 & 0.5 & 0.1 & 0\\0.6 & 0.3 & 0.1 & 0\\0.1 & 0.2 & 0.6 & 0.1\\0.1 & 0.2 & 0.5 & 0.2\end{pmatrix}$$

请用模糊综合评价方法进行分析。

12. 有甲、乙、丙三项科研成果，评价因素集为 U={水平，成功概率，经济效益}；评语集为 V={高，中，低}或 V={大，中，小}；各个指标的权重分配为 $\tilde{A}=\{0.2,0.3,0.5\}$，专家评价的结果如下表所示。

项目＼评价	水平			成功概率			经济效益		
	高	中	低	大	中	小	高	中	低
甲	0.7	0.2	0.1	0.1	0.2	0.7	0.3	0.6	0.1
乙	0.3	0.6	0.1	1	0	0	0.7	0.3	0
丙	0.1	0.4	0.5	1	0	0	0.1	0.3	0.6

试用模糊综合评价方法评价这三个科研项目的优劣。

13. 设某学校对学生思想品德的考核因素集 $U=\{u_1, u_2, u_3, u_4\}$={思想修养，集体观念，劳动观念，遵守纪律}，评语集 $V=\{v_1, v_2, v_3, v_4\}$={很好，较好，一般，不好}。设各考核因素的权重分配为 A={0.5，0.2，0.2，0.1}。为了对学生进行合理、公正的评价，对班主任、辅导员、任课教师等相关 10 人进行了调查。假设针对某学生的调查结果如下表所示（表中数字为针对给定指标给出各评语的人数，单位为人），请对该生的思想品德进行模糊综合评价。

u＼v	v_1	v_2	v_3	v_4
u_1	4	5	1	0
u_2	6	3	1	0
u_3	1	2	6	1
u_4	1	2	5	2

14. 请用 DEA 模型评价系统相对有效性。已知系统中存在四个 DMU，每个 DMU 有两个输入和一个输出，输入输出表如下。

DMU	1	2	3	4
输入	2	3	3	4
	3	4	3	2
输出	1	3	2	2

注意，请用线性规划和对偶规划两种方式进行求解。

第7章

系统优化

7.1 系统优化概述

系统优化方法（也称运筹学方法）主要是运用数学方法研究各种系统的优化途径及方案，为决策者提供科学决策的依据。系统优化的主要对象是各种有组织系统的管理问题及其生产经营活动。系统优化方法的目的在于针对所研究的系统，求得一个合理运用人力、物力和财力的最佳方案，发挥和提高系统的效能及效益，最终实现系统的最优目标。实践表明，随着科学技术的日益进步和生产经营的日益发展，系统优化已成为系统工程的重要理论基础和不可或缺的方法，被人们广泛地应用到社会、经济、企业、国防、管理等各个领域，并且发挥着越来越重要的作用。

7.1.1 系统优化的研究对象及特点

最优化方法自形成至今还没有统一的定义。现提出以下几个定义来说明系统优化的研究对象及特点。

英国运筹学会给最优化方法下的定义认为，最优化方法是一系列科学方法的应用。工业、商业、政府及国防部门，用这些方法处理大量的人员、机器、材料和资金等复杂问题。这种方法的特点是科学地建立系统模型，包括度量各种因素，如分析机会和风险，以此预测和比较各种决策、策略或控制的结果，使管理机构科学地确定它的政策及行动。

美国运筹学会给出了一个比较简短的、与上述相类似的定义：最优化方法的研究内容是在需要对有限的资源进行分配的情况下，做出人-机系统最优设计和操作的科学决策。

从以上定义可以看出，虽然每个定义所强调的侧重点略有不同，但总的含义是一致的。一般来说，最优化方法的研究对象是各种有组织的系统（主要是经济组织系统）的经营管理问题，最优化方法所研究的系统是在一定时空条件下存在、为人所能控制和操纵、有两个以上行动方案可供抉择而需要人们做决策的系统。最优化方法研究的问题是能用数量表示的，与系统各项活动有关且涉及运用、筹划、使用、安排、控制和规划等方面的问题。最优化方法的任务就是在现有条件下，根据问题的要求，对有关活动中的错综复杂的数量关系进行分析研究，并将其归纳为一定的模型，然后运用有关原理和方法求得解决问题的最优途径及方案，以求实现预期目标。

最优化方法作为一门定量决策科学，利用数学、计算机科学及其他科学的新成就，研究各种系统运行中的数量化规律，并通过合理使用与统筹安排人力、物力、财力等资源，为决策者提供有依据的最优方案，以实现最有效的管理并获得满意的经济效益和社会效益。因此，从其理论与应用意义上归纳，系统优化具有以下一些主要特点。

（1）系统优化研究和解决问题的基础是最优化技术，并强调系统整体最优。针对研究的实际问题，从系统的观点出发，以整体最优为目标，研究各组成部分的功能及其相互间的影响关系，解决各组成部门之间的利害冲突，求出使所研究问题达到最佳效果的解，并寻找一个最好的行动方案付诸实施。

（2）系统优化研究和解决问题的优势是应用各学科交叉的方法，具有综合性。最优化方法从一开始就是由不同学科专长、多方面专家经过共同协作、集体努力而获得成果。研究对象的复杂性和多因素性，决定了最优化方法内容的跨学科性、交叉渗透性和综合性。

（3）系统优化研究和解决问题的方法具有显著的系统分析特征，其各种方法的运用，几乎都需要建立数学模型和利用计算机求解。因此，没有计算机的发展就没有最优化方法的发展。

（4）系统优化具有强烈的实践性和应用的广泛性。系统优化的目的在于解决实际问题，它所使用的全部假设和数学模型无非都是解决实际问题的工具，有助于各种经济活动和管理问题的解决，最终能向决策者提供建设性方案并能收到实效。因此，它的应用不受行业和部门的限制，已被广泛应用于各行各业和各个领域。

7.1.2 模型及其研究方法

1. 模型的基本要求

系统优化研究和解决问题的核心是正确建立及使用模型。针对实际问题所建立的最优化模型，应满足两个基本要求：一是能完整地描述所研究的系统，以便能代替现实系统供我们分析研究；二是在适合问题研究的前提下，模型应尽量简单。但是，这些要求在开始学习建立最优化模型时往往不容易做到，而且选择什么样的模型和确定建立模型的范围，在开始阶段也很难判断，需要有一定的实践经验和熟练的技巧，有时需要多次反复修改，才能最后确定下来。所以建立模型是一种创造性的劳动。一般来说，这项工作由最优化方法工作者与专业实际工作者共同协作进行最为适宜。运用最优化方法分析和解决问题的过程实际上是一个科学决策的过程，其核心是建立最优化模型和对模型进行分析、求解。

2. 分析和求解模型的步骤

（1）提出并形成问题。要解问题首先要提出问题，明确问题的实质及关键所在，这就要求对系统进行深入的调查和分析，确定问题的界限，选准问题的目标。

（2）建立模型。最优化模型表示的是一个能有效地达成一定目标（或多个目标）行动的系统。因此，目标一经认定，就要用数学语言描述问题、建立目标函数、分析问题所处的环境、确定约束方程、探求与问题有关的决策变量等，并选用合适的方法，建立最优化模型。

（3）分析并求解模型。根据所建模型的性质及其数学特征，选择适当的求解方法。例如，运用经典法、迭代法或模拟法等，求出模型的最优解。

（4）检验并评价模型。模型分析和计算得到结果以后，尚需按照它能否解决实际问题，并主要考虑达成目标的情况，选择合适的标准，通过一定的方法，如灵敏度分析法、参数规划法、相关分析法等，对模型结构和一些基本参数进行评价，以检验它们是否准确无误，否则就要考虑改换或修正模型，增加计算过程中所用到的资料或数据。

（5）应用或实施模型的解。经过反复检查以后，最终应用或实施模型的解就是，提供给决策者一套有科学依据的并为解决问题所需要的数据、信息或方案，以辅助决策者在处理问题时给出正确的决策和行动方案。

最后需要指出，由于系统优化方法应用逐渐向复杂的系统渗透，而这些系统又往往存在大量的不确定因素，所以最优化方法仅仅依靠数学模型做定量分析已很难处理好系统的优化问题。目前这种研究方法已开始出现向定性分析、定量分析与机器学习相结合的综合、智能优化方向发展。作为系统工程原理课程中系统优化的基本内容，本章将重点介绍线性规划及单纯形方法的求解步骤、运输问题的算法、动态规划的最优化原理及资源分配问题的算法等。

7.2 线性规划问题及其数学模型

线性规划（linear programming，LP）是经常使用而又卓有成效的优化技术。随着现代生产的规模越来越大，各部门之间的相互联系越来越密切和复杂，在生产的组织与计划、交通运输、财经、贸易、管理等方面都要求有新的数学方法来为它们服务。因此，早在 20 世纪 30 年代末 40 年代初，康托洛维奇（Л.В.Канторовиц）和希契科克（F. L. Hitchcock）等就在生产组织和运输问题等方面开始研究应用线性规划这一数学方法。后来，丹齐克（G. B. Dantzig）等提出了单纯形法并进一步从理论上给线性规划奠定了基础。

7.2.1 问题的提出

在经营管理活动中，经常提出一类问题，即如何合理地利用有限的人力、物力、财力等资源，以得到最好的经济效果。

【例 7.2.1】 某工厂在计划期内要安排生产Ⅰ、Ⅱ两种产品，已知生产单位产品所需的设备台时及 A、B 两种原材料的消耗如表 7.2.1 所示。该工厂每生产一件产品Ⅰ可获利 2 元，每生产一件产品Ⅱ可获利 3 元，问如何安排计划可使该工厂获利最多？

表 7.2.1 设备和原材料表

产品 / 投入	Ⅰ	Ⅱ	≤限量
设备/（台·时）	1	2	8
原材料 A/千克	4	0	16
原材料 B/千克	0	4	12

解 这类问题可以用以下的数学模型来描述。设 x_1、x_2 分别表示在计划内产品Ⅰ、Ⅱ的产量。因为设备的有效台时是 8，这是一个限制产量的条件，所以在确定产品Ⅰ、Ⅱ的产量时，要考虑不超过设备的有效台时数，即可用不等式表示为

$$x_1 + 2x_2 \leqslant 8$$

同理，因原材料 A、B 的限量，可以得到以下不等式：

$$4x_1 \leqslant 16$$

$$4x_2 \leqslant 12$$

该工厂的目标是在不超过所有资源限量的条件下，确定产量 x_1、x_2 以得到最大的利润。用 z 表示利润，这时 $z = 2x_1 + 3x_2$。综上所述，该计划问题可用数学模型表示为

$$\text{目标函数：} \max z = 2x_1 + 3x_2$$

满足的约束条件：

$$\begin{aligned} &x_1 + 2x_2 \leqslant 8 \\ &4x_1 \leqslant 16 \\ &4x_2 \leqslant 12 \\ &x_1, x_2 \geqslant 0 \end{aligned}$$

7.2.2 线性规划问题的数学模型

从例 7.2.1 可以看出，实际中存在这样一类优化问题，它们具有以下共同特征。

（1）每一个问题都用一组决策变量 $x_1, x_2, \cdots, x_n$ 表示某一方案，这组决策变量的值代表某一个具体方案。一般这些变量取值都是非负的。

（2）存在一定的约束条件，这些约束条件可以用一组线性等式或线性不等式来表示。

（3）都有一个要求达成的目标，它可用决策变量的线性函数（称为目标函数）来表示，按问题的不同，这些目标函数实现最大化或最小化。

满足以上三个条件的数学模型称为线性规划数学模型。其一般形式为

$$\text{目标函数：}\max(\text{或}\min)\,z = c_1x_1 + c_2x_2 + \cdots + c_nx_n \tag{7.2.1}$$

$$\text{满足的条件：}\begin{cases} a_{11}x_1 + a_{12}x_2 + \cdots + a_{1n}x_n \leqslant (=,\geqslant) b_1 \\ a_{21}x_1 + a_{22}x_2 + \cdots + a_{2n}x_n \leqslant (=,\geqslant) b_2 \\ \cdots \\ a_{m1}x_1 + a_{m2}x_2 + \cdots + a_{mn}x_n \leqslant (=,\geqslant) b_m \\ x_1, x_2, \cdots, x_n \geqslant 0 \end{cases} \tag{7.2.2}$$

在线性规划数学模型中，式（7.2.1）称为目标函数，式（7.2.2）称为约束条件。约束条件可以是“≤”“≥”形式的不等式，也可以是等式。决策变量具有非负约束。可以将多种形式的数学模型统一变换为标准形式。这里规定的标准形式为

$$\max z = c_1x_1 + c_2x_2 + \cdots + c_nx_n \tag{7.2.3}$$

$$(M_1)\begin{cases} a_{11}x_1 + a_{12}x_2 + \cdots + a_{1n}x_n = b_1 \\ a_{21}x_1 + a_{22}x_2 + \cdots + a_{2n}x_n = b_2 \\ \cdots \\ a_{m1}x_1 + a_{m2}x_2 + \cdots + a_{mn}x_n = b_m \\ x_1, x_2, \cdots, x_n \geqslant 0 \end{cases} \tag{7.2.4}$$

简写为

$$\max z = \sum_{j=1}^{n} c_j x_j \tag{7.2.5}$$

$$(M_1')\begin{cases} \sum_{j=1}^{n} a_{ij}x_j = b_i, & i = 1,2,\cdots,m \\ x_j \geqslant 0, & j = 1,2,\cdots,n \end{cases} \tag{7.2.6}$$

在标准形式中规定各约束条件的右端项 $b_i \geqslant 0$，否则等式两端乘以−1。

用矩阵描述为

$$\begin{aligned} &\max z = \boldsymbol{CX} \\ &\boldsymbol{AX} = \boldsymbol{b} \\ &\boldsymbol{X} \geqslant \boldsymbol{0} \end{aligned} \tag{7.2.7}$$

式中，

$$\boldsymbol{C} = (c_1, c_2, \cdots, c_n)$$

$$\boldsymbol{X} = \begin{bmatrix} x_1 \\ x_2 \\ \vdots \\ x_n \end{bmatrix}; \boldsymbol{b} = \begin{bmatrix} b_1 \\ b_2 \\ \vdots \\ b_m \end{bmatrix}$$

$$\boldsymbol{A} = \begin{bmatrix} a_{11} & a_{12} & \cdots & a_{1n} \\ a_{21} & a_{22} & \cdots & a_{2n} \\ \vdots & \vdots & & \vdots \\ a_{m1} & a_{m2} & \cdots & a_{mn} \end{bmatrix}; \boldsymbol{0} = \begin{bmatrix} 0 \\ 0 \\ \vdots \\ 0 \end{bmatrix}$$

式中，$\boldsymbol{A}$ 为约束条件的 $m\times n$ 维系数矩阵 $(m<n;m,n>0)$；$\boldsymbol{b}$ 为资源向量；$\boldsymbol{C}$ 为价值向量；$\boldsymbol{X}$ 为决策变量向量。

在碰到各种线性规划问题的数学模型时都应将其变换为标准形式后求解。

以下讨论如何化为标准型的问题。

（1）要求目标函数最小化，即 $\min z=\boldsymbol{CX}$。这时只需将目标函数最小化变换为目标函数最大化，即令 $z'=-z$，于是得到 $\max z'=-\boldsymbol{CX}$，这就同标准的目标函数形式一致了。

（2）约束方程为不等式。这里有两种情况：一种是约束方程为“≤”不等式，则可在“≤”不等式的左端加入非负松弛变量，把原“≤”不等式变为等式；另一种是约束方程为“≥”不等式，则可在“≥”不等式的左端减去一个非负剩余变量（也可称松弛变量），把不等式约束条件变为等式条件。

【例 7.2.2】 将例 7.2.1 的数学模型化为标准型。

解 例 7.2.1 的数学模型为模型 M_2。

$$\max z=2x_1+3x_2$$
$$\begin{cases}x_1+2x_2\leqslant 8\\4x_1\leqslant 16\\4x_2\leqslant 12\\x_1,x_2\geqslant 0\end{cases}$$

在各不等式中分别加上一个松弛变量 x_3、x_4、x_5，使不等式变为等式。这时得到标准型：

$$\max z=2x_1+3x_2+0\cdot x_3+0\cdot x_4+0\cdot x_5$$
$$\begin{cases}x_1+2x_2+x_3=8\\4x_1+x_4=16\\4x_2+x_5=12\\x_1,x_2,x_3,x_4,x_5\geqslant 0\end{cases}$$

所加松弛变量 x_3、x_4、x_5 表示没有被利用的资源，当然也没有利润，在目标函数中其系数应为零，即 $c_3,c_4,c_5=0$。

（3）若存在取值无约束的变量 x_k，可令 $x_k=x_k'-x_k''$，其中 $x_k',x_k''\geqslant 0$。

经过上述变换，就可以把线性规划问题的数学模型变换为标准形式。

7.2.3 线性规划问题解的概念

设有线性规划问题：

$$\max z=\boldsymbol{CX} \tag{7.2.8}$$
$$\boldsymbol{AX}=\boldsymbol{b} \tag{7.2.9}$$
$$\boldsymbol{X}\geqslant\boldsymbol{0} \tag{7.2.10}$$

我们把满足约束条件式（7.2.9）的

$$\boldsymbol{X}^{(0)}=(x_1^{(0)},\cdots,x_n^{(0)})^{\mathrm{T}}$$

称为线性规划问题的可行解。若 $\boldsymbol{X}^{(0)}=\boldsymbol{0}$ 或当 $\boldsymbol{X}^{(0)}$ 的非零分量所对应的系数列向量线性无关时，称可行解 $\boldsymbol{X}^{(0)}$ 为基可行解。使目标函数取最大值的可行解，称为最优解。使目标函数取最大值的基可行解，称为基最优解。

7.2.4 线性规划解的性质

1. 凸集和极点

（1）凸集。若连接 n 维点集 S 中任意两点 $x^{(1)}$、$x^{(2)}$ 的线段仍在 S 内，则称 S 为凸集。即若

$$\left\{x \mid x=ax^{(1)}+(1-a)x^{(2)}, 0 \leqslant a \leqslant 1, x^{(1)} \in S, x^{(2)} \in S\right\} \tag{7.2.11}$$

则称 S 为凸集。

（2）极点。若凸集 S 中的点 x，不能成为 S 中任何线段的内点，则称 x 为 S 的极点。即若对于任意两点 $x^{(1)} \in S, x^{(2)} \in S$，不存在 $a \in (0,1)$，使

$$x=ax^{(1)}+(1-a)x^{(2)} \tag{7.2.12}$$

则称 x 为 S 的极点。

2. 线性规划问题解的性质

性质 1：线性规划问题的可行解集为凸集。

性质 2：可行解集 S 中的点 x 是极点，当且仅当 x 是基可行解。

性质 3：线性规划问题的最优解可以在极点上达到。

7.3 线性规划问题的单纯形法

单纯形法是求解线性规划问题的基本方法之一，由美国学者丹齐克于 1947 年提出。1953 年丹齐克又提出了改进单纯形法。1954 年，比尔（Beale）提出了对偶单纯形法，随后又出现了原始对偶单纯形法，使单纯形法更为完善。

单纯形法的基本思路是，先从可行域中找一个基可行解，然后判别它是否为最优解，如果是，则停止计算；如果不是，就找一个更好的基可行解，再进行检验，如此反复迭代，直至找到最优解，或者判定它无解（即无有限最优解）为止。

本节通过一个实例来讲解单纯形法。

【例 7.3.1】 试以例 7.2.1 为例来讨论它的求解，例 7.2.1 的标准为

$$\max z=2x_1+3x_2+0\cdot x_3+0\cdot x_4+0\cdot x_5 \tag{7.3.1}$$

$$\begin{cases} x_1 + 2x_2 + x_3 = 8 \\ 4x_1 + x_4 = 16 \\ 4x_2 + x_5 = 12 \\ x_j \geqslant 0,\ j = 1,2,\cdots,5 \end{cases} \tag{7.3.2}$$

约束方程（7.3.2）的系数矩阵

$$\boldsymbol{A} = (p_1, p_2, p_3, p_4, p_5) = \begin{bmatrix} 1 & 2 & 1 & 0 & 0 \\ 4 & 0 & 0 & 1 & 0 \\ 0 & 4 & 0 & 0 & 1 \end{bmatrix}$$

从式（7.3.2）中可以看到 x_3、x_4、x_5 的系数列向量

$$\boldsymbol{p}_3 = \begin{bmatrix} 1 \\ 0 \\ 0 \end{bmatrix}, \boldsymbol{p}_4 = \begin{bmatrix} 0 \\ 1 \\ 0 \end{bmatrix}, \boldsymbol{p}_5 = \begin{bmatrix} 0 \\ 0 \\ 1 \end{bmatrix}$$

是线性独立的，这些向量构成一个基：

$$\boldsymbol{B} = (\boldsymbol{p}_3, \boldsymbol{p}_4, \boldsymbol{p}_5) = \begin{bmatrix} 1 & 0 & 0 \\ 0 & 1 & 0 \\ 0 & 0 & 1 \end{bmatrix}$$

对应于 $\boldsymbol{B}$ 的变量 x_3、x_4、x_5 为基变量，从式（7.3.2）中可以得到

$$\begin{aligned} x_3 &= 8 - x_1 - 2x_2 \\ x_4 &= 16 - 4x_1 \\ x_5 &= 12 - 4x_2 \end{aligned} \tag{7.3.3}$$

将式（7.3.3）代入目标函数式（7.3.1），得到

$$z = 0 + 2x_1 + 3x_2 \tag{7.3.4}$$

当令非基变量 $x_1 = x_2 = 0$，便得到 $z = 0$，这时得到一个基可行解 $\boldsymbol{X}^{(0)}$：

$$\boldsymbol{X}^{(0)} = (0,0,8,16,12)^{\mathrm{T}}$$

这个基可行解表示，工厂没有安排生产产品Ⅰ、Ⅱ；资源都没有被利用，所以工厂的利润指标 $z = 0$。

从分析目标函数的表达式（7.3.4）可以看到，非基变量 x_1、x_2（即没有安排生产产品Ⅰ、Ⅱ）的系数都是正数。因此，将非基变量变成基变量，目标函数的值就可能增大。从经济意义上讲，安排生产产品Ⅰ或Ⅱ，就可以使工厂的利润指标增加。所以只要在目标函数式（7.3.4）的表达式中还存在正系数的非基变量，就表示目标函数值还有增加的可能，需要将非基变量与基变量进行对换。一般选择正系数最大的那个非基变量 x_2 作为换入变量，将它换入基变量中去，同时还要确定基变量中有一个能换出来成为非基变量，可按以下方法来确定换出变量。

现分析式（7.3.3），当将 x_2 定为换入变量后，必须从 x_3、x_4、x_5 中换出一个，并保证其余的都是非负，即 $x_3, x_4, x_5 \geqslant 0$。

当 $x_1 = 0$，由式（7.3.3）得

$$x_3 = 8 - 2x_2$$
$$x_4 = 16 \geqslant 0 \quad (7.3.5)$$
$$x_5 = 12 - 4x_2 \geqslant 0$$

从式（7.3.5）中可以看出，只有选择

$$x_2 = \min\left(\frac{8}{2}, \frac{12}{4}\right) = 3$$

时，才能使式（7.3.5）成立。因当 $x_2 = 3$ 时，基变量 $x_5 = 0$，这就决定用 x_2 去替换 x_5。以上数学描述说明了每生产一件产品Ⅱ，需要用掉各种资源数为（2，0，4）。由这些资源中的薄弱环节，确定了产品Ⅱ的产量。这就是由原材料 B 的数量确定了产品Ⅱ的产量 $x_2 = 3$。

为了求得以 x_3、x_4、x_5 为基变量的一个基可行解并进一步分析问题，需将式（7.3.3）中 x_2 的位置与 x_5 的位置对换，得到

$$x_3 + 2x_2 = 8 - x_1 \quad (1)$$
$$x_4 = 16 - 4x_1 \quad (2) \qquad (7.3.6)$$
$$4x_2 = 12 - x_5 \quad (3)$$

用高斯消元法，将式（7.3.6）中 x_2 的系数向量变换为单位列向量。其运算步骤是：$(3)' = (3)/4; (1)' = (1) - 2\times(3)'; (2)' = (2)$，并将结果仍按原顺序排列有

$$x_3 = 2 - x_1 + 0.5x_5 \quad (1)'$$
$$x_4 = 16 - 4x_1 \quad (2)' \qquad (7.3.7)$$
$$x_2 = 3 - 0.25x_5 \quad (3)'$$

再将式（7.3.7）代入目标函数式（7.3.1），得到

$$z = 9 + 2x_1 - \left(\frac{3}{4}\right)x_5 \qquad (7.3.8)$$

令非基变量 $x_1 = x_5 = 0$，得到 $z = 9$，并得到另一个基可行解 $\boldsymbol{x}^{(1)}$：

$$\boldsymbol{x}^{(1)} = (0,3,2,16,0)^{\mathrm{T}}$$

从目标函数的表达式（7.3.8）中可以看到，非基变量 x_1 的系数是正的，说明目标函数值还可以增大，$\boldsymbol{x}^{(1)}$ 不一定是最优解。于是再用上述方法，确定换入、换出变量，继续迭代，再得到另一个基可行解 $\boldsymbol{x}^{(2)}$：

$$\boldsymbol{x}^{(2)} = (2,3,0,8,0)^{\mathrm{T}}$$

再经过一次迭代，再得到一个基可行解 $\boldsymbol{x}^{(3)}$：

$$\boldsymbol{x}^{(3)} = (4,2,0,0,4)^{\mathrm{T}}$$

而这时得到目标函数的表达式是

$$z = 14 - 1.5x_3 - 0.125x_4 \qquad (7.3.9)$$

再分析式（7.3.9），可见所有非基变量 x_3、x_4 的系数都是负数，这说明若要用剩余资源 x_3、x_4，就必须支付附加费用。所以当 $x_3 = x_4 = 0$ 时，即不再利用这些资源时，目标函数达到最大值。所以 $\boldsymbol{x}^{(3)}$ 是最优解，即当产品Ⅰ生产 4 件、产品Ⅱ生产 2 件时，工厂才

能得到最大利润。

通过上例，可以了解利用单纯形法求解线性规划问题的思路。

7.4　运输问题

7.4.1　运输问题的数学模型

1. 问题

现有一批货物，从 m 个仓库（发点：$S_1,S_2,\cdots,S_m$）运往 n 个销地（收点：$D_1,D_2,\cdots,D_n$）。S_i 处有货物 a_i 吨，D_j 处需货物 b_j 吨。从 S_i 到 D_j 的运价为 c_{ij} 元 / 吨。问如何安排，才能既满足各销地需要，又使总运费最小？具体见表 7.4.1。

表 7.4.1　运输问题数据关系表

S_i \ 运价 c_{ij} \ D_j	D_1	D_2	$\cdots$	D_n	供应量
S_1	c_{11}	c_{12}	$\cdots$	c_{1n}	a_1
S_2	c_{21}	c_{22}	$\cdots$	c_{2n}	a_2
$\vdots$	$\vdots$	$\vdots$		$\vdots$	$\vdots$
S_m	c_{m1}	c_{m2}	$\cdots$	c_{mn}	a_m
需求量	b_1	b_2	$\cdots$	b_n	

2. 数学模型

根据表 7.4.1，设从 S_i 运送到 D_j 的货物量为 x_{ij}，总运输费用为 z，则目标函数为

$$\begin{aligned}\min z = & c_{11}x_{11}+c_{12}x_{12}+\cdots+c_{1n}x_{1n} \\ & +c_{21}x_{21}+c_{22}x_{22}+\cdots+c_{2n}x_{2n} \\ & +\cdots \\ & +c_{m1}x_{m1}+c_{m2}x_{m2}+\cdots+c_{mn}x_{mn} \\ = & \sum_{i=1}^{m}\sum_{j=1}^{n}c_{ij}x_{ij}\end{aligned}$$

约束条件如下。

（1）供求平衡运输问题，则有

$$\sum_{j=1}^{n}x_{ij}=a_i \quad (i=1,2,\cdots,m)$$

$$\sum_{i=1}^{m}x_{ij}=b_j \quad (j=1,2,\cdots,n)$$

（2）供过于求运输问题，则有

$$\sum_{j=1}^{n} x_{ij} \leqslant a_i \quad (i=1,2,\cdots,m)$$

$$\sum_{i=1}^{m} x_{ij} = b_j \quad (j=1,2,\cdots,n)$$

（3）供不应求的运输问题，则有

$$\sum_{j=1}^{n} x_{ij} \geqslant a_i \quad (i=1,2,\cdots,m)$$

$$\sum_{i=1}^{m} x_{ij} = b_j \quad (j=1,2,\cdots,n)$$

这是一个典型的线性规划问题，可以用单纯形法求解。不过，基于运输问题的特点，我们有更简单的办法。

7.4.2 求解平衡运输问题的表上作业法

1. 最小元素法

我们通过下面的例子（表 7.4.2）介绍最小元素（minimum element，MM）法。根据表 7.4.2 的数据，求如何安排使运费最小。

表 7.4.2 一个运输问题数据关系表

D_j / 运价 c_{ij} / S_i	D_1	D_2	D_3	D_4	供应量
S_1	3（1 000）	2（4 000）	7	6	5 000
S_2	7（2 500）	5	2（2 000）	3（1 500）	6 000
S_3	2（2 500）	5	4	5	2 500
需求量	60 000	4 000	2 000	1 500	13 500

注：括号内的数据表示对应的 x_{ij} 的值

（1）求出

$$\min\{c_{ij}; i=1,2,3; j=1,2,3,4\} = c_{12}$$

（不止一个，适当选取一个）

及

$$\min\{a_1, b_2\} = b_2 = 4\,000$$

优先满足 D_2 需求。取 $x_{12} = 4\,000$，划去第二列。S_1 处余 1 000。

（2）求出

$$\min\{c_{ij}; i=1,2,3; j=1,3,4\} = c_{23}$$

及

$$\min\{a_2, b_3\} = b_3 = 2\,000$$

满足 D_3 需求。取 $x_{23} = 2\,000$，划去第三列。S_2 处余 4 000。

（3）求出

$$\min\{c_{ij};\ i = 1,2,3;\ j = 1,4\} = c_{31}$$

及

$$\min\{a_3, b_1\} = a_3 = 2\,500$$

由 S_3 供应。取 $x_{31} = 2\,500$，划去第三行。D_1 处尚需 3 500。

（4）求出

$$\min\{c_{ij};\ i = 1,2;\ j = 1,4\} = c_{11}$$

及

$$\min\{S_1\text{余量}1\,000, D_1\text{需要量}3\,500\} = 1\,000$$

从 S_1 运 1 000 至 D_1。取 $x_{11} = 1\,000$，划去第一行。D_1 处尚需 2 500。

（5）求出

$$\min\{c_{ij};\ i = 2;\ j = 1,4\} = c_{24}$$

及

$$\min\{S_2\text{余量}4\,000, D_4\text{需要量}1\,500\} = 1\,500$$

从 S_2 运 2 500 至 D_1。取 $x_{24} = 1\,000$，划去第四列。S_2 处余 2 500。

（6）运 S_2 处余量 2 500 至 D_1。取 $x_{21} = 2\,500$，同时划去第二行和第一列。

至此，给出了一个可行方案。此结果填入表 7.4.2 中。相应运费为 42 000 元。

这里请注意，在表格内填有数字的格——满格，应为 $6 = 3 + 4 - 1$ 格。一般，m 行 n 列表，按上述办法满格应为 $m + n - 1$ 个（故在中途若同时划去某行某列，则在某空格上填补一个 0）。

2. 运输方案的改进——位势法

与单纯形法类似，应对运输问题的可行解判断其是否为最优解。若不是，应反复改进，直至求得最优解。为了求得最优解，可采用位势法，具体方法如下。

（1）求位势。我们对每行每列分别定义一个位势：$\mu_i, \upsilon_j (i = 1,2,3; j = 1,2,3,4)$。要求它们对满格有

$$\mu_i, \upsilon_j = c_{ij}\text{（共计 6 个等式）}$$

为求得所有位势，一般常选 $\mu_i = 0$，解出

$$\upsilon_1 = 3, \upsilon_2 = 2, \mu_2 = 4, \upsilon_3 = -2, \upsilon_4 = -1, \mu_3 = -1$$

所求位势 μ_i、υ_j 实际上是原问题关于基本变量组的对偶解。

（2）求判别数。根据位势，由下面关系求出空格的判别数：

$$c'_{ij} = c_{ij} - \mu_i - \upsilon_j$$

例如，$c'_{13} = 7 - 0 - (-2) = 9, c'_{22} = 5 - 4 - 2 = -1$。

这里的判别数与单纯形法中的判别数一致。

我们可以用闭回路办法（每个空格可以找到一个回路，除一个顶点在空格内，其他顶点都在满格内）证实，c'_{ij} 的实际意义是在空格 (i,j) 内增运一个单位所增加的运费。这样，对判别数为正的空格，不能增调物资，否则会使运费增大；相反，判别数若为负，该路线可以增调物资，会降低运输费用。于是，当所有 $c'_{ij}\geqslant 0$ 时，该方案已为最优，计算可以停止。

（3）方案的调整。在我们的问题中，仅 $c'_{22}=-1<0$，因此需进行调整。

从 S_2 增运物资到 D_2，以降低费用。找到回路（2–2）–（2–1）–（1–1）–（1–2）–（2–2），从（2–1）减去 2 500 使其成为空格，（1–2）减去 2 500，而在（1–1）和（2–2）内各增加 2 500，得到一个新的可行解：

$$x_{11}=3\,500, x_{12}=1\,500, x_{22}=2\,500, x_{23}=2\,000, x_{24}=1\,500, x_{31}=2\,500$$

此时运费为 39 500 元，较第一次减少了 2 500 元。

改进过程中需要注意的是，每一新方案都要使满格数为 $m+n-1$。有时在调整的闭回路中，需要减少运输量的格中有两个以上相等的最小数，调整时在相应的空格中填上这个最小数，而这些相等最小数的满格都成了空格，这就需要在这些格中任选一个留为空格，其余补填 0。补填 0 的格视为满格。

（4）重复上述（1）~（3）直到所有判别数非负为止。

由于对新的可行解所求得的判别数已经非负，这个解已是最优解。

7.5 动态规划

动态规划是运筹学的一个重要分支，是解决多阶段决策过程最优化的一种数量化方法。1951 年美国学者贝尔曼（R. Bellman）等，根据一类多阶段决策问题的特性，提出了解决这类问题的“最优化原理”，从而创立了动态规划。实践证明，动态规划在工程技术、经济管理、工业生产、交通运输、军事及现代控制工程等方面都有广泛的应用。由于动态规划方法有其独到之处，它对多变量的复杂的决策问题进行分阶段决策，变成了求解多个单变量的决策问题，故在解决某些实际问题时，利用动态规划方法比用线性规划或非线性规划方法更加方便、有效。

7.5.1 多阶段决策过程最优化问题举例

在这里，我们以最短路径问题为例。

1. 路径问题

如图 7.5.1 所示，给定一个运输网络，两点之间连线上的数字表示两点间的距离。试

求一条从 A 到 E 的运输线路，使总距离最短。

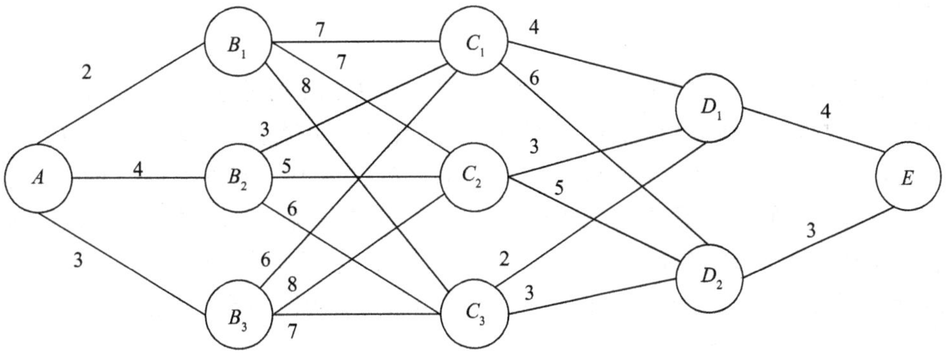

图 7.5.1 多阶段决策过程图

从图 7.5.1 可以看出，在始点 A 和终点 E 之间，有一些中间站，我们可以把从 A 到 E 的全过程分成若干个阶段，这里可分为四个阶段。处于每个阶段时，都要选择走哪条支路，即做决策。一个阶段的决策除了影响该阶段的效果之外，还影响下一阶段的初始状态，从而也就影响整个过程此后的进程。因此，在进行某一阶段的决策时，就不能只从这一阶段本身考虑，而要把它看成是整个决策过程中的一个环节。我们的目的是使整个过程的效果最优，即从 A 到 E 的总距离最短。

最短路径问题具有如下重要性质：如图 7.5.2 中实线所示，若已经给定从点 A' 到点 C' 的最短路径，则从其上任一中间点 B' 到点 C' 的部分路径也必然是从 B' 到 C' 的所有可能选择的路径中的最短路径。该性质极易用反证法加以证明，因为如果不是这样，则从点 B' 到点 C' 必须有另一条距离更短的路径（如图 7.5.2 中虚线所示）存在，把它和原来最短路径上由点 A' 到点 B' 的那部分连接起来，就会得到一条由点 A' 到点 C' 的新路径，它比原来那条最短路径的总距离还要短，这与给定的前提条件相矛盾。

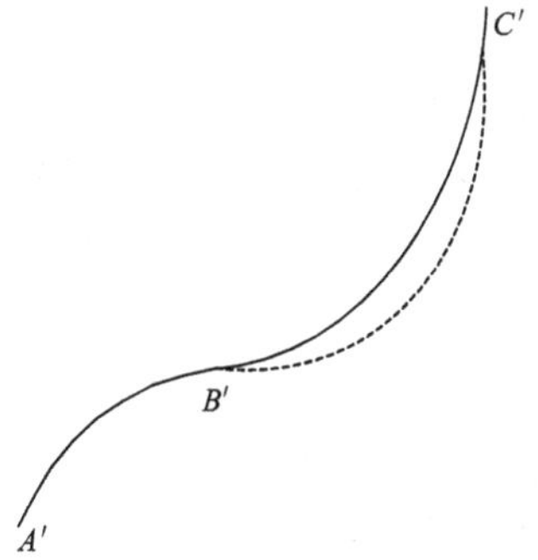

图 7.5.2 最短路径问题

根据最短路径问题的这一重要性质，我们可以从最后一个阶段开始，由终点向始点方向逐阶段递推，寻找各点到终点的最短路径，当递推到始点时，即得到了从始点到终点的全过程最短路径。这种由后向前逆序递推的方法，正是动态规划通常采用的寻优途径。

2. 逆序递推

下面，我们来求解图 7.5.1 所示的例题。把从 A 到 E 的全过程分为四个阶段，用 k 表示阶段变量，见图 7.5.3。第 1 阶段，有一个初始状态 A，三条可供选择的支路 AB_1、AB_2、AB_3；第 2 阶段，有三个初始状态 B_1、B_2、B_3，它们各有三条可供选择的支路。下面，我们用 $d_k(x_k,x_{k+1})$ 表示在第 k 阶段由初始状态 x_k 到下阶段的初始状态 x_{k+1} 的支路距离。例如，$d_3(x_k,x_{k+1})$ 表示第 3 阶段内由 C_2 到 D_1 的距离，$d_3(C_2,D_1)=3$。我们还用 $f_k(x_k)$ 表示从第 k 阶段的 x_k 到终点 E 的最短距离。例如，$f_2(B_1)$ 表示从第 2 阶段的 B_1 到终点 E 的最短距离。

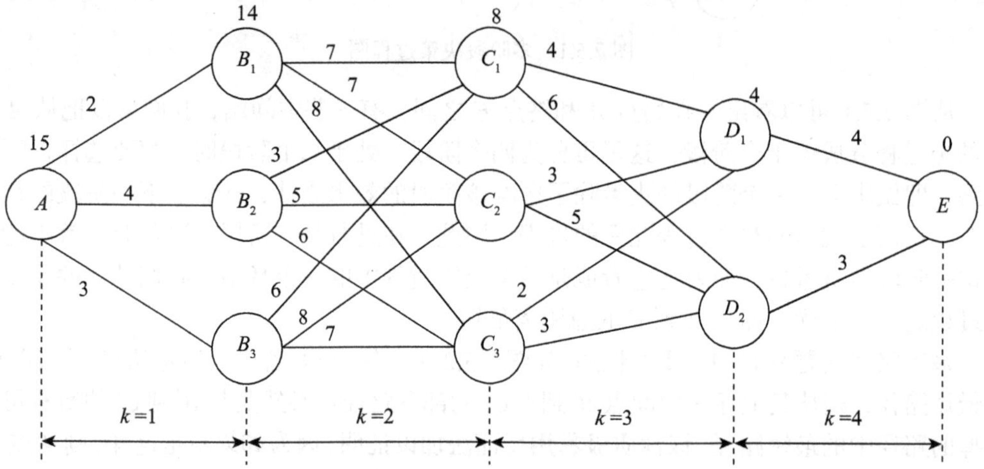

图 7.5.3 逆序递推求解图

在图 7.5.3 中，过程的始点是 A，终点是 E，过程的实际行进方向是由 A 经第 1、2、3、4 阶段到达终点 E。所谓逆序递推，就是逆着过程的行进方向，由终点到始点，一个阶段一个阶段地递推。

（1）阶段 $k=4$。第 4 阶段有两个初始状态 D_1 和 D_2。那么，从 $A\to E$ 的全过程最短路径，在第 4 阶段究竟经过 D_1、D_2 中的哪一个呢？目前，我们还不得而知，因此只能各种可能都考虑：若全过程最短路径经过 D_1，则有 $f_4(D_1)=4$；若全过程最短路径经过 D_2，则有 $f_4(D_2)=3$。

（2）阶段 $k=3$。假设全过程最短路径在第 3 阶段经过 C_1 点，若 $C_1\to D_1\to E$，则有 $d_3(C_1,D_1)+f_4(D_1)=4+4=8$；若 $C_1\to D_2\to E$，则有 $d_3(C_1,D_2)+f_4(D_2)=6+3=9$。

因此，$f_3(C_1)=\min\{8,9\}=8$，即 $C_1\to E$ 的最短路径为 $C_1\to D_1\to E$，最短距离是 8。

类似地，假设全过程最短路径在第 3 阶段经过 C_2 点，则有

$$\begin{aligned}f_3(C_2)&=\min\{[d_3(C_2,D_1)+f_4(D_1)],[d_3(C_2,D_2)+f_4(D_2)]\}\\&=\min\{7,8\}=7\end{aligned}$$

即 $C_2\to E$ 的最短路径为 $C_2\to D_1\to E$，最短距离是 7。

假设全过程最短路径在第 3 阶段经过 C_3 点，则有

$$f_3(C_2) = \min\{[d_3(C_3, D_1) + f_4(D_1)], [d_3(C_3, D_2) + f_4(D_2)]\}$$
$$= \min\{6, 6\} = 6$$

即 $C_3 \to E$ 的最短路径有两条，即 $C_2 \to D_1 \to E$ 和 $C_2 \to D_2 \to E$，最短距离是 6。

（3）阶段 $k=2$。类似地，可计算 $f_2(B_1)$、$f_2(B_2)$、$f_2(B_3)$ 如下：

$$f_2(B_1) = \min\{[d_2(B_1, C_1) + f_3(C_1)], [d_2(B_1, C_2) + f_3(C_2)], [d_2(B_1, C_3) + f_3(C_3)]\}$$
$$= \min\{15, 14, 14\} = 14$$

$$f_2(B_2) = \min\{[d_2(B_2, C_1) + f_3(C_1)], [d_2(B_2, C_2) + f_3(C_2)], [d_2(B_2, C_3) + f_3(C_3)]\}$$
$$= \min\{11, 12, 12\} = 11$$

$$f_2(B_3) = \min\{[d_2(B_3, C_1) + f_3(C_1)], [d_2(B_3, C_2) + f_3(C_2)], [d_2(B_3, C_3) + f_3(C_3)]\}$$
$$= \min\{14, 15, 13\} = 13$$

因此，$B_1 \to E$ 的最短路径有三条，即 $B_1 \to C_2 \to D_1 \to E$、$B_1 \to C_3 \to D_1 \to E$ 和 $B_1 \to C_3 \to D_2 \to E$，最短距离都是 14；$B_2 \to E$ 的最短路径是 $B_2 \to C_1 \to D_1 \to E$，最短距离是 11；$B_3 \to E$ 的最短路径有两条，即 $B_3 \to C_3 \to D_1 \to E$ 和 $B_3 \to C_3 \to D_2 \to E$，最短距离都是 13。

（4）阶段 $k=1$。计算 $f_1(A)$ 如下：

$$f_1(A) = \min\{[d_1(A, B_1) + f_2(B_1)], [d_1(A, B_2) + f_2(B_2)], [d_1(A, B_3) + f_2(B_3)]\}$$
$$= \min\{16, 15, 16\} = 15$$

因此，$A \to E$ 的全过程最短路径是 $A \to B_2 \to C_1 \to D_1 \to E$，最短距离是 15。

从以上过程可以看出，每个阶段都求出本阶段的各个初始状态到过程终点 E 的最短路径和最短距离，当逆序递推到过程始点 A 时，便得到全过程的最短路径及其最短距离，同时附带得到一族最优结果（即各阶段的各状态到终点 E 的最优结果）。

7.5.2 动态规划的基本概念

1. 动态规划模型的基本概念

这里仍以 7.5.1 节中的例题为例加以介绍。

（1）阶段。用动态规划方法求解问题时，需要将问题的全过程恰当地分为若干个相互联系的阶段，以便按一定的次序去求解。描述阶段的变量称为阶段变量，通常用 k 表示。阶段一般根据时间和空间的自然特征来划分，阶段的划分要便于把问题转化为多阶段决策的过程。例如，上述例题可分为四个阶段，即 $k=1,2,3,4$。

从过程始点到过程终点的整个过程称为全过程，从第 k 阶段始点到过程终点的过程，称为后部子过程或 k 子过程。

（2）状态。状态表示每个阶段开始时所处的自然状况或客观条件，它描述了过程的状况。在图 7.5.1 给出的例子中，状态就是各阶段的起始位置，它既是该阶段某支路的始点，又是前一阶段某支路的终点。通常一个阶段有若干个状态，例子中，第 1 阶段有一个状态 A，第 2 阶段有三个状态，即点 B_1、B_2、B_3。

（3）决策。当过程处于某个阶段的某个状态时，从该状态演变到下一阶段某状态的选择，称为决策。决策是在某一阶段内的抉择。描述决策的变量称为决策变量，通常用 $u_k(x_k)$ 表示第 k 阶段处于 x_k 状态时的决策变量，它等于所到达的下一阶段的状态。例子中，有 $u_2(x_k)$，它表示第 2 阶段处于 B_1 时选择了由 B_1 到 C_2 的决策。第 k 阶段 x_k 状态下决策变量的所有可能取值（取值范围），称为第 k 阶段 x_k 状态下的允许决策的集合，用 $U_k(x_k)$ 表示。例子中，有 $U_2(B_1)=\{C_1,C_2,C_3\}$。

（4）策略。由所有各阶段的决策组成的决策函数序列称为全过程策略，简称策略，记作 $p_{1,n}(x_1)$。可供选择的所有全过程策略构成允许策略集合，即策略的取值范围，用 $\{p_{1,n}(x_1)\}$ 表示。能够达到总体最优的全过程策略称为最优策略。相应于后部子过程的决策函数序列称为子策略，记作 $p_{k,n}(x_k)$。

（5）指标函数。任何决策过程都必须有一个度量其策略好坏的尺度，这个尺度就是定义在全过程或后部子过程上的一种数量函数，称为指标函数。定义在全过程上的指标函数，即相当于静态规划中的目标函数。指标函数记作 $V_{1,n}(x_1,p_{1,n})$ 或 $V_{k,n}(x_k,p_{k,n})$，有时也简写为 $V_{1,n}$ 或 $V_{k,n}$；$V_{k,n}$ 是指从第 k 阶段的始点到第 n 阶段的终点（即过程终点）的指标函数。指标函数的最优值称为最优指标函数，记作 $f_1(x_1)$ 或 $f_k(x_k)$。指标函数在第 k 阶段一个阶段内的数值，称为第 k 阶段的指标函数，记作 $v_k(x_k,u_k)$。

2. 动态规划模型的构成

构成动态规划模型，需进行以下几方面的工作。

（1）正确选择阶段变量 k。

（2）正确选择状态变量 x_k。状态变量的选择应满足下面两个条件：一是要能正确描述受控过程的演变特性；二是要满足无后效性。所谓无后效性，是指这样一种重要性质，即某阶段的状态一旦确定，则此后过程的演变不再受此前各状态及决策的影响。也就是说，“未来与过去无关”，当前的状态是此前历史的一个完整的总结，此前的历史只能通过当前的状态去影响过程未来的演变，即由第 k 阶段的状态 x_k 出发的后部子过程，可以看做一个以 x_k 为初始状态的独立过程。

（3）正确选择决策变量 u_k。

（4）列出状态转移方程：

$$x_{k+1}=T_k(x_k,u_k) \tag{7.5.1}$$

这里的函数关系 T_k 因问题的不同而不同。从状态转移方程的一般形式可以看出，未来的状态 x_{k+1} 仅由 x_k、u_k 来确定，而与 x_k 以前的各状态、决策无关，这也体现了无后效性。

（5）列出指标函数 $V_{k,n}$。它要具有按阶段可分性，并满足递推关系：

$$\begin{aligned} V_{k,n} &= V_{k,n}(x_k, p_{k,n}) \\ &= \sum_{j=k}^{n} v_j(x_j, u_j) \\ &= v_k(x_k, u_k) + v_{k+1,n}(x_{k+1}, p_{k+1,n}) \end{aligned} \tag{7.5.2}$$

在构成动态规划的模型时，状态变量的无后效性常常是不容易被满足的。

7.5.3　基本原理和基本方程

1. 最优性定理

最优性定理是策略最优性的充分必要条件，是动态规划的理论基础，其内容如下。

设有一多阶段决策过程，阶段变量 $k=1,2,\cdots,n$ 。允许策略 $p_{1,n}^{*}=(u_1^{*},u_2^{*},\cdots,u_n^{*})$ 为最优策略的充要条件是，对任一个 $k(1<k<n)$ ，当初始状态为 x_1 时，有

$$\begin{aligned} & V_{1,n}(x_1, p_{1,n}^{*}) \\ &= \min_{p_{1,k-1}(x_k)} \left\{ V_{1,k-1}(x_1, p_{1,k-1}) + \min_{p_{k,n}\overline{x}_k} V_{k,n}(\overline{x}_k) V_{k,n}(\overline{x}_k, p_{k,n}) \right\} \end{aligned} \tag{7.5.3}$$

式中， $p_{1,n}=(p_{1,k-1},p_{k,n});\ \overline{x}_k=T_{k-1}(x_{k-1},u_{k-1})$ ， $\overline{x}_k$ 是由给定的初始状态 x_1 和子策略 $p_{1,k-1}$ 所确定的第 k 阶段的状态。

2. 最优化原理

20 世纪 50 年代，贝尔曼根据研究一类多阶段决策问题，首先提出了著名的最优化原理，即“作为整个过程的最优策略具有这样的性质：不管该最优策略上某状态以前的状态和决策如何，对该状态而言，余下的诸决策必定构成最优子策略”。换言之，最优策略的任一后部子策略都是最优的。

其实，上述最优化原理仅仅是最优策略的必要条件，是最优性定理的一个推论，该推论的内容是，当初始状态为 x_1 时，若允许 $p_{1,n}^{*}$ 是最优策略，则对任意阶段 $k(1<k<n)$ ，它的子策略 $p_{k,n}^{*}$ 对于以 $x_k^{*}=T_{k-1}(x_{k-1}^{*},u_{k-1}^{*})$ 为始点的后部子过程而言，必是最优的（注意：x_k^{*} 是由 x_1 和 $p_{1,k-1}^{*}$ 确定的）。

上述推论用反证法很容易得到证明，此处从略。

3. 基本方程

动态规划中，有逆序递推和顺序递推两种递推方法。在这两种不同的递推方法中，阶段变量 k 的定义是相同的，且一般都定义第 1 阶段的初始状态为 x_1 ，第 1 阶段的终止状态即第 2 阶段的初始状态为 x_2 ，定义全过程的终点即第 n 阶段的终止状态为 x_{n+1} 。

逆序递推和顺序递推各有相应的基本方程，在这里只介绍逆序递推。

在应用基本方程求解动态规划问题时，一般都是根据终端条件，从$k=n$开始，由终点向始点逐阶段逆序递推，当最后求出$f_1(x_1)$时，即得到整个问题的最优解。

逆序递推时，常采用图 7.5.4 来形象地表示各阶段、各变量之间的关系。图 7.5.4 中，第k阶段的输出$f_k(x_k)$是逆序递推过程中第k阶段计算出的最优指标函数值。

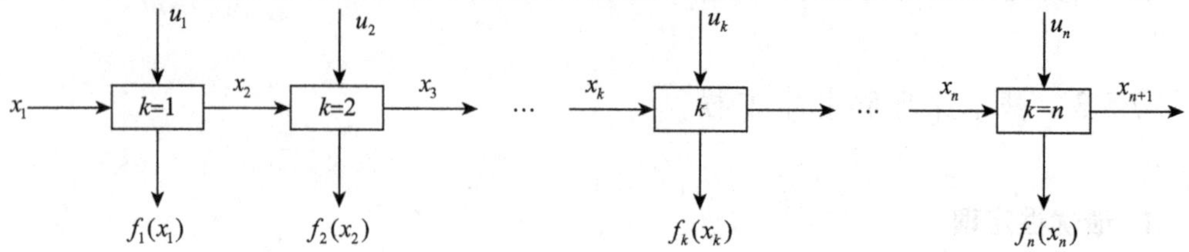

图 7.5.4 逆序递推图式

逆序递推中，第k阶段的状态变量一般选择第k阶段初的状态，状态转移方程为$x_{k+1}=T(x_k,u_k)$，也就是说，决策变量u_k使状态由x_k演变到x_{k+1}。图 7.5.4 中的指标函数$f_k(x_k)$是后部子过程上的最优指标函数，它是相对于过程终点而言的。一般来说，当过程始点给定时，采用顺序递推比较方便；当过程终点给定时，采用逆序递推比较方便。

7.6 资源分配问题

所谓资源分配问题，就是将数量一定的资源（如原材料、资金、机器设备、劳动力、食品等）恰当地分配给若干个使用者，使总的目标函数值最优。

资源分配问题属于线性规划、非线性规划这一类静态规划问题，通常与时间无关。但是，这类静态问题可以人为地引入时间因素，把它看做按阶段进行的一个多阶段决策问题，这使动态规划成为求解这类线性规划、非线性规划的有效方法。

下面我们用动态规划方法来求解一种资源的分配问题，即一维资源分配问题。

1. 问题

现有某种设备共四台，拟分给用户 1、用户 2、用户 3 三个工厂，各工厂利用这些设备为国家提供盈利$g_k(u_k)(k=1,2,3)$各不相同（表 7.6.1）。应如何分配这四台设备，使国家总盈利最大？

若用静态规划的方法求解此问题，需要列出它的静态规划模型。

设分给用户 1、用户 2、用户 3 的设备数分别为u_1、u_2、u_3台，则有

$$\max z=g_1(u_1)+g_2(u_2)+g_3(u_3)$$

$$u_1+u_2+u_3=4$$

$$u_k \geqslant 0,\text{且为整数}(k=1,2,3)$$

式中，$g_1(u_1)$、$g_2(u_2)$、$g_3(u_3)$分别为三个用户的盈利函数，具体见表 7.6.1。

表 7.6.1 三个工厂的盈利情况

用户 k / 设备台数 u_k/台	k=1	k=2	k=3
0	0	0	0
1	4	2	3
2	6	5	5
3	7	6	7
4	7	8	8

上述静态规划模型属于整数非线性规划问题。一般而言，整数非线性规划问题若用静态规划方法求解，非常困难，甚至不可能；而采用动态规划方法，则能够有效地解决问题。下面，我们介绍这种动态规划方法。

2. 构造动态模型

（1）阶段变量 k。对这种非时序的静态问题，如何划分阶段？这是本问题区别于一般动态问题的特点。

划分阶段的原则是，若有 N 个用户，就把问题分成 N 个阶段。现在，N=3，把问题分成 3 个阶段。

k=3 时，把第 3 阶段初分配者手中拥有的设备全部分给用户 3（这种情况相当于单一用户的分配问题）。

k=2 时，把第 2 阶段初分配者手中拥有的设备全部分给用户 2、用户 3（这种情况相当于两个用户的分配问题）。

k=1 时，把第 1 阶段初分配者手中拥有的总共四台设备全部分给用户 1、用户 2、用户 3（这种情况相当于三个用户的分配问题）。

从以上分析可以看出，第 k 阶段，就是把第 k 阶段初分配者手中拥有的设备全部分给用户 k 至用户 N。

（2）状态变量 x_k。选择第 k 阶段初分配者手中拥有的设备总数为 x_k，由题意知，$x_1=4, x_4=0$。

（3）决策变量 u_k。第 k 阶段时，总数为 x_k 的设备要分给用户 k 至用户 N，我们把其中分给用户 k 的设备数选为 u_k。

（4）状态转移方程。状态转移方程为

$$x_{k+1}=x_k-u_k \tag{7.6.1}$$

（5）阶段指标 v_k。令第 k 阶段指标为用户 k 利用所分到的资源 u_k 产生的盈利，即

$$v_k(x_k,u_k)=g_k(u_k) \tag{7.6.2}$$

3. 建立基本方程

令最优值函数 $f_k(x_k)$ 为将资源 x_k 分配给用户 k 至用户 N 所能获得的最大盈利，有基

本方程：

$$\begin{cases} f_k(x_k) = \max\limits_{0 \leqslant u_k \leqslant x_k} [v_k(x_k, u_k) + f_{k+1}(x_{k+1})] \\ \qquad = \max\limits_{0 \leqslant u_k \leqslant x_k} [g_k(u_k) + f_{k+1}(x_{k+1})], \quad k = N, N-1, \cdots, 1 \\ f_{N+1}(x_{N+1}) = 0 \end{cases} \tag{7.6.3}$$

4. 逆序递推计算

1）k=3 时

（1）确定状态变量 x_3 的取值范围：

$$x_3 = 0,1,2,3,4$$

（2）对 x_3 的每个确定取值分别求出决策变量 u_3 的取值范围。因为 $u_3 = x_3$，故有

当 $x_3 = 0$ 时，$u_3 = 0$

当 $x_3 = 1$ 时，$u_3 = 1$

当 $x_3 = 2$ 时，$u_3 = 2$

当 $x_3 = 3$ 时，$u_3 = 3$

当 $x_3 = 4$ 时，$u_3 = 4$

基本方程：

$$\begin{aligned} f_3(x_3) &= \max_{0 \leqslant u_3 \leqslant x_3} [v_3(x_3, u_3) + f_4(x_4)] \\ &= \max_{0 \leqslant u_3 \leqslant x_3} [v_3(x_3, u_3)] = v_3(x_3, u_4) \\ &= g_3(u_3) \end{aligned}$$

状态转移方程：

$$x_4 = x_3 - u_3 = 0$$

计算结果列于表 7.6.2 中。

表 7.6.2 k=3 时的计算结果

x_k	u_k	x_{k+1}	v_k	$f_{k+1}(x_{k+1})$	$v_k + f_{k+1}(x_{k+1})$
0	0	0	0	0	$0 = f_3(0)$
1^*	1^*	0^*	3	0	$3^* = f_3(1)$
2	2	0	5	0	$5 = f_3(2)$
3	3	0	7	0	$7 = f_3(3)$
4	4	0	8	0	$8 = f_3(4)$

*表示最优决策

2）k=2 时

（1）确定状态变量 x_2 的取值范围：

$$x_2 = 0,1,2,3,4$$

（2）对 x_2 的每个确定取值分别求出决策变量 u_2 的取值范围。

当 $x_2 = 0$ 时，$u_2 = 0$

$$当\ x_2=1\ 时，\ u_2=0,1$$
$$当\ x_2=2\ 时，\ u_2=0,1,2$$
$$当\ x_2=3\ 时，\ u_2=0,1,2,3$$
$$当\ x_2=4\ 时，\ u_2=0,1,2,3,4$$

基本方程：

$$\begin{aligned} f_2(x_2) &= \max_{0\leqslant u_2\leqslant x_2}\left[v_2(x_2,u_2)+f_3(x_3)\right] \\ &= \max_{0\leqslant u_2\leqslant x_2}\left[g_2(u_2)+f_3(x_3)\right] \end{aligned}$$

状态转移方程：

$$x_3=x_2-u_2$$

计算结果列于表 7.6.3 中。

表 7.6.3 $k=2$ 时的计算结果

x_k	u_k	x_{k+1}	v_k	$f_{k+1}(x_{k+1})$	$v_k+f_{k+1}(x_{k+1})$
0	0	0	0	0	$0=f_2(0)$
1	0	1	0	3	$3^*=f_3(1)$
	1	0	2	0	2
2	0	2	0	5	$5=$
	1	1	2	3	$5=\}\ f_2(2)$
	2	0	5	0	$5=$
3^*	0	3	0	7	7
	1	2	2	5	7
	2^*	1^*	5	3	$8^*=f_2(3)$
	3	0	6	0	6
4	4	4	8	8	8
	1	3	2	7	9
	2	2	5	5	$10=f_2(4)$
	3	1	6	3	9
	4	0	8	0	8

*表示最优决策

3）$k=1$ 时

（1）确定 x_1 的取值范围：

$$x_1=4$$

（2）确定 u_1 的取值范围：

$$u_1=0,1,2,3,4$$

基本方程：

$$\begin{aligned} f_1(x_1) &= \max_{0\leqslant u_1\leqslant 4}\left[v_1(x_1,u_1)+f_2(x_2)\right] \\ &= \max_{0\leqslant u_1\leqslant 4}\left[g_1(u_1)+f_2(x_2)\right] \end{aligned}$$

状态转移方程：

$$x_2 = x_1 - u_1$$

计算结果列于表 7.6.4 中。

表 7.6.4　k =1 时的计算结果

x_k	u_k	x_{k+1}	v_k	$f_{k+1}(x_{k+1})$	$v_k + f_{k+1}(x_{k+1})$
	0	4	0	10	10
	1^*	3^*	4	8	$12^* = f_1(4)$
4^*	2	2	6	5	11
	3	1	7	3	10
	4	0	7	0	7

*表示最优决策

4）求全过程最优指标函数与最优策略

由表 7.6.4 可以求出全过程最优指标函数 $f_1(x_1)$；由表 7.6.4、表 7.6.3 和表 7.6.2，可以依次求出 1、2、3 各阶段的最优决策，进而得到最优策略。

由表 7.6.4（k=1）可知，该分配问题可使国家得到的最大盈利为 12，第 1 阶段的最优决策 $u_1^* = 1$，第 2 阶段初的最优状态 $x_3^* = 1$。

根据 $x_2^* = 3$，查表 7.6.3（k=2）可知，第 2 阶段的最优决策 $u_2^* = 2$，第 3 阶段初的最优状态为 $x_3^* = 1$。

根据 $x_3^* = 1$，查表 7.6.2（k=3）可知，第 3 阶段的最优决策 $u_3^* = 1$，四台设备刚好分配完。

综上所述，这四台设备的最优分配方案是：分配给用户 1 设备 1 台，可盈利 4；分配给用户 2 设备 2 台，可盈利 5；分配给用户 3 设备 1 台，可盈利 3。四台设备为国家提供的最大盈利为 12。

本 章 小 结

本章内容可分为三个部分：①最优化方法概述；②线性规划基本方法及应用；③动态规划的基本方法及其应用。

第一部分中介绍了最优化方法的产生和发展；最优化方法的研究对象及特点；最优化方法中的模型及其研究方法。第二部分讲述了线性规划基本方法及实际使用中的典型应用——运输问题。第三部分讲述了动态规划的基本方法及实际使用中的典型应用——资源分配问题。第二部分和第三部分只要求基本了解，在运筹学课程中有详细介绍。

➢思考题・习题

1. 某厂生产 A、B 两种产品，都需经过Ⅰ、Ⅱ两道工序加工，每件产品在每道工序加工的机时、每道工序可供利用的机时及每件产品可获得的利润如下表所示。问如何安排生产计划，才能使获得的总利润最大？请按题中要求建立线性规划模型。

工序	产品		可利用机时/小时
	A	*B*	
Ⅰ	7	6	42
Ⅱ	4	2	16
单件利润/元	550	200	—

2. 试用逆序递推方法计算如下图所示的从 A 到 G 的最短路径及其最短距离值。

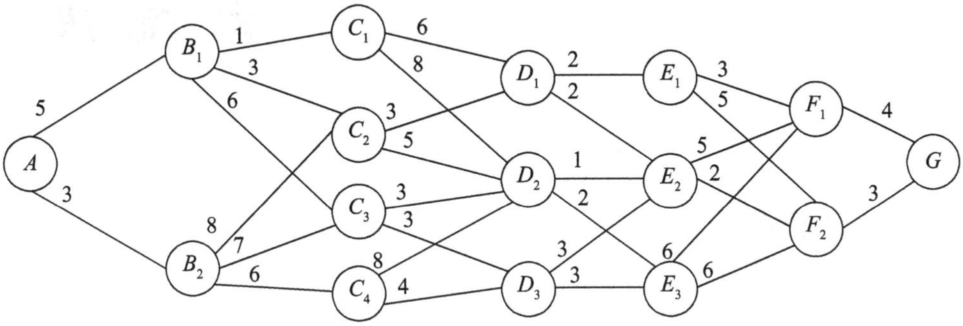

第8章

系统决策

8.1 系统决策概述

8.1.1 决策和决策过程

决策是人类社会的一项重要活动，它关系到人类生活的各个方面，是为实现某种目标而从若干个问题求解方案中选出一个最优或合理方案的过程。

无论是行动方案的确定，还是重大发展战略的制定；是一个领导干部的选拔，还是一种产品的研制生产；是一个企业的生产管理，还是一个国家或地区的产业政策，都是由一系列决策活动来完成的。决策正确带来的是“一本万利”，而决策失误也是“最大的失误”。关于这一点，著名科学家、诺贝尔奖获得者西蒙有句名言——“管理就是决策”，也就是说，决策贯穿于管理的全过程，一切管理工作的核心是决策。

在系统工程的工作过程中，由系统开发得到的若干解决问题的方案，经过系统建模、系统分析及系统评价等步骤之后，最终必须从备选方案中为决策者选出最佳的开发方案。这一程序是系统工程辩证程序中的最后一个，也是最重要的一个，这就是系统决策。

西蒙把决策过程同现代的管理科学、计算机技术和自动化技术结合起来，将其划分为四个主要阶段：找出制定决策的理由；找到可能的行动方案；在诸行动方案中进行抉择；对已进行的抉择进行评价。尽管不同的决策者在不同决策场合对上述四个阶段的看法可能不一样，但这四个部分加在一起却构成了决策者所要做的主要工作。

以上四个阶段交织在一起，就形成了系统决策的过程（图 8.1.1）。第一阶段是调查环境，寻求决策的条件和依据，即情报活动；第二阶段是创造、制订和分析可能采取的行动方案，即设计活动；第三阶段是从可资利用的备选方案中选出一个行动方案，即抉择活动；第四阶段是决策的实施与评价，西蒙称其为审查活动，其实质是对过去的抉择进行评价。

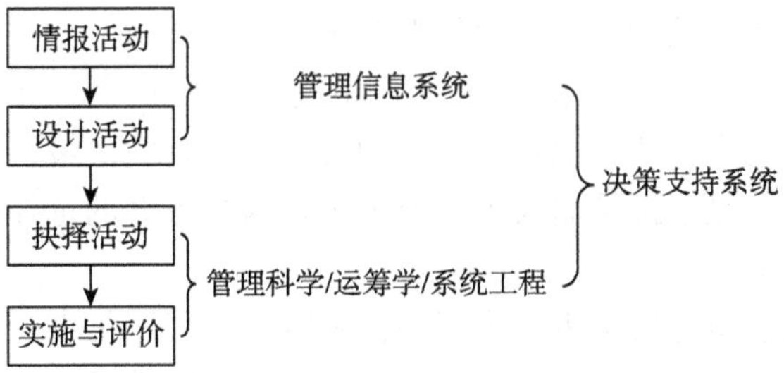

图 8.1.1 系统决策的过程

现代计算机技术、管理科学等的发展，给决策制定的过程赋予了新的内容和含义。情报和设计活动中，主要是依赖可靠、准确、及时的基本信息，因此 MIS 就成为当代决策的重要技术基础；而在抉择、实施与评价活动中的主要技术措施就是模型方法，其主要是指管理科学（management science，MS）、运筹学（operation research，OR）、系统工程中的模型方法。将上述两部分技术集成在一起，利用先进的计算机软硬件技术，实现上述决策过程，开发成界面友好的人机系统，就是决策支持系统。

8.1.2 决策问题及其分类

什么是构成一个决策问题的要素呢？下面我们看一个较为简单的例子。

某工程公司准备承建一项工程，需要决定下个月是否开工。如果天气好，工程能顺利进行，就可盈利 60 000 元；如果开工后天气不好，接连下雨，施工困难，公司将损失 10 000 元；如果不开工，则无论天气好坏，都要赔偿 5 000 元。面对这种情况应如何决策，以争取获得最大可能的效益？

在此，天气好或天气坏叫做自然状态，人们可能采取两种行动方案，即开工或不开工。在不同自然状态下损失，可以看成是负的收益，于是可以收益最大或损失最小为目标。在系统决策理论中，收益和损失应该是可以定量地表示出来的，上例中相应的益损情况如表 8.1.1 所示。

表 8.1.1 两种方案益损情况（单位：元）

自然状态	行动方案	
	开工	不开工
天气好	60 000	–5 000
天气坏	–10 000	–5 000

从上述例子可以看出，构成一个决策问题必须具备以下几个条件：①存在试图达成的明确目标；②存在不以决策者主观意志为转移的两种以上的自然状态；③存在两个或两个以上可供选择的行动方案；④不同行动方案在不同自然状态下的益损值可以计算出来。

从不同的角度来分析决策问题，我们可以得出不同的分类。

第一，按决策的重要性可将决策分为战略决策、策略决策和执行决策。

战略决策是涉及组织的发展和生存的有关全局性、长远、方向问题的决策，如企业厂址的选择，新产品的开发，新市场的开发，国家和地区的产业布局、结构调整、战略方针等；策略决策是为完成战略决策所规定的目标而进行的决策，如企业的产品规格、工艺方案等；执行决策是根据策略决策的要求进行执行方案的选择，如生产标准选择、生产调度、人员兵力配备等决策。

第二，按决策的性质可将决策分为程序化决策和非程序化决策。

程序化决策是一种有章可循的决策，具体体现为可以重复出现、制定固定程序，如订单标价、核定工资、生产调度等就是程序化决策。而非程序化决策表现为问题新颖、无结构，处理这类问题没有灵丹妙药，如开辟新的市场、作战指挥决策等属于这类决策。非程序化决策根据问题结构化的程度又可分为结构化决策、半结构化决策，以及非结构化决策。所谓结构化是指问题的影响变量之间的相互关系可以用数学形式表达，问题的结构可以用数学模型表示；非结构化问题比较复杂，一般也不能建立数学模型；介于二者之间的称为半结构化决策。

第三，根据人们对自然状态规律的认识和掌握程度，决策通常可分为确定型决策、风险型决策（统计决策），以及非确定型（完全不确定型）决策三种。

如果决策者能完全确切地知道将发生怎样的自然状态，那么就可在既定的自然状态下选择最佳行动方案，这就是确定型决策问题，如资源的分配优化、配置等，总之用数学规划解决的问题都属于确定型决策问题。

如果构成一个决策问题，除满足前述的四个条件以外，还满足如下条件：虽然决策者不能准确给定未来出现哪种自然状态，但却可以估计出其出现概率，那么这种决策问题就称为风险型决策问题。例如，本节例子中，如果天气好、天气坏的概率可以估计出来，这一问题就属于风险型决策问题。

如果决策者不但不能确定未来将出现哪一种自然状态，甚至对各种自然状态出现的概率也一无所知，也没有任何统计数据可循，全凭决策者的经验、态度和打算，这类决策问题就是非确定型决策问题。

第四，按决策的目标数量可将决策分为单目标决策和多目标决策。

仅有一个目标的决策问题是单目标决策，有两个或两个以上目标的决策问题称为多目标决策。如果严格区分，可以说多目标决策是多准则决策问题的一类。多准则决策是指存在多个目标且目标之间相互冲突、不可公度的情况下进行的决策，可以分为多属性决策和多目标决策两大类。其中，多属性决策针对有限数量、离散的方案集，求解的核心是对方案集排序后选优，主要用来解决方案优选问题；多目标决策则针对无限数量、连续的方案集，一般采用数学规划法求解，主要用来解决方案设计问题。但在实际应用中，多目标决策也常代表多属性决策，而不做严格区分，这种情况下，就是把多准则决策和多目标决策、多属性决策等同起来。

第五，按决策的阶段可将决策分为单阶段决策和多阶段决策，也可称为单项决策和序贯决策。

单项决策是指整个决策过程只做一次决策就得到结果，序贯决策是指整个决策过程由一系列决策组成，而其中若干关键决策环节又可分别看成单项决策。

当前，由于系统信息化水平的提高带来的大量数据，以及现实决策问题的复杂性和不确定性导致机理模型不能准确建立等原因，基于（离线或在线）数据的决策成为系统决策问题的一个大类而得以发展。例如，基于运行数据的故障诊断、基于生产数据的制造过程控制、基于生物数据的医学诊断、基于作战模拟数据的军事对抗分析、基于金融数据的信用评估等，就属于这类决策。其方法主要有经典统计方法、证据推理和模糊推理方法、神经网络、支持向量机、聚类分析、小波分析等。

8.1.3 系统决策的基本步骤

前面，我们论述了科学决策的基本过程。针对某一具体的决策问题，一项完整的决策过程应包括以下几个基本步骤。

1）明确目标

明确目标是决策的前提。决策目标要制定得具体、明确，避免抽象、含糊。因此，决策目标最好是可度量的指标，如效益、损失等。此外，决策目标要考虑全面，整体与局部、长远与近期、实际与可能的利益要结合起来。

2）拟订多个行动方案

根据确定的目标，拟订多个行动方案，这是科学决策的关键。需要注意，提出的行动方案都必须是可行的，这样从中选择方案才有意义。对比较大的决策问题，还要进行可行性论证。

3）探讨并预测未来可能的自然状态

所谓自然状态，是指那些对实施行动方案有影响而决策者又无法控制和改变的因素所处的状况。这些因素包括的范围很广泛，如气候、物价、市场需求、竞争对手的行动、成本、原材料等都可以成为影响因素。尽管影响决策问题的客观因素可能很多，但通常只选择对行动结果有重大影响的因素，并以这个因素或这些因素的状况或组合状况作为该决策问题的自然状态。

例如，某企业的决策者面临的是“生产产品 A”还是“不生产产品 A”的决策问题，如果影响这两种行动方案的不可控因素为“市场需求量”，而它的可能出现状况有“市场需求大”和“市场需求小”两种，那么行动方案实施后将遇到的自然状态就是二者之一。如果“竞争厂家是否生产类似产品”是该决策问题的另一个不容忽略的影响因素，它的可能状况有“无竞争”和“有竞争”两种。这样，两种影响因素的可能组合状况有四种：“需求小，但无竞争”、“需求小，且有竞争”、“需求大，且无竞争”和“需求大，但有竞争”，这也就是该决策问题的四种可能自然状态。

此外，影响因素的状态需要事前做出明确的定义。例如，“市场需求量大”的定义是什么？指需求达到 1 000 台以上，还是 2 000 台以上呢？显然，对不同的问题将有不同的回答，因此应根据具体问题做出相应的说明和定义。

4）估计各自然状态出现的概率

估计各自然状态出现的概率是统计决策（风险型决策）问题必须进行的工作，是构成该类决策问题的条件之一。因为确切真实的自然状态出现的情况只能在决策之后才能确定，为了进行统计决策，我们必须对各自然状态出现的概率做出估计。一般可以用主观概率估计或者根据历史统计资料直接估算。

5）估算各个行动方案在不同自然状态下的益损值

估算各个行动方案在不同自然状态下的益损值也是构成决策问题的条件之一。

6）决策分析，选择满意的行动方案

这一步是系统决策全过程的主体，应用各种决策技术进行决策分析，最终为决策者选择满意方案，这也是本章以下将要讨论的内容。

8.2 风险型决策

风险型决策依据的标准主要是期望值标准。每个方案的益损期望值可表示为

$$V_i = \sum_{j=1}^{m} V_{ij} P(S_j) \quad (8.2.1)$$

式中，V_i为第 i 方案的益损期望值；V_{ij}为第 i 方案在自然状态 S_j下的益损值；$P(S_j)$为自然状态 S_j出现的概率。

期望值标准是指计算出每个方案的收益和损失的期望值，并且以该期望值为标准，选择收益最大或损失最小的行动方案为最优方案。以期望值为标准的风险型决策方法一般有三种，即决策表法、决策矩阵法和决策树法。

8.2.1 决策表法

决策表法是分别计算方案在不同自然状态下的益损期望值，并列表，然后从中选择收益期望值最大或者损失期望值最小的方案作为最优方案。

【例 8.2.1】 某冷饮店要制订 7 月、8 月的日进货计划。某品质的冷饮进货成本为每箱 30 元，销售价为 50 元，当天销售后每箱可获利 20 元。如果剩一箱，由于冷藏及其他原因要亏损 10 元。今年的市场情况不清楚，但有前两年同期 120 天的日销售资料（表 8.2.1）。问今年平均每天进多少箱为好？

表 8.2.1 冷饮日销售情况

日销售量/箱	完成销售量的天数/天	概率值
100	24	24/120=0.2
110	48	48/120=0.4
120	36	36/120=0.3
130	12	12/120=0.1
合计	120	1.0

解　先根据前两年的数据确定不同日销售量（自然状态）的出现概率值，见表 8.2.1。

再根据每天可能的销售量，计算不同进货方案（行动方案）的收益值，并编成决策表，具体如表 8.2.2 所示（其中计算依据由题意给出）。

表 8.2.2　例 8.2.1 决策表

方案	100 箱	110 箱	120 箱	130 箱	期望利润值/元
	0.2	0.4	0.3	0.1	
100 箱	2 000	2 000	2 000	2 000	2 000
110 箱	1 900	2 200	2 200	2 200	2 140
120 箱	1 800	2 100	2 400	2 400	2 160
130 箱	1 700	2 000	2 300	2 600	2 090

最后，按式（8.2.1）计算每个进货方案的期望利润值。

100 箱进货计划方案的期望利润值为

$$2\,000\times0.2+2\,000\times0.4+2\,000\times0.3+2\,000\times0.1=2\,000\text{（元）}$$

110 箱进货计划方案的期望利润值为

$$1\,900\times0.2+2\,200\times0.4+2\,200\times0.3+2\,200\times0.1=2\,140\text{（元）}$$

120 箱进货计划方案的期望利润值为

$$1\,800\times0.2+2\,100\times0.4+2\,400\times0.3+2\,400\times0.1=2\,160\text{（元）}$$

130 箱进货计划方案的期望利润值为

$$1\,700\times0.2+2\,000\times0.4+2\,300\times0.3+2\,600\times0.1=2\,090\text{（元）}$$

把以上结果列于表 8.2.2 的右列。其中进货 120 箱的计划方案的期望利润值最大，应选为最优方案。

由于上述期望利润值是不同方案在各种不同自然状态下利润值的概率加权平均，所以，这种最优决策在需要多次重复决策的情况下是最为合理的，而在考虑某次执行效果时，它不一定是最优决策。例如，上例中某天进货 120 箱，而这天的实际市场需求可能是 100 箱、110 箱、120 箱和 130 箱中的任意一种。

8.2.2　决策矩阵法

如果备选行动方案及自然状态都比较多，那么矩阵法决策将是合适的。

设有 m 个行动方案 A_1，A_2，…，A_i，…，A_m，写成向量为

$$\boldsymbol{A}=(A_1,\ A_2,\ \cdots,\ A_i,\ \cdots,\ A_m)$$

该向量叫做方案向量。

有 n 个自然状态 S_1，S_2，…，S_j，…，S_n，写成向量为

$$\boldsymbol{S}=(S_1,\ S_2,\ \cdots,\ S_j,\ \cdots,\ S_n)$$

该向量叫做状态向量。

每个自然状态发生的概率分别为 $P(S_1)$，$P(S_2)$，…，$P(S_j)$，…，$P(S_n)$，写

成向量为

$$\boldsymbol{P}=[P(S_1), P(S_2), \cdots, P(S_j), \cdots, P(S_n)]$$

$\boldsymbol{P}$ 叫做状态概率矩阵或概率矩阵。

由概率论可知

$$\sum_{j=1}^{n} P(S_j)=1$$

设 a_{ij} 是自然状态为 S_j 且采取行动方案 A_i 时所取得的效益值，即 $a_{ij}=a(A_i, S_j)$。

当 i 确定时，j 由 1 变化到 n，则采取行动方案 A_i 在各种不同的自然状态 S_1，S_2，…，S_n 的益损值分别是 a_{i1}，a_{i2}，…，a_{in}，写出的一般决策表如表 8.2.3 所示。

表 8.2.3 一般决策表

方案	S_1	S_2	…	S_j	…	S_n	益损期望值
	$P(S_1)$	$P(S_2)$	…	$P(S_j)$	…	$P(S_n)$	
A_1	a_{11}	a_{12}	…	a_{1j}	…	a_{1n}	$E(A_1)$
A_2	a_{21}	a_{22}	…	a_{2j}	…	a_{2n}	$E(A_2)$
⋮	⋮	⋮		⋮		⋮	⋮
A_i	a_{i1}	a_{i2}	…	a_{ij}	…	a_{in}	$E(A_i)$
⋮	⋮	⋮		⋮		⋮	⋮
A_m	a_{m1}	a_{m2}	…	a_{mj}	…	a_{mn}	$E(A_m)$
决策	$A_r=\max\limits_{A}[E(\boldsymbol{A})]$ 或 $A_s=\min\limits_{A}[E(\boldsymbol{A})]$						

根据前面的分析，显然有

$$\begin{aligned} E(A_i) &= a_{i1}P(S_1)+a_{i2}P(S_2)+\cdots+a_{ij}P(S_j)+\cdots+a_{in}P(S_n) \\ &= \sum_{j=1}^{n} a_{ij}P(S_j) \end{aligned}$$

简单写为

$$E(A_i)=\sum_{j=1}^{n} P_j a_{ij} \tag{8.2.2}$$

用 $\boldsymbol{B}$ 表示益损值矩阵：

$$\boldsymbol{B}=\begin{bmatrix} a_{11} & a_{12} & \cdots & a_{1n} \\ a_{21} & a_{22} & \cdots & a_{2n} \\ \vdots & \vdots & & \vdots \\ a_{i1} & a_{i2} & \cdots & a_{in} \\ \vdots & \vdots & & \vdots \\ a_{m1} & a_{m2} & \cdots & a_{mn} \end{bmatrix}$$

$\boldsymbol{B}$ 又称风险矩阵。

把期望值写成一个列矩阵：

$$E(\boldsymbol{A})=\begin{bmatrix} E(A_1) \\ E(A_2) \\ \vdots \\ E(A_i) \\ \vdots \\ E(A_m) \end{bmatrix}$$

显然有

$$\boldsymbol{BP}^{\mathrm{T}}=\begin{bmatrix} a_{11} & a_{12} & \cdots & a_{1j} & \cdots & a_{1n} \\ a_{21} & a_{22} & \cdots & a_{2j} & \cdots & a_{2n} \\ \vdots & \vdots & & \vdots & & \vdots \\ a_{i1} & a_{i2} & \cdots & a_{ij} & \cdots & a_{in} \\ \vdots & \vdots & & \vdots & & \vdots \\ a_{m1} & a_{m2} & \cdots & a_{mj} & \cdots & a_{mn} \end{bmatrix}\begin{bmatrix} P_1 \\ P_2 \\ \vdots \\ P_j \\ \vdots \\ P_n \end{bmatrix}=\begin{bmatrix} \sum_{j=1}^{n} P_j a_{1j} \\ \sum_{j=1}^{n} P_j a_{2j} \\ \vdots \\ \sum_{j=1}^{n} P_j a_{ij} \\ \vdots \\ \sum_{j=1}^{n} P_j a_{mj} \end{bmatrix}=\begin{bmatrix} E(A_1) \\ E(A_2) \\ \vdots \\ E(A_i) \\ \vdots \\ E(A_m) \end{bmatrix}=E(A) \quad (8.2.3)$$

所以

$$\boldsymbol{BP}^{\mathrm{T}}=E(A) \quad (8.2.4)$$

进行决策时，

（1）若是希望收益最大，则在期望值的列矩阵中找最大的元素所对应的方案，即

$$A_r=\max_{A}[E(A)] \quad (8.2.5)$$

（2）若是希望损失最小，则在期望值的列矩阵中找最小的元素所对应的方案，即

$$A_s=\min_{A}[E(A)] \quad (8.2.6)$$

需要指出的是，在前面情形（1）时，如果出现的最大期望值多于一个，即有两个或两个以上，就会产生究竟选取哪一个对应的方案的问题。此时可以再比较一个指标，叫做期望值与下界差，即每个方案的期望值与效益值的下界差记作

$$D(A_i)=E(A_i)-\min_{j}(a_{ij}) \quad (8.2.7)$$

即在决策中如果两个方案的 $E(A_i)$ 相同，则可以这样处理：若 $D(A_i)$ 不同，则选取 $D(A_i)$ 较小的为好；若 $D(A_i)$ 相同，则任选一个方案均可。

【例 8.2.2】 红军步兵部队可能在平原、有隐蔽地方的开阔地、丘陵及水网地带与蓝军坦克部队遭遇，遭遇的概率分别为 0.1、0.4、0.2、0.3。遭遇时红军使用的武器可能有五种组合：

A_1——磁性手雷、40 火箭筒、82 无坐力炮。

A_2——磁性手雷、40 火箭筒、82 无坐力炮、85 加农炮。

A_3——磁性手雷、40 火箭筒、82 无坐力炮、反坦克导弹。

A_4——磁性手雷、40 火箭筒、82 无坐力炮、85 加农炮、反坦克导弹。

A_5——磁性手雷、40 火箭筒、82 无坐力炮、反坦克导弹、坦克。

其益损值在表 8.2.4 中给出。

表 8.2.4　各方案益损值

方案 \ 状态 / 概率	S_1	S_2	S_3	S_4	方案益损期望值	$D(A_i)$
	0.1	0.4	0.2	0.3		
A_1	0.2	0.3	0.3	0.1	0.23	0.13
A_2	0.3	0.4	0.5	0.2	0.35	0.15
A_3	0.5	0.7	0.7	0.3	0.56	0.26
A_4	0.55	0.75	0.9	0.35	0.64	0.29
A_5	0.6	0.8	0.7	0.4	0.64	0.24

矩阵 $\boldsymbol{B}$ 为

$$\boldsymbol{B}=\begin{pmatrix} 0.2 & 0.3 & 0.3 & 0.1 \\ 0.3 & 0.4 & 0.5 & 0.2 \\ 0.5 & 0.7 & 0.7 & 0.3 \\ 0.55 & 0.75 & 0.9 & 0.35 \\ 0.6 & 0.8 & 0.7 & 0.4 \end{pmatrix}$$

概率矩阵 $\boldsymbol{P}$ 为

$$\boldsymbol{P}=(0.1\ 0.4\ 0.2\ 0.3),\quad \boldsymbol{P}^{\mathrm{T}}=\begin{pmatrix} 0.1 \\ 0.4 \\ 0.2 \\ 0.3 \end{pmatrix}$$

$$E(\boldsymbol{A})=\boldsymbol{BP}^{\mathrm{T}}=\begin{pmatrix} 0.2 & 0.3 & 0.3 & 0.1 \\ 0.3 & 0.4 & 0.5 & 0.2 \\ 0.5 & 0.7 & 0.7 & 0.3 \\ 0.55 & 0.75 & 0.9 & 0.35 \\ 0.6 & 0.8 & 0.7 & 0.4 \end{pmatrix}\cdot\begin{pmatrix} 0.1 \\ 0.4 \\ 0.2 \\ 0.3 \end{pmatrix}=\begin{pmatrix} 0.23 \\ 0.35 \\ 0.56 \\ 0.64 \\ 0.64 \end{pmatrix}$$

$$\max_{\boldsymbol{A}}[E(\boldsymbol{A})]=\max(0.23,0.35,0.56,0.64,0.64)=0.64$$

此时有两个 0.64，所以要计算期望值与下界差：

$$D(A_1)=0.23-0.1=0.13$$
$$D(A_2)=0.35-0.2=0.15$$
$$D(A_3)=0.56-0.3=0.26$$
$$D(A_4)=0.64-0.35=0.29$$
$$D(A_5)=0.64-0.4=0.24$$

所以选取方案 A_5 最好。

采用矩阵决策方法的优点是：①对于特别复杂、计算量特别大的决策问题，它比决策表法优越；②此法把决策问题化成了两个矩阵相乘，最后得到一个矩阵（列矩阵或行矩阵），从中找出最大或最小元素，这样就为利用计算机进行决策分析创造了有利条件。

8.2.3　决策树法

决策树法是风险型决策中常用的方法，它不仅可以处理单阶段决策问题，而且可以处理决策表和决策矩阵无法表达的多阶段决策问题。

1. 决策树

决策树是一种形象的说法，如图 8.2.1 所示，它所伸出的线条像大树的枝干，整个图形像棵树。图 8.2.1 上的方块叫做决策点，由决策点画出若干线条，每条线代表一个方案，叫做方案分枝，方案分枝的末端画个圆圈，叫做自然状态点。从自然状态点引出的线条代表不同的自然状态，叫做概率枝。在概率枝的末端画个三角，叫做结果点。在结果点旁，一般列出不同自然状态下的收益值或损失值。

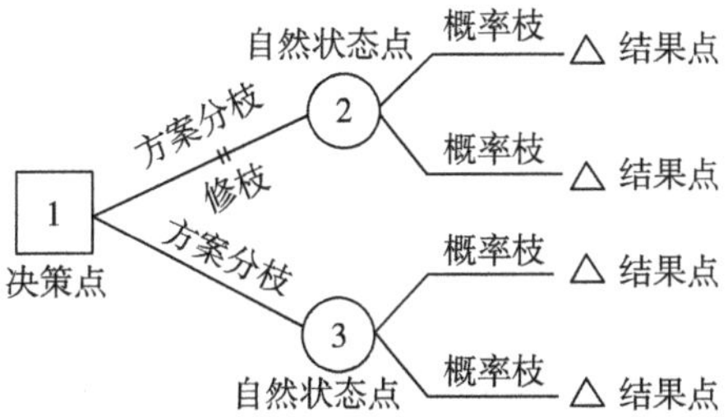

图 8.2.1　决策树

应用决策树来做决策的过程，是从右向左逐步后退进行分析。根据右端的益损值和概率枝的概率，计算期望值的大小，确定方案的期望结果，然后根据不同方案的期望结果做出选择。方案的舍弃叫做修枝，被舍弃的方案在方案枝上做“≠”的记号来表示（即修剪的意思）。最后在决策点留下一条树枝，即为最优方案。

决策树不仅能表示出不同决策方案在不同自然状态下的结果，而且能显示出决策的过程，内容形象、思路清晰，是辅助决策者进行决策的有用工具。

2. 决策树的单阶段决策

当所要决策的问题，只需要进行一次决策就可解决时，叫做单阶段决策问题。如果问题比较复杂，要进行一系列的决策才能解决，就叫做多阶段决策问题。以下通过例子说明如何用决策树来解决单阶段决策问题。

【例 8.2.3】　用决策树法对 8.1.2 节的工程开工问题进行决策，并假设天气好和天气坏的概率估计分别为 0.2 和 0.8。

解　首先画出决策树，如图 8.2.2 所示。

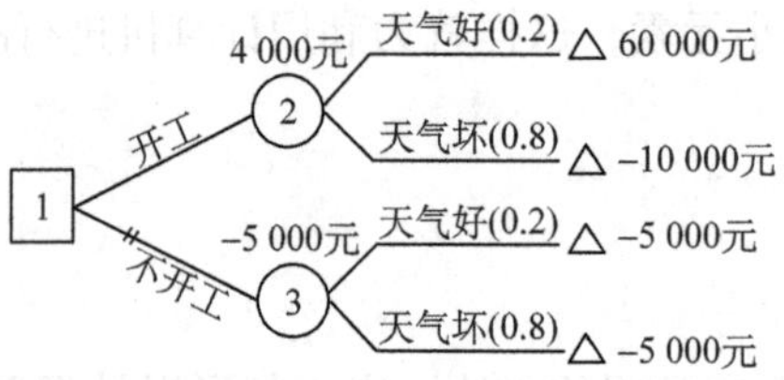

图 8.2.2 例 8.2.3 决策树

其次计算各点的期望值。

点②：0.2 × 60 000+0.8 ×（–10 000）=4 000（元）。

点③：0.2 ×（–5 000）+0.8 ×（–5 000）=–5 000（元）。

把计算结果记入决策树的相应位置，可以看出合理的决策方案是点②，即应该开工。

【例 8.2.4】 为了适应市场的需要，某地提出了扩大电视机生产的两个方案。一个方案是建设大工厂，另一个方案是建设小工厂，两者的使用期都是 10 年。建设大工厂需要投资 600 万元，建设小工厂需要投资 280 万元，两个方案的每年益损值及自然状态的概率见表 8.2.5。试应用决策树评选出合理的决策方案。

表 8.2.5 每年益损值及自然状态的概率（单位：万元）

概率	自然状态	建大工厂年收益	建小工厂年收益
0.7	销路好	200	80
0.3	销路差	–40	60

解 画出本问题的决策树，如图 8.2.3 所示。

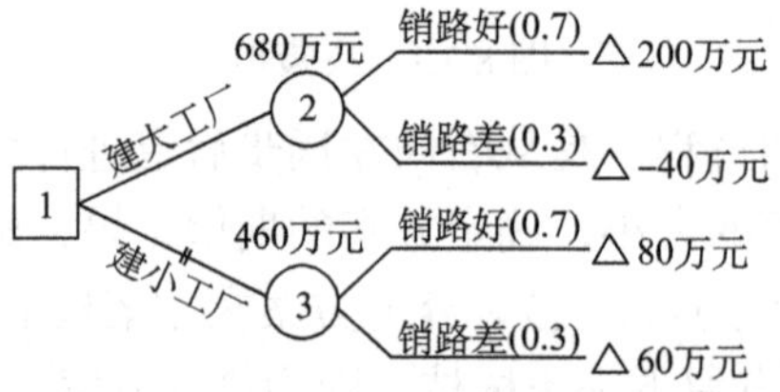

图 8.2.3 例 8.2.4 决策树

计算各点的期望值。

点②：0.7 × 200 × 10+0.3 ×（–40）× 10–600（投资）=680（万元）。

点③：0.7 × 80 × 10+0.3 × 60 × 10–280（投资）=460（万元）。

由此可知，合理的决策方案是建设大工厂。

3. 决策树的多阶段决策

下面用一个两阶段决策问题的例子来说明决策树法在多阶段决策中的运用。

【例 8.2.5】 在上例中如果增加一个方案，即先建设小工厂，如销路好，三年以后考虑扩建。根据计算，扩建需要投资 400 万元，可使用 7 年，每年盈利 190 万元。那么这个方案与前两个方案比较，优劣如何？

解　这个问题可以分前三年和后七年两期来考虑，画出决策树的图形，如图 8.2.4 所示。各点的期望利润值计算如下。

点②：0.7 × 200 × 10+0.3 ×（−40）× 10−600=680（万元）。

点⑤：1.0 × 190 × 7−400=930（万元）。

点⑥：1.0 × 80 × 7=560（万元）。

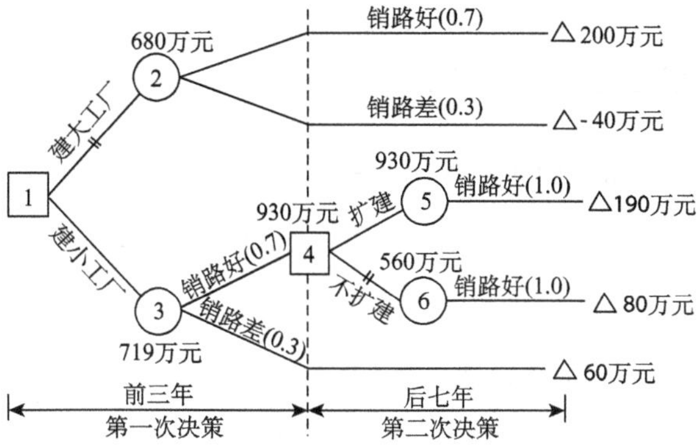

图 8.2.4　两阶段决策

比较决策点[4]的情况可以看到，由于点⑤（930 万元）与点⑥（560 万元）相比，点⑤的期望利润值较大，所以应采用扩建的方案，而舍弃不扩建的方案。把点⑤的 930 万元移到点[4]来，可计算出点③的期望利润值。

点③：0.7 × 80 × 3+0.7 × 930+0.3 × 60 ×（3+7）−280=719（万元）。

最后比较决策点[1]的情况。由于点③（719 万元）与点②（680 万元）相比，点③的期望利润值较大，所以取点③而舍点②。这样，相比之下，建设大工厂的方案不是最优方案，合理的策略是采用“前三年建小工厂，如销路好，后七年进行扩建”的方案。

8.3　完全不确定型决策

在不确定型决策中，当自然状态发生的概率不能确定，也没有统计数据可以遵循时，决策就变为完全不确定型决策，此时决策的做出全凭决策者的态度和打算，目前已有的决策法则有下列几种。

1. 小中取大法则——悲观法则

这一法则的基本做法是先找出每种方案在最不利情况下的收益，然后选择最小收益中最大的那个方案作为最优方案，即取 $\max\limits_{A_i}\left\{\min\limits_{S_j}\left[V\left(A_i, S_j\right)\right]\right\}$ 为最优方案。

【例 8.3.1】　兵工厂生产要考虑平时、战时结合，现要对产品生产的三种方案 A_1、A_2、A_3 进行决策。设未来形势为三种自然状态，即战争 S_1、和平 S_2、不战不和 S_3，且已知其益损矩阵如表 8.3.1 所示。

表 8.3.1 益损矩阵

状态 收益 方案	战争 S_1	和平 S_2	不战不和 S_3	$\min V$	$\max V$
A_1	20	1	−6	−6	20*
A_2	9	8	0	0	9
A_3	4	4	4	4*	4

*表示最优决策

$$\min_{S_j}\left[V\left(A_1,S_j\right)\right]=-6$$
$$\min_{S_j}\left[V\left(A_2,S_j\right)\right]=0,\quad \max_{A_i}\{-6,0,4\}=4$$
$$\min_{S_j}\left[V\left(A_3,S_j\right)\right]=4$$

即取 A_3 作为决策方案，这样无论局势如何，均可获得收益。这种方法是以最小收益值（或最大损失值）为评价方案的标准，重点是使收益值不低于一个限度（或损失值不超过一定限度）。对自然状态来说，决策中是将收益值最小（或损失值最大）的自然状态作为必然出现的自然状态来看待的，这就把不确定型决策问题简化为确定型决策问题。这里是按最不利情况来处理的，以最不利中的最有利方案作为行动方案。所以实际上这是一种比较保守和稳妥的决策方法，又称悲观法则。

2. 大中取大法则——乐观法则

这一法则是首先找出各方案在最有利情况下的收益值，然后选择其中最大的一个所对应的方案做最优方案，即 $\max\limits_{A_i}\left\{\max\limits_{S_j}\left[V\left(A_i,S_j\right)\right]\right\}$。例如，上例中 $\max\limits_{A_i}\left\{\max\limits_{S_j}\left[V\left(A_i,S_j\right)\right]\right\}=20$，取 A_1 作为决策方案。此即选取“最有利中之最有利”方案，故又称乐观法则。

3. 折中法则——α 法则

这一法则是上述悲观法则与乐观法则的折中，其方法如下。

（1）首先根据历史资料和经验判断，确定系数 α 值（$0<\alpha<1$）。

（2）根据方案 i 的最大收益值 $V_{i\max}$ 与最小收益值 $V_{i\min}$，计算方案 i 的折中收益值 H_i，即 $H_i=\alpha V_{i\max}+(1-\alpha)V_{i\min}$。

（3）选择折中收益值最大的方案，即 $\max H_i$ 对应的方案作为最优方案。例如，上例中，若取 $\alpha=0.6$，则

$$H_1=0.6\times 20+(1-0.6)\times(-6)=9.6$$
$$H_2=0.6\times 9+(1-0.6)\times 0=5.4$$
$$H_3=0.6\times 4+(1-0.6)\times 4=4$$
$$\max\{9.6,\ 5.4,\ 4\}=9.6$$

故应取方案 A_1 为最优方案。可见，这种方法取决于 α 的取值，α 值越大，则表明决策者越乐观，$\alpha=1$ 即乐观法则；α 值越小，则表明决策者越悲观，$\alpha=0$ 即悲观法则。

4. 大中取小法则——最小遗憾法则

这一法则的基本思想是处事以遗憾越小越好。因为决策者做出决策后，常与事实有出入，所以应以感到遗憾最小为最优。例如，在上例中采用方案 A_1，若真正发生战争，即获最大收益，自无憾事；反之，若采用方案 A_2，则少收益 11，采用 A_3 则少收益 16，依次类推，得遗憾值矩阵。其方法是在收益矩阵的每一列中选出最大的元素，将这一列的每个元素都减去这个最大值再取绝对值，得遗憾值矩阵如表 8.3.2 所示。然后找出各方案的最大遗憾值，选其中最小者的方案为最优方案。例如，上例中，为使遗憾最小，应选 A_1 方案。

表 8.3.2　遗憾值矩阵

状态 / 遗憾值 / 方案	战争 S_1	和平 S_2	不战不和 S_3	最大遗憾值
A_1	0	7	10	10*
A_2	11	0	4	11
A_3	16	4	0	16

*表示最优决策

5. 平均法则——均匀概率法则

平均法则（又称合理法则、拉普拉斯法则）认为，决策者既然不能确知每一种情况出现的概率，则不应认为某一状态比其他状态更可能出现。故认为每种情况出现的可能性是一样的，若有 n 种可能出现的情况，则每种情况出现的概率应为 $\frac{1}{n}$，依此主观概率求出每一方案的收益期望值，即

$$M_i=\frac{1}{n}\sum_{j=1}^{n}V\left(A_i,S_j\right)\quad(i=1,2,\cdots,m)$$

从中选取 M_i 最大的方案，即选取 $\max\limits_{A_i}\{M_i\}$ 为最优方案。

仍如上例，计算 M_i（i=1，2，3）：

$$M_1=\frac{1}{3}[20+1+(-6)]=5$$

$$M_2=\frac{1}{3}[9+8+0]=5.67$$

$$M_3=\frac{1}{3}[4+4+4]=4$$

应选 A_2 方案为最优方案。

由此可见，根据不同的法则，会得到不同的最优方案。上述几种法则，究竟如何选择，应该视具体情况而定。若应对灾害性事件（如洪水、地震等），则应估计到最不利的情况，使遭受的损失最小。在其他场合也是各有各的考虑，很难一致对待。

8.4 贝叶斯决策

在风险型决策问题中，由于自然状态的发生概率大多是根据过去的资料和经验估计的，所以就有一个准确性及可靠性问题，即为了改进决策制定过程，有没有必要再做调查或试验，进一步确认各种自然状态的发生概率，从而做出决策。运用概率论中的贝叶斯定理能方便地解决这类问题，这就是贝叶斯决策法。

贝叶斯定理是概率论中的基本定理之一，它揭示了概率之间的关系，我们用一个直观的例子进行说明。

有道工序是把一种白色圆片零件的一面漆成红色，现有 5 个零件，其中的一个遗漏了这道工序。问从这 5 个零件中随机抽取一个，正好是次品（两面都是白色）的概率是多少？显然是$\frac{1}{5}$，即 0.2。这个概率叫先验概率。

但如果 5 个零件都是白色朝上平放着，问任取一个上抛落地后为白色时，这个零件是次品的概率为多少？

假定 5 个零件每一个都上抛 200 次，理论上要出现白色朝上 600 次，其中 200 次属于次品零件，所以上抛后落地为白色是次品零件的概率为 200/600=$\frac{1}{3}$或 0.33，这叫做后验概率，即做了这次上抛试验之后，0.20 的先验概率修改成 0.33 的后验概率。

运用贝叶斯定理能解决计算后验概率的问题。贝叶斯定理的表达式为

$$P(B_j \mid A_i)=\frac{P(A_i \mid B_j)P(B_j)}{\sum_{j=1}^{n}P(A_i \mid B_j)P(B_j)} \tag{8.4.1}$$

式中，$P(B_j)$为事件B_j发生的概率；$P(B_j \mid A_i)$为事件A_i发生条件下，事件B_j发生的条件概率；$P(A_i \mid B_j)$为事件B_j发生条件下，事件A_i发生的条件概率。

对于刚才的问题，可设A表示白色，B_1表示次品零件，B_2表示正品零件，则

$$P(B_1 \mid A)=\frac{P(A \mid B_1)P(B_1)}{P(A \mid B_1)P(B_1)+P(A \mid B_2)P(B_2)}$$
$$=\frac{1.0\times0.2}{1.0\times0.2+0.5\times0.8}=\frac{0.2}{0.6}=0.33$$

这同先前逻辑分析的结果一致。

下面举例说明如何应用贝叶斯定理进行决策。

【例 8.4.1】 某公司考虑生产一种新产品，已知这种产品的销售状况将取决于市场需求情况。经理在决策前已预见到生产后销售结果为好、中、差三种情况的概率及相应

的盈利额（表 8.4.1）。

表 8.4.1 各种情况的概率及相应的盈利额

销售结果预测	先验概率 $P(B)$	盈利额/万元
B_1（好）	0.25	+15
B_2（中）	0.30	+1
B_3（差）	0.45	–6

在这种情况下，试对两个问题进行决策：①是否值得做一次市场调查，以获取市场需求出现“好”“中”“差”的后验概率；②是否生产这种新产品。设市场调查费用估算需 6 000 元。但为了决定是否要进行市场调查，除了要事先估计调查费用外，对调查情况下和不调查情况下的期望盈利值也应事先做出估计，从而可以确定是否值得花这笔调查费用。为此，将公司过去实践中的有关资料整理成表 8.4.2。

表 8.4.2 公司过去的有关资料

销售结果 B_j / $P(A_i/B_j)$ / 调查结论 A_i	B_1（好）	B_2（中）	B_3（差）
A_1（好）	0.65	0.25	0.10
A_2（中）	0.25	0.45	0.15
A_3（差）	0.10	0.30	0.75
合计	1.00	1.00	1.00

解 依题意，本问题也是一个两阶段决策问题。

表 8.4.2 列出的概率是 $P(A|B)$，即销售结果 B 为已知时，调查结论 A 的条件概率。而决策所需要知道的是 $P(B|A)$，即调查结论 A 为已知，销售结果 B 的条件概率。那么，如何将已知的条件概率 $P(A|B)$ 转化为所需要的条件概率 $P(B|A)$ 呢？以下我们就用贝叶斯定理解决这个问题，进而进行决策。

1. 求联合概率和全概率

由概率的乘法定理可知，A_i 和 B_j 的联合概率为

$$P(A_iB_j)=P(A_i|B_j)\ P(B_j) \tag{8.4.2}$$

又由全概率公式可得事件 A_i 的全概率为

$$P(A_i)=\sum_{j=1}^{n}P(A_i|B_j)\ P(B_j) \tag{8.4.3}$$

所以，可以把表 8.4.1 中的 $P(B)$ 乘以表 8.4.2 中相应的 $P(A|B)$，即可得到有关的联合概率，如 $P(A_1B_1)=0.25\times0.65=0.162\ 5$，其余类推。再把行和列的联合概率相加即得到全概率 $P(A)$ 和 $P(B)$，计算结果见表 8.4.3。

表 8.4.3　全概率 $P(A)$ 和 $P(B)$

调查结论 A_i \ $P(A_iB_j)$ \ 销售结果 B_j	B_1（好）	B_2（中）	B_3（差）	$P(A_i)$
A_1（好）	0.162 5	0.075	0.045 0	0.282 5
A_2（中）	0.062 5	0.135	0.067 5	0.265 0
A_3（差）	0.025 0	0.090	0.337 5	0.452 5
$P(B_j)$	0.250 0	0.300	0.450 0	1.000 0

2. 求条件概率

由式（8.4.1）~式（8.4.3）可知，要求的条件概率

$$P(B_j\mid A_i)=\frac{P(A_i\mid B_j)P(B_j)}{\sum_{j=1}^{n}P(A_i\mid B_j)P(B_j)}=\frac{P(A_iB_j)}{P(A_i)}$$

所以，用表 8.4.3 中的全概率 $P(A_i)$ 除联合概率 $P(A_iB_j)$ 即得所需条件概率。如 $P(B_1\mid A_1)=\dfrac{0.162\ 5}{0.282\ 5}=0.575$，其余类推。计算结果见表 8.4.4，这里的 $P(B_j\mid A_i)$ 就是后验概率。例如，当调查结论为市场需求属中等时，表 8.4.1 的先验概率 0.25、0.30、0.45 就应修改成表 8.4.4 的后验概率 0.236、0.509、0.255。

表 8.4.4　条件概率

调查结论 A_i \ $P(B_j/A_i)$ \ 销售结果 B_j	B_1（好）	B_2（中）	B_3（差）	合计
A_1（好）	0.575	0.266	0.159	1.00
A_2（中）	0.236	0.509	0.255	1.00
A_3（差）	0.055	0.199	0.746	1.00

3. 求期望盈利值

“不调查”情况下生产该新产品的期望盈利值为

$$(0.25\ 0.30\ 0.45)\begin{pmatrix}15\\1\\-6\end{pmatrix}=1.35(\text{万元})$$

在调查后结论分别为“好”“中”“差”的情况下，对应的新产品期望盈利值是

$$\begin{pmatrix}0.575 & 0.266 & 0.159\\0.236 & 0.509 & 0.255\\0.055 & 0.199 & 0.746\end{pmatrix}\begin{pmatrix}15\\1\\-6\end{pmatrix}=\begin{pmatrix}7.937\\2.519\\-3.452\end{pmatrix}(\text{万元})$$

即当调查结论为市场需求“好”时，生产新产品的期望盈利值是 7.937 万元；结论为“中”时，期望盈利值是 2.519 万元；结论为“差”时，期望盈利值是−3.452 万元。调查结论

表明该产品的市场需求“差”时，期望盈利值是一个负数，因此不可能投产。这样，在“调查”情况下生产该新产品的期望盈利值为

$$(0.282\,5 \quad 0.265\,0 \quad 0.452\,5)\begin{pmatrix}7.937\\2.519\\0\end{pmatrix}=2.91(\text{万元})$$

4. 决策

“调查”情况下生产新产品的期望盈利值为 2.91 万元，减去调查费用 6 000 元后还有 2.31 万元，大于“不调查”情况下的期望盈利值 1.35 万元。因此，做如下决策：①进行市场调查。②若调查结论表明市场需求为“好”或“中”，则生产该产品；若表明市场需求为“差”，则不生产该产品。

8.5 系统决策中的几个问题

8.5.1 灵敏度分析

通常决策过程中所预测的自然状态概率及计算出的益损值，都不会十分精确，因此往往需要对这些变动是否影响最优方案的选择进行深入研究，这就是所谓的灵敏度分析。

仍以例 8.2.3 的工程是否开工为例，自然状态的概率可能有变化，如果天气好的概率从 0.2 变为 0.1，天气坏的概率从 0.8 变为 0.9；开工后遇到好天气并按期完工的收益仍为 60 000 元，开工后天气不好同样损失 10 000 元，不开工需支付误工费 1 000 元，方案选择有何变化呢?

此时，各点的益损值分别为

$$E_1=0.1\times 60\,000+0.9\times(-10\,000)=-3\,000(\text{元})$$

$$E_2=0.1\times(-1\,000)+0.9\times(-1\,000)=-1\,000(\text{元})$$

上述计算结果说明，选择不开工较为合理。自然状态的概率估计的变化可能会导致最优方案的变化，这时可以找到一个临界概率，即转折概率。

在上例中，以 P 代表天气好的概率，则 $1-P$ 代表天气坏的概率。计算两个方案的益损期望值并使之相等，可得

$$P\times 60\,000+(1-P)\times(-10\,000)=P\times(-1\,000)+(1-P)\times(-1\,000)$$

$$70\,000P\approx 9\,000$$

$$P\approx 0.13$$

则转折概率 $P=0.13$，即当 $P>0.13$ 时，开工方案比较合理；当 $P<0.13$ 时，不开工比较好。

在工业企业中，为获得更多的利润，总是希望把更多的产品销售出去。对于一件产品

来说，卖出或卖不出，这是两个互相排斥的事件，二者的概率之和为 1。如果产品卖出去了，就会增加一件产品的利润值，我们称此为边际利润，用 M_P 表示；如果产品卖不出去，就会减少一件产品的利润，而增加一件产品的损失，我们称为边际损失，用 M_L 表示。

设 P 为产品卖出去的概率，则 $1-P$ 就是卖不出去的概率。企业为了获利，就应使期望边际利润值大于期望边际损失值。显然，当两者相等时，企业无盈亏，此时

$$P \cdot M_P = (1-P) \times M_L$$

整理后得

$$P(M_P + M_L) = M_L$$

所以

$$P = \frac{M_L}{M_P + M_L} \tag{8.5.1}$$

这就是既无盈利又无亏损的最低限度的市场累计销售概率，即转折概率，以 P_0 表示。它是决定企业产品市场销售盈亏状况的概率转折点，累计销售概率大于这个数值，企业就可盈利；反之，就会发生亏损。

在实际工作中，应对概率值、益损值等在可能发生的误差范围内做几次不同的变动，并反复进行计算，分析所得结果是否影响最优方案的选择。若最优方案保持不变，说明它是比较稳定的，如果最优方案不稳定，就应作进一步的分析。

8.5.2 情报（信息）的价值

对于完全不确定型决策问题，获得了有关情报资料后就易于把问题转化为风险型决策问题。而对于风险型决策问题，获得的情报（信息）越多，对自然状态发生概率的估计就越准确，做出的决策就越合理。但为了获得情报，就要进行调查、试验等工作，这需要支付一定费用。因此，为了权衡得失，有必要估算情报本身的价值。

仍以例 8.2.4 的建大厂、建小厂问题为例。自然状态有两种，即销路好和销路差，它们的概率分别为 0.7 和 0.3。如果是完全情报，且可以肯定 10 年内销路好，则当然采取建大厂的方案，其益损值为 200×10−600=1 400（万元）；如果完全情报可以肯定 10 年内销路差，则采取建小厂的方案，其益损值为 60×10−280=320（万元）。这样就把图 8.2.3 的决策树中销路好状态下利润低的分枝和销路差状态下利润低的分枝修剪掉，得到如图 8.5.1 所示的决策树。

图 8.5.1 情报的价值分析示例

从图 8.5.1 可知，如果有了完全情报，益损期望值是 0.7×1 400+0.3×320=1 076（万元），而原来没有得到完全情报时的期望值为 680 万元，由此可算得完全情报的价值为 1 076−680=396（万元）。这说明这个决策问题的潜力很大，值得进一步研究。

【例 8.5.1】　某工厂考虑大量生产某一产品，估计该产品销路好的概率为 0.7，销路差的概率为 0.3。销路好时可盈利 1 200 万元，而销路差的话则要亏损 150 万元。为了更深入、细致地分析这个决策问题，以避免盲目性所带来的损失，该厂决策人员拟先做小批量试销生产试验。根据对市场的分析研究，试销时销路好的概率是 0.8。而如果试销的实际结果为销路好，则大量生产后销路好的概率是 0.85；如果试销的实际结果为销路差，则大量生产后销路好的概率是 0.10（表 8.5.1）。试求通过试销生产试验而获取的情报价值。

表 8.5.1　各种情况概率

试销生产		大量生产	
销路好	0.8	销路好	0.85
		销路差	0.15
销路差	0.2	销路好	0.10
		销路差	0.90

解　画出本问题的决策树，如图 8.5.2 所示。

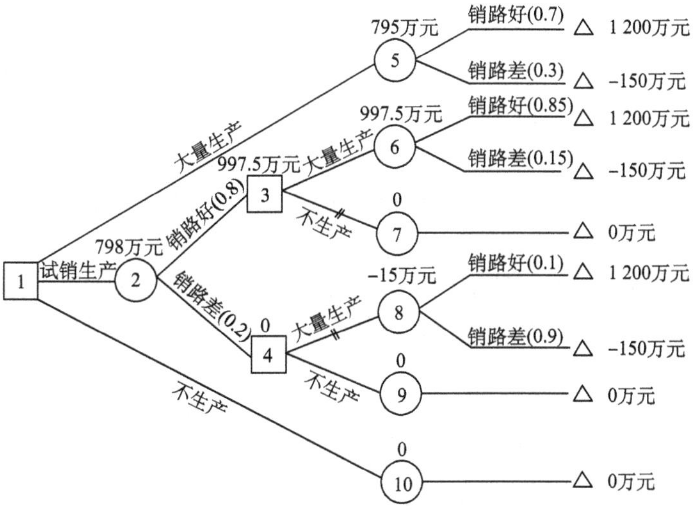

图 8.5.2　例 8.5.1 的决策树

计算各点的期望值。

点⑤：0.7 × 1 200−0.3 × 150=795（万元）。

这是未经试销情况下大量生产方案的益损期望值。

点⑥：0.85 × 1 200−0.15 × 150=997.5（万元）。

点⑦：0 万元。

点⑥：的期望值大于点⑦的期望值，这说明试销销路好时，应采取大量生产的方案。划去不生产的方案，并把点⑥的 997.5 万元转移到点 3。

点⑧：0.10 × 1 200−0.90 × 150=−15（万元）。

点⑨：0 万元。

点⑨：的期望值大于点⑧的期望值，这说明试销销路差时，就该采取不生产的方案。划去大量生产的方案，并把点⑨的 0 转移到点 4。

点②：0.8 × 997.5+0.2 × 0=798（万元）。

这是经试销生产试验取得更多情报后的益损期望值，而取得这项情报之前，最优方案的益损期望值是 795 万元。因此，这项情报的价值为 798–795=3（万元），这是取得这项情报而应付出代价的上限。如果试销生产试验的投资超过这个数字，就属于得不偿失，不应该进行试销生产试验。

8.5.3 效用理论和决策

以上讨论的方法及所举例子，基本上都以益损期望值为评选方案的标准。但是决策是由决策者做出的，决策者的经验、才智、胆识和判断能力等主观因素不能不对决策的过程产生重要影响。此外，决策也要受到决策者客观处境的间接影响，如果完全以益损期望值的大小作为决策标准，那就会把决策过程变成机械地计算期望值的过程，从而把决策者的作用完全排除在外，这当然是不合理的，也是不符合实际情况的。

例如，有一个资产为 500 万元的木材加工厂，每年发生火灾的概率为 0.001，这个工厂每年发生火灾而遭受损失的期望值是 0.001 × 500=0.5（万元）。假定这个工厂向保险公司保险，保险公司每年要收取保险费 5 500 元。这个保险的方案将使该厂由于不发生火灾而遭受的损失期望值为 0.999 × 5 500=5 494.5 元≈5 500（元）。尽管如此，工厂还是要保险，因为不保险方案的风险太大。所以当依据益损期望值进行决策时，要注意结合具体情况进行分析。

又如，某工厂计划试制一种新产品，成功与失败的概率均为 0.5。如果成功，每件新产品可获利 200 元；如果失败，每件产品损失 100 元；如果不试制照旧生产老产品，每件产品可获利 25 元。

在这个例子中，大多数人可能宁愿选择不试制的方案，尽管生产老产品的利润期望值只有 1.0 × 25=25（元），而试制新产品的利润期望值是 0.5 × 200+0.5 ×（–100）=50（元）。其中有些什么道理？是否以期望值为决策标准不合理？不是。决策人宁愿选择期望值较低的方案，是因为不愿意担负遭受损失的风险。一般来说，当同一决策重复多次时，或者风险的数字较小时，决策者的兴趣与期望值的高低大体一致；而当同一决策只进行一次且包含有较大风险时，决策人的兴趣与期望值的高低往往出现相当程度的分歧。

上面的例子说明，对相同的益损期望值，不同的决策者的反应不一定相同。这是在决策者的个人素质、当前处境、对未来的展望等条件下促成的。即使是同一决策者，由于时期、条件等不同，对相同的利益或损失的反应也不一定相同。例如，决策者是一个小企业经理时，把几万元的风险损失看成决定企业生死存亡的大事，而成为大企业经理后，他也许会将几万元的风险损失视作小事。决策者对利益和损失的独特的兴趣、感觉或反应，叫做效用。效用实质上能够描述决策者对风险的态度。

以益损值为横坐标，以效用值（效用的取值范围一般定义为 0~1）为纵坐标画出的曲线，叫做效用曲线，如图 8.5.3 所示。

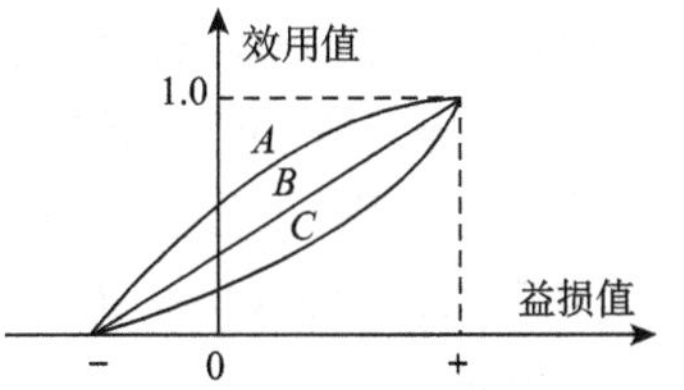

图 8.5.3 效用曲线

图 8.5.3 的三条曲线是代表三种不同类型决策者的效用曲线。曲线 A 所反映的是一种不求大利、避免风险、谨慎小心的保守型决策者，其对盈利的反应比较迟缓，而对损失特别敏感。曲线 C 恰恰相反，所反映的是一种谋求大利、不惧风险的进取型的决策者，其对损失反应迟缓，而对盈利比较敏感。曲线 B 则反映一种循规蹈矩、完全按照期望值的高低来选定行动方案的中间型的决策者。由于效用是决策人观念上的东西，所以效用值是很难准确度量的。效用曲线一般需通过心理测试法求出。但是，了解效用理论对我们分析评价决策过程，以及最终确定行动方案都是有意义的。下面通过对例 8.2.4 的讨论来说明效用理论的作用。

在例 8.2.4 中，建设大工厂的方案在销路好的情况下，收益为 $200\times10-600=1\,400$（万元）；在销路差的情况下，收益为 $-40\times10-600=-1\,000$（万元）；方案的期望值是 680 万元。建设小工厂的方案在销路好的情况下，收益为 $80\times10-280=520$（万元）；在销路差的情况下，收益为 $60\times10-280=320$（万元）；方案的期望值是 460 万元。以收益期望值为标准，建大工厂的方案是最优方案。决策树如图 8.5.4 所示。

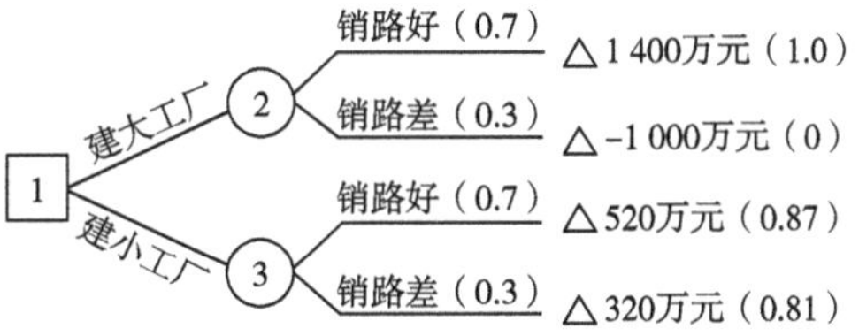

图 8.5.4 例 8.2.4 决策树（改变了后果值表示方式）

这个决策问题的最大收益值为 1 400 万元，最大损失值为-1 000 万元。以 1 400 万元（即在最满意情况下）的效用值为 1.0，以-1 000 万元（即在最不满意情况下）的效用值为 0，向这个风险问题的决策者提出一系列问题，进行测试，找出对应于若干益损值的效用值。这样，就可画出效用曲线，见图 8.5.5。

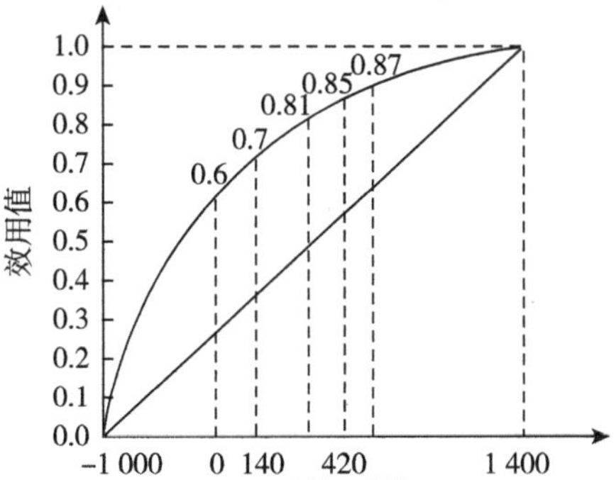

图 8.5.5 例 8.2.4 的效用曲线

得到这条曲线后，就可以找出对应于各个益损值的效用值，如 520 万元的效用值等于 0.87，320 万元的效用值等于 0.81。把对应的效用值写在图 8.5.4 各益损值之后的括号内。以效用值而不是益损值为依据进行计算，建设大工厂方案的效用期望值是

$$0.7 \times 1.0+0.3 \times 0=0.70$$

而建设小工厂方案的效用期望值是

$$0.7 \times 0.87+0.3 \times 0.81=0.85$$

由此可见，如以效用值为标准，建小工厂方案反而较好。为什么会出现这种情况？这是因为决策者是属于保守型的，不愿冒太大的风险。从图 8.5.5 中的效用曲线可以测出，建大工厂的 0.70 的期望效用值只相当于益损值 140 万元，大大低于这个方案期望益损值 680 万元；建小工厂的 0.85 期望效用值相当于益损值 420 万元，也小于其期望益损值 460 万元。

最后，我们再来观察和分析一下图 8.5.5，以加深对效用和效用曲线的理解。在图 8.5.5 的曲线上，横坐标（益损值）为 0 的点所对应的纵坐标（效用值）是 0.6，说明决策者对这个风险问题只要不亏本就持六成的满意态度。这一阶段，利润增加了 0–(–1 000)=1 000（万元），效用值增加了 0.6–0=0.6。而以后利润再增加 1 400 万元，效用值却只增加 0.4。这条下凹的效用曲线，反映了利润增加所引起的效用增加越来越少的状况。从图 8.5.5 中可以看到，在利润从 320 万元增加到 420 万元时，效用值增加了 0.85–0.81=0.04。而利润从 420 万元增加到 520 万元时，效用值只增加了 0.87–0.85=0.02，是前一个 100 万元利润增量所增加的效用值的一半。因此，这条效用曲线表现出了决策者在这个风险问题上谨慎行事的态度。

8.6 多目标决策

在决策分析中，往往需要同时考察多个目标。例如，设计一个新产品，就要达到优质、高效、低消耗、低污染；选择一个新厂址，就要考虑原料产地的远近、市场距离、运输费用等；研制一种新型的导弹，既要射程远，又要省燃料，还要精度高，而要射程远，就需要重量轻、体积小、推力大，因而需要压缩弹体体积，多携带燃料和仪器。可见，目标不仅有多个，而且目标间又往往是互相矛盾的。这时，只有对各种因素的指标进行综合衡量后，才能做出合理的决策。

8.6.1 多目标决策问题的基本概念

在多目标决策问题中，由于不能简单比较两个解的优和劣，所以就有劣解和非劣解两个重要概念。例如，从五个人中选出身体最高又最重的人，身高和体重就是两个目标。若五人中，确有一名最高又最重，无疑他是当选者。但在一般情况下，高、重各有不同，这时情况就比较复杂了。现用一直角坐标描述 f_1、f_2 两个目标的大小，得到图 8.6.1 中五个点。

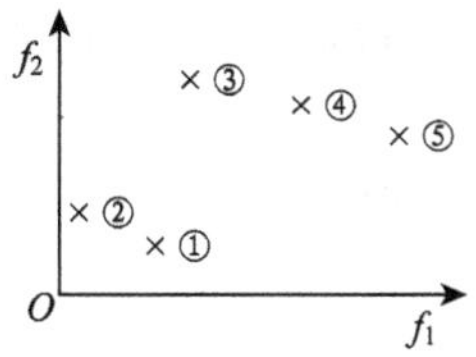

图 8.6.1 多目标决策

显然③、④、⑤点都比①、②点优，故①、②为劣解，在多目标决策中应舍去。而③、④、⑤三点中各有一个指标优越，故不能舍去，称为非劣解，也叫有效解。处理多目标决策问题，要先找非劣解，然后按一定规则从中选取满足要求的作为最后决策。

设同时考虑 m 个目标 $f_1(\boldsymbol{x}), f_2(\boldsymbol{x}), \cdots, f_m(\boldsymbol{x})$，并要求目标值越大越好。在不考虑其他目标时，记第 i 个目标的最优值为

$$f_i^{(0)} = \max_{\boldsymbol{x}\in R} f_i(\boldsymbol{x}) \tag{8.6.1}$$

相应的最优解记为 $\boldsymbol{x}^{(i)}\ (i=1,2,\cdots,m)$，其中 R 是解的约束集合：

$$R=\{\boldsymbol{x}\,|\,\boldsymbol{g}(\boldsymbol{x})\geqslant 0\};\ \boldsymbol{g}(\boldsymbol{x})=[\boldsymbol{g}_1(\boldsymbol{x}), \boldsymbol{g}_2(\boldsymbol{x}), \ldots, \boldsymbol{g}_l(\boldsymbol{x})]^{\mathrm{T}} \tag{8.6.2}$$

当这些 $\boldsymbol{x}^{(i)}$ 都相同时，$\boldsymbol{x}^{(i)}$ 就是多目标问题的共同最优解。它们一般不会全相同，但都是非劣解。下面将多目标问题记为

$$V-\max_{\boldsymbol{x}\in R} \boldsymbol{F}(\boldsymbol{x}) \text{ 或 } V-\max_{\boldsymbol{g}(\boldsymbol{x})\geqslant 0} \boldsymbol{F}(\boldsymbol{x}) \tag{8.6.3}$$

式中，$\boldsymbol{F}(\boldsymbol{x})=\{f_1(\boldsymbol{x}), f_2(\boldsymbol{x}), \cdots, f_m(\boldsymbol{x})\}$。

8.6.2 “化多为少”的方法

“化多为少”的主要目的是将多目标问题化成单目标问题处理，目前主要有以下几种方法。

1. 主要目标法

通过对实际问题的分析，只要抓住其中一两个主要目标，使其满足一定要求即可。

2. 线性加权法

若有 m 个目标 $f_i(\boldsymbol{x})$，分别赋予权系数 $\lambda_i\ (i=1, 2, \cdots, m)$，然后作新的目标函数（也称效用函数）

$$U(\boldsymbol{x})=\sum_{i=1}^{m}\lambda_i f_i(\boldsymbol{x}) \tag{8.6.4}$$

这个方法的难点是找到合理的权系数，使多个目标用同一尺度统一起来，同时所找到的最优解又是向量极值的好的非劣解（在多目标优化问题中，不论用何方法，至少应找到一个非劣解或近似非劣解）；另外，因非劣解可能有很多，如何从中挑出较好的解也是一

个重要问题，这个解有时就要用到另外的目标。下面介绍几种选择特定权系数的方法。

1）α 法

以两个目标 $f_1(\boldsymbol{x})$ 、$f_2(\boldsymbol{x})$ 为例加以介绍。其中，$f_1(\boldsymbol{x})$ 要求最小，$f_2(\boldsymbol{x})$ 要求最大，单位相同。R 为线性约束，即

$$R=\{\boldsymbol{x}\mid \boldsymbol{A}\boldsymbol{x}\leqslant \boldsymbol{b}\}$$

式中，$\boldsymbol{A}$ 为矩阵；$\boldsymbol{b}$ 为列向量。作新的目标函数

$$U(\boldsymbol{x})=\alpha_2 f_2(\boldsymbol{x})-\alpha_1 f_1(\boldsymbol{x}) \tag{8.6.5}$$

式中，α_1、α_2 为待定系数，由下列方程组确定：

$$\begin{cases}-\alpha_1 f_1^0+\alpha_2 f_2^*=c_1\\ -\alpha_1 f_1^*+\alpha_2 f_2^0=c_1\end{cases} \tag{8.6.6}$$

式中，

$$f_1^0=\min_{x\in R} f_1(\boldsymbol{x})=f_1(\boldsymbol{x}^{(1)}),\ f_2^*=f_2(\boldsymbol{x}^{(1)})$$

$$f_2^0=\max_{x\in R} f_2(\boldsymbol{x})=f_2(\boldsymbol{x}^{(2)}),\ f_1^*=f_1(\boldsymbol{x}^{(2)})$$

c_1 为不等于零的常数，于是由式（8.6.6）解得

$$\alpha_1=\frac{c_1(f_2^0-f_2^*)}{f_1^*f_2^*-f_1^0f_2^0} \tag{8.6.7}$$

$$\alpha_2=\frac{c_1(f_1^*-f_1^0)}{f_1^*f_2^*-f_1^0f_2^0} \tag{8.6.8}$$

若规定 $\alpha_1+\alpha_2=1$，则得

$$c_1=\frac{f_1^*f_2^*-f_1^0f_2^0}{f_2^0-f_2^*+f_1^*-f_1^0} \tag{8.6.9}$$

于是有

$$\alpha_1=\frac{f_2^0-f_2^*}{f_2^0-f_2^*+f_1^*-f_1^0} \tag{8.6.10}$$

$$\alpha_2=\frac{f_1^*-f_1^0}{f_2^0-f_2^*+f_1^*-f_1^0} \tag{8.6.11}$$

这时，新目标函数为

$$\begin{aligned}U(\boldsymbol{x})&=\alpha_2 f_2(\boldsymbol{x})-\alpha_1 f_1(\boldsymbol{x})\\ &=\frac{(f_1^*-f_1^0)\ f_2(\boldsymbol{x})-(f_2^0-f_2^*)\ f_1(\boldsymbol{x})}{f_2^0-f_2^*+f_1^*-f_1^0}\end{aligned} \tag{8.6.12}$$

因此，原问题被化成

$$\max_{x\in R} U(\boldsymbol{x})=\max_{x\in R}(\alpha_2 f_2(\boldsymbol{x})-\alpha_1 f_1(\boldsymbol{x})) \tag{8.6.13}$$

对于有 m 个目标 $f_1(\boldsymbol{x}), f_2(\boldsymbol{x}),\cdots, f_m(\boldsymbol{x})$ 的情况，不妨设 $f_1(\boldsymbol{x}), f_2(\boldsymbol{x}),\cdots, f_k(\boldsymbol{x})$ 要求最小化，而 $f_{k+1}(\boldsymbol{x}),\cdots, f_m(\boldsymbol{x})$ 要求最大化，这时可构成下述新目标函数：

$$\max_{x\in R} U(\boldsymbol{x})=\max_{x\in R}\left\{-\sum_{j=1}^{k}\alpha_j f_j(\boldsymbol{x})+\sum_{j=k+1}^{m}\alpha_j f_j(\boldsymbol{x})\right\} \tag{8.6.14}$$

式中，$\{\alpha_j\}$满足以下方程组：

$$-\sum_{j=1}^{k}\alpha_j f_{ij}+\sum_{j=k+1}^{m}\alpha_j f_{ij}=c_1\ \ (i=1,2,\cdots,m) \tag{8.6.15}$$

式中，

$$f_{ii}=f_i^0=\min_{x\in R}f_i(\boldsymbol{x})=f_i(\boldsymbol{x}^{(i)})\ \ (i=1,2,\cdots,k)$$

$$f_{ii}=f_i^0=\max_{x\in R}f_i(\boldsymbol{x})=f_i(\boldsymbol{x}^{(i)})\ \ (i=k+1,\cdots,m)$$

$$f_{ij}=f_j(\boldsymbol{x}^{(i)})\ \ (j\neq i;i,j=1,2,\cdots,m)$$

【例 8.6.1】　设有

$$f_1(\boldsymbol{x})=4x_1+x_2\to\min,\ f_2(\boldsymbol{x})=3x_1+2x_2\to\max$$

$R=\{\boldsymbol{x}\,|\,2x_1+x_2\leqslant 4,x_1+x_2\leqslant 3,x_1,x_2\geqslant 0\}$，试用$\alpha$法求解。

解　先分别求$f_1(\boldsymbol{x})$、$f_2(\boldsymbol{x})$的最优解，它们是

$$f_1(\boldsymbol{x}^{(1)})=f_1(0,0)=\min_{x\in R}f_1(\boldsymbol{x})=f_1^0=0$$

$$f_2(\boldsymbol{x}^{(2)})=f_2(1,2)=\max_{x\in R}f_2(\boldsymbol{x})=f_2^0=7$$

然后求出

$$f_2^*=f_2(\boldsymbol{x}^{(1)})=0,\ f_1^*=f_1(\boldsymbol{x}^{(2)})=6$$

由此可得

$$\alpha_1=\frac{f_2^0-f_2^*}{f_2^0-f_2^*+f_1^*-f_1^0}=\frac{7}{7+6}=\frac{7}{13},\alpha_2=\frac{6}{13}$$

$$U(\boldsymbol{x})=-\alpha_1 f_1(\boldsymbol{x})+\alpha_2 f_2(\boldsymbol{x})=-\frac{7}{13}f_1(\boldsymbol{x})+\frac{6}{13}f_2(\boldsymbol{x})=\frac{1}{13}(-10x_1+5x_2)$$

易求得

$$\max_{x\in R}U(\boldsymbol{x})=U(0,3)=15/13$$

2）λ法

当m个目标都要求实现最大时，可用下述加权和效用函数，即

$$U(\boldsymbol{x})=\sum_{i=1}^{m}\lambda_i f_i(\boldsymbol{x}) \tag{8.6.16}$$

式中，取

$$\lambda_i=1/f_i^0,\ f_i^0=\max_{x\in R}f_i(\boldsymbol{x})$$

3. 平方和加权法

设有m个规定值$f_1^*,f_2^*,\cdots,f_m^*$，要求m个函数$f_1(\boldsymbol{x}),f_2(\boldsymbol{x}),\cdots,f_m(\boldsymbol{x})$分别与规定的值相差尽量小，若对其中不同值的要求相差程度可不完全一样，即有的要求重一些，有的轻一些。这时可采用下述评价函数：

$$U(\boldsymbol{x})=\sum_{i=1}^{m}\lambda_i[f_i(\boldsymbol{x})-f_i^*]^2 \tag{8.6.17}$$

要求$\min\limits_{x\in R} U(\boldsymbol{x})$，其中$\lambda_i$可按要求相差程度分别给出。

4. 理想点法

当m个目标$f_1(\boldsymbol{x}), f_2(\boldsymbol{x}), \cdots, f_m(\boldsymbol{x})$分别有最优值

$$f_i^0 = \max_{x\in R} f_i(\boldsymbol{x}) = f_i(\boldsymbol{x}^{(i)}) \quad (i=1,2,\cdots,m) \tag{8.6.18}$$

若所有$\boldsymbol{x}^{(i)}(i=1,2,\cdots,m)$都相同，设为$\boldsymbol{x}^{(0)}$，则当$\boldsymbol{x}=\boldsymbol{x}^{(0)}$时每个目标都能达到各自的最优点，因此对向量函数

$$\boldsymbol{F}(\boldsymbol{x}) = (f_1(\boldsymbol{x}), \cdots, f_m(\boldsymbol{x}))^{\mathrm{T}}$$

来说，向量

$$\boldsymbol{F}^0 = (f_1^0, \cdots, f_m^0)^{\mathrm{T}}$$

是一个理想点。但这一般是不可能的。理想点法的出发点就是找到一个点使其尽量接近理想点，即让

$$\|\boldsymbol{F}(\boldsymbol{x}) - \boldsymbol{F}^0\| \to \min_{x\in R} \|\boldsymbol{F}(\boldsymbol{x}) - \boldsymbol{F}^0\| \tag{8.6.19}$$

显然，对不同的模，有不同意义下的最优点，一般意义下有所谓p模

$$\|\boldsymbol{F}(\boldsymbol{x}) - \boldsymbol{F}^0\| = \left[\sum_{i=1}^{m}\left(f_i^0 - f_i(x)\right)^p\right]^{1/p} = L_p(\boldsymbol{x}) \tag{8.6.20}$$

显然，当p=2时，p模即为欧几里得空间距离。

【例 8.6.2】 设$f_1(\boldsymbol{x}) = -3x_1 + 2x_2, f_2(\boldsymbol{x}) = 4x_1 + 3x_2$，都要求实现最大，约束集为

$$R = \{\boldsymbol{x} \mid 2x_1 + 3x_2 \leqslant 18, 2x_1 + x_2 \leqslant 10, x_1, x_2 \geqslant 0, \boldsymbol{x} \in E^2\}$$

试用理想点法求解。

解 先分别对单目标求出最优解$\boldsymbol{x}^{(1)} = (0,6), \boldsymbol{x}^{(2)} = (3,4)$。对应的目标值为

$$f_1(\boldsymbol{x}^{(1)}) = f_1(0,6) = f_1^0 = 12$$

$$f_2(\boldsymbol{x}^{(2)}) = f_2(3,4) = f_2^0 = 24$$

故理想点为

$$\boldsymbol{F}^0 = (f_1^0, f_2^0) = (12, 24)$$

取$p=2$，这时要求

$$\min_{x\in R} L_2(\boldsymbol{x}) = \left[\left[f_1(\boldsymbol{x}) - f_1^0\right]^2 + \left[f_2(\boldsymbol{x}) - f_2^0\right]^2\right]^{\frac{1}{2}}$$

这时，可求得最优解为$\boldsymbol{x}^* = (0.53, 5.65)$，对应的目标值分别为$f_1^* = 9.72, f_2^* = 19.06$。

5. 乘除法

在m个目标$f_1(\boldsymbol{x}), f_2(\boldsymbol{x}), \cdots, f_m(\boldsymbol{x})$中，不妨设其中$k$个$f_1(\boldsymbol{x}), f_2(\boldsymbol{x}), \cdots, f_k(\boldsymbol{x})$要求实现最小，其余$f_{k+1}(\boldsymbol{x}), \cdots, f_m(\boldsymbol{x})$要求实现最大，并假定

$$f_{k+1}(\boldsymbol{x}), \cdots, f_m(\boldsymbol{x}) > 0 \tag{8.6.21}$$

这时可采用评价函数

$$U(\boldsymbol{x})=\frac{f_1(\boldsymbol{x})\ f_2(\boldsymbol{x})\cdots f_k(\boldsymbol{x})}{f_{k+1}(\boldsymbol{x})\cdots f_m(\boldsymbol{x})}\to \min \tag{8.6.22}$$

6. 功效系数——几何平均法

设 m 个目标 $f_1(\boldsymbol{x}), f_2(\boldsymbol{x}),\cdots, f_m(\boldsymbol{x})$，其中 k_1 个目标要求实现最大，k_2 个目标要求实现最小，其余的目标是过大不行、过小也不行。对这些目标 $f_i(\boldsymbol{x})$ 分别给以一定的功效系数（即评分）d_i，d_i 是在［0，1］区间的某一数。当目标最满意达到时，取 d_i=1；当最差时取 d_i=0。描述 d_i 与 $f_i(\boldsymbol{x})$ 的关系的函数，称为功效函数，表示为 $d_i=F_i(f_i)$。对不同类型目标应选用不同类型的功效函数。

Ⅰ型：f_i 越大 d_i 也越大；f_i 越小 d_i 也越小。

Ⅱ型：f_i 越小 d_i 越大；f_i 越大 d_i 越小。

Ⅲ型：当 f_i 取适当值时 d_i 最大；而 f_i 取偏值（即过大或过小）时 d_i 变小。

具体的功效函数构造法有很多，有直线法、折线法（图 8.6.2 和图 8.6.3），也有指数法（图 8.6.4）。

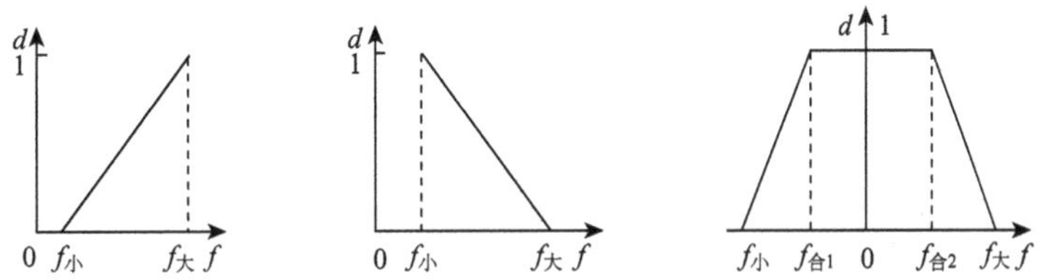

（a）Ⅰ型　（b）Ⅱ型　（c）Ⅲ型

图 8.6.2　直线法

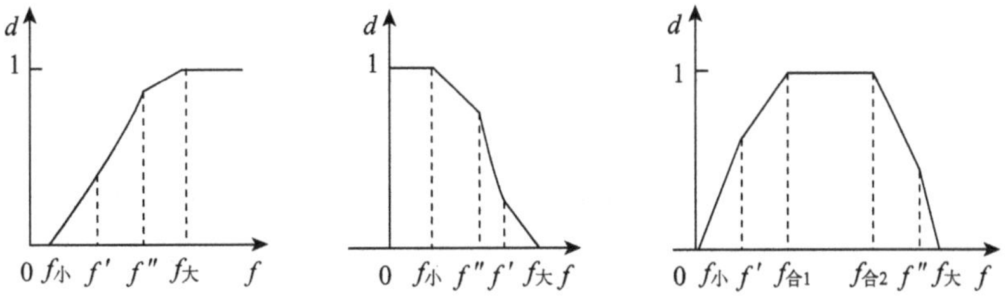

（a）Ⅰ型　（b）Ⅱ型　（c）Ⅲ型

图 8.6.3　折线法

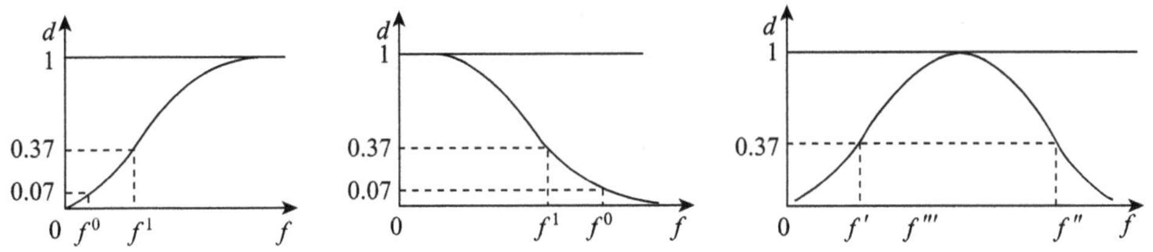

（a）Ⅰ型　（b）Ⅱ型　（c）Ⅲ型

图 8.6.4　指数法

用指数法构造Ⅰ型功效函数，可设其表达式为

$$d = e^{-\left(e^{-(b_0+b_1f)}\right)}$$

式中，b_0、b_1可这样确定：

当f_i达到某一刚合格值f^1时，取$d^1 = e^{-1} \approx 0.37$；

当f_i达到某一不合格值f^0时，取$d^0 = e^{-e} \approx 0.07$。

将上述要求代入上式即有

$$d^1 = e^{-1} = e^{-\left(e^{-(b_0+b_1f^1)}\right)}$$

$$d^0 = e^{-e} = e^{-\left(e^{-(b_0+b_1f^0)}\right)}$$

由这两式可得

$$b_0 + b_1 f^1 = 0$$

$$b_0 + b_1 f^0 = -1$$

解得

$$b_0 = \frac{f^1}{f^0 - f^1}, b_1 = \frac{-1}{f^0 - f^1}$$

即

$$d = e^{-e^{\left(\frac{f-f^1}{f^0-f^1}\right)}} \tag{8.6.23}$$

同样对Ⅱ型功效函数，可取

$$d = 1 - e^{-e^{\left(\frac{f-f^1}{f^0-f^1}\right)}} \tag{8.6.24}$$

对Ⅲ型功效函数，取

$$d = e^{-(|Y|)^n} \tag{8.6.25}$$

式中，

$$Y = \frac{2f - (f' + f'')}{f' - f''} \tag{8.6.26}$$

这样，当$f = f'$或$f = f''$时，$Y = \pm 1, d = e^{-1}$，为刚好可接受的值；当$f = \dfrac{f' + f''}{2}$时，$Y = 0, d = 1$，即f达到比较适当的值。为了确定n，可再取一个f'''，使其与某个适当的d值相对应，这时可以给出

$$n = \frac{\ln \ln 1/d}{\ln|Y|} \tag{8.6.27}$$

例如，取$f = f''' = \dfrac{2f' + f''}{3}$，这时$Y$=1/3，使其与$d = e^{-1/2}$相对应，则

$$n = \frac{\ln 1/2}{\ln 1/3} \approx 0.630\ 9$$

即

$$d = e^{-|Y|^{0.630\ 9}}, Y = \frac{2f - (f' + f'')}{f' - f''} \tag{8.6.28}$$

具体见图 8.6.4。

有了功效函数后，每个目标都可对应相应的功效函数，目标值可转换为功效系数。这样每确定一方案 $\boldsymbol{x}$ 后，就有 m 个目标函数值 $f_1(\boldsymbol{x}),\cdots,f_m(\boldsymbol{x})$；然后将其对应的功效函数转换为相应的功效系数 $d_1,d_2,\cdots,d_m$，并可将它们的几何平均值

$$D=\sqrt[m]{d_1d_2\cdots d_m} \tag{8.6.29}$$

作为评价函数，显然 D 越大越好。$D=1$ 是最满意的，$D=0$ 是最差的。这样定义的评价函数有一个好处，即一个方案中只要有一个目标值太差，如 $d_i=0$，就会使 $D=0$，因而不会采用这个方案。

8.6.3 分层序列法

由于同时处理 m 个目标是比较麻烦的，故可采用分层序列法。分层序列法的思想是把目标按其重要性给出一个序列，分为最重要目标、次要目标等。设给出的重要性序列为

$$f_1(\boldsymbol{x}),f_2(\boldsymbol{x}),\cdots,f_m(\boldsymbol{x})$$

下面介绍逐个地求最优化。

首先对第一个目标求最优，并找出所有最优解的集合记为 R_0。然后在 R_0 内求第二个目标的最优解，记这时的最优解集合为 R_1，如此等等，一直到求出第 m 个目标的最优解 x^0，其模型如下：

$$f_1(\boldsymbol{x}^0)=\max_{x\in R_0\subset R} f_1(\boldsymbol{x})$$

$$f_2(\boldsymbol{x}^0)=\max_{x\in R_1\subset R_0} f_2(\boldsymbol{x})$$

$$\cdots$$

$$f_m(\boldsymbol{x}^0)=\max_{x\in R_{m-1}\subset R_{m-2}} f_m(\boldsymbol{x})$$

该方法有解的前提是 $R_0,R_1,\cdots,R_{m-1}$ 非空，同时 $R_0,R_1,\cdots,R_{m-2}$ 都不能只有一个元素，否则就很难进行下去。

当 R 是紧致集时，函数 $f_1(\boldsymbol{x}),f_2(\boldsymbol{x}),\cdots,f_m(\boldsymbol{x})$ 都是上半连续，则按下式定义的集求解：

$$R_{k-1}^*=\{\boldsymbol{x}\mid f_k(\boldsymbol{x})=\sup_{\boldsymbol{u}\in R_{k-2}^*} f_k(\boldsymbol{u}),\boldsymbol{x}\in R_{k-2}^*\} \tag{8.6.30}$$

$k=1,2,\cdots,m$，其中 $R_{-1}^*=R$ 非空，特别 R_{m-1}^* 非空，故有最优解，而且是共同的最优解。

8.6.4 直接求非劣解法

这种方法是直接把所有的非劣解尽可能找出来，以便让决策者选择。非劣解求法很多，这里仅介绍线性加权与改变加权系数法。

用线性加权和构成一个新的目标函数：

$$U(\boldsymbol{x})=\sum_{i=1}^{m}\lambda_i f_i(\boldsymbol{x}) \tag{8.6.31}$$

当给定一组加权系数 $\alpha_i(i=1,2,\cdots,m)$，对 $U(\boldsymbol{x})$ 其目标函数 $f_i(\boldsymbol{x})$ 都是严格凹函数，而约束集 R 为凸集时，可以求得一个非劣解。不断改变加权系数，不断求解，就可得到多目标问题的非劣解集。

【例 8.6.3】 $\boldsymbol{F}(x)=\left(f_1(x),f_2(x)\right)^{\mathrm{T}}$，$f_1(x)=2x-x^2$，$f_2(x)=x$，$R=[0,2]$，求 $\boldsymbol{V}-\max\limits_{x\in R}\boldsymbol{F}(x)$。

解 由图 8.6.5 可求得

$$x^{(1)}=1,\ x^{(2)}=2$$

即求得非劣解 $x^*\in[1,2]$。

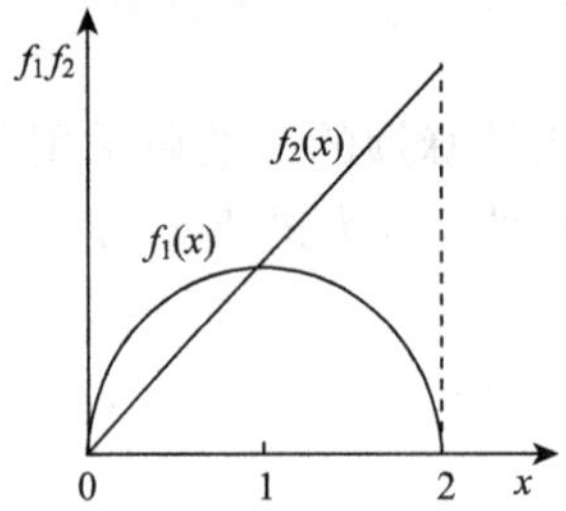

图 8.6.5 例 8.6.3 的约束条件

现用加权和构成新目标函数 $U(x)$：

$$U(x)=\alpha\left(2x-x^2\right)+(1-\alpha)x\left(\alpha\in[0,1]\right)$$

$$\alpha_i\geqslant 0,\ \sum_{i=1}^{m}\alpha_i=1$$

求极值

$$U'(x)=\alpha(2-2x)+(1-\alpha)=0$$

$$x=\frac{1+\alpha}{2\alpha}$$

因为在 $R=[0,2]$ 中求最优解，显然 $\alpha=1$ 时，$x^*=1$；$\alpha=1/3$ 时，$x^*=2$。所以，α=1/3~1，即可得全部非劣解 $[1,2]$。

而 α 从 0 至 1/3 时，$U(x)$ 的最优解都是 $x^*=2$，已得不到新的非劣解了。这正说明原问题的解和转化后问题的解并不是简单地一一对应。因此，不断调整加权系数，就会得到不同的非劣解。

应注意的是，上述方法在实际应用中有一定的困难，即难以调整加权系数，使据其得出的最优解，正好能得到所有的非劣解。

8.6.5 多目标线性规划的解法

当所有目标函数是线性函数，约束条件也都是线性时，有些特殊的解法。特别是泽勒内（Zeleny）等将解线性规划的单纯形法给以适当修正后，用来解多目标线性规划问题，或把多目标线性规划问题化成单目标的线性规划问题后求解。下面介绍两种方法。

1. 逐步法

逐步法（step method，STEM）是一种迭代法。在求解过程中，每进行一步，分析者把计算结果告诉决策者，决策者对计算结果做出评价。若决策者认为满意了，则迭代停止；否则分析者再根据决策者的意见进行修改和再计算，如此直到求得决策者认为满意的解为止，故称此法为逐步进行法或对话式方法。

设有 k 个目标的线性规划问题：

$$V-\max_{x\in R} \boldsymbol{C}\boldsymbol{x} \tag{8.6.32}$$

式中，$R=\{\boldsymbol{x}\mid \boldsymbol{A}\boldsymbol{x}\leqslant \boldsymbol{b}, \boldsymbol{x}\geqslant 0\}$；$\boldsymbol{A}$ 为 $m\times n$ 矩阵；$\boldsymbol{C}$ 为 $k\times n$ 矩阵，也可表示为

$$\boldsymbol{C}=\begin{pmatrix}\boldsymbol{c}^1\\ \vdots\\ \boldsymbol{c}^k\end{pmatrix}=\begin{pmatrix}c_1^1 & c_2^1 & \cdots & c_n^1\\ \vdots & \vdots & & \vdots\\ c_1^k & c_2^k & \cdots & c_n^k\end{pmatrix}$$

求解的计算步骤如下。

第一步：分别求 k 个单目标线性规划问题的解。

$$\max_{x\in R} \boldsymbol{c}^j\boldsymbol{x},\quad j=1,2,\cdots,k$$

得到最优解 $\boldsymbol{x}^{(j)}\left(j=1,2,\cdots,k\right)$。显然

$$\boldsymbol{c}^j\boldsymbol{x}^{(j)}=\max_{x\in R}\boldsymbol{c}^j\boldsymbol{x}$$

并作表 8.6.1。

表 8.6.1　各计算值

	z_1	z_2		z_i		z_k
$\boldsymbol{x}^{(1)}$	z_1^1	z_2^1	$\cdots$	z_i^1	$\cdots$	z_k^1
$\vdots$	$\vdots$	$\vdots$		$\vdots$		$\vdots$
$\boldsymbol{x}^{(i)}$	z_1^i	z_2^i	$\cdots$	z_i^i	$\cdots$	z_k^i
$\vdots$	$\vdots$	$\vdots$		$\vdots$		$\vdots$
$\boldsymbol{x}^{(k)}$	z_1^k	z_2^k	$\cdots$	z_i^k	$\cdots$	z_k^k
M_j	Z_1^1	Z_2^2	$\cdots$	Z_i^i	$\cdots$	Z_k^k

其中，

$$z_i^j=\boldsymbol{c}^i\boldsymbol{x}^{(j)}, Z_j^j=\max_{x\in R}\boldsymbol{c}^j\boldsymbol{x}=\boldsymbol{c}^j\boldsymbol{x}^{(j)}=M_j$$

第二步：求权系数。

从表 8.6.1 中得

$$M_j \text{ 及 } m_j=\min_{1\leqslant i\leqslant k} z_i^j\ \left(j=1,2,\cdots,k\right)$$

为了找出目标值的相对偏差及消除不同目标值的量纲不同的问题，进行如下处理：

$$当M_j>0时，\alpha_j=\frac{M_j-m_j}{M_j}\cdot\frac{1}{\sqrt{\sum_{i=1}^{n}\left(c_i^j\right)^2}}$$

$$当M_j<0时，\alpha_j=\frac{m_j-M_j}{M_j}\cdot\frac{1}{\sqrt{\sum_{i=1}^{n}\left(c_i^j\right)^2}}$$

经归一化后，得权系数：

$$\pi_j=\frac{\alpha_j}{\sum_{j=1}^{k}\alpha_j}\left(0\leqslant\pi_j\leqslant 1;j=1,2,\cdots,k;\sum\pi_j=1\right)$$

第三步：构造以下线性规划问题，并求解。

$$\text{LP}(1):\begin{cases}\min\lambda\\ \lambda\geqslant\left(M_i-\boldsymbol{c}^i\boldsymbol{x}\right)\pi_i, & i=1,2,\cdots,k\\ \boldsymbol{x}\in R, & \lambda\geqslant 0\end{cases}$$

假定求得的解为 $\overline{\boldsymbol{x}}^{(1)}$，相应的 k 个目标值为 $\boldsymbol{c}^1\overline{\boldsymbol{x}}^{(1)},\boldsymbol{c}^2\overline{\boldsymbol{x}}^{(1)},\cdots,\boldsymbol{c}^k\overline{\boldsymbol{x}}^{(1)}$，若 $\boldsymbol{x}^{(1)}$ 为决策者的理想解，其相应的 k 个目标值为 $\boldsymbol{c}^1\boldsymbol{x}^{(1)},\boldsymbol{c}^2\boldsymbol{x}^{(1)},\cdots,\boldsymbol{c}^k\boldsymbol{x}^{(1)}$。这时决策者将 $\overline{\boldsymbol{x}}^{(1)}$ 的目标值与理想解的目标值进行比较后，认为满意了就可以停止计算；若认为相差太远，则考虑适当修正。例如，考虑对第 j 个目标宽容一下，即让点步，减少或增加一个 Δc^j，并将约束集 R 改为

$$R^1:\begin{cases}\boldsymbol{c}^j\boldsymbol{x}\geqslant\boldsymbol{c}^j\overline{\boldsymbol{x}}^{(1)}-\Delta c^j\\ \boldsymbol{c}^i\boldsymbol{x}\geqslant\boldsymbol{c}^i\overline{\boldsymbol{x}}^{(1)}, \quad i\neq j\\ \boldsymbol{x}\in R\end{cases}$$

并令第 j 个目标的权系数 $\pi_j=0$，这表示降低这个目标的要求。再求解以下线性规划问题：

$$\text{LP}(2):\begin{cases}\min\lambda\\ \lambda\geqslant\left(M_i-\boldsymbol{c}^i\boldsymbol{x}\right)\pi_i, & i=1,2,\cdots,k;i\neq j\\ \boldsymbol{x}\in R^1, & \lambda\geqslant 0\end{cases}$$

若求得的解为 $\overline{\boldsymbol{x}}^{(2)}$，再与决策者对话，如此重复，直到决策者满意为止。

【例 8.6.4】 试求解多目标线性规划问题。

$$\max z_1=100x_1+90x_2+80x_3+70x_4$$
$$\min z_2=3x_2+2x_4$$
$$R:\begin{cases}x_1+x_2\geqslant 30\\ x_3+x_4\geqslant 30\\ 3x_1+2x_3\leqslant 120\\ 3x_2+2x_4\leqslant 48\\ x_i\geqslant 0, \ i=1\sim 4\end{cases}$$

解 为了使问题的目标函数统一为求最大化的规划问题，将 z_2 化为

$$\max w_2 = -3x_2 - 2x_4$$

第一步：求理想解。

分别求解两个单目标线性规划问题：

$$\max_{x\in R} z_1, \max_{x\in R} w_2$$

得到最优解：

$$\boldsymbol{x}^{(1)} = (14,16,39,0)^{\mathrm{T}}$$

相应的目标值：

$$z_1^1 = 5\ 960, w_2^1 = -48$$

即

$$z_2^1 = 48$$

又

$$\boldsymbol{x}^{(2)} = (20,10,30,0)^{\mathrm{T}}$$

相应的目标值 $z_1^2 = 5\ 300$，$w_2^2 = -30$，即 $z_2^2 = 30$。

第二步：作 z 计算值表（表 8.6.2），求权系数。

表 8.6.2 z 计算值表

	z_1	w_2
$x^{(1)}$	5 960	−48
$x^{(2)}$	5 300	−30
M_j	5 960	−30

用表 8.6.2 中 z 的数据，可计算得到

$$\alpha_1 = 0.000\ 645, \alpha_2 = 0.166\ 4$$

于是，求得权系数：

$$\pi_1 = 0.003\ 87, \pi_2 = 0.996\ 13$$

第三步：求解以下线性规划问题。

$$\text{LP}(1): \begin{cases} \min \lambda \\ \lambda \geqslant 0.003\ 87\left[5\ 960 - (100x_1 + 90x_2 + 80x_3 + 70x_4)\right] \\ \lambda \geqslant 0.996\ 13(3x_2 + 2x_4 - 30) \\ \boldsymbol{x} \in R, \lambda \geqslant 0 \end{cases}$$

由此可求得解（整数近似值）为

$$\overline{\boldsymbol{x}}^{(1)} = (19,11,31,0)^{\mathrm{T}}$$

相应的目标函数值 $\overline{z}_1^1 = 5\ 370$，$w_2^1 = -33$。

第四步：对话再计算。

分析者把计算的结果告诉决策者，决策者将这一结果与理想值 $(z_1^1, z_2^2) = (5\ 960, 30)$ 进行比较，认为求得的 $\overline{z}_2^1 = 33$ 已接近理想值 $z_2^2 = 30$，而 $\overline{z}_1^1 = 5\ 370$，低于理想值 5 960 太多。决策者要求提高 z_1 的值，为此他提出将 z_2 提高到 36，以便使 z_1 增大。这时分析者根据决

策者的要求，将原约束条件修改为 R^1。

$$R^1:\begin{cases} \boldsymbol{c}^2\boldsymbol{x} \leqslant 36 \\ \boldsymbol{c}^1\boldsymbol{x} \geqslant 5\,370 \\ \boldsymbol{x} \in R \end{cases}$$

因将第二个目标值的要求放宽了，故权系数 $\pi_2 = 0$，于是有线性规划问题

$$\text{LP（2）}:\begin{cases} \min\lambda \\ \lambda \geqslant 0.003\,87(5\,960-(100x_1+90x_2+80x_3+70x_4)) \\ \boldsymbol{x} \in R^1, \lambda \geqslant 0 \end{cases}$$

求解 LP（2）得

$$\overline{\boldsymbol{x}}^{(2)} = (18,12,33,0)^{\mathrm{T}}$$

相应的目标值：

$$\overline{z}_1^{(2)} = 5\,520,\ \overline{z}_2^{(2)} = 36$$

若这时决策者对此结果表示满意，即停止计算。

2. 妥协约束法

设有两个目标的情况，即 $k = 2$。

$$V-\max_{x \in R} \boldsymbol{C}\boldsymbol{x}$$

式中，$R = \{\boldsymbol{x} \mid \boldsymbol{A}\boldsymbol{x} \leqslant \boldsymbol{b}, \boldsymbol{x} \geqslant 0\}$，$\boldsymbol{A}$ 为 $m \times n$ 矩阵，$\boldsymbol{x} \in E^n$，$\boldsymbol{b} \in E^m$

$$\boldsymbol{C} = \begin{pmatrix} \boldsymbol{c}^1 \\ \boldsymbol{c}^2 \end{pmatrix} = \begin{pmatrix} c_1^1 \cdots c_n^1 \\ c_1^2 \cdots c_n^2 \end{pmatrix}$$

这一方法的中心是引进一个新的超目标函数：

$$z = w_1\boldsymbol{c}^1\boldsymbol{x} + w_2\boldsymbol{c}^2\boldsymbol{x}$$

w_1、w_2 为权系数，$w_1 + w_2 = 1, w_i \geqslant 0 (i = 1,2)$；此外构造一个妥协约束

$$R^1:\ w_1(\boldsymbol{c}^1\boldsymbol{x} - z_1^1) - w_2(\boldsymbol{c}^2\boldsymbol{x} - z_2^2) = 0\ (\boldsymbol{x} \in R)$$

式中，z_1^1、z_2^2 分别为 $\boldsymbol{c}^1\boldsymbol{x}$、$\boldsymbol{c}^2\boldsymbol{x}$ 的最大值（$\boldsymbol{x} \in R$）。求解的具体步骤如下。

第一步：解线性规划问题

$$\max_{x \in R} \boldsymbol{c}^1\boldsymbol{x}$$

得到最优解 $\boldsymbol{x}^{(1)}$ 及相应的目标函数值 z_1^1。

第二步：解线性规划问题

$$\max_{x \in R} \boldsymbol{c}^2\boldsymbol{x}$$

得到最优解 $\boldsymbol{x}^{(2)}$ 及相应的目标函数值 z_2^2。

在具体求解时可以先用 $\boldsymbol{x}^{(1)}$ 试一试，看其是不是 $\max_{x \in R} \boldsymbol{c}^2\boldsymbol{x}$ 的最优解。若是，则这个问题已找到完全最优解，停止求解；若不是，则求 $\boldsymbol{x}^{(2)}$ 及相应的 z_2^2。

第三步：解下面三个线性规划问题之一。

$$\max_{x\in R^1} z, \max_{x\in R^1} \boldsymbol{c}^1\boldsymbol{x}, \max_{x\in R^1} \boldsymbol{c}^2\boldsymbol{x}$$

得到的解为妥协解。

【例 8.6.5】 试求解多目标线性规划问题。

$$\max\begin{cases} z_1 = 3x_1 + x_2 \\ z_2 = x_1 + 2x_2 \end{cases} \quad R:\begin{cases} x_1 + x_2 \leqslant 7 \\ x_1 \leqslant 5 \\ x_2 \leqslant 5 \\ x_1, x_2 \geqslant 0 \end{cases}$$

解 分别求解线性规划问题 $\max\limits_{x\in R} z_1$ 和 $\max\limits_{x\in R} z_2$，得到最优解 $\boldsymbol{x}^{(1)}=(5,2), z_1=17$，$\boldsymbol{x}^{(2)}=(2,5), z_2=12$，见图 8.6.6。

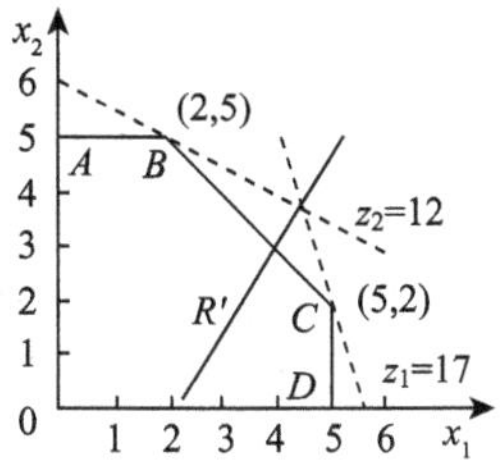

图 8.6.6 例 8.6.5 的约束条件

若取 $w_1 = w_2 = 0.5$，则有超目标函数：

$$\begin{aligned} z &= 0.5[3x_1 + x_2] + 0.5[x_1 + 2x_2] \\ &= 2x_1 + 1.5x_2 \end{aligned}$$

妥协约束 R^1：

$$0.5[3x_1 + x_2 - 17] - 0.5[x_1 + 2x_2 - 12] = 0$$

即

$$x_1 - 0.5x_2 = 2.5 \ (\boldsymbol{x}\in R)$$

于是可以求得妥协解 $\bar{\boldsymbol{x}}=(4,3)$。$w_1$、$w_2$ 的取值可由决策者决定，这时可有不同的解。

解多目标线性规划问题的方法还有目标线性规划法和其他方法，读者可参考有关文献。

本章小结

本章所讨论的系统决策是指为了实现一个特定的系统目标，系统工程人员运用系统工程方法论对决策的诸因素进行分析与研究，对若干个可行方案进行分析，对比各方案的优劣后，从中选择出最佳方案而做出的决定。可以说，系统决策是在一定条件下，对若干准备行动的系统方案进行选择，以期最优地实现系统目标。

由于系统工程所面临的问题往往是多因素的、动态的、复杂的大系统的开发和规划问题，所以与其他决策问题相比，系统决策问题有其鲜明特色，如系统决策经常是多目标决策，一般需要采用定性和定量决策相结合的方法，而且系统决策一般是一种宏观的战略决策，它关系着工程开发的前途和命运，因此必须符合动态反馈原则。虽然本章介绍了几种典型问题的决策方法，还介绍了多目标决策方法，但是必须注意，系统决策过程中不能机械地运用这些方法，必须根据系统决策问题的特殊性，充分发挥系统工程机构的集体智慧和创造力，依靠领导者的密切配合，这样才能较好地完成决策任务。

➢思考题·习题

1. 什么是西蒙的决策过程？

2. 构成决策问题的条件有哪些？根据人们对自然状态规律的认识和掌握程度，如何对决策问题进行分类？

3. 简要说明系统评价与系统决策之间的区别与联系。

4. 某水果店每天批发购进 10 箱桃子，买进价为每箱 60 元，然后迅速以每箱 100 元的价格出售。根据以往 50 次统计观察，每天能出售 7 箱有 10 次，8 箱有 20 次，9 箱有 15 次，10 箱有 5 次，且从未超过 10 箱。因为桃子品种原因，如果一天内出售不完，第二天则必须扔掉。现用决策表法为该店决策，该水果店每天最优进货数量应是多少？

5. 某人有一笔多余资金 100 元，现有两种存储方案。一是存入银行，每年可稳得 7% 的利息。二是用于购买有奖储蓄，若中头奖，奖金为 10 000 元，中奖概率为十万分之三（P=0.000 03）；若中二等奖，可得奖金 2 000 元，其概率为万分之五（P=0.000 5）；若中三等奖，可得奖金 100 元，其概率为百分之一（P=0.01）；若中末奖，可得奖金 10 元，概率为百分之十（P=0.1）。奖票为 100 元一张，不论中奖与否，两年后都退还本金，并且每张奖票发给 8 元利息。试用决策树为此问题寻求一个理性的决策方案。

6. 某企业计划引入一种新产品，假设引入需支付研制费 20 万元。新产品获利多少主要取决于三种情况：一是其他企业是否引入类似产品，展开竞争；二是本企业采取的推销活动规模；三是竞争企业的推销活动规模。如果本企业不引入，收益为 0。如果引入，则有两种状态，即竞争企业可能引入，也可能不引入类似产品。竞争企业引入类似产品的概率为 0.6，不引入的概率为 0.4。如果竞争企业不引入，本企业采用大规模和小规模两种推销策略的估计获利分别为 200 万元和 60 万元。如果竞争企业引入类似产品，则当本企业大规模推销时，竞争企业有大规模推销和小规模推销两种可能（概率分别为 0.7 和 0.3），本企业相应的估计获利分别为 60 万元和 160 万元；当本企业小规模推销时，竞争企业也有大规模推销和小规模推销两种可能（概率分别为 0.2 和 0.8），本企业相应的估计获利分别为 40 万元和 100 万元。试用决策树方法，对该企业是否引入新产品及引入新产品时的推销策略进行决策分析。

7. 根据历史统计资料，一家面包店每天销售的面包数可能是下列数中的某一个：100，150，200，250，300，而其销售概率分布不知。如果一个面包没有及时卖掉，则可在当天结束时以 0.10 元处理掉。新鲜面包每个售价 1.00 元，每个面包的成本是 0.50 元。假如进货量限定为可能销售量中的某一个，请问：①列出面包进货销售的益损值矩阵；②用最小遗憾法做出面包店的最优进货量决策。

8. 高技术武器系统由研究部门研制，如果研制成功，该研究单位应获收益 1 000 万元，如研制失败则会损失 400 万元。现估计该高技术武器系统研制成功的概率为 30%。如果为了减少风险，进行先期概念演示研究，需花费 60 万元。根据同类型项目的研究历史情况，对武器系统的有关情况统计估计如下表所示。

研制情况		武器系统有效	武器系统无效
先期概念演示	有效	0.75	0.40
	无效	0.25	0.60

试求：①最优决策及期望收益；②如果武器系统研制成功的先验概率降为 0.20，其余条件仍相同，求最优决策及期望收益。

9. 某研究所拥有一项新型发明专利，具有市场推广价值。有两种决策方案可供该所选择：一是自行组织研制和生产力量进行投产；二是向其他单位出售专利获得分红。根据类似国家早期和同类产品历史资料，预计这种新产品投放市场将遇到三种可能状况，即畅销、中等、滞销，而且两个方案在三种状况下的收益如下表所示。

利润/万元		状态/先验概率		
		畅销/0.2	中等/0.5	滞销/0.3
方案	自行投产	80	20	–5
	出售专利	40	7	1

该所可用 5 000 元的费用委托专业机构调查该产品市场前景。根据近年来各次市场跟踪情况的统计和对比，可认为：若实际市场状况为畅销，则调查结果为畅销、中等和滞销的概率分别为 0.9、0.06 和 0.04；若实际市场状况为中等，则调查结果为畅销、中等和滞销的概率分别为 0.05、0.9 和 0.05；若实际市场状况为滞销，则调查结果为畅销、中等和滞销的概率分别为 0.04、0.06 和 0.9。请用贝叶斯决策法给出合理的决策分析结论。（注：后验概率和期望收益结果均保留三位小数）

10. 在系统决策中，如何权衡信息的价值与获取信息的代价之间的关系？

11. 某厂准备生产一种新的电子仪器，可采用晶体管分立元件电路，也可采用集成电路。采用分立元件电路有经验，肯定成功，可获利 25 万元。采用集成电路没有经验，试制成功的概率为 0.4，若试制成功可获利 250 万元；若失败，则亏损 100 万元。规定：①以期望益损值为标准进行决策；②对先验概率进行敏感性分析；③收益最大时效用为 1，亏损最大时效用为 0。决策者认为稳得 25 万元与第二方案期望值 100 万元相当。要求根据效用进行决策，并与①的决策结果比较。

第9章 网络计划技术

9.1 网络计划技术概述

用网络分析法编制的计划称为网络计划。网络计划技术是一种编制大型工程进度计划的有效的技术方法，也是系统工程中常用的一种科学管理方法。它是把工程开发研制过程当做一个系统来处理，将组成系统的各项工作和各个阶段按先后顺序，通过网络图的形式，统筹规划、全面安排，并对整个系统进行组织、协调和控制，以达到最有效地利用资源，并用最少时间来实现系统的预期目标。

20 世纪 50 年代以来，各国科学家都在探索网络计划技术。1956 年，美国杜邦公司和兰德公司为了协调公司内不同业务部门的工作，共同制定了一种系统的计划方法，即关键路径法（critical path method，CPM）。1958 年，美国海军特种计划局在研制"北极星"导弹核潜艇的过程中，提出了一种新的计划管理方法，即计划评审技术（program evaluation and review technique，PERT）。网络计划技术是 PERT 和 CPM 的统称。PERT 有计划评审技术、计划评审法、计划协调技术等几种译法；CPM 也曾被翻译为 CMP、要径法等。因为这两种方法都是建立在网络模型的基础上，所以统称网络计划技术。

后来图解评审技术（graphic evaluation and review technique，GERT）、风险评审技术（venture evaluation and review technique，VERT）等的发展，更加丰富了网络计划技术的内容。图解评审技术亦称图解协调技术，是应用随机网络模型描述工程项目活动内容及其逻辑关系，以制订工程进度计划并对其实现最优控制的一种计划管理技术。图解评审技术是美国兰德公司在 20 世纪 60 年代研究成功的，与 PERT 相比，它可以处理从网络结点出发的支路实现不确定的情况，因而应用范围更加广泛。风险评审技术亦称风险协调技术，是一种以管理系统为对象，以随机网络仿真为手段的风险定量分析技术，也是一种研究风险决策问题的随机网络仿真技术。在项目研制过程中，经常要在外部环境不确定和信息不完备的条件下，对一些可能的方案做出决策，于是决策往往带有一定的风险性。这种风险决策通常涉及三个方面，即时间（或进度）、费用（投资和运行成本）和性能（或效益）。风险评审技术能针对网络系统的各种随机因素，构造出适当的网络模型，并通过仿真来评估系统研制开发过程的风险程度。1973 年，美国学者默勒（G. L.

Moeller）研制出最早的风险评审技术模型，并将其应用于武器系统研制过程的风险分析。关于图解评审技术和风险评审技术，本书没有作详细介绍，感兴趣者可参考有关网络计划技术的专门著作和文献。

在钱学森等著名科学家的主持和倡导下，我国于 1963 年首先推广和应用了网络计划技术，并在国防科研工作中取得了很好的效果。网络计划技术的实际应用表明，它是一种十分有效的科学管理方法。现在，它不仅广泛应用在时间进度的安排上，也应用在资源分配和工程费用的优化方面。它特别适用于一次性的大型科研、生产或工程项目，如新型装备或产品的研制、油田或矿山开发、建筑施工、制定城市长远发展规划等。而且越是复杂、头绪众多、协调频繁、时间紧迫的任务，使用网络计划技术的效果就越显著。

9.2　网络图的组成及绘制

9.2.1　网络图的组成

网络图又称箭线图或统筹图，它用图解形式形象地表示一个生产任务或工程项目中各组成要素间的逻辑关系，并形成时间的流程图，可用来计算时间参数、规划工程任务和确定关键路线（critical path，CP）。以下先给出一个网络图的示例。

【例 9.2.1】　组织某次战斗任务的网络计划图如图 9.2.1 所示，表 9.2.1 是其相应的作业表。

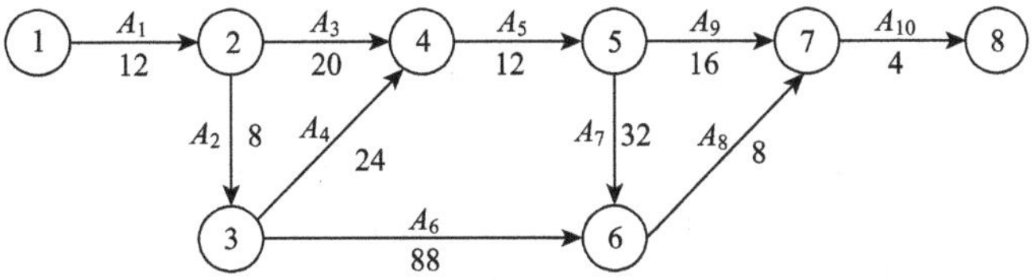

图 9.2.1　组织某次战斗任务的网络计划图（单位：分钟）

表 9.2.1　组织战斗任务的作业表（单位：分钟）

作业代号	作业名称	先行作业	后续作业	作业时间
A_1	了解任务和估算时间	—	A_2，A_3	12
A_2	下达预先号令	A_1	A_4，A_6	8
A_3	判断情况与定下决心	A_1	A_5	20
A_4	书写战斗文书	A_2	A_5	24
A_5	下达命令	A_3，A_4	A_7，A_9	12
A_6	部署战斗准备	A_2	A_8	88
A_7	部署指挥员工作	A_5	A_8	32
A_8	部署报告准备	A_6，A_7	A_{10}	8
A_9	检查、帮助部署工作	A_5	A_{10}	16
A_{10}	向上级报告战斗准备情况	A_8，A_9	—	4

图 9.2.1 和表 9.2.1 以不同的形式清晰地给出了组织某次战斗任务的计划，提供了各项作业的代号、名称、需要消耗的时间、作业之间的紧前和紧后关系等必要信息。其实，这两种形式的计划是一一对应的，只不过图 9.2.1 以网络计划图的形式提供了更加直观的表示，而表 9.2.1 则以表格的形式包含了更加丰富的信息（因为网络图应该尽量精简，故一般不会在图上标出作业的名称或解释）。

由图 9.2.1 可知，一个网络图由事项、作业这两个基本要素组成。

1）事项

事项（结点）是一项作业开始或完工的瞬间阶段点或标志点，并不消耗人力、物质和时间。在网络图中用结点（以圆圈“○”表示）来代表事项，其中编上序号代表事项的顺序。各个事项之间用箭线连接，并规定箭尾事项的代号一定小于箭头事项的代号，不允许逆序。因此，一般是网络图已基本定妥后才由左向右按顺序编写事项代号，或者采取跳跃式编号（如 1、3、5、8…），留下一些空序号以便改变网络图时使用。

2）作业

作业泛指需要消耗人力、物质和时间的具体活动过程，又称为工序或活动。在网络图中用箭线表示，并一般在其上方标写作业名称或代号，在其下方标写完成任务的时间。箭线的长短、粗细并无实际意义。作业也可用结点代号表示。例如，ⓘ→ⓙ中的箭线即表示从结点 i 到结点 j 的作业，也可记为（i，j）。

除此以外，还有两个基本概念需要说明，即路线和虚作业。

沿箭线方向顺序连接起点、终点事项的通路称为路线。一个网络图通常有多条路线。如图 9.2.1 所示，网络图共有五条路线，分别是：①→②→④→⑤→⑦→⑧；①→②→④→⑤→⑥→⑦→⑧；①→②→③→⑥→⑦→⑧；①→②→③→④→⑤→⑦→⑧；①→②→③→④→⑤→⑥→⑦→⑧。

某条路线上各作业的时间之和称为该路线的路长，如以上第一条路线的路长为 64 分钟。同一网络图不同路线的路长是不一样的，其中路长最长的路线是关键路线[①]，一般用粗箭线和双箭线表示。一个网络图的关键路线有时不止一条。

用虚线画的箭线代表虚作业，既无作业代号也无作业时间。虚作业不占用时间，也不消耗任何人力与资源，它只是用来辅助描述作业间的紧前或紧后关系。

9.2.2 绘制网络图的基本规则

绘制网络图的依据是作业表。在进行一项工程前，应根据事先研究和制定的“过程系统图”或设想的作业流程，将各项作业、作业时间，以及作业之间的衔接关系列成作业表，然后在此基础上绘制网络图，如表 9.2.1 即为图 9.2.1 的作业表。

绘制网络图必须遵循以下规则。

第一，不允许出现循环回路。

① 这不是关键路线的定义。关键路线其实是指时间上最紧张、没有回旋余地的路线，其定义见 9.3.3 节，但它正好是网络计划图中路长最长的路线。

第二，不允许出现编号相同的作业，即一对结点之间只能有一条箭线或虚箭线。

第三，只能有一个起点和一个终点。

第四，作业顺序的表示法。网络图中用结点和箭线的连接顺序来表示作业顺序，以下通过两个示例对作业顺序的表示法进行说明。

图 9.2.2 和图 9.2.3 给出两个例子（都是一个网络计划图的一部分）。图 9.2.2 表示 a 作业完成后，才能开始 c 作业，这是很清楚的。但是为了表示 a、b 都完成之后才开始 d，则应加上从结点 7 指向结点 8 的虚作业。在此情况下，7、8 两结点是不能合并的，否则表示 c 作业也只能在 a、b 都完工后才能开工，这就误解了原计划安排。图 9.2.3 表示 a、b、c 均完成后，d 才开工；b、c 完工后，e 才可开工。

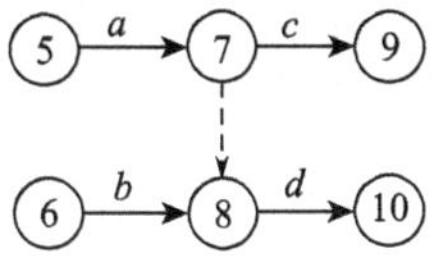

图 9.2.2　作业顺序表示（一）

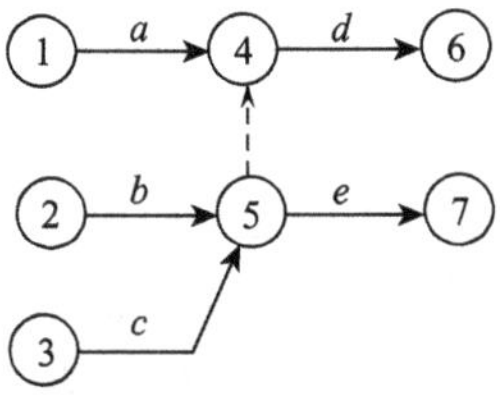

图 9.2.3　作业顺序表示（二）

第五，交叉作业的表示法。例如，有三件相同的产品，通过 a 作业之后，才能进行 b 作业。有以下两种作业安排法。

一种安排方法为三件产品都通过 a 作业之后再进行 b 作业，具体如图 9.2.4 所示。显然这种安排耽误了许多时间。另外一种安排方法如图 9.2.5 所示，称为交叉作业，这种方法显然节约了时间。

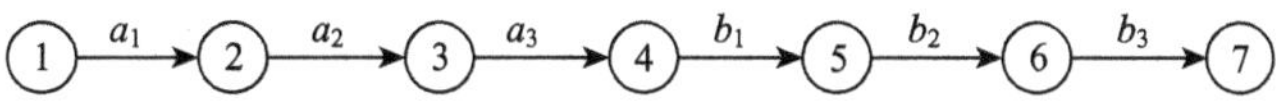

图 9.2.4　作业安排（一）

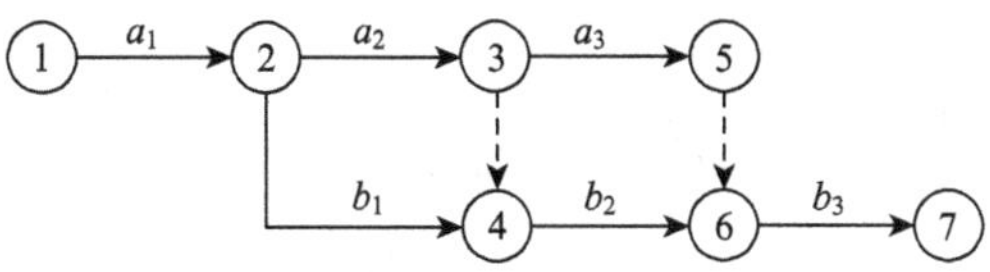

图 9.2.5　作业安排（二）

第六，控制虚箭线的使用。虚箭线是不得已时才使用的，切不可滥用。在绘制完网络图后应检查一遍，多余的虚箭线应该舍去。

第七，网络图应尽量采用平行箭线，减少箭线的相互交叉。当交叉不可避免时，应采用“暗桥”“断线”的办法，具体如图 9.2.6 所示。

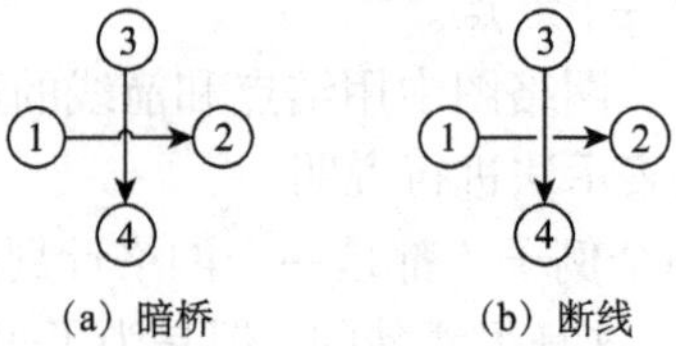

图 9.2.6 交叉箭线的表示法示例

第八，网络图的分类。网络图可以采用分级递阶的办法进行处理，以避免一张网络图过分复杂。例如，工厂一级的总图可以对细节忽略，以掌握全貌；而车间、科室一级的分图，则应对各部门的作业画得详细一点。在工厂网络计划图上，对采购作业可以只画一个箭线，指示采购总任务的完工时间；而供应科则需画出采购每一项零件的作业，标明每一项采购任务的完成期限。这种方法通常是必要的。

对某一系统绘制的网络图可以分为总系统图、分系统图、环节图。它们各有粗细之别、详细与简单之分，以便供各级人员使用，甚至可以根据需要将网络分为一级、二级、三级等多级网络。因而，在网络图的绘制上就有组合与并图的技巧。例如，图 9.2.7（a）可以组合为图 9.2.7（b）。显然，图 9.2.7（b）是作为上一级部门使用的总图。一般来说，可以先制定图 9.2.7（a），后综合为图 9.2.7（b）；也可先确定图 9.2.7（b），再分到各部门分别绘制图 9.2.7（a）。上下部门结合，互相补充修正，正是网络图绘制工作中所必需的。分图组合为总图时，也可采取并图的技巧。如图 9.2.8 所示，上半部分（结点 1~6）为一组作业，下半部分（结点 10~14）为另一组作业。两个分图绘制后，再用虚箭线连成总图。

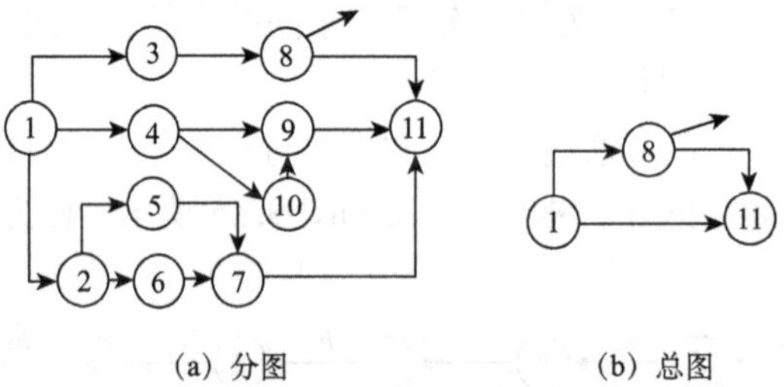

图 9.2.7 网络图的总图和分图示例

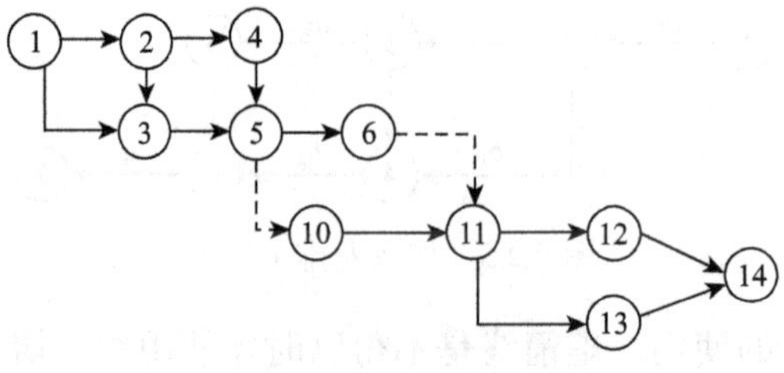

图 9.2.8 网络图的组合

9.2.3　网络图的绘制步骤

网络图的绘制可分为以下三个步骤。

1. 任务的分解

任务的分解就是把一个工程或一项任务分解成若干作业，确定它们之间的关系。如果工程比较复杂，可以首先编制相应的作业表。作业之间的关系共有四种（图 9.2.9）：①先行作业，即某作业前面的作业；②后续作业，即某作业后面的作业；③并行作业，即与某作业同时进行的作业；④中途作业，即在某作业中途可以进行的作业。

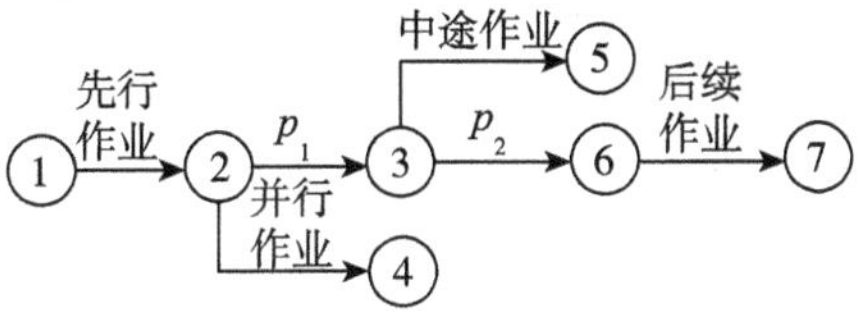

图 9.2.9　作业之间的关系示例

这样将任务分解后，可列成表格形式的作业表。表 9.2.2 即为某施工单位拆换蒸汽配管的作业表，表中应给出作业名称、作业代号、先后顺序等必要信息。

表 9.2.2　拆换蒸汽配管的作业表

作业代号	作业名称或内容	先行作业
A	勘查设计	
B	搭架拆旧管	A
C	制新管及零件	A
D	制新阀	A
E	安装新管	B、C
F	焊新管	E
G	装新阀	D、E
H	保温	F、G

2. 画图

完成作业表的编制后，就可以进行网络图绘制。绘图是从第一项作业开始，以箭线代表作业，按照 9.2.2 节给出的规则，依先后顺序一支箭线接一支箭线地从左向右画下去，直到最后一项作业为止，并在箭线之间的分界处画一个圆圈。

3. 编号

将网络图中的圆圈编上代号，从左至右，从小到大，不得出现重复的编号，这样就完成了一个任务的网络图。例如，由表 9.2.2 所示作业表绘制成的网络图如图 9.2.10 所示。

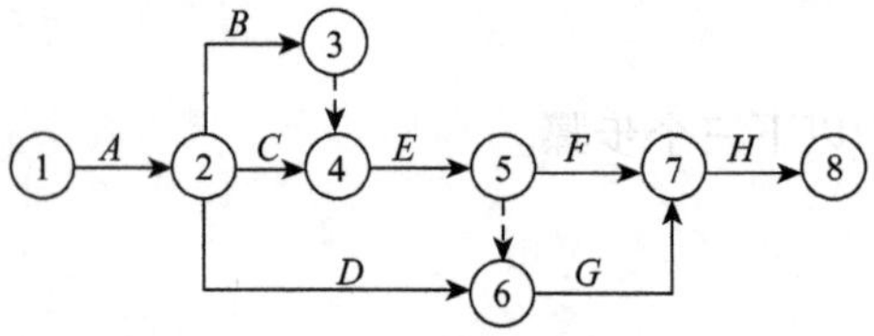

图 9.2.10　拆换蒸汽配管的网络图

9.2.4　作业时间的确定

我们知道，要想正确地制订计划和有效地控制系统，必须对作业所需时间进行科学的估计。作业时间是网络图的基本参数之一，记作业（i，j）的时间为 t（i，j）。如果时间估计不准，会直接影响计划的质量，因而必须对其予以高度重视。对作业时间的估计一般可用三种方法：对确定性问题采用一时估计法、对非确定性问题采用三时估计法或平均值法。

1）一时估计法

在正常情况下，有同类作业所需时间等方面资料作参考，可以依据经验直接估计出一个时间值作为作业（i，j）所需时间 t（i，j）。这个时间不考虑不确定性。

2）三时估计法

对不确定性问题，在无可靠资料和经验来确定 t（i，j）的情况下，取下列三个时间的加权平均值作为作业时间 t（i，j）。

a 为乐观时间，是指在顺利情况下完成作业所需的时间，即最短时间；b 为悲观时间，是指在极不利的情况下完成作业所需的时间，即最长时间；c 为最可能时间，是指完成作业通常需要的时间，即一般情况下完成作业的时间。

若 t（i，j）取 a、c 的加权平均，可假定

$$P\{t(i,j)=c\}=2\cdot P\{t(i,j)=a\}$$

则平均值为 $\dfrac{a+2c}{3}$。

同理，t（i，j）取 c、b 的加权平均值为 $\dfrac{b+2c}{3}$。因此

$$P\left\{t(i,j)=\frac{a+2c}{3}\right\}=P\left\{t(i,j)=\frac{b+2c}{3}\right\}=\frac{1}{2}$$

于是

$$t_{\mathrm{m}}(i,j)=E\{t(i,j)\}=\frac{1}{2}\left(\frac{a+2c}{3}+\frac{b+2c}{3}\right)=\frac{a+4c+b}{6} \tag{9.2.1}$$

式中，t_{m}（i，j）为作业（i，j）的平均时间。

3）平均值法

如果作业（i, j）的同种作业以往进行过 n 次，通过资料知道过去的作业时间分别是 a_1，a_2，a_3，…，a_n，则用 $\overline{a}=\dfrac{a_1+a_2+\cdots+a_n}{n}$ 作为对 t（i, j）的估计。

9.3 网络图的参数及其计算

假设本节所讨论的网络图从起点到终点的编号为 1，2，…，h，i，j，k，…，n。

9.3.1 结点的时间参数与计算

1. 结点 j 的最早开始时间 t_E（j）

结点 j 的最早开始时间是指从起点到结点 j 的最长时间之和，在此时刻之前结点 j 是不能开始的。记结点 j 的最早开始时间为 t_E（j）。

一般地，令起点的最早开始时间为零，即

$$t_E(1)=0 \tag{9.3.1}$$

当 $j\neq 1$ 时，若结点 j 只有一条箭线进入，则该箭尾所触结点的最早开始时间加上箭线时间（作业时间）即为结点 j 的最早开始时间；若结点 j 有多条箭线进入，则对每条箭线都进行上述计算之后，取其中最大数值为结点 j 的最早开始时间，即

$$t_E(j)=\max_i\left[t_E(i)+t(i,j)\right]\quad(j=2, 3, \cdots, n) \tag{9.3.2}$$

2. 结点 i 的最迟完成时间 t_L（i）

结点 i 的最迟完成时间是指结点 i 最迟必须结束的时间。结点 i 若不能在此时间内完成，就要影响其后续作业按时开工。记结点 i 的最迟完成时间为 t_L（i）。

特别的，若规定了总工期，则终点 n 的最迟完成时间为

$$t_L(n)=\text{总工期} \tag{9.3.3}$$

若对任务的总工期没有特别规定，则令

$$t_L(n)=t_E(n) \tag{9.3.4}$$

即终点的最迟完成时间就是终点的最早开始时间，也即为总工期。

当 $i\neq n$ 时，若结点 i 只发出一条箭线，则结点 i 的最迟完成时间等于箭头所触结点的最迟完成时间减去该条箭线所代表的作业的时间；若结点 i 发出多条箭线，则对每条箭线都进行上述运算之后，取其中最小值为结点 i 的最迟完成时间，即

$$t_L(i)=\min_j\left[t_L(j)-t(i,j)\right]\quad(i=n-1, n-2, \cdots, 1) \tag{9.3.5}$$

3. 结点的时差 $S(i)$ 1

结点 i 的时差 $S(i)$ 等于结点 i 的最迟完成时间减去其最早开始时间，即

$$S(i)=t_L(i)-t_E(i) \tag{9.3.6}$$

接下来可以给出关键结点的定义如下。

定义 9.3.1 时差为零的结点称为关键结点。

9.3.2 作业的时间参数与计算

1. 作业 (i, j) 的最早开始时间 $t_{ES}(i, j)$

任一个作业 (i, j) 必须等它前面的作业完工之后才能开始，在这之前是不具备开工条件的。这个时间称为作业 (i, j) 的最早开始时间，其意义是该作业最早什么时候可以开始，记为 $t_{ES}(i, j)$。

$t_{ES}(i, j)$ 的计算方法有两种：一是通过 (i, j) 的先行作业的最早开始时间加上先行作业的时间来计算；二是通过结点 i 的最早开始时间来计算。

第一种方法，其公式为

$$t_{ES}(i, j)=\max_h\left[t_{ES}(h, i)+t(h, i)\right] \tag{9.3.7}$$

式中，$t_{ES}(h, i)$ 为作业 (i, j) 的先行作业的最早开始时间，从左至右一直计算到终点为止。

第二种方法，其公式为

$$t_{ES}(i, j)=t_E(i) \tag{9.3.8}$$

即作业 (i, j) 的最早开始时间等于结点 i 的最早开始时间。

2. 作业 (i, j) 的最早完成时间 $t_{EF}(i, j)$

任一个作业 (i, j) 的最早完成时间就是它的最早开始时间加上本作业所需的时间。其意义是作业 (i, j) 最早什么时间可以完成，记为 $t_{EF}(i, j)$。它的计算也有两种方法。

第一种方法，其公式为

$$t_{EF}(i, j)=t_{ES}(i, j)+t(i, j) \tag{9.3.9}$$

第二种方法，其公式为

$$t_{EF}(i, j)=t_E(i)+t(i, j) \tag{9.3.10}$$

即作业 (i, j) 的最早完成时间等于结点 i 的最早开始时间加上作业 (i, j) 所需时间。

3. 作业 (i, j) 的最迟开始时间 $t_{LS}(i, j)$

如果一个作业 (i, j) 之后有一个或几个作业，为了不影响后续作业的如期开始，它应有一个最迟必须开始时间，称为作业 (i, j) 的最迟开始时间。其意义是作业 (i, j) 最迟应该什么时间开始，记为 $t_{LS}(i, j)$。它的计算也有两种方法。

第一种方法，其公式为

$$t_{LS}(i, j)=\min_{k}\left[t_{LS}(j, k)-t(i, j)\right] \tag{9.3.11}$$

式中，$t_{LS}(j, k)$ 为作业 (i, j) 的后续作业的最迟开始时间，计算是从右向左直到起点为止。

第二种方法，其公式为

$$t_{LS}(i, j)=t_{L}(j)-t(i, j) \tag{9.3.12}$$

即作业 (i, j) 的最迟开始时间等于结点 j 的最迟完成时间减去作业 (i, j) 的时间。

4. 作业 (i, j) 的最迟完成时间 $t_{LF}(i, j)$

任一个作业 (i, j) 的最迟完成时间等于它的最迟开始时间加上本作业所需要的时间，即作业 (i, j) 最迟应该什么时候完成，记为 $t_{LF}(i, j)$。它的计算也有两种方法。

第一种方法，其公式为

$$t_{LF}(i, j)=t_{LS}(i, j)+t(i, j) \tag{9.3.13}$$

第二种方法，其公式为

$$t_{LF}(i, j)=t_{L}(j) \tag{9.3.14}$$

即作业 (i, j) 的最迟完成时间等于结点 j 的最迟完成时间。

5. 作业的总时差 $R(i, j)$

任取一个作业 (i, j) 来分析。如果它在最早开始时间 $t_{ES}(i, j)$ 开始，并且耗费规定工时 $t(i, j)$，则它一定能在最早完成时间 $t_{EF}(i, j)$ 完成；作业 (i, j) 又有一个最迟完成时间 $t_{LF}(i, j)$，它只要不超过 $t_{LF}(i, j)$ 而完工，就不会拖延整个任务的工期。所以，作业 (i, j) 的安排在时间上具有一定的回旋余地，其回旋范围称为作业 (i, j) 的总时差，记为 $R(i, j)$，计算公式如下：

$$R(i, j)=t_{LF}(i, j)-t_{EF}(i, j) \tag{9.3.15}$$

将式（9.3.9）及式（9.3.13）代入式（9.3.15），得

$$R(i, j)=t_{LS}(i, j)-t_{ES}(i, j) \tag{9.3.16}$$

将式（9.3.14）及式（9.3.10）代入式（9.3.15），得

$$R(i, j)=t_{L}(j)-t_{E}(i)-t(i, j) \tag{9.3.17}$$

定义 9.3.2　对作业 (i, j)，如果 $R(i, j)=0$，意味着作业 (i, j) 在时间上毫无回

旋余地，则称作业（i, j）为关键作业。

如果 $R(i, j) \neq 0$，则作业（i, j）可以作如下两种机动安排：或者适当推迟其开工时间（只要不超过其最迟开始时间）；或者适当放慢进度，延长其工时 $t(i, j)$［只要延长量不超过 $R(i, j)$ 即可］。当然，也可以将两种机动安排结合使用，既适当推迟一些开工时间，又适当放慢一些该作业的进度。这些机动安排称为“时差的调用”，记调用量为 $\delta(i, j)$，则调用原则可以统一表示为 $\delta(i, j) \leqslant R(i, j)$。

$R(i, j)$ 的数值实际上表明作业（i, j）具有的潜力，调用时差就是挖掘其中的潜力（人力、物力、财力）。

6. 作业的单时差 $r(i, j)$

当 $R(i, j) \neq 0$ 而 $\delta(i, j) > 0$ 时，只要满足 $\delta(i, j) \leqslant R(i, j)$，整个任务的总工期是不会拖延的。但对于任一个后续作业（j, k）来说，则会出现两种情况：一是后续作业受到干扰，无法在其最早开始时间 $t_{\mathrm{ES}}(j, k)$ 开工；二是后续作业不受干扰，仍然可以在 $t_{\mathrm{ES}}(j, k)$ 开工。对于后一种情况，我们称作业（i, j）单时差大于 0。这时作业（i, j）还有不影响后续作业在其最早开始时间开工的回旋余地。记作业（i, j）的单时差为 $r(i, j)$，也就是说，作业（i, j）的单时差 $r(i, j)$ 为在不影响任何后续作业（j, k）的最早开始时间 $t_{\mathrm{ES}}(j, k)$ 的前提下，作业（i, j）可以自由利用的机动时间范围。用公式表示为

$$r(i,j) = \min_{k} t_{\mathrm{ES}}(j,k) - t_{\mathrm{EF}}(i,j) \tag{9.3.18}$$

由于对任意 k 均有 $t_{\mathrm{ES}}(j,k) = t_{\mathrm{E}}(j)$，并将式（9.3.10）代入式（9.3.18），得

$$r(i,j) = t_{\mathrm{E}}(j) - t_{\mathrm{E}}(i) - t(i,j) \tag{9.3.19}$$

9.3.3 关键路线与时差

首先给出关键路线的定义如下。

定义 9.3.3 网络图中，从起点到终点，沿箭头方向把关键作业连接起来所形成的路线称为关键路线。关键路线可在图上用粗线或双线表示。

可以验证，关键路线的路长等于工程任务需要的总时间（如对总工期无特别规定，它即为总工期），并且关键路线是网络图的所有路线中路长最长的。要想缩短整个任务的工期，必须在关键路线上想办法，即缩短关键路线上的作业时间；反之，若关键路线的工期拖长，则整个计划工期就要拖长。一个网络图的关键路线可以有多条。关键路线越多，表明各项作业的工期都很紧张，要求必须加强管理、严格控制，以保证任务按期完成。

关键路线与时差的关系可以归纳为以下三条定理。

定理 9.3.1 在 $t_{\mathrm{L}}(n) = t_{\mathrm{E}}(n)$ 的前提下，对网络图上各项作业均有

$$0 \leqslant r(i,j) \leqslant R(i,j)$$

且当 j 为关键结点时，$r(i,j)=R(i,j)$。特别的，有 $r(i,n)=R(i,n)$。

定理 9.3.2　在关键路线上，全部结点时差均为零，反之不真。

定理 9.3.3　在关键路线上，全部作业的总时差均为零，反之亦真。

要注意，定理 9.3.2 只是提供了确定关键路线的必要条件，而关键结点组成的路线并不就是关键路线。定理 9.3.3 则给出了确定关键路线的充分必要条件。在我们计算了各项作业的总时差以后，由 $R(i,j)=0$ 的作业连成的路线即为关键路线。或者说，关键路线就是关键作业组成的路线。

由定理 9.3.1 还可知，关键路线上各项作业的单时差也为零。

非关键路线上各项作业的时差不全为零，即或多或少有潜力可挖。

网络计划技术的精华就在于根据网络图找出关键路线，从而重点保证关键路线；利用非关键路线上作业的时差，调用其中的人力、物力、财力去支援关键路线，使关键作业及整个任务能按期或提前完成。

调用单时差对后续作业不发生任何影响，所以它是“自由时差”。调用时差时，应该首先调用单时差。总时差与单时差的关系可以用图 9.3.1 表示。

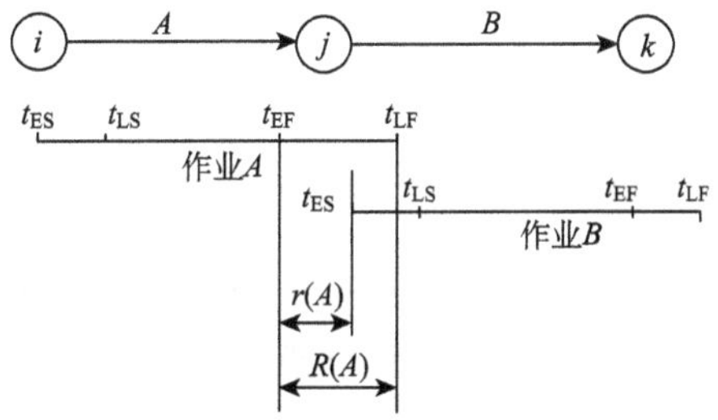

图 9.3.1　总时差与单时差的关系

9.3.4　网络图参数计算法

在网络计划技术的应用中，我们不但要找出关键路线，而且要知道各种作业时间参数，这样才能便于挖掘潜力、合理安排、采取措施，保证关键路线上的作业按期或提前完成，从而保证整个任务按期或提前完成。

计算作业的时间参数有两种方法可用。一种方法是利用已算得的结点时间参数进行，计算结果用适当的符号标注在图上，故称图上计算法；另一种是利用作业之间的关系列表进行计算，故称表格计算法。

1. 图上计算法

以下通过一个例子来说明这种方法的计算步骤。

【例 9.3.1】　用图上计算法计算如图 9.3.2 所示网络计划图的结点和作业的时间参数。

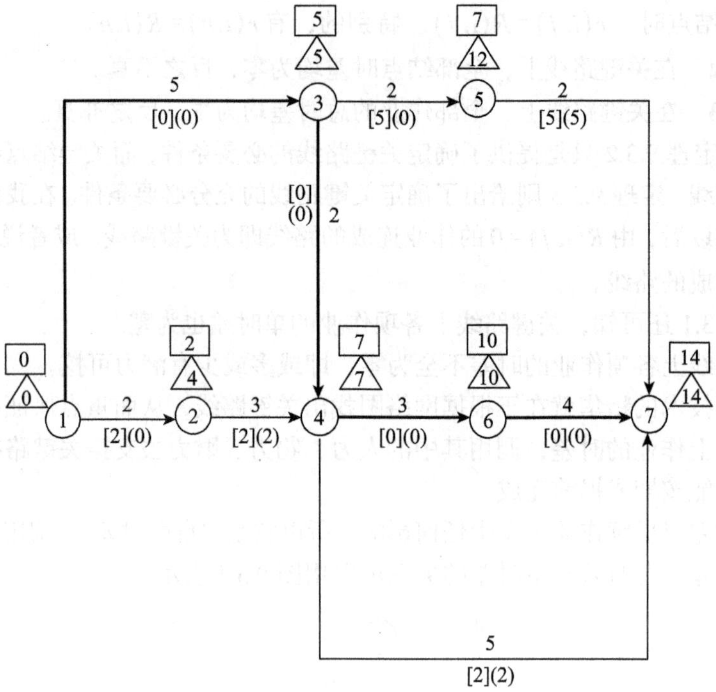

图 9.3.2 例 9.3.1 和例 9.3.2 的网络图

解 （1）计算结点的最早开始时间 $t_E(j)$。利用式（9.3.1）与式（9.3.2），从起点开始，自左向右，逐个结点地进行计算直到终点为止。计算结果填入结点近旁的符号□之中。

（2）计算结点的最迟完成时间 $t_L(i)$。利用式（9.3.3）~式（9.3.5），从终点开始，自右向左，逐个结点地进行计算直到起点为止。计算结果填入结点近旁的符号△之中。

（3）计算作业的总时差 $R(i, j)$。此时利用式（9.3.17）较为方便。得到的总时差 $R(i, j)$ 的数值用方括号［ ］括起来，标注在作业箭线旁。也可将式（9.3.17）形象化地表示为

$$[\ ] = \triangle_j - \square_i - t(i, j) \tag{9.3.17$'$}$$

（4）计算作业的单时差 $r(i, j)$。此时利用式（9.3.19）较为方便。计算得到的单时差 $r(i, j)$ 的数值用圆括号（ ）括起来，标注在作业箭线旁。类似式（9.3.17′），也可将式（9.3.19）形象化地表示为

$$(\ ) = \square_j - \square_i - t(i, j) \tag{9.3.19$'$}$$

（5）将总时差为零的作业连接起来形成路线，就得到了如图 9.3.2 所示网络图的关键路线为①→③→④→⑥→⑦。

可以用框图 9.3.3 完整地描述图上计算法的整个过程。

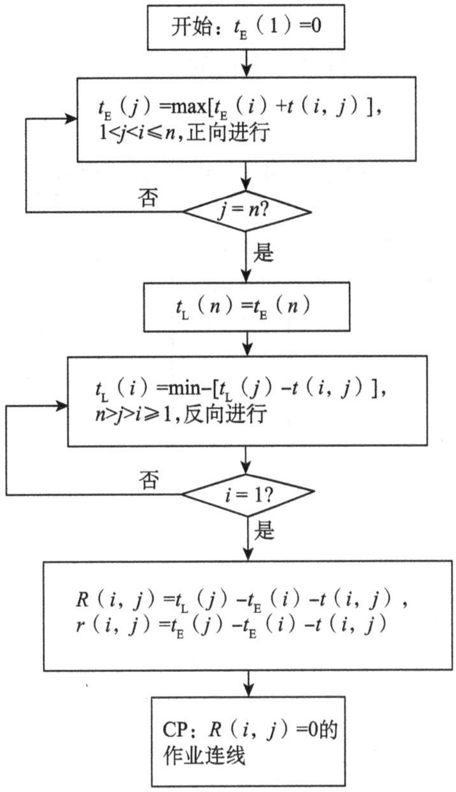

图 9.3.3　图上计算法的过程

图上计算法的特点是形象、具体，在结点少时省事、方便，但是结点多时图面标注很拥挤，而且容易遗漏。为了计算更大规模网络的参数，可以采用表格计算法。

2. 表格计算法

表格计算法就是先制定一个合适的表格，然后在表格上按一定的顺序和规定的算法来计算网络图的各个参数。以下仍以图 9.3.2 所示的例子介绍表格计算法的步骤。

【例 9.3.2】 用表格计算法计算如图 9.3.2 所示网络图的时间参数。

解　(1) 做表格。

做一个表格，每一格里填上一个参数名称（表 9.3.1）。

表 9.3.1　网络计划图时间参数计算的表格样式

1	2	3	4	5	6	7	8	9
作业 ⓘ→ⓙ	作业时间 $t(i,j)$	最早 开始时间 t_{ES}	最早 完成时间 t_{EF}	最迟 开始时间 t_{LS}	最迟 完成时间 t_{LF}	总时差 R	单时差 r	关键作业
			3+2		5+2	5−3		

（2）填表格。

按网络图的顺序自上而下，逐行填写表格的第 1、2 列。将图 9.3.2 的数据填在表 9.3.1 中，得表 9.3.2。

表 9.3.2　例 9.3.2 表格计算法结果

1	2	3	4	5	6	7	8	9
作业 ⓘ→ⓙ	作业时间 $t(i, j)$	最早 开始时间 $t_{ES}(i, j)$	最早 完成时间 $t_{EF}(i, j)$	最迟 开始时间 $t_{LS}(i, j)$	最迟 完成时间 $t_{LF}(i, j)$	总时差 $R(i, j)$	单时差 $r(i, j)$	关键作业
①→②	2	0	2	2	4	2	0	
①→③	5	0	5	0	5	0	0	①→③
②→④	3	2	5	4	7	2	2	
③→④	2	5	7	5	7	0	0	③→④
③→⑤	2	5	7	10	12	5	0	
④→⑥	3	7	10	7	10	0	0	④→⑥
④→⑦	5	7	12	9	14	2	2	
⑤→⑦	2	7	9	12	14	5	5	
⑥→⑦	4	10	14	10	14	0	0	⑥→⑦

（3）在表上计算参数。

第一，计算作业最早开始时间和最早完成时间（第 3、4 列）。

表 9.3.2 中第 3 列是作业最早开始时间，第 4 列是作业最早完成时间，这两列由上至下一行一行地计算。

对于从起点出发的各作业，它们的最早开始时间是 0，最早完成时间就是自己的作业时间，所以只需将作业时间写入第 4 列相应的行内。例如，在表 9.3.2 中，作业①→②和①→③在第 4 列的数字分别为 2、5。

对于上述作业的后续作业，我们知道，一个作业的最早开始时间就是它所有先行作业最早完成时间的最大值。所以，在填写作业的第 3 列数值时，只需将其所有先行作业在第 4 列的数值填入再取其最大值，即得这一作业的最早开始时间。有了最早开始时间加上作业时间就是第 4 列的数。例如，在表 9.3.2 中算到④→⑥作业时，它的先行作业有两个，即②→④和③→④，相应在第 4 列上的数是 5、7。按选最大数的原则，$t_{ES}(4, 6)=7$，写入第 3 列相应行中，而它的最早完成时间 $t_{EF}(4, 6)=3+7=10$，写入第 4 列相应行中。

这样算下去，就可算出全部作业的第 3 列和第 4 列的数值

第二，计算作业的最迟开始时间和最迟完成时间（第 5、6 列）。

表 9.3.2 的第 5 列是各作业的最迟开始时间，第 6 列是作业的最迟完成时间。第 5 列的计算是从终点算起，由下往上逐个进行。

从终点的时间参数可知，整个工程的最早完成时间等于其最迟完成时间（这里讨论的是不对总工期专门规定的情况）。因此，对于进入终点的各作业，它们的最迟开始时间

就是其最迟完成时间（即终点的最迟完成时间或最早开始时间）减去各自的作业时间。例如，在表 9.3.2 中，⑤→⑦、⑥→⑦作业的最迟开始时间分别为 12、10，记入第 5 列相应格中。

对于其他作业，按照作业的最迟开始时间等于它后续作业的最迟开始时间减去本作业时间，当后续作业有多个时，选其中最小者。这样一行一行地算下去，直到与起点相连的作业为止。例如，在表 9.3.2 中，算到作业④→⑥时，找到它的后续作业是⑥→⑦；在第 5 列找到 t_{LS}（6，7）=10；将此数减去第④→⑥行上的第 2 列的作业时间得 7，即 t_{LS}（4，6）=7。将此数写入④→⑥行的第 5 列上。又如，在算②→④和③→④作业时，查到它们的后续作业是④→⑥、④→⑦，按取最小数的原则，从第 5 列已算出的 t_{LS}（4，6）=7，t_{LS}（4，7）=9，两数中取最小者 7，这个数与②→④、③→④两个作业时间分别相减，即得它们的最迟开始时间。t_{LS}（2，4）=4，t_{LS}（3，4）=5，再将这两个数写入第 5 列的②→④、③→④格中，逐行计算，直到第 5 列全部填满为止。

第 6 列是最迟完成时间，是第 2 列与第 5 列的数字之和。

第三，计算作业的总时差和单时差（第 7、8 列）。

第 7 列是作业的总时差，可由各作业的第 5 列数字与第 3 列的数字相减求得。

第 8 列是作业的单时差，它是由后续作业的最早开始时间减去所算作业的最早完成时间而求得的。例如，在表 9.3.2 中，③→④的后续作业是④→⑥、④→⑦，查得在第三列上的 t_{ES}（4，6）=7，t_{ES}（4，7）=7，又在第 4 列查得③→④的最早完成时间是 7，因此③→④作业的单时差为 7–7=0。

同理计算，直到最后一个作业为止。

第四，标出关键作业（第 9 列）。

第 9 列是关键作业，将第 7 列中总时差为 0 的作业标在第 9 列中。串联第 9 列的作业就构成了关键路线。

9.4　任务按期完成的概率分析与计算

在 9.3 节，我们是从确定的情况出发，对网络的有关时间参数进行计算的。这里有一个前提，即每个作业所需时间都是确定的数值，因而算出来的总计划所需时间也是确定的数值。在这种把握比较大的情况下，我们使总预定完成时间等于总的所需时间，即前面讲的 $t_L(n)=t_E(n)$。这就是说，经过科学的计算，一个计划完成需要多少时间，就给它多少时间。

在实际工程中，完成某项作业所需的时间是不容易确定为某一数值的，往往只能凭经验或过去的试验研究结果来做一定的估计。对这种估计所带来的一系列问题需要慎重考虑。前面讲过，作业时间是用三时估计法求出的平均时间，因而这样算出的最早开始时间等时间参数，也必然包含某些不确定因素，并不是非常准确的时间。所以，我们就要研究由这些不确定因素所引起的计划是否能按期完成的问题，即计划按期完成的可能性有多大的问题。这就是任务按期完成概率分析的由来。下面对此做一个简单的介绍。

9.4.1 任务完成时间的统计分布规律

如9.3.3节所述，工程任务的总工期就是关键路线的路长。因此，应从关键路线来研究任务完成时间的统计分布规律。

根据概率论中著名的中心极限定理，我们可以认为，关键路线路长是近似符合正态分布的。有了这样一个结论后，我们只要计算出关键路线上每个作业预计完工时间的平均值和方差，就可以利用正态分布求出工程任务按期完成的概率，就能对整个工程任务能否按期完成给予概率评价，并对计划的执行做出预测。

1. 平均值

由式（9.2.1）可知，作业（i，j）的平均时间为$t_{\mathrm{m}}(i,j)=\dfrac{a+4c+b}{6}$，它与三个估计时间参数有关。

2. 标准离差与方差

根据9.2.4节三时估计法中的假设可简单计算得到，作业时间的标准离差为$\sigma=\dfrac{b-a}{6}$，它只与作业的最长（悲观）时间与最短（乐观）时间有关，与最可能时间无关，是作业时间概率分布离散程度的度量。方差为

$$\sigma^2=\left(\frac{b-a}{6}\right)^2$$

3. 任务完成时间

根据中心极限定理，关键路线路长呈正态分布，并以$t_{\mathrm{m}}=\sum_{k=1}^{J}\dfrac{a_k+4c_k\rightarrow+b_k}{6}$为平均值，以$\sigma_{\mathrm{cp}}=\sqrt{\sum_{k=1}^{J}\left(\dfrac{b_k-a_k}{6}\right)^2}$为标准离差。这里$J$为关键路线上的关键作业项数，$k$为关键路线上各项关键作业的序号。

当J充分大时，关键路线路长服从正态分布，这是一个渐近估计值。实际上，我们可用概率曲线形象地分析。当关键路线上的作业由10个以上组成时，从均值左侧伸展$-3\sigma_{\mathrm{cp}}$，又从右侧伸展$+3\sigma_{\mathrm{cp}}$，任务在这一段时间内实现的机会为99.7%，这可用图9.4.1来说明。

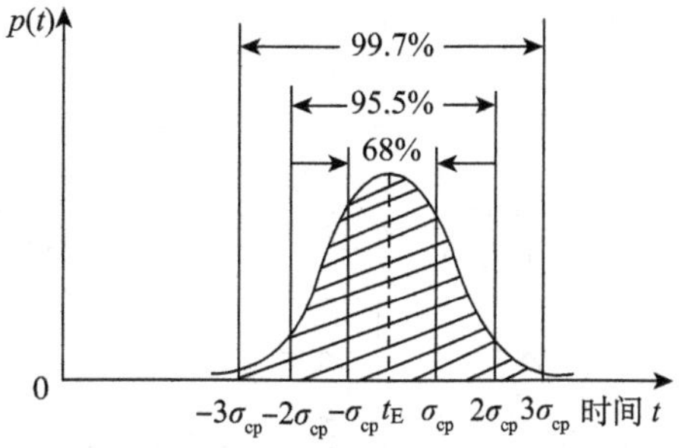

图 9.4.1　任务完成时间的正态分布密度曲线

曲线上任一点的高度用来衡量任务在横轴上相应的时间里完成的概率密度，任意一条垂直线左方的面积代表任务在相应时间里实现的概率，实际概率曲线从 $-3\sigma_{cp}$ 到 $+3\sigma_{cp}$ 的水平宽度是对任务完成时间（即终点的最早开始时间）的不确定性的一个度量。σ_{cp} 越小，水平宽度越窄，则任务完成时间越肯定；反之，σ_{cp} 越大，任务完成时间越不肯定。

σ_{cp} 是从一系列 σ^2 值推导出来的，而 σ^2 值又依赖于每项作业的 $\frac{b-a}{6}$。为了尽可能地增加任务完成时间的确定性，应使 $b-a$ 越小越好。虽然不大可能在一切情况下都把 $b-a$ 限制得很小，可是对那些特别大的 $b-a$ 至少应该检查一下，看看是否判断错误。

9.4.2　任务按期完成的概率计算

1. 计算方法

为计算任务按期完成的概率，引入一个概率因子 z，以便于查正态分布表。任务按期完成的概率为

$$P=P(z)$$

其中，

$$z=\frac{t_L-t_E}{\sigma_{cp}}$$

式中，t_L 为终点的最迟完成时间；t_E 为终点的最早开始时间；t_L-t_E 为终点的时差；σ_{cp} 为关键路线上作业方差之和的平方根，也叫终点的标准离差，即 $\sigma_{cp}=\sqrt{\sum\sigma_i^2}$，其中 σ_i^2 为关键路线上各作业时间的方差。

若已经规定了计划的完成时间为 t_S，则 t_L 就用此规定时间。因为 t_E 是已知的，σ_{cp} 也是已知的，这样就可以计算出 z 值。根据 z 值查正态分布表即得任务完工概率 P。

2. 应用举例

【例 9.4.1】　设某工程的网络图如图 9.4.2 所示，试计算该工程在 20 天完成的可能

性。如果要求完成的可能性达到 94.5%，则工程的工期应规定为多少天？

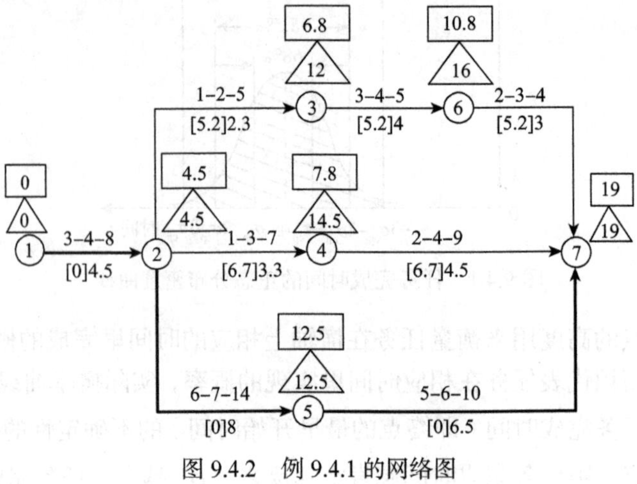

图 9.4.2 例 9.4.1 的网络图

解 （1）先求出 $t_m(i, j)$。其可用 $t_m(i,j)=\dfrac{a+4c+b}{6}$ 求得，标在每个作业线的下面，时间单位为天。

（2）计算 t_E 值。用公式 $t_E(j)=\max\limits_i[t_E(i)+t_m(i,j)]$ 求得 $t_E(7)=19$（天）。

（3）计算 t_L 值。令 $t_L(7)=t_E(7)=19$（天）。

（4）计算 $t_L=19$ 天的完成概率

$$z=\frac{t_L(7)-t_E(7)}{\sigma_{cp}}=\frac{19-19}{\sigma_{cp}}=0$$

查表：由 $z=0$ 查得 $P=0.5$，即工程按时完成的可能性为 50%。

（5）计算当 $t_S=20$ 天时，完成任务的概率。

确定关键路线为①→②→⑤→⑦，关键路线上的方差 σ_e^2 分别为

$$\left(\frac{8-3}{6}\right)^2=\frac{25}{36},\left(\frac{14-6}{6}\right)^2=\frac{64}{36},\left(\frac{10-5}{6}\right)^2=\frac{25}{36}$$

关键路线上的方差之和为

$$\sum\sigma_i^2=\frac{25}{36}+\frac{64}{36}+\frac{25}{36}\approx 3.2$$

由此可得概率因子

$$z=\sqrt{\frac{t_S-t_E}{\sum\sigma_i^2}}=\frac{20-19}{\sqrt{3.2}}=\frac{1}{1.8}\approx 0.56$$

查正态分布表得 $P=0.70$，即该工程在 20 天完成的可能性为 70%。

（6）如要求按时完成的可能性为 94.5%，计算需要的天数。由公式 $z=\dfrac{t_L-t_E}{\sum\sigma_i^2}$ 得

$$t_L=t_E+z\sqrt{\sum\sigma_i^2}$$

查表 $P=0.945$ 时 $z=1.6$，于是 $t_L=19+1.6\times 1.8=22$（天），即若要求按时完成可能性为 94.5%，则所需工期为 22 天。

3. 讨论

由公式 $z=\frac{t_L-t_E}{\sigma_{cp}}$ 来看，t_L-t_E =终点时差。

严格地讲，时差也要用概率来处理，但这样算起来工作量太大了。由于时差只是作为调整的参考，所以也就省略了概率计算。

若 $t_L-t_E=0$，则完成任务的概率为 50%；若 $t_L-t_E>0$，则完成任务的概率就大于 50%；假设 t_L-t_E 为 σ_{cp} 的三倍，则完工概率为 99%；若 $t_L-t_E<0$，则完成任务的概率就小于 50%；如果 $t_L-t_E<-\sigma_{cp}$，则可以判断按时完成任务是成问题的；如果 $t_L-t_E<-2\sigma_{cp}$，则肯定是大有问题了；如果 $t_L-t_E<-3\sigma_{cp}$，则按时完成任务只有千分之一的可能性。

这样，管理人员就可根据终点时差和关键路线路长的标准离差来判断按时完成任务的可能性，他们也就有了一个标准。这就是置信度的分析与计算。

一般若任务在指定日期完成的概率 $P(z)$ 满足下列条件：

$$0.3\leqslant P(z)\leqslant 0.70$$

则表示如果按此网络图执行计划，在指定日期完成是可能的、比较合适的，计划安排得既紧凑又留有充分余地。

4. 关键路线的重新定义

前面是用时间平均值把非确定型问题化为确定型问题，从而找出关键路线。这样做是否合适，值得重新考虑。化为确定型问题来寻找关键路线的方法，可以看成在以 50% 的可能性来完成整个任务的条件下，确定关键路线。当考虑不确定性因素时，关键路线的确切提法应该是，给一个预计完成日期，在所有的路线中，依预计日期完成的可能性最小的路线才是关键路线，而不能只把总时差为零的作业连成的路线称为关键路线，即应从时差为负值、零或正值三种情况综合考虑来定关键路线。

9.5　网络图的调整与优化

在编制一项工作计划时，在最初的方案中得到完全合理的指标的企图，一般是不大可能实现的，采用网络计划技术也是如此。通常初始方案制订以后，需要根据指标的要求，对初始方案进行调整和优化，使计划符合要求。网络图调整和优化的主要内容有：缩短网络计划的工期，使其符合规定工期的要求；工期不变，使需要的资源（人力、物力、资金）最少；降低人力使用高蜂，使其符合人力供应能力，并使各工种人员的使用连续均衡，且工期最短；降低资源需要量高峰，使其符合资源供应情况，且工期最短；缩短工期并使费用增加最少；等等。

通过上述方面的调整与优化，不断改善网络的初始方案，可以获得最佳的周期、最低的成本和对资源的最有效利用，并根据时间、资源和成本等方面优化的结果，选择最优方案。

9.5.1 缩短网络计划工期

在网络计划图中，关键路线决定了总工期。当规定的工期大于关键路线的路长时，关键路线上各作业的总时差就会出现正值，说明完成该任务的时间比较宽裕，计划安排的时间还有潜力可挖，必要时可适当延长某些工作的持续时间，以便做到减少资源或节省费用。

当任务比较紧急，规定的工期小于关键路线的路长时，则需对网络进行调整。调整时可针对超过工期的各条路线上的某些作业，采取组织上和技术上的措施，以缩短它们的工作持续时间，从而使计划符合规定工期的要求。

缩短计划工期，通常可从组织上和技术上采取如下方法：①在关键路线上寻找最有利的作业来缩短其作业时间；②在可能条件下采取平行作业或交叉作业缩短工期；③采取新技术和新工艺，搞技术革新和技术改造，增加人力和设备等，缩短某些工作的作业时间；④利用时差，从非关键路线上抽调适当的人力、物力集中于关键路线，以缩短关键路线的持续时间。

采用上述诸方法缩短网络工期，在调整过程中都会引起网络计划的改变，每次改变后都要重新计算网络时间参数和确定关键路线，直到求得最短周期为止。现举例说明。

【例 9.5.1】 图 9.5.1 为某工程的网络图，网络初始方案计划时间为 19 周。现根据客观情况的要求，上级规定工程的完工期为 16 周，试对网络进行调整。

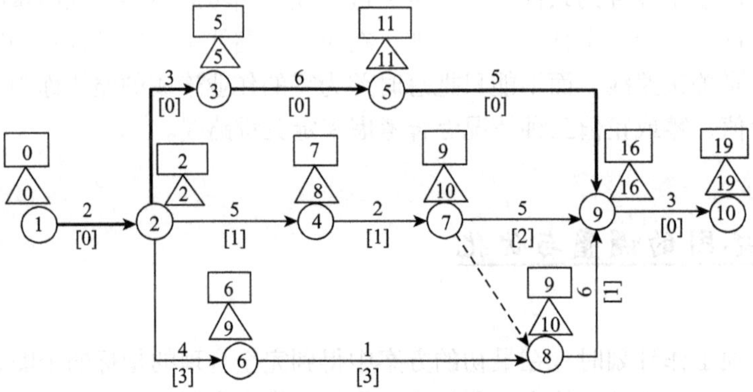

图 9.5.1 例 9.5.1 的网络图

解 为达到上级规定的工期要求，需要对作业时间重新进行安排，采取措施压缩关键路线的路长，图 9.5.1 的关键路线是：①→②→③→⑤→⑨→⑩。

缩短工期的计算：首先将终点⑩的最迟完成时间定为 16 周，然后采取逆推算法，求出网络中各作业的时差，再确定应该缩短哪条路线上的工期。计算结果如图 9.5.2 所示。

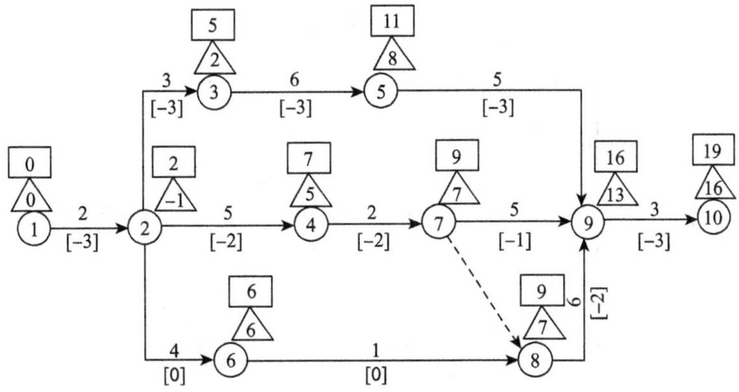

图 9.5.2　例 9.5.1 完工期为 16 周时的网络图

图 9.5.2 中箭线下方括号内的数字为总工期 16 周时各作业的总时差，从计算结果可以看出，在原先的关键路线上各作业的总时差为−3 周，这意味着应在原来的关键路线上缩短 3 周。除了原来关键路线上的作业是负时差外，非关键路线也出现了负时差，即在这些路线上也要进行日期的缩短。需要缩短日期的路线和作业如下。

（1）①→②→③→⑤→⑨→⑩。

（2）②→④→⑦→⑧→⑨。

（3）⑦→⑨。

上述各路线和作业需要缩短的时间分别为 3 周、2 周、1 周。首先考虑在（1）路线上缩短 3 周，即②→③、③→⑤、⑨→⑩各缩短 1 周，缩短后进行网络时间参数的计算，其结果如图 9.5.3 所示。

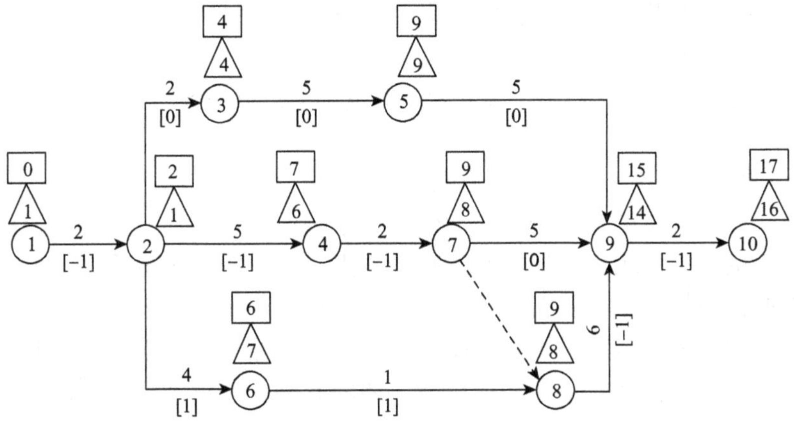

图 9.5.3　例 9.5.1 第一次调整后的网络图

从图 9.5.3 中可以看出，有负时差的路线为①→②→④→⑦→⑧→⑨→⑩，时差为−1 周。假设将上述路线中作业②→④缩短 1 周，则再通过计算，其结果如图 9.5.4 所示。

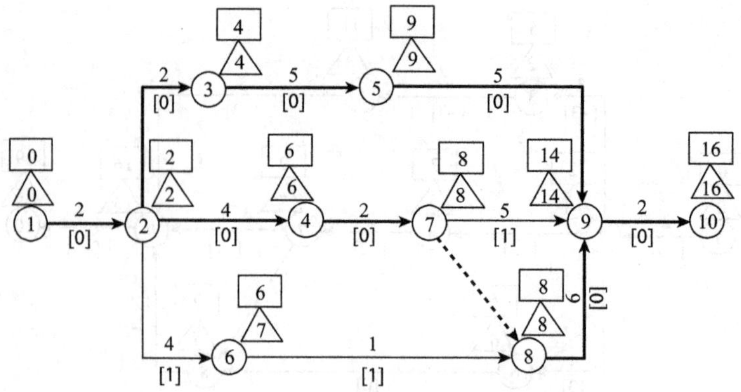

图 9.5.4 例 9.5.1 第二次调整后的网络图

此时，网络中已全部消除了负时差，下面两条路线均是关键路线。

（1）①→②→④→⑦→⑧→⑨→⑩。

（2）①→②→③→⑤→⑨→⑩。

工期为 16 周，符合上级规定的要求。

9.5.2 网络执行过程中的检查与调整

利用网络图对工程进行控制，是网络计划技术的主要功能之一。网络计划技术之所以能被广泛应用，有今日之成就，主要是因为它能以动态规划方法随时对工程进度进行检查、调整与控制。

网络虽然经初步规划，但实际上并不一定能按原计划顺利实现或完成，因为在实施过程中会遇到许多无法确定的因素及可能出现的意外情况。因此，对网络进行定期检查与调整，是监督计划执行、控制工程进度的有效方法，也是保证实现预期目标的一项重要工作。

1）对关键路线上各作业的检查与调整

关键路线决定总工期，关键路线上任何一个作业（关键作业）的缩短或延长都会影响整个工程的进度。因此，检查与调整的重点是首先分析关键作业，研究这些作业是否有可能提前或拖延，并随时分析原因，采取措施进行调整。例如，关键路线上某些作业的延续时间缩短或延长了，必将相应改变关键路线上后续各作业和非关键作业的时间参数。因此，需要对这些作业进行必要的调整，并重新计算时间参数，使其符合要求。

2）对非关键路线上各作业的检查与调整

当非关键路线上某工作的作业时间延长了，但在作业总时差范围内，这时虽然改变了相应作业的时间参数，但不影响总工期，在一般情况下，网络不需要进行调整。如果非关键作业延长的时间超过了可利用的时差，有可能出现关键路线的转移，产生新的关键路线。这时需检查非关键路线，并对其进行适当的调整，以满足工期的要求。

3）检查网络编号，调整网络逻辑关系

当网络计划在执行过程中需要增加某些作业时，需检查网络编号，重新调整逻辑关系，并计算出调整后的关键路线和总工期。

【例 9.5.2】 某工程网络图，原由 A、B、C、D 四个作业组成，如图 9.5.5（a）所示。在执行过程中，发现 A 作业完成后，与 B、C 作业同时进行的还有 E 作业，否则 D 作业不能开始。由于在原网络图编号时考虑了增加作业的可能性，留有备用号，因此增加 E 作业不必改变原来编号，只需增加作业箭线和事项（结点），并补上一个预留号即可，如图 9.5.5（b）所示。

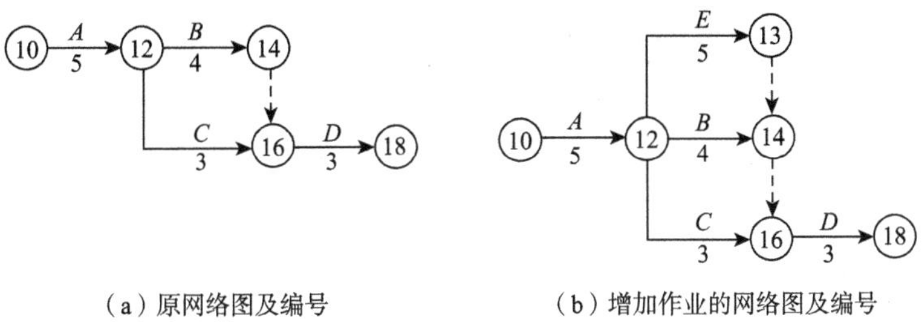

图 9.5.5　例 9.5.2 的网络图

关于执行过程中如何对网络进行检查与调整的问题，现举例说明。

【例 9.5.3】 图 9.5.6 为某工程的网络图，根据各项时间参数的计算，得出该工程的完工期为 23 周。开工 10 周后，检查工程进度，即对作业②→③、②→④、②→⑤进行检查，其结果是②→③完成约 33%，剩余工作时间为 2 周；②→④完成约 15%，剩余工作时间为 6 周；②→⑤完成约 12.5%，剩余工作时间为 7 周。

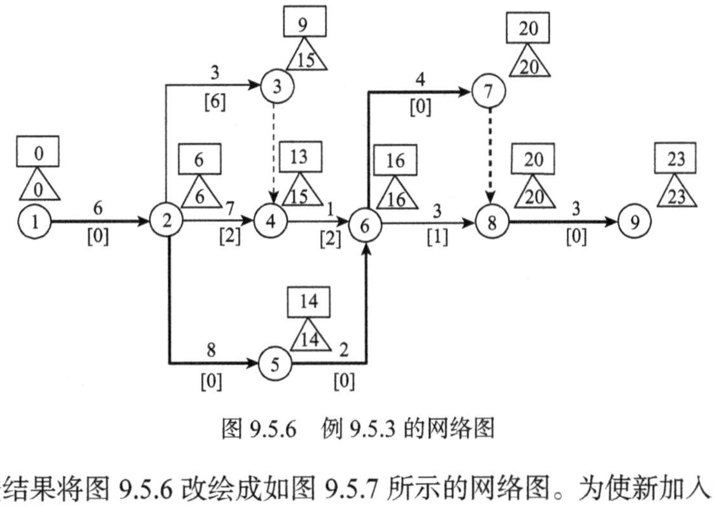

图 9.5.6　例 9.5.3 的网络图

利用检查结果将图 9.5.6 改绘成如图 9.5.7 所示的网络图。为使新加入的事项与原有事项有所区别，新事项编号用 a、b、c、d 表示。

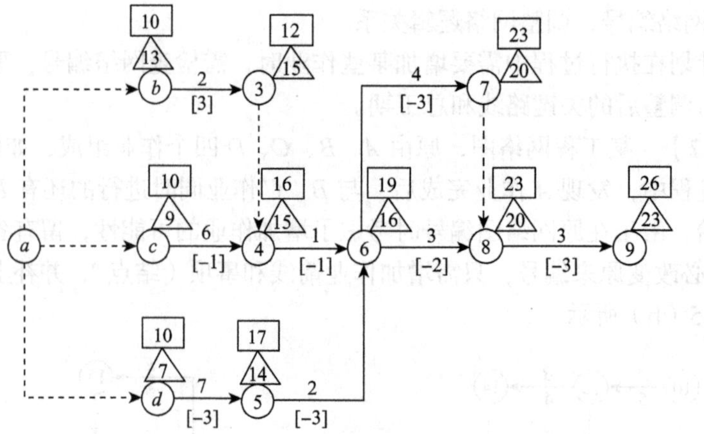

图 9.5.7　图 9.5.6 改绘的网络图

通过对图 9.5.7 各时间参数进行计算，得出此工程总完工期为 26 周，比原网络的总完工期超过 3 周，在图 9.5.7 中出现了负值的作业总时差。为消除负值的总时差，可将作业ⓓ→⑤由原来的 7 周作业时间缩短 2 周改为 5 周，将作业⑥→⑦由 4 周改为 3 周。再经过时间参数的计算，则可达到规定的总工期 23 周，而关键路线也发生了变化，如图 9.5.8 所示。这时，如果要使总工期达到 23 周，应按如图 9.5.8 所示网络图的时间参数进行工程实施，而由于出现了两条关键路线，工程的进度要比原网络图更加紧迫了。

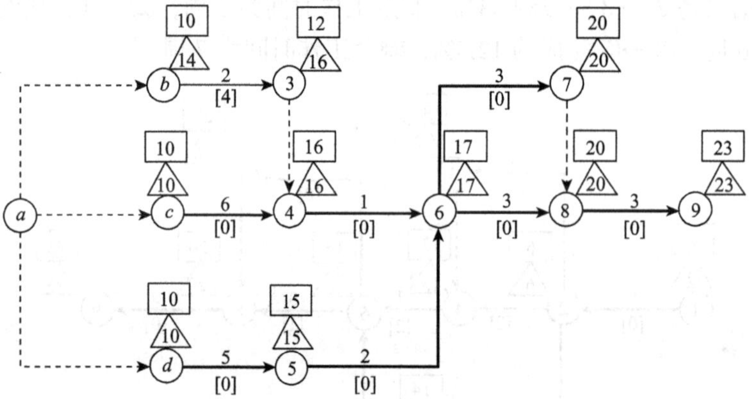

图 9.5.8　例 9.5.3 调整后的网络图

9.5.3　时间–资源优化

所谓时间–资源优化，就是在一定资源的条件下，寻求最短的工期；或者在一定工期的条件下，使投入的资源量最少。网络计划需要的总工期是以一定的资源条件为基础的，资源条件如何，常常是影响作业进度的主要原因。因此，网络计划需要考虑资源，进行资源平衡工作，适当调整完工期，以保证资源的合理使用。

为合理使用资源，必须对网络进行调整。这里有两种情况：一种是所需资源仅限于某一项工作使用；另一种是资源可为同时开展的多项工作所需要。对于第一种情况，只需根据现有资源条件，计算出该项工作的持续时间，并重新进行时间参数的计算，即可得到调整后的工期。对于第二种情况，调整比较复杂，通常是在条形图上进行，其调整原则是：①优先保证关键作业和时差较小的作业对资源的需要；②充分利用时差，错开各作业的开工时间，尽量使资源的使用连续均衡；③在技术条件允许的情况下，可适当延长作业的完工期，以减少所需资源；④对有限资源的运用，不仅需考虑供应数量的限制，还应考虑供应的适当平稳。

【例 9.5.4】 某工程各项作业的时间和人数要求如表 9.5.1 和图 9.5.9 所示。

表 9.5.1　某项工程各项作业的时间和人数要求

作业代号	耗时/天	需要人数/人
A	4	9
B	2	3
C	2	6
D	2	4
E	3	8
F	2	7
G	3	2
H	4	1

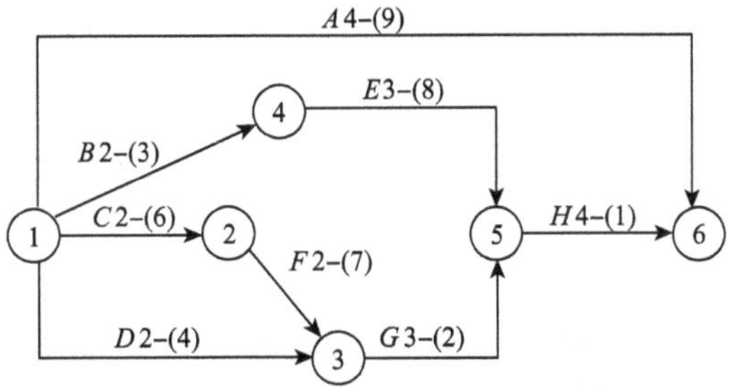

图 9.5.9　例 9.5.4 的网络图

图 9.5.10 是图 9.5.9 的横条进度计划和人数的需要量曲线。观察图 9.5.10 中的人数需要量曲线可知，由于一些作业同时进行，每天人数需要量很不均匀，多时每天要 24 人，少时每天只要 1 人，由于两者相差太大，资源利用很不均衡。根据该工程特点，假定每天所需人数不得超过 11 人，并要求在人员数量使用上尽量做到均衡，使其充分发挥作用。为此，需要合理运用时差，错开某些作业的开工时间，以达到人员均衡使用的目的。此例中若将 *A* 作业推迟 7 天开工，*B*、*E* 作业各推迟 2 天开工，则其平衡结果如图 9.5.11 所示。

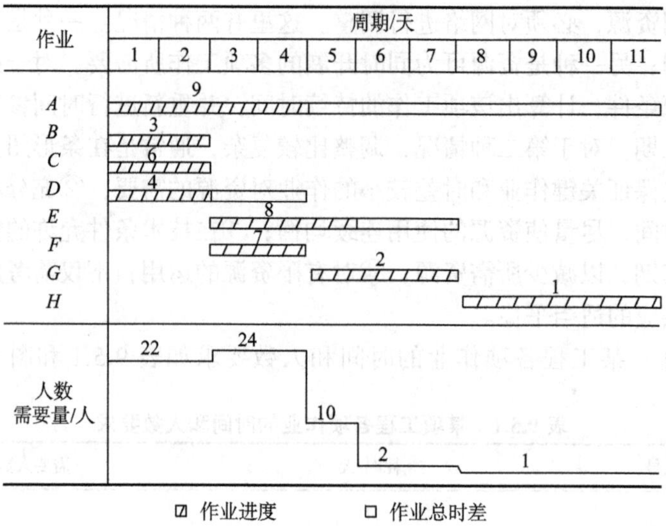

图 9.5.10　图 9.5.9 的横条进度计划和人数需要量曲线

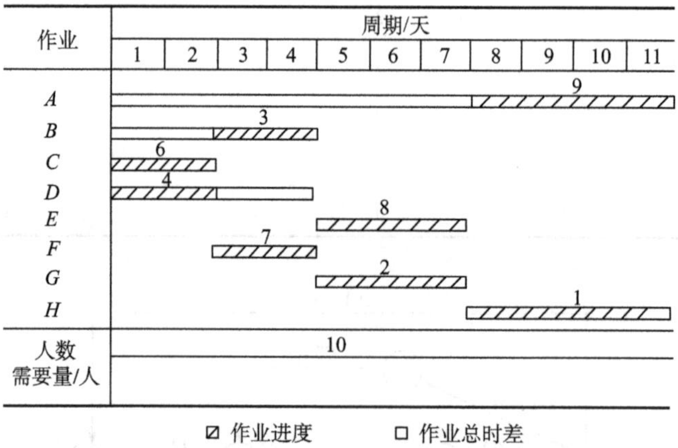

图 9.5.11　例 9.5.4 的平衡结果

由图 9.5.11 可知，经上述改进后该项计划人员的分配既满足限额 11 人的要求，又非常平稳。虽然在实际上不一定能做到如此均匀，但经适当调配，可以更经济合理地运用有限资源。

9.5.4　日历计划网络图的绘制

所谓日历计划网络图是指带有时间坐标的计划网络图。这里所说的日历–时间坐标是广义的，可以是以周或月为单位，或采用其他单位。下面通过举例来说明。

【例 9.5.5】　试将网络图 9.5.12 改画为日历计划网络图。

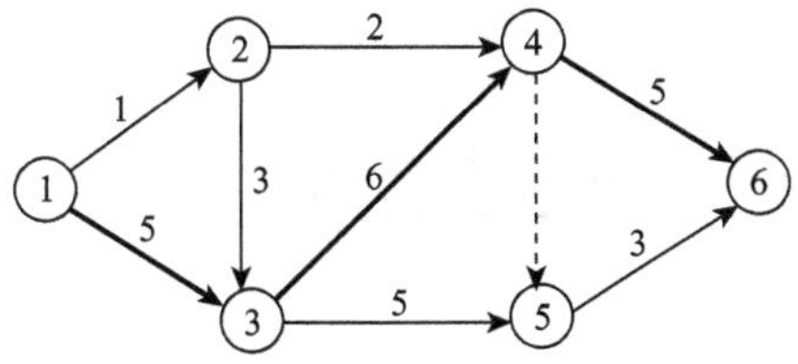

图 9.5.12　例 9.5.5 的网络图

改画的日历计划网络图如图 9.5.13 所示。

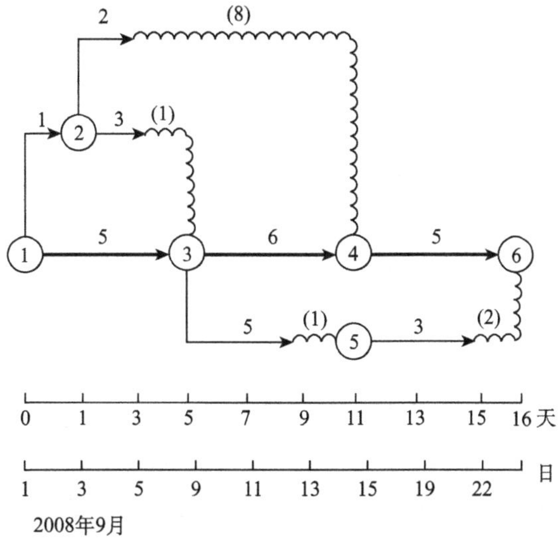

图 9.5.13　例 9.5.5 的日历计划网络图

图 9.5.13 中画了两条时间坐标轴，上面一条为累计天数，坐标原点 0 表示第一天的早晨上班，坐标 1 表示第一天结束第二天开始，等等。第二条坐标轴表示某月（如 2008 年 9 月）的日历号数，工程从月初开始，星期六、星期日休息。将日期标注在两点之间可以更好地显示作业日。

图 9.5.13 中垂直线不占时间，波浪线反映了时差。若有虚作业，仍以虚箭线表示。作业时间与时差均由其横向跨度表示，为明白、准确起见，可以把数字标注在线上。

在图 9.5.13 中，关键路线是显而易见的：没有波浪线的路线即为关键路线。图 9.5.13 中的一条关键路线为①→③→④→⑥。

很显然，日历计划网络图便于执行计划和检查工程进度，它兼有甘特图与网络图两者的优点。其缺点是，当工期很长时图面过大，不紧凑。

由于日历计划网络图带有时间坐标轴，所以箭线长度不能随便画，而且必须杜绝箭头逆向。

9.6 网络的时间-费用分析与优化

在一个系统的分析中，我们希望的是在保证性能和效果的前提下，任务完成的时间最短和费用最少，因此需要对时间和费用进行综合分析与优化。基本的 PERT 只谈如何缩短时间问题，而 CPM 却将成本因素作为重点，谋求以最少的成本来缩短时间，这样去求网络的最优解，称为网络的费用分析。这里主要介绍以最少的直接成本实现经济赶工的方法。

9.6.1 直接成本与时间的关系

计划完成时间常常受到资源的影响，若增加资源，则可缩短完成时间，但成本也将随之增加；反之，若减少资源，将使完成时间拉长，然而可能降低成本。因此，两者可以相互替换，需要进行比较。直接成本与时间的关系可用图 9.6.1 表示。

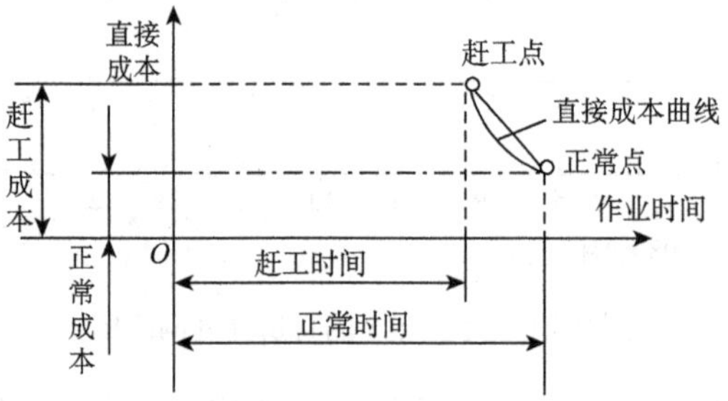

图 9.6.1 直接成本与时间的关系

赶工时间是指某项工作的作业时间从正常状态逐步缩短到无法再缩短为止的时间，在此需要增加的成本为赶工成本。由于将某项作业时间缩短到比正常时间短，所以此时所用的成本往往会比正常成本高，达到赶工点时，其成本最高。直接成本与作业时间的关系为一曲线，接近赶工点与正常点的连线，该连线的斜率的意义是每缩短一单位时间所需增加的费用。用公式表示为

$$\text{成本斜率}=\frac{\text{赶工成本}-\text{正常成本}}{\text{正常时间}-\text{赶工时间}}$$

9.6.2 经济赶工的方法

下面用一个例子来说明经济赶工的方法。

【例 9.6.1】 图 9.6.2 为某方案的网络图，单位为天。已知的成本斜率资料列于表 9.6.1。

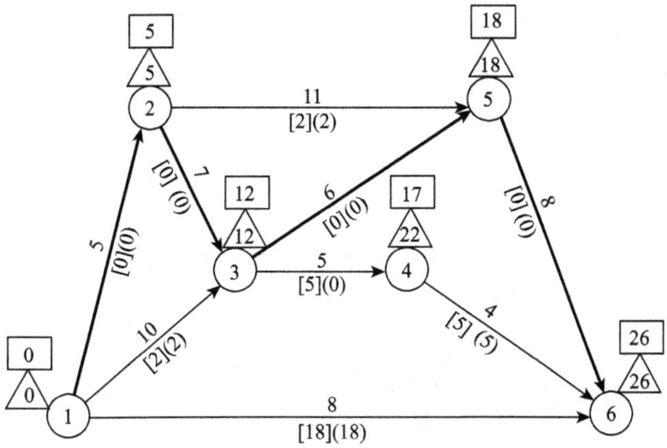

图 9.6.2　例 9.6.1 的网络图

表 9.6.1　例 9.6.1 原始的成本斜率资料

A	*B*		*C*		*D*
作业	正常		赶工		成本斜率/（元/天）
	时间/天	成本/元	时间/天	成本/元	
①→②	5*	220	4	300	80
①→③	10	480	8	660	90
①→⑥	8	440	6	640	100
②→③	7*	600	5	720	60
②→⑤	11	560	9	640	40
③→④	5	600	2	1 200	200
③→⑤	6*	150	5	250	100
④→⑥	4	180	4	180	不能赶工
⑤→⑥	8*	600	7	760	160
总和	26**	3 830	21	5 350	

*表示关键路线上的作业时间；**表示关键路线上的作业时间总和

（1）现考虑如何以最低成本来缩短一天时间，即完成时间缩短为 25 天。思路如下：从关键路线着手，即在关键路线上取成本斜率最小的作业来缩短一天。图 9.6.2 中的关键路线为①→②→③→⑤→⑥，将关键作业及成本斜率另列于表 9.6.2 中，取成本斜率最小的②→③作业缩短一天即可。这样关键路线不变，但成本增加 60 元。

表 9.6.2　例 9.6.1 关键作业的成本斜率（一）

作业	成本斜率
①→②	80
②→③	60
③→⑤	100
⑤→⑥	160

（2）若将总时间由 25 天缩短到 24 天，则同理，可再花 60 元缩短②→③即可，如图 9.6.3 所示。这将使关键路线从一条增至三条，即①→②→③→⑤→⑥、①→③→⑤→⑥、①→②→⑤→⑥。

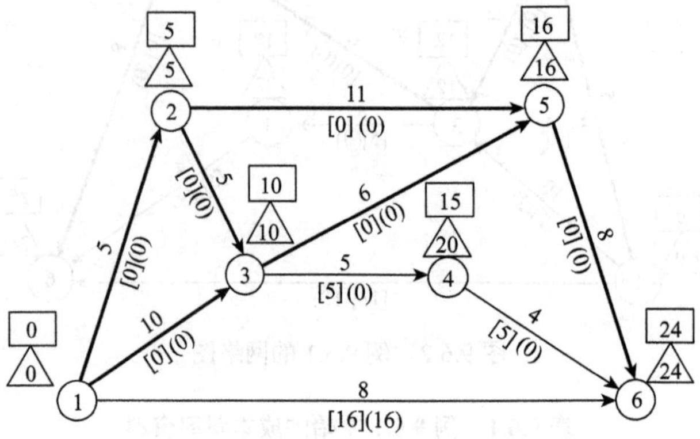

图 9.6.3 例 9.6.1 第二次调整后的网络图

（3）若再将时间缩短一天，变为 23 天，则其网络图如图 9.6.4 所示。由于关键路线已有三条，因此，必须对每一条关键路线缩短一天才能达到要求。现把三条关键路线和成本斜率加以比较地列于表 9.6.3 中。

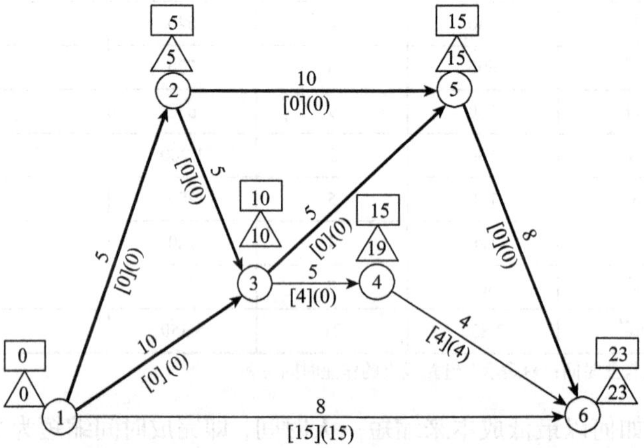

图 9.6.4 例 9.6.1 采用总时间为 23 天的网络图

表 9.6.3 例 9.6.1 关键作业的成本斜率（二）

关键路线 I		关键路线 II		关键路线 III	
作业	成本斜率	作业	成本斜率	作业	成本斜率
①→②	80	①→②	80	①→③	90
②→⑤	40	②→③	60	③→⑤	100
⑤→⑥	160	③→⑤	100	⑤→⑥	160
		⑤→⑥	160		

从各关键路线中选出成本斜率最小的：即Ⅰ中选②→⑤；Ⅱ中选①→②（因②→③已不能再减）；Ⅲ中选①→③。三者加起来为 210 元。把三个关键路线各缩短一天的各种组合列于表 9.6.4。可见 *B* 方案成本最少，即②→⑤的 40 元，加上③→⑤的 100 元，合计 140 元，同时它也可以满足三条关键路线的需要。再加上②→③作业缩短两天所花的费用为 $60\times2=120$（元），共需 $140+120=260$（元）。这就是由 26 天缩短为 23 天时所需的赶工费用。

表 9.6.4　例 9.6.1 第三次调整的各方案成本对比（单位：元）

方案	Ⅰ		Ⅱ		Ⅲ		成本合计
A	②→⑤	40	①→②	80	①→③	90	210
B	②→⑤	40	③→⑤	100	③→⑤	0	140
C	②→⑤	40	⑤→⑥	160	⑤→⑥	0	200
D	①→②	80	①→②	0	①→③	90	170
E	①→②	80	③→⑤	100	③→⑤	0	180
F	①→②	80	⑤→⑥	160	⑤→⑥	0	240
G	⑤→⑥	160	⑤→⑥	0	⑤→⑥	0	160

（4）从表 9.6.4 还可以看出，*E* 方案虽然比 *B* 方案更不利（180 元 > 140 元），但如果按 *E* 方案绘制网络图（图 9.6.5），则Ⅰ的①→②成本为 80 元，Ⅱ的③→⑤成本为 100 元，Ⅲ与Ⅱ共通③→⑤成本 0 元，共花 180 元。

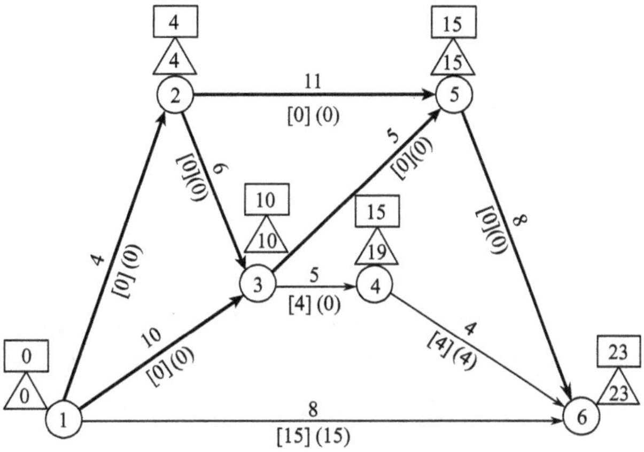

图 9.6.5　例 9.6.1 采用 E 方案的网络图

这样，可以看出②→③作业已离开关键路线，成了时差为 1 天的作业。因此②→③作业于 6 天完成也不会影响 23 天的总完成时间，所以可以使②→③只减少一天，这样可节省一天的费用 60 元。因此，*E* 方案的费用为 $(60\times2+180)-60=240$（元）；*B* 方案的费用为 $(60\times2+140)=260$（元）。

为什么会出现 *E* 方案反而比 *B* 方案好的这种情况？主要是由于缩短的三天是在②→③缩短两天的基础上再缩短。若一开始就一下子计划 23 天完成，则会出现图 9.6.5

所示的情况，费用会比前者低。因此，一定要把各种方案都列出来，然后选择费用最小的方案来缩短时间。

9.6.3 考虑间接成本的 CPM

考虑间接成本的 CPM 是在 PERT 的时间基础上，加入 CPM 的成本，即从时间和成本的综合效益最佳确定方案的优劣。有关的参数及计算与 PERT 及 CPM 相同，这里就不具体说明了。现用曲线来表示它的基本原则：一个系统的总费用等于直接费用加间接费用。一般来说，直接费用是一条曲线；间接费用是一条直线；总费用是一条 U 形曲线。所以，总费用曲线的最低点即为时间和费用的最佳值，具体如图 9.6.6 所示。

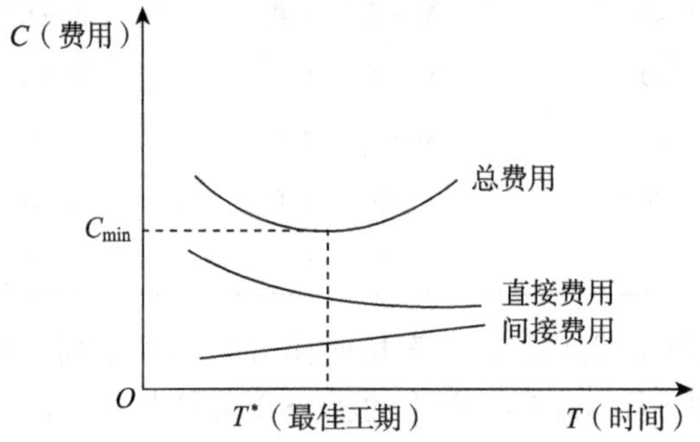

图 9.6.6 系统的费用构成曲线

9.7 网络计划技术的应用

9.7.1 PERT 的应用

PERT 主要用于大型复杂系统和工程项目的计划管理和时间的有效控制上，对于一次性或重复少的工程项目具有明显的优越性。因此，它在宇航工程、武器的研制、新产品的试制、建筑工程，以及机器大修等方面均得到了广泛的应用。

1. 用于时间的计划管理

美国“北极星”导弹潜艇的研制，共涉及 8 家总承包公司、250 家分公司、9 000 个转包商，组织管理工作非常复杂，但是由于应用 PERT，工程提前两年完成。它的导弹研制网络计划图如图 9.7.1 所示。

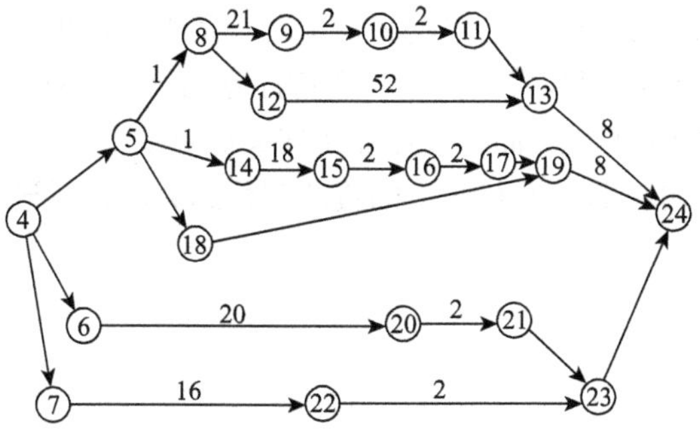

图 9.7.1　“北极星”导弹研制网络计划图

④开始设计；⑤订第一级和第二级合同；⑥开始弹头设计；⑦开始采购零件和材料；⑧开始第一级设计；⑨提出第一级设计；⑩批准第一级设计；⑪鉴定第一级设计；⑫开始第一级制造；⑬完成第一级装配；⑭开始第二级设计；⑮提出第二级设计；⑯批准第二级设计；⑰鉴定第二级设计；⑱开始第二级制造；⑲完成第二级装配；⑳提出弹头设计；㉑开始弹头制造；㉒接受外购零件；㉓完成弹头装配；㉔完成第一枚导弹的总装配

2.　用于成本的计划管理

PERT 用于成本的计划管理，称为成本计划评审法（即 PERT / Cost）。其基本步骤是将几个作业集合起来（即成套工作）形成一个账号，如图 9.7.2 所示。图 9.7.2 中 S 为费用，单位为 1 000 元。S 底下的数字是时间，单位为周。这种网络图的时间与费用估计值是计划中的标准。在计划开始执行后，将实际耗用的时间与费用累积计算，并定期地将已耗用的实际值与估计值相比较，找出偏差，进行控制。

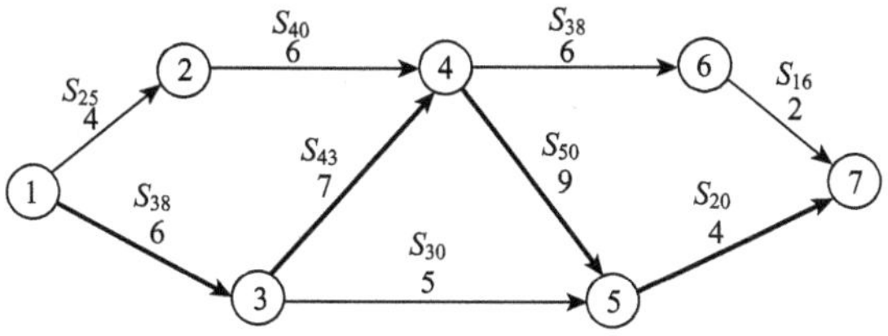

图 9.7.2　成本计划评审法示意图

图 9.7.3 所示的是某工程的时间和费用的耗用值与估计值的比较。

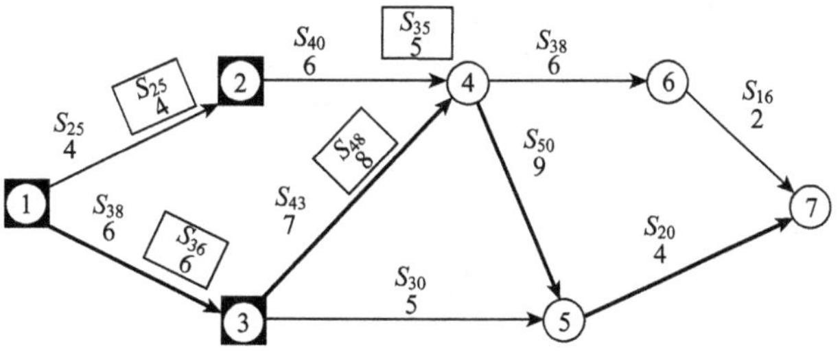

图 9.7.3　某工程时间和费用的耗用值与估计值的比较

■已完成的结点；○计划的结点；□耗用的时间和费用

由图 9.7.3 可知，作业①→②的时间与费用均按计划完成；作业①→③的时间与计划相符，而费用比计划节省 2 000 元；作业②→④尚未完成，时间与费用目前尚未超出计划之外（但将来完成作业的时间与费用如何，有待注意）；作业③→④也未完成，但时间已超过一周，费用已超过 5 000 元，而且此作业是在关键路线上，必将影响整个计划的完成，故需修改计划。这时，可将非关键路线上的资源转移到关键路线进行支援，也可以将串联的作业改为并联的作业。

3. 用于资源的调配

资源调配是计划管理中最重要的一个内容。计划时间、成本都与资源有关，此处的资源包括人、物、设备等。通常有两种情况：一种是要求保质、保量、保时间地完成任务，没有资源的限制；另一种是在现有条件下，限期完成任务。资源调配的办法是将时差大的作业的需求量高峰拉平。图 9.7.4 所示的是某建筑工程施工的网络计划图。对比一下原计划图 9.7.4 与拉平后的资源平衡图 9.7.5 就可以看出，参加该工程施工的人数可以从 14 人减少到 10 人，因此，利用网络技术进行资源调配和平衡是可行的。

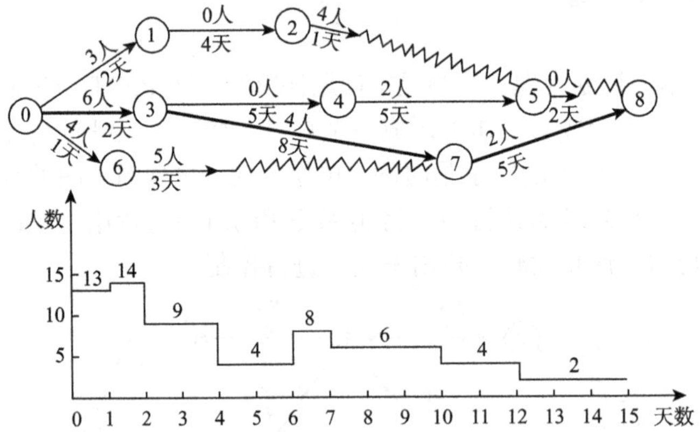

图 9.7.4 某建筑工程施工的网络计划图

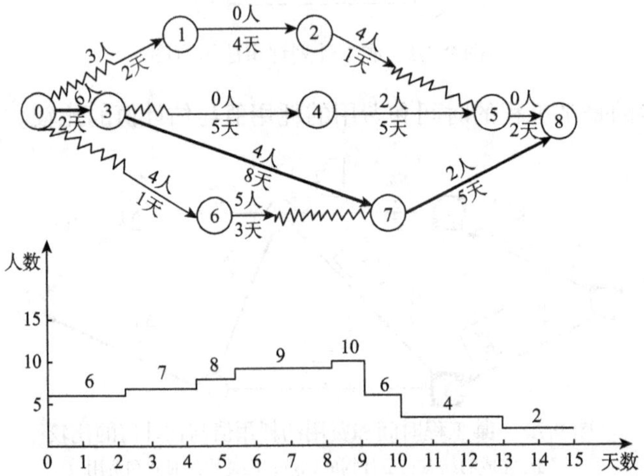

图 9.7.5 图 9.7.4 的资源平衡图

以上是资源没有限制的人力平衡图。下面再介绍资源受限制情况下的调配方法。

资源需求拉平后，其高峰仍然可能超过资源所能供应的数量。这样，某些作业将因缺乏资源而无法在最迟完成时间内完成任务，这时应研究如何对有限的资源进行最佳的调配，使计划延期减到最低程度。

其方法是，优先将资源调给时差小的作业，尽量避免延长关键路线上的作业时间。

我们的目标是在有限资源条件下，使所需时间最少（称为最优解）。实际上用网络求最优值比用线性规划或非线性规划求解还要难，可能一下子找不到最优解，而且计算量很大。经验说明，只能参考已有计划进行适当改进，力争找出较好的结果。指导思想是，在关键路线上争时间，非关键路线上要节约资源。

4. 用于生产调度

将网络图加上时间坐标，这样既可用于作生产计划，又可以用于作生产调度，这在工业生产中是极为有效和方便的。图 9.7.6 为某机床检修的网络计划图。

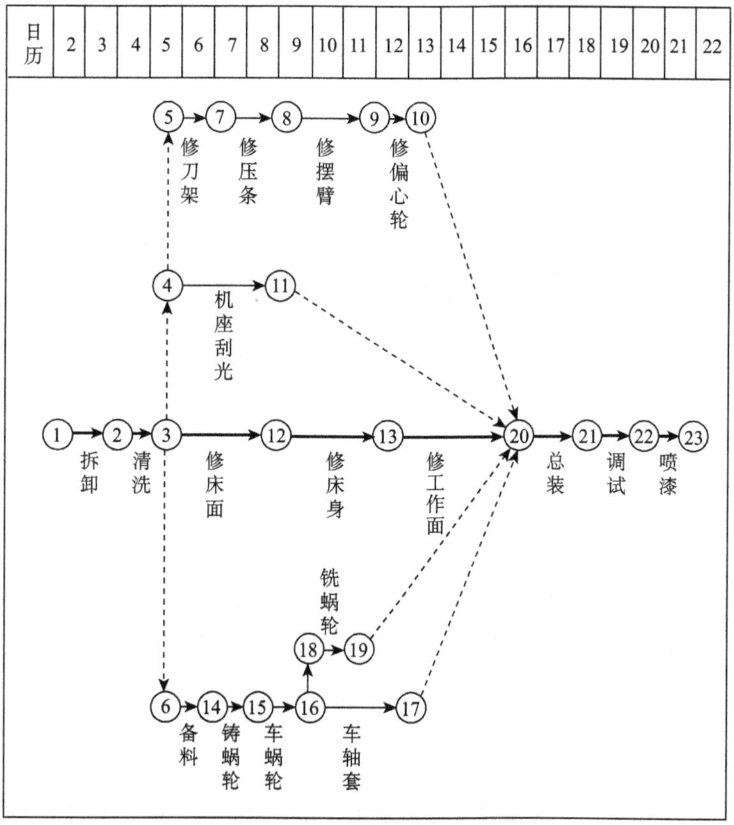

图 9.7.6　某机床检修的网络计划图

9.7.2　网络计划技术的实施步骤

网络计划技术的实施步骤可以概括如下。

1）确定目标，进行准备工作

确定目标，就是决定在哪一种工程任务上采用网络计划技术，并要达到什么目标。目标确定之后，就要进行调查研究，深入了解有关工程任务的技术、经济条件，充分估计或了解人力、资源、费用使用和供应情况，收集有关资料，为编制网络做好准备工作。

2）进行任务分解

网络计划技术的核心是通过网络模型（即网络图）来规划和安排某个系统的进度计划。因此，编制网络图是网络技术的主要内容，而其关键工作是任务分解。各项工程任务都可视为一个复杂程度不同的系统。每个系统都有一个总目标，为了实现这个目标，需要进行很多项具体工作，这些具体工作就是网络图中的工作项目或作业。因此，把总的任务分解为若干项具体工作，加以组织完成，就是任务的分解。

在任务分解中，首先要考虑到任务的复杂性和完成任务的平行性，即对一项复杂的任务，或者说一个复杂的系统，先要将其分解成若干分系统或子系统，然后为每一个分系统或子系统编制网络图。这样，就可以使网络图简明、清晰，便于编制和控制；同时，又可以使任务平行地进行，缩短总工期。在划分作业的时候，既不应过细，又不能笼统，过细会使网络图结点增多，笼统会造成相互“扯皮”。要做到分工清楚、职责明白，不笼统、易执行。一般应按以下原则来划分：①由不同单位完成的作业应分开；②工作时间有先后差异的作业应分开；③使用不同工具、设备的作业应分开；④工作方法不同的作业应分开。

3）进行任务分析，列出作业清单

任务分解之后，可以同时进行两项工作：一是确定作业的工作量及周期；二是对每一作业进行分析。主要分析有：①该项作业开始之前，有哪些作业必须先期完成；②该项作业在进行过程中，有哪些作业可以与之平行交叉地进行；③该项作业完成后，有哪些作业应接着开始工作。

通过分析，可以确定各个作业的衔接顺序和相互关系，由小到大地编排结点号码，确定作业代号，列出作业清单。

4）绘制网络草图

作业清单是绘制网络图的基础，有了它就可以根据清单上的资料，确定使用代号及各作业之间的内在联系。绘制草图的方法一般有如下两种：①顺推法，即从任务的起点事项开始，为每一个作业确定其直接的后续作业，直到任务的终点事项为止；②逆推法，即从任务的终点事项开始，为每一个作业确定其直接的先行作业，直到任务的起点事项为止。

5）计算时间参数，找出关键路线

有了网络草图和各个作业的时间，就能计算出网络图中的各项时间参数。一般先计算事项的时间参数，因为它比计算作业的时间参数简单，计算工作量小，能很快算出这项任务的工期。同时，有了事项时间参数，计算作业时间参数也就有了基础。

在事项、作业的时间参数算出来以后，即可计算时差，并根据时差找出关键路线。找出关键路线的目的在于：一是看计划安排的周期和实际允许的时间是否匹配；二是为指导工作确定重点，即为保证整个工程进度，必须抓住关键路线上的工作。但是，在工程实施过程中，关键路线并不是一成不变的，如果非关键路线上的工作延期超过了一定的时间范围而变成了关键路线，就需要重新调整计划。

6）综合平衡，进行网络的调整与优化

根据上述步骤计算求得的总工期，是否符合上级或合同规定的要求？是否与人力、资金和物资供应等情况相适应？对这些问题必须进行综合考虑和平衡，把时间、质量、资源和费用统一起来考虑，并根据需要进行优化，选取最优方案。如果计算出来的总工期不符合上级或合同规定的要求，与现有的人力、设备、资金等资源情况不适应，就需要修改最初的网络计划。

7）绘制正式网络图，编制计划文件

初步的网络计划制订以后，要根据实际要求，合理筹划、科学组织，绘制出能指导实际工作的正式网络图。同时，选择最优方案，编制正式的计划文件，以利于贯彻和执行。

9.7.3　网络计划技术的推广和应用

由前面几节可以看出，网络计划技术是运用系统的观点，以网络图的形式，对将要完成的大型工程项目或生产任务进行全面规划、统筹安排，使领导者能够借助网络图总揽全局，抓住主要矛盾，找到最优方案，并据此组织和指挥生产，科学地进行组织管理，使各个部门、各个环节相互密切配合、协调一致，从而保证工程项目或生产任务能够顺利进行，并最终取得成效而造福于人类。因此，网络计划技术是系统工程中的一种有效的科学管理方法，值得大力推广和应用。当前，在网络技术的推广和应用中，应注意解决好以下几个问题。

1）先易后难，逐步推广

网络计划技术作为一种计划和管理技术，应用它时不需要增加什么投资，就可使管理工作有所改善，达到降低工程造价、缩短工期的目的。因此，应该积极推广和运用这种技术。但是要注意，网络计划技术是一种科学的管理方法，要熟练掌握并成功运用并非易事。所以，开始应用时应该选择那些周期短、任务不太复杂、外部依赖条件少，而且又比较重要、易于取得成功的任务作为对象来进行试点。这样做有利于引起各级领导的重视，通过试点经验取得对整个实施过程的感性认识，从而便于全面推广和应用。

2）从实际出发，注意各种方法的综合运用

（1）总网络与分网络结合使用。对于大型工程项目，往往先编制总网络，然后编制分支网络，用总网络统帅分支网络，分支网络保证总网络。这样做可以使网络的层次清楚、分工明确，便于共同协作和完成任务。

（2）网络图与甘特图结合使用。网络图能明确地表示各作业之间的相互关系，确定关键路线；甘特图能简单、直观地表示作业进度，但它只能表明已有的静态联系，并不能反映各作业之间错综复杂、相互制约的关系，也不能反映工程全貌和突出工程的关键所在。因此，在实际应用中常把两种方法结合起来，将一般网络图加上自左至右的时间（日历）横坐标，坐标在水平方向上的长度与它所表示的作业的延续时间成正比，用虚线或波浪线表示时差。这种日历计划网络图充分发挥了两种图的长处，兼备了前者的逻辑性和后者的直观性，在应用中深受欢迎。

（3）工艺网络与生产网络结合使用。有的工程有一定的工艺流程，一般先按工艺流程画出工艺网络图，然后根据现有资源情况进行平衡优化，编制生产网络图，把两者结合起来使用。

3）培训专业人才

网络计划技术有其自身的内容和特点，管理人员不仅要懂得网络计划技术的原理和方法，还要懂得工程项目的工艺流程，了解工种的劳动定额，学会编制网络图，计算网络参数，找出关键路线。因此，在推广和应用网络计划技术时，必须先对管理人员进行专业培训，使他们成为应用网络计划技术的骨干。

总之，网络计划技术较易掌握，应用效果又十分显著，我们应该积极创造条件，让它在国防和国家经济建设中发挥更大的作用。

本 章 小 结

网络计划技术是系统工程中制订工程计划的科学方法，它不仅仅用网络图的方式将复杂工程的作业顺序、时间进度安排等非常形象地表现出来，更可贵的是，还可以基于网络图进行一系列的定量分析。其中包括预计各作业的最乐观和最悲观开工/完工时间、计算整个工程所需时间、分析关键作业和关键路线、估算按期完工的把握，以及对工程计划进行调整和优化等。因此，这种方法的应用范围非常广，特别是对一些生产技术复杂、工作项目繁多、联系紧密的跨部门工作计划，网络计划技术的效果非常显著。

需要说明以下几点。

（1）考虑随机性的情况时，总是假设作业时间是服从一定分布的随机变量，再用其期望值作为对作业时间的估计和后续定量分析的基础数据。然而在工程上这个分布往往很难取，因此本书采用了 9.2 节式（9.2.1）的方法来确定作业时间，这是一种工程上简化的方法。当有条件确定某个作业的时间分布时，可以基于这种分布来确定作业时间。

（2）9.4 节中介绍的估算工程按期完工概率的方法，其理论基础是中心极限定理，所以这是在关键路线上的作业项数充分大的条件下的一个渐近估计。如果工程比较简单，不满足这样的条件，关键路线上的作业较少，则用这种方法得到的结论是不可信的。本书介绍的例题中工程规模都很小，这是由于篇幅有限而进行了大量简化，案例只起到教学示例的作用。而一些学术论文在关键路线上只有五个作业的情况下，还用这种方法来解决实际问题，我们认为不科学。

（3）对网络图进行调整与优化时，选择哪些作业来缩短其时间是关键，9.5 节和 9.6 节通过例题介绍了一些准则。这些准则具有指导意义和参考价值，但非放之四海而皆准更非圣旨。因为在实际工程中，这往往不完全是一个数学问题，而更多的是工程问题。也就是说，还要考虑缩短作业时间的工程可行性。例如，要从其他作业中抽调资源来保障时差为负的作业时，那些资源是否适用？若不适用，则不能用抽调资源的办法来缩短这个作业的时间。又如，抽调后是否导致其他不良影响？等等。因此，在实际工程运用这些准则时还需具体问题具体分析。

➢思考题·习题

1. 什么是网络计划技术？它的主要用途是什么？它最适宜解决什么样的问题？

2. 绘制网络图必须遵守哪些规则？如何具体绘制一个工程任务的计划网络图？

3. 什么是关键结点？什么是关键作业？什么是关键路线？

4. 简述缩短网络计划工期可以采取的方法。

5. 某工程由 A、B、C、D、E、F 六个作业组成，其前后关系及作业时间的估计值如下表所示，请绘出该工程的网络计划图，并用图上计算法确定其关键路线和工期。试问该工程在 12 周和 10 周内完工的概率有多大？若要求完工概率为 98%，问应规定工期为多少周？

单位：周

作业代号	先行作业	乐观时间	最可能时间	悲观时间
A	—	1	2	3
B	—	2	4	6
C	—	2	5	8
D	A、B	1	2	9
E	A、C	1	3	5
F	A、B、C	3	6	9

6. 某工程由 A、B、C、D、E、F、G、H、I 九个作业组成，其前后关系和作业时间估计值如下表所示，请绘出该工程的计划网络图，求出工期不迟于 50 天的概率，以及比期望工期提前 4 天的概率。

单位：天

作业代号	先行作业	乐观时间	最可能时间	悲观时间
A	—	2	5	8
B	A	6	9	12
C	A	6	7	8
D	B、C	1	4	7
E	A	8	8	8
F	D、E	5	14	17
G	C	3	12	21
H	F、G	3	6	9
I	H	5	8	11

参 考 文 献

白思俊，等. 2013. 系统工程. 第 3 版. 北京：电子工业出版社.
陈宝禄. 2009. 基于系统分析的可持续发展系统研究模式. 西安电子科技大学学报，19（5）：74-83.
陈宏民. 2006. 系统工程导论. 北京：高等教育出版社.
陈磊，李晓松，姚伟召. 2013. 系统工程基本理论. 北京：北京邮电大学出版社.
成刚. 2014. 数据包络分析方法与 MaxDEA 软件. 北京：知识产权出版社.
杜栋，庞庆华. 2005. 现代综合评价方法与案例精选. 北京：清华大学出版社.
杜栋，庞庆华，吴炎. 2015. 现代综合评价方法与案例精选. 第 3 版. 北京：清华大学出版社.
高志亮，李忠良. 2004. 系统工程方法论. 西安：西北工业大学出版社.
耿素云，张立昂. 2013. 离散数学. 第 5 版. 北京：清华大学出版社.
汉密尔顿 J D. 2015. 时间序列分析. 夏晓华译. 北京：中国人民大学出版社.
何晓群. 2008. 实用回归分析. 北京：高等教育出版社.
何晓群，刘文卿. 2015. 应用回归分析. 第 4 版. 北京：中国人民大学出版社.
贾俊平. 2006. 统计学. 第 2 版. 北京：清华大学出版社.
拉格斯代尔 C T. 2006. 电子表格建模与决策分析. 第 4 版. 杜学孔，崔鑫生译. 北京：电子工业出版社.
李工农. 2007. 经济预测与决策及其 Matlab 实现. 北京：清华大学出版社.
李明，刘澎，张宏森，等. 2000. 武器装备发展系统论证方法与应用. 北京：国防工业出版社.
凌复华. 1987. 突变理论及其应用. 上海：上海交通大学出版社.
刘合香. 2012. 模糊数学理论及其应用. 北京：科学出版社.
刘普寅，吴孟达. 1998. 模糊理论及其应用. 长沙：国防科技大学出版社.
刘晓波. 2008. 基于 ANP 方法的高校图书馆评估模型与算法. 重庆工学院学报（自然科学版），22（8）：173-177.
刘兴堂，梁炳成，刘力，等. 2008. 复杂系统建模理论、方法与技术. 北京：科学出版社.
吕本富，陈健. 2014. 大数据预测研究及相关问题. 科技促进发展，10（1）：60-66.
美国国家航空航天局. 2012. NASA 系统工程手册. 朱一凡，李群，杨峰，等译. 北京：电子工业出版社.
孟小峰，慈祥. 2013. 大数据管理：概念、技术与挑战. 计算机研究与发展，50（1）：146-169.
钱学森，戴汝为，于景元. 1990. 一个科学新领域——开放的复杂巨系统及其方法论. 自然杂志，13（1）：3-10.
钱学森，许国志，王寿云. 2007. 论系统工程（新世纪版）. 上海：上海交通大学出版社.
水藏玺，许艳红. 2012. 管理成熟度评价理论与方法. 北京：中国经济出版社.
宋健，于景元. 1985. 人口控制论. 北京：科学出版社.
孙东川，林福永. 2014. 系统工程引论. 第 3 版. 北京：清华大学出版社.
孙宏才，田平，王莲芬. 2011. 网络层次分析法与决策科学. 北京：国防工业出版社.
孙向东. 1993. 地-地导弹总体性能评定方法. 系统工程理论与实践，13（4）：77-80.
谭跃进，高世辑，周曼殊. 1996. 系统学原理. 长沙：国防科技大学出版社.
谭跃进，陈英武，易进先. 1999. 系统工程原理. 长沙：国防科技大学出版社.
汪应洛. 2011. 系统工程. 第 4 版. 北京：机械工业出版社.

王红卫，祁超，魏永长，等. 2009. 基于数据的决策方法综述. 自动化学报，35（6）：820-833.
王佳璆，邓敏，程涛，等. 2012. 时空序列数据分析与建模. 北京：科学出版社.
王星. 2013. 大数据分析：方法与应用. 北京：清华大学出版社.
王燕. 2012. 应用时间序列分析. 第 3 版. 北京：中国人民大学出版社.
王众托. 2012. 系统工程引论. 第 4 版. 北京：电子工业出版社.
魏权龄. 2012. 评价相对有效性的数据包络分析模型——DEA 和网络 DEA. 北京：中国人民大学出版社.
吴大进，曹力，陈立华. 1990. 协同学原理和应用. 武汉：华中理工大学出版社.
吴祈宗. 2011. 系统工程. 北京：北京理工大学出版社.
吴燕生. 2012. 技术成熟度及其评价方法. 北京：国防工业出版社.
徐国祥. 2005. 统计预测和决策. 第 2 版. 上海：上海财经大学出版社.
许国志. 2001. 系统科学与工程研究. 第 2 版. 上海：上海科技教育出版社.
易本胜，李万顺. 2012. 美军战略净评估方法分析. 军事运筹与系统工程，26（3）：14-18.
《运筹学》教材编写组. 2012. 运筹学. 第 4 版. 北京：清华大学出版社.
张保法. 2004. 经济预测与经济决策. 北京：经济科学出版社.
张晓东，王福林，周康渠. 2010. 系统工程. 北京：科学出版社.
赵亮，饶元，戴涛. 2015. 基于大数据的技术创新与决策方法研究. 科技创新与应用，32（2）：9-13.
赵新泉. 2014. 管理决策分析. 第 3 版. 北京：科学出版社.
周曼殊. 1991. 改革、开放与复杂系统. 长沙：国防科技大学出版社.
Balnchard B S，Fabrycky W J. 2002. 系统工程与分析. 第 3 版. 李瑞莹，潘星译. 北京：清华大学出版社.
Hayter A J. 2007. Probability and Statistics for Engineers and Scientists. 3rd ed. Belmont：Thomson Higher Education.
Klee R L. 1984. Micro-determinism and concepts of emergence. Philosophy of Science，51：44-63.
Saaty T L. 1980. The Analytic Hierarchy Process. New York：McGraw-Hill Inc.
Saaty T L. 2004. Decision making-the analytic hierarchy and network processes（AHP/ANP）. Journal of System Science and Systems Engineering，13（1）：1-35.
Sage A P. 1977. System Engineering：Methodology and Application. Hoboken：John Wiley & Sons，Inc.
Swenson R. 1983. Emergent attractors and the law of maximum entropy production：foundation to a theory of general evolution. Systems Research，6（3）：187-197.
von Bertalanffy L. 1968. General System Theory. New York：Brazailler.
Winner R. 1998. The role of concurrent engineering in weapon system acquisition. IDA Report-338AD-A203/615.
Wolfram S. 1985. Universality and complexity in cellular automata. Physica D：Nonlinear Phenomena，10（1）：1-35.

附　录

附录一　标准正态分布

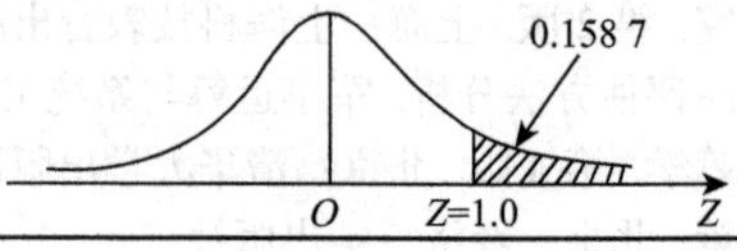

Z	0.00	0.01	0.02	0.03	0.04	0.05	0.06	0.07	0.08	0.09
0.0	0.500 0	0.496 0	0.492 0	0.488 0	0.484 0	0.480 1	0.476 1	0.472 1	0.468 1	0.464 1
0.1	0.460 2	0.456 2	0.452 2	0.448 3	0.444 3	0.440 4	0.436 4	0.432 5	0.428 6	0.424 7
0.2	0.420 7	0.416 8	0.412 9	0.409 0	0.405 2	0.401 3	0.397 4	0.393 6	0.389 7	0.385 9
0.3	0.382 1	0.378 3	0.374 5	0.370 7	0.366 0	0.363 2	0.359 4	0.355 7	0.352 0	0.348 3
0.4	0.344 6	0.340 9	0.337 2	0.333 6	0.330 0	0.326 4	0.322 8	0.319 2	0.315 6	0.312 1
0.5	0.308 5	0.305 0	0.301 5	0.298 1	0.294 6	0.291 2	0.297 7	0.284 3	0.281 0	0.277 6
0.6	0.274 3	0.270 9	0.267 6	0.264 3	0.261 1	0.257 8	0.254 6	0.251 4	0.248 3	0.245 1
0.7	0.242 0	0.238 9	0.235 8	0.232 7	0.229 6	0.226 6	0.223 6	0.220 6	0.217 7	0.214 8
0.8	0.211 9	0.219 0	0.206 1	0.203 3	0.200 5	0.197 7	0.194 9	0.192 2	0.189 4	0.186 7
0.9	0.184 1	0.181 4	0.178 8	0.176 2	0.173 6	0.171 1	0.168 5	0.166 0	0.163 5	0.161 1
1.0	0.158 7	0.156 2	0.153 9	0.151 5	0.149 2	0.146 9	0.144 6	0.142 3	0.140 1	0.137 9
1.1	0.135 7	0.133 5	0.131 4	0.129 2	0.127 1	0.125 1	0.123 0	0.121 0	0.119 0	0.117 0
1.2	0.115 1	0.113 1	0.111 2	0.109 3	0.107 5	0.105 6	0.103 8	0.102 0	0.100 3	0.098 5
1.3	0.096 8	0.095 1	0.093 4	0.091 8	0.090 1	0.088 5	0.086 9	0.085 3	0.083 8	0.082 3
1.4	0.080 8	0.079 3	0.077 8	0.076 4	0.074 9	0.073 5	0.072 1	0.070 8	0.069 4	0.069 1
1.5	0.066 3	0.065 5	0.064 3	0.063 0	0.061 8	0.060 6	0.059 4	0.058 2	0.057 1	0.055 9
1.6	0.054 8	0.053 7	0.052 6	0.051 6	0.050 5	0.049 5	0.048 5	0.047 5	0.046 5	0.045 5
1.7	0.044 6	0.043 6	0.042 7	0.041 8	0.040 9	0.040 1	0.039 2	0.038 4	0.037 5	0.036 7
1.8	0.039 5	0.035 1	0.034 4	0.033 6	0.032 9	0.032 2	0.031 4	0.030 7	0.030 1	0.029 4
1.9	0.028 7	0.028 1	0.027 4	0.026 8	0.026 2	0.025 6	0.025 0	0.024 4	0.023 9	0.023 3
2.0	0.022 8	0.022 2	0.021 7	0.021 2	0.020 7	0.020 2	0.019 7	0.019 2	0.018 8	0.018 3
2.1	0.017 9	0.017 4	0.017 0	0.016 6	0.016 2	0.015 8	0.015 4	0.015 0	0.014 6	0.014 3
2.2	0.013 9	0.013 6	0.013 2	0.012 9	0.012 5	0.012 2	0.011 9	0.011 6	0.011 3	0.011 0
2.3	0.010 7	0.010 4	0.010 2	0.009 9	0.009 6	0.009 4	0.009 1	0.008 9	0.008 7	0.008 4
2.4	0.008 2	0.008 0	0.007 8	0.007 5	0.007 3	0.007 1	0.006 9	0.006 8	0.006 6	0.006 4
2.5	0.006 2	0.006 0	0.005 9	0.005 7	0.005 5	0.005 4	0.005 2	0.005 1	0.004 9	0.004 8
2.6	0.004 7	0.004 5	0.004 4	0.004 2	0.004 1	0.004 0	0.003 9	0.003 8	0.003 7	0.003 6
2.7	0.003 6	0.003 4	0.003 3	0.003 2	0.003 1	0.003 0	0.002 9	0.002 8	0.002 7	0.002 6
2.8	0.002 6	0.002 5	0.002 4	0.002 3	0.002 3	0.002 2	0.002 1	0.002 1	0.002 0	0.001 9
2.9	0.001 9	0.001 8	0.001 8	0.001 7	0.001 6	0.001 6	0.001 5	0.001 5	0.001 4	0.001 4
3.0	0.001 3	0.001 3	0.001 3	0.001 2	0.001 2	0.001 1	0.001 1	0.001 1	0.001 0	0.001 0

附录二 $k=1$ 时的相关系数检验表

显著性水平 α / 自由度 $V=n-2$	0.05	0.01	显著性水平 α / 自由度 $V=n-2$	0.05	0.01
1	0.997	1.000	21	0.413	0.526
2	0.950	0.990	22	0.404	0.515
3	0.878	0.959	23	0.396	0.505
4	0.811	0.917	24	0.388	0.496
5	0.754	0.874	25	0.381	0.487
6	0.707	0.834	26	0.374	0.478
7	0.666	0.798	27	0.367	0.470
8	0.632	0.765	28	0.361	0.463
9	0.602	0.735	29	0.355	0.456
10	0.576	0.708	30	0.349	0.449
11	0.553	0.684	35	0.325	0.418
12	0.532	0.661	40	0.304	0.393
13	0.514	0.641	45	0.288	0.372
14	0.497	0.623	50	0.273	0.354
15	0.482	0.606	60	0.250	0.325
16	0.468	0.590	70	0.232	0.302
17	0.456	0.575	80	0.217	0.283
18	0.444	0.561	90	0.205	0.267
19	0.423	0.549	100	0.195	0.254
20	0.423	0.537	200	0.138	0.181

附录三 t分布检验临界值表

检验临界值表（双侧检验用）

$$p(|t|>t_n)=\alpha$$

f \ α	0.9	0.8	0.7	0.6	0.5	0.4	0.3	0.2	0.1	0.05	0.02	0.01	0.001	α / f
1	0.158	0.325	0.510	0.727	1.000	1.376	1.963	3.078	6.314	12.706	31.821	63.657	636.619	1
2	0.142	0.289	0.445	0.617	0.816	1.061	1.386	1.886	2.920	4.303	6.965	9.925	31.589	2
3	0.137	0.277	0.424	0.584	0.765	0.978	1.250	1.638	2.353	3.182	4.541	5.841	12.924	3
4	0.134	0.271	0.414	0.569	0.741	0.941	1.190	1.533	2.132	2.776	3.747	4.604	8.610	4
5	0.132	0.267	0.408	0.559	0.727	0.920	1.156	1.476	2.015	2.571	3.365	4.032	6.859	5
6	0.131	0.265	0.404	0.553	0.718	0.906	1.134	1.440	1.943	2.447	3.143	3.707	5.959	6
7	0.130	0.263	0.402	0.549	0.711	0.896	1.119	1.415	1.895	2.365	2.998	3.499	5.405	7
8	0.130	0.262	0.399	0.546	0.706	0.889	1.108	1.397	1.860	2.306	2.896	3.355	5.041	8
9	0.129	0.261	0.398	0.543	0.703	0.883	1.100	1.383	1.833	2.262	2.821	3.250	4.781	9
10	0.129	0.260	0.397	0.542	0.700	0.879	1.093	1.372	1.812	2.228	2.764	3.169	4.587	10
11	0.128	0.260	0.396	0.540	0.697	0.876	1.088	1.363	1.796	2.201	2.718	3.106	4.437	11
12	0.128	0.259	0.395	0.539	0.695	0.873	1.083	1.356	1.782	2.179	2.681	3.055	4.318	12
13	0.128	0.259	0.394	0.538	0.694	0.870	1.079	1.350	1.771	2.160	2.650	3.012	4.221	13
14	0.128	0.258	0.393	0.537	0.692	0.868	1.076	1.345	1.761	2.145	2.624	2.977	4.140	14
15	0.128	0.258	0.393	0.536	0.691	0.866	1.074	1.341	1.753	2.131	2.602	2.947	4.073	15
16	0.128	0.258	0.392	0.535	0.690	0.865	1.071	1.337	1.746	2.120	2.583	2.921	4.015	16
17	0.128	0.257	0.392	0.534	0.689	0.863	1.069	1.333	1.740	2.110	2.567	2.898	3.965	17
18	0.127	0.257	0.392	0.534	0.688	0.862	1.067	1.330	1.734	2.101	2.552	2.878	3.922	18
19	0.127	0.257	0.391	0.532	0.688	0.861	1.066	1.328	1.729	2.093	2.539	2.861	3.883	19
20	0.127	0.257	0.391	0.533	0.687	0.860	1.064	1.325	1.725	2.086	2.538	2.845	3.850	20
21	0.127	0.257	0.391	0.532	0.686	0.859	1.063	1.323	1.721	2.080	2.518	2.831	3.819	21
22	0.127	0.256	0.390	0.532	0.686	0.858	1.061	1.321	1.717	2.074	2.508	2.819	3.792	22
23	0.127	0.256	0.390	0.532	0.685	0.858	1.060	1.319	1.714	2.069	2.500	2.807	3.767	23
24	0.127	0.256	0.390	0.531	0.685	0.857	1.059	1.318	1.711	2.064	2.492	2.797	3.745	24
25	0.127	0.256	0.390	0.531	0.684	0.856	1.058	1.316	1.708	2.060	2.485	2.787	3.725	25
26	0.127	0.256	0.390	0.531	0.684	0.856	1.058	1.315	1.706	2.056	2.479	2.779	3.707	26
27	0.127	0.256	0.389	0.531	0.684	0.855	1.057	1.314	1.703	2.052	2.473	2.771	3.690	27
28	0.127	0.256	0.389	0.530	0.683	0.855	1.056	1.313	1.701	2.048	2.467	2.763	3.674	28
29	0.127	0.256	0.389	0.530	0.683	0.854	1.055	1.311	1.699	2.045	2.462	2.756	3.669	29

续表

f \ α	0.9	0.8	0.7	0.6	0.5	0.4	0.3	0.2	0.1	0.05	0.02	0.01	0.001	α / f
30	0.127	0.256	0.389	0.530	0.683	0.854	1.055	1.310	1.697	2.042	2.457	2.750	3.645	30
40	0.126	0.255	0.388	0.529	0.681	0.851	1.050	1.303	1.684	2.021	2.423	2.704	3.551	40
60	0.126	0.254	0.387	0.527	0.679	0.848	1.046	1.296	1.671	2.000	2.390	2.660	3.460	60
120	0.126	0.254	0.386	0.526	0.677	0.845	1.041	1.289	1.658	1.980	2.358	2.617	3.373	120
∞	0.126	0.253	0.385	0.524	0.674	0.842	1.036	1.282	1.645	1.960	2.326	2.576	3.291	∞

注：α 为显著性水平；f 为自由度

附录四 F 分布表

F 分布表（一） α=0.10

自由度 $V=n-m-1$ \ 自变量个数 m	1	2	3	4	5	6	8	12	24	∞
1	39.86	49.50	53.59	55.59	57.24	58.20	59.44	60.70	62.00	63.33
2	8.53	9.00	9.00	9.29	9.29	9.33	9.37	9.48	9.45	9.49
3	5.54	5.46	5.39	5.34	5.31	5.25	5.25	5.22	5.18	5.13
4	4.54	4.32	4.19	4.11	4.05	4.01	3.95	3.90	3.83	3.76
5	4.06	3.78	3.62	3.62	3.45	3.40	3.34	3.27	3.19	3.10
6	3.78	3.46	3.29	3.18	3.11	3.05	2.98	2.90	2.82	2.72
7	3.59	3.26	3.07	2.96	2.88	2.83	2.75	2.67	2.58	2.47
8	3.46	3.11	2.92	2.81	2.73	2.67	2.59	2.50	2.40	2.29
9	3.36	3.01	2.81	2.69	2.61	2.55	2.47	2.38	2.40	2.29
10	3.28	2.92	2.73	2.61	2.52	2.46	2.38	2.28	2.18	2.06
11	3.23	2.86	2.66	2.54	2.45	2.39	2.30	2.21	2.10	1.97
12	3.18	2.81	2.61	2.48	2.39	2.33	2.24	2.15	2.04	1.90
13	3.14	2.76	2.56	2.43	2.35	2.28	2.20	2.10	1.98	1.85
14	3.10	2.73	2.52	2.39	2.31	2.24	2.15	2.05	1.94	1.80
15	3.07	2.70	2.49	2.36	2.27	2.21	2.12	2.02	1.90	1.76
16	3.05	2.67	2.46	2.33	2.24	2.18	2.09	1.99	1.87	1.72
17	3.03	2.64	2.44	2.31	2.22	2.15	2.06	1.96	1.84	1.69
18	3.01	2.62	2.42	2.29	2.20	2.13	2.04	1.93	1.81	1.66
19	2.99	2.61	2.40	2.27	2.18	2.11	2.02	1.91	1.79	1.63
20	2.97	2.59	2.38	2.25	2.16	2.09	2.00	1.89	1.77	1.61
21	2.96	2.57	2.36	2.23	2.14	2.08	1.98	1.88	1.75	1.59
22	2.95	2.56	2.35	2.22	2.13	2.06	1.97	1.86	1.73	1.57
23	2.94	2.55	2.34	2.21	2.11	2.05	1.95	1.84	1.72	1.55
24	2.93	2.54	2.33	2.19	2.10	2.04	1.94	1.83	1.70	1.53
25	2.92	2.53	2.32	2.18	2.09	2.02	1.93	1.82	1.69	1.52
26	2.91	2.52	2.31	2.17	2.08	2.01	1.92	1.81	1.68	1.50
27	2.90	2.51	2.30	2.17	2.07	2.00	1.91	1.80	1.67	1.49
28	2.89	2.50	2.29	2.16	2.06	2.00	1.90	1.79	1.66	1.48
29	2.89	2.50	2.28	2.15	2.06	1.99	1.99	1.78	1.65	1.47
30	2.88	2.49	2.28	2.14	2.05	1.98	1.98	1.77	1.64	1.46
40	2.84	2.44	2.23	2.09	2.00	1.93	1.93	1.71	1.57	1.38
60	2.79	2.39	2.18	2.04	1.95	1.87	1.77	1.66	1.51	1.29
120	2.75	2.35	2.13	1.99	1.90	1.82	1.72	1.60	1.45	1.19
∞	2.71	2.30	2.08	1.94	1.85	1.77	1.67	1.55	1.38	1.00

F 分布表（二）　$\alpha=0.05$

自变量个数 m / 自由度 $V=n-m-1$	1	2	3	4	5	6	8	12	24	∞
1	161.4	199.5	215.7	224.6	230.4	234.0	238.9	243.9	249.0	254.3
2	18.51	19.00	19.16	19.25	19.30	19.30	19.37	19.41	19.45	19.50
3	10.13	9.55	9.28	9.12	9.01	8.94	8.84	8.74	8.64	8.53
4	7.71	6.94	6.59	6.39	6.26	6.16	6.04	5.91	5.77	5.63
5	6.61	5.79	5.41	5.19	5.05	4.95	4.82	4.68	4.53	4.36
6	5.99	5.14	4.76	4.53	4.39	4.28	4.15	4.00	3.84	3.67
7	5.59	4.74	4.35	4.12	3.97	3.87	3.73	3.57	3.41	3.23
8	5.32	4.46	4.07	3.84	3.69	3.58	3.44	3.28	3.12	2.93
9	5.12	4.26	3.86	3.63	3.48	3.37	3.23	3.07	2.90	2.71
10	4.96	4.10	3.71	3.48	3.33	3.22	3.07	2.91	2.74	2.54
11	4.84	3.98	3.59	3.36	3.20	3.09	2.95	2.79	2.61	2.40
12	4.75	3.88	3.49	3.26	3.11	3.00	2.85	2.69	2.50	2.30
13	4.67	3.80	3.41	3.18	3.02	2.92	2.77	2.60	2.42	2.21
14	4.60	3.74	3.34	3.11	2.96	2.85	2.70	2.53	2.35	2.13
15	4.54	3.68	3.29	3.06	2.90	2.79	2.64	2.48	2.29	2.07
16	4.49	3.63	3.24	3.01	2.85	2.74	2.59	2.42	2.24	2.01
17	4.45	3.59	3.20	2.96	2.81	2.70	2.55	2.38	2.19	1.96
18	4.41	3.55	3.16	2.93	2.77	2.66	2.51	2.34	2.15	1.92
19	4.38	3.52	3.13	2.90	2.74	2.63	2.48	2.31	2.11	1.88
20	4.35	3.49	3.10	2.87	2.71	2.60	2.45	2.28	2.08	1.84
21	4.32	3.47	3.07	2.84	2.68	2.57	2.42	2.25	2.05	1.81
22	4.30	3.44	3.05	2.82	2.66	2.55	2.40	2.23	2.03	1.78
23	4.28	3.42	3.03	2.80	2.64	2.53	2.38	2.20	2.00	1.76
24	4.26	3.40	3.01	2.78	2.62	2.51	2.36	2.18	1.98	1.73
25	4.24	3.38	2.99	2.76	2.60	2.49	2.34	2.16	1.96	1.71
26	4.22	3.37	2.98	2.74	2.59	2.47	2.32	2.15	1.95	1.69
27	4.21	3.35	2.96	2.73	2.57	2.46	2.30	2.13	1.93	1.67
28	4.20	3.34	2.95	2.71	2.56	2.44	2.29	2.12	1.91	1.65
29	4.18	3.33	2.93	2.70	2.54	2.43	2.28	2.10	1.90	1.64
30	4.17	3.32	2.92	2.69	2.53	2.42	2.27	2.09	1.89	1.62
40	4.08	3.23	2.84	2.61	2.45	2.34	2.18	2.00	1.79	1.51
60	4.00	3.15	2.76	2.52	2.37	2.25	2.10	1.92	1.70	1.39
120	3.92	3.07	2.68	2.45	2.29	2.17	2.02	1.83	1.61	1.25
∞	3.84	2.99	2.60	2.37	2.21	2.10	1.94	1.75	1.52	1.00

F 分布表（三） $\alpha=0.01$

自由度 $V=n-m-1$ \ 自变量个数 m	1	2	3	4	5	6	8	12	24	∞
1	4 052	4 999	5 403	5 625	5 764	5 859	5 982	6 100	6 234	6 366
2	98.50	99.00	99.17	90.25	99.30	99.33	99.37	99.42	99.46	99.50
3	34.12	30.82	29.46	28.71	28.24	27.91	27.49	27.05	26.60	26.02
4	21.20	18.00	16.69	15.98	15.52	15.21	14.80	14.37	13.93	13.46
5	16.26	13.27	12.06	11.39	11.97	10.67	10.29	9.89	9.47	9.02
6	13.74	10.92	9.78	9.15	8.75	8.47	8.10	7.72	7.31	6.88
7	12.25	9.55	8.45	7.85	7.46	7.19	6.84	6.47	6.07	5.65
8	11.26	8.65	7.59	7.01	6.61	6.37	6.03	5.67	5.28	4.86
9	10.56	8.02	6.99	6.42	6.06	5.80	5.47	5.11	4.73	4.31
10	10.04	7.56	6.55	5.99	5.64	5.39	5.06	4.71	4.33	3.91
11	9.65	7.20	6.22	5.67	5.32	5.07	4.74	4.40	4.02	3.60
12	9.33	6.93	5.95	5.41	5.06	4.82	4.50	4.16	3.78	3.36
13	9.07	6.70	5.74	5.20	4.86	4.62	4.30	3.96	3.59	3.16
14	8.86	6.51	5.56	5.03	4.68	4.46	4.14	3.80	3.43	3.00
15	9.68	6.36	5.42	4.89	4.56	4.32	4.00	3.67	3.29	2.87
16	9.53	6.32	5.29	4.77	4.44	4.20	3.89	3.55	3.18	2.75
17	8.40	6.11	5.18	4.67	4.34	4.10	3.79	3.45	3.08	2.65
18	8.28	6.01	5.09	4.58	4.25	4.01	3.71	3.37	3.00	2.57
19	8.18	5.93	5.01	4.50	4.17	3.94	3.63	3.30	2.92	2.49
20	8.10	5.85	4.94	4.43	4.10	3.87	3.56	3.23	2.86	2.42
21	8.02	5.78	4.87	4.37	4.04	3.81	3.51	3.17	2.80	2.36
22	7.94	5.72	4.82	4.31	3.99	3.76	3.45	3.12	2.75	2.31
23	7.88	5.66	4.76	4.26	3.94	3.71	3.41	3.07	2.70	2.26
24	7.82	5.61	4.72	4.22	3.90	3.67	3.36	3.03	2.66	2.21
25	7.77	5.57	4.68	4.18	3.86	3.63	3.32	2.99	2.62	2.17
26	7.72	5.53	4.64	4.14	3.82	3.59	3.29	2.96	2.58	2.13
27	7.68	5.49	4.60	4.11	3.78	3.56	3.26	2.93	2.55	2.10
28	7.64	5.45	4.57	4.07	3.75	3.53	3.23	2.90	2.52	2.06
29	7.60	5.42	4.54	4.04	3.73	3.50	3.20	2.87	2.49	2.03
30	7.56	5.39	4.51	4.02	3.70	3.47	3.17	2.84	2.47	2.01
40	7.31	5.18	4.31	3.83	3.51	3.29	2.99	2.66	2.20	1.80
60	7.08	4.98	4.13	3.65	3.34	3.12	2.82	2.50	2.12	1.60
120	6.85	4.79	3.95	3.48	3.17	2.96	2.66	2.34	1.95	1.38
∞	6.64	4.60	3.78	3.32	3.02	2.80	2.51	2.28	1.79	1.00

附录五　DW 检验表

显著水平 α=1%的上界临界值 d_U 和下界临界值 d_L

n	k=2		k=3		k=4		k=5		k=6	
	d_L	d_U	d_L	d_U	d_L	d_U	d_L	d_U	d_L	d_U
6	0.435	1.142	…	…	…	…	…	…	…	…
7	0.390	1.036	0.294	1.676	…	…	…	…	…	…
8	0.497	1.003	0.345	1.489	0.229	2.102	…	…	…	…
9	0.554	0.998	0.408	1.389	0.279	1.875	0.183	2.433	…	…
10	0.604	1.001	0.466	1.333	0.340	1.733	0.230	2.193	0.150	2.690
11	0.653	1.010	0.519	1.297	0.396	1.640	0.286	2.030	0.193	2.453
12	0.697	1.023	0.569	1.274	0.449	1.575	0.339	1.913	0.244	2.280
13	0.738	1.038	0.616	1.261	0.499	1.526	0.391	1.826	0.294	2.150
14	0.776	1.054	0.660	1.254	0.547	1.490	0.441	1.757	0.343	2.049
15	0.811	1.070	0.700	1.252	0.591	1.464	0.488	1.704	0.391	1.967
16	0.844	1.086	0.737	1.252	0.633	1.446	0.574	1.663	0.437	1.900
17	0.874	1.102	0.772	1.255	0.672	1.432	0.532	1.630	0.480	1.847
18	0.902	1.118	0.805	1.259	0.708	1.422	0.613	1.604	0.522	1.803
19	0.928	1.132	0.835	1.265	0.742	1.415	0.650	1.584	0.561	1.767
20	0.952	1.147	0.863	1.271	0.773	1.411	0.685	1.567	0.598	1.737
21	0.975	1.161	0.890	1.277	0.803	1.408	0.718	1.554	0.633	1.712
22	0.997	1.174	0.914	1.284	0.831	1.407	0.748	1.543	0.667	1.691
23	1.018	1.187	0.938	1.291	0.858	1.407	0.777	1.534	0.698	1.673
24	1.037	1.199	0.960	1.298	0.882	1.407	0.805	1.528	0.728	1.658
25	1.055	1.211	0.981	1.305	0.906	1.409	0.831	1.523	0.756	1.645
26	1.072	1.222	1.001	1.312	0.928	1.411	0.855	1.518	0.783	1.635
27	1.089	1.233	1.019	1.319	0.949	1.413	0.878	1.515	0.808	1.626
28	1.104	1.244	1.037	1.325	0.969	1.415	0.900	1.513	0.832	1.611
29	1.119	1.254	1.054	1.332	0.988	1.418	0.921	1.512	0.855	1.611
30	1.133	1.263	1.070	1.339	1.006	1.421	0.941	1.511	0.877	1.606
31	1.147	1.273	1.085	1.345	1.023	1.425	0.960	1.510	0.897	1.601
32	1.160	1.282	1.100	1.352	1.040	1.428	0.979	1.510	0.917	1.597
33	1.172	1.291	1.114	1.358	1.055	1.432	0.996	1.510	0.936	1.594
34	1.184	1.299	1.128	1.364	1.070	1.435	1.102	1.511	0.954	1.591
35	1.195	1.307	1.140	1.370	1.085	1.439	1.028	1.512	0.971	1.589
36	1.206	1.315	1.153	1.376	1.098	1.442	1.043	1.513	0.988	1.588
37	1.217	1.323	1.165	1.382	1.112	1.446	1.058	1.514	1.004	1.586
38	1.227	1.330	1.176	1.388	1.124	1.449	1.072	1.515	1.019	1.585
39	1.237	1.337	1.187	1.393	1.137	1.453	1.085	1.517	1.034	1.584

续表

n	k=2		k=3		k=4		k=5		k=6	
	d_L	d_U	d_L	d_U	d_L	d_U	d_L	d_U	d_L	d_U
40	1.246	1.344	1.198	1.398	1.148	1.457	1.098	1.518	1.048	1.584
45	1.288	1.376	1.245	1.423	1.201	1.474	1.156	1.528	1.111	1.584
50	1.324	1.403	1.285	1.446	1.245	1.491	1.205	1.538	1.164	1.587
55	1.356	1.427	1.320	1.466	1.284	1.506	1.247	1.548	1.209	1.592
60	1.383	1.449	1.350	1.484	1.317	1.520	1.283	1.558	1.249	1.598
65	1.407	1.468	1.377	1.500	1.346	1.534	1.315	1.568	1.283	1.604
70	1.429	1.485	1.400	1.515	1.372	1.546	1.343	1.578	1.313	1.611
75	1.448	1.501	1.422	1.529	1.395	1.557	1.368	1.587	1.340	1.617
80	1.466	1.515	1.441	1.541	1.416	1.568	1.390	1.595	1.364	1.624
85	1.482	1.528	1.458	1.553	1.435	1.578	1.411	1.603	1.386	1.630
90	1.496	1.540	1.474	1.563	1.452	1.587	1.429	1.611	1.406	1.636
95	1.510	1.552	1.489	1.573	1.468	1.596	1.446	1.618	1.425	1.642
100	1.522	1.562	1.503	1.583	1.482	1.604	1.462	1.625	1.441	1.647
150	1.611	1.637	1.598	1.651	1.584	1.665	1.571	1.679	1.557	1.693
200	1.664	1.684	1.653	1.693	1.643	1.704	1.633	1.715	1.623	1.725

n	k=7		k=8		k=9		k=10		k=11	
	d_L	d_U	d_L	d_U	d_L	d_U	d_L	d_U	d_L	d_U
11	0.124	2.892	…	…	…	…	…	…	…	…
12	0.164	2.665	0.105	3.053	…	…	…	…	…	…
13	0.211	2.490	0.140	2.838	0.090	3.182	…	…	…	…
14	0.257	2.354	0.183	2.667	0.122	2.981	0.078	3.287	…	…
15	0.303	2.244	0.226	2.530	0.161	2.817	0.107	3.101	0.068	3.374
16	0.349	2.153	0.269	2.416	0.200	2.681	0.142	2.944	0.094	3.201
17	0.393	2.078	0.313	2.319	0.241	2.566	0.179	2.811	0.127	3.053
18	0.435	2.015	0.355	2.238	0.282	2.467	0.216	2.697	0.160	2.925
19	0.476	1.963	0.396	2.169	0.322	2.381	0.255	2.597	0.196	2.813
20	0.515	1.918	0.436	2.110	0.362	2.308	0.294	2.510	0.232	2.714
21	0.552	1.881	0.474	2.059	0.400	2.244	0.331	2.434	0.268	2.625
22	0.587	1.849	0.510	2.015	0.437	2.188	0.368	2.367	0.304	2.548
23	0.620	1.821	0.545	1.977	0.473	2.140	0.404	2.308	0.340	2.479
24	0.652	1.797	0.578	1.944	0.507	2.097	0.439	2.255	0.375	2.417
25	0.682	1.766	0.610	1.915	0.540	2.059	0.473	2.209	0.409	2.362
26	0.711	1.759	0.640	1.889	0.572	2.026	0.505	2.168	0.441	2.313
27	0.738	1.743	0.669	1.867	0.602	1.997	0.536	2.131	0.473	2.269
28	0.764	1.729	0.696	1.847	0.630	1.970	0.566	2.098	0.504	2.229
29	0.788	1.718	0.723	1.830	0.658	1.947	0.595	2.068	0.533	2.193
30	0.812	1.707	0.748	1.814	0.684	1.925	0.622	2.041	0.562	2.160
31	0.834	1.698	0.772	1.800	0.710	1.906	0.649	2.017	0.589	2.131
32	0.856	1.690	0.794	1.788	0.734	1.889	0.674	1.995	0.615	2.104

续表

n	k=7		k=8		k=9		k=10		k=11	
	d_L	d_U	d_L	d_U	d_L	d_U	d_L	d_U	d_L	d_U
33	0.876	1.683	0.816	1.776	0.757	1.874	0.698	1.975	0.641	2.080
34	0.896	1.677	0.837	1.766	0.779	1.860	0.722	1.957	0.665	2.057
35	0.914	1.671	0.857	1.757	0.800	1.847	0.744	1.940	0.689	2.037
36	0.932	1.666	0.877	1.749	0.821	1.836	0.766	1.925	0.711	2.018
37	0.950	1.662	0.895	1.742	0.841	1.825	0.787	1.911	0.733	2.001
38	0.966	1.658	0.913	1.735	0.860	1.816	0.807	1.899	0.754	1.985
39	0.982	1.655	0.930	1.729	0.878	1.807	0.826	1.887	0.774	1.985
40	0.997	1.652	0.946	1.724	0.895	1.799	0.844	1.876	0.789	1.956
45	1.065	1.643	1.019	1.704	0.974	1.768	0.927	1.814	0.881	1.902
50	1.123	1.639	1.081	1.692	1.039	1.748	1.997	1.805	0.955	1.864
55	1.172	1.638	1.134	1.685	1.095	1.734	1.057	1.785	1.018	1.837
60	1.214	1.639	1.179	1.682	1.144	1.726	1.108	1.771	1.072	1.817
65	1.251	1.642	1.218	1.680	1.186	1.720	1.153	1.761	1.120	1.802
70	1.283	1.645	1.253	1.680	1.223	1.716	1.192	1.754	1.162	1.792
75	1.313	1.646	1.284	1.682	1.256	1.716	1.227	1.746	1.199	1.785
80	1.338	1.643	1.312	1.683	1.285	1.714	1.259	1.745	1.232	1.777
85	1.362	1.657	1.337	1.685	1.312	1.714	1.287	1.743	1.262	1.773
90	1.383	1.661	1.360	1.687	1.336	1.714	1.312	1.741	1.288	1.769
95	1.403	1.666	1.381	1.690	1.358	1.715	1.336	1.741	1.313	1.767
100	1.421	1.670	1.400	1.693	1.378	1.717	1.357	1.741	1.335	1.765
150	1.543	1.708	1.530	1.722	1.515	1.737	1.501	1.752	1.486	1.767
200	1.613	1.735	1.603	1.746	1.592	1.757	1.582	1.768	1.571	1.779

显著水平 α=5%的上界临界值 d_U 和下界临界值 d_L

n	k=2		k=3		k=4		k=5		k=6	
	d_L	d_U	d_L	d_U	d_L	d_U	d_L	d_U	d_L	d_U
6	0.610	1.400	…	…	…	…	…	…	…	…
7	0.700	1.356	0.467	1.896	…	…	…	…	…	…
8	0.763	1.332	0.559	1.777	0.368	2.287	…	…	…	…
9	0.824	1.320	0.629	1.699	0.455	2.128	0.296	2.588	…	…
10	0.879	1.320	0.697	1.641	0.525	2.016	0.376	2.414	0.243	2.822
11	0.927	1.324	0.758	1.604	0.595	1.928	0.444	2.283	0.316	2.645
12	0.971	1.331	0.812	1.579	0.658	1.864	0.512	2.177	0.379	2.506
13	1.010	1.340	0.861	1.562	0.715	1.816	0.574	2.094	0.445	2.390
14	1.045	1.350	0.905	1.551	0.767	1.779	0.632	2.030	0.505	2.296
15	1.077	1.361	0.946	1.543	0.814	1.750	0.685	1.977	0.562	2.220
16	1.106	1.371	0.982	1.539	0.857	1.728	0.734	1.935	0.615	2.157

续表

n	k=2		k=3		k=4		k=5		k=6	
	d_L	d_U	d_L	d_U	d_L	d_U	d_L	d_U	d_L	d_U
17	1.133	1.381	1.015	1.536	0.897	1.710	0.779	1.900	0.664	2.104
18	1.158	1.391	1.046	1.535	0.933	1.696	0.820	1.872	0.710	2.060
19	1.180	1.401	1.074	1.536	0.967	1.685	0.859	1.848	0.752	2.023
20	1.201	1.411	1.100	1.537	0.998	1.676	0.894	1.828	0.792	1.991
21	1.221	1.420	1.125	1.538	1.026	1.669	0.927	1.812	0.829	1.964
22	1.239	1.429	1.147	1.541	1.053	1.664	0.958	1.785	0.863	1.940
23	1.257	1.437	1.168	1.543	1.078	1.660	0.986	1.775	0.895	1.920
24	1.273	1.446	1.188	1.546	1.101	1.656	1.013	1.767	0.925	1.902
25	1.288	1.454	1.206	1.550	1.123	1.654	1.038	1.797	0.953	1.886
26	1.302	1.461	1.224	1.553	1.143	1.652	1.062	1.759	0.979	1.873
27	1.316	1.469	1.240	1.556	1.162	1.651	1.084	1.753	1.004	1.861
28	1.328	1.476	1.255	1.560	1.181	1.650	1.104	1.747	1.028	1.850
29	1.341	1.483	1.270	1.563	1.198	1.650	1.124	1.743	1.050	1.841
30	1.352	1.489	1.284	1.567	1.214	1.650	1.143	1.739	1.071	1.833
31	1.363	1.496	1.297	1.570	1.229	1.650	1.160	1.735	1.090	1.825
32	1.373	1.502	1.309	1.574	1.244	1.650	1.177	1.732	1.109	1.819
33	1.383	1.508	1.321	1.577	1.258	1.651	1.193	1.730	1.127	1.813
34	1.393	1.514	1.333	1.580	1.271	1.652	1.208	1.728	1.144	1.808
35	1.402	1.519	1.343	1.584	1.283	1.653	1.222	1.726	1.160	1.803
36	1.411	1.525	1.354	1.587	1.295	1.654	1.236	1.724	1.175	1.799
37	1.419	1.530	1.364	1.590	1.307	1.655	1.249	1.723	1.190	1.795
38	1.427	1.535	1.373	1.594	1.318	1.656	1.261	1.722	1.204	1.792
39	1.435	1.540	1.382	1.597	1.328	1.658	1.273	1.722	1.218	1.789
40	1.442	1.544	1.391	1.600	1.338	1.659	1.285	1.721	1.230	1.786
45	1.475	1.566	1.430	1.615	1.383	1.666	1.336	1.720	1.287	1.776
50	1.503	1.585	1.462	1.628	1.421	1.674	1.378	1.721	1.335	1.771
55	1.528	1.601	1.490	1.641	1.452	1.681	1.414	1.724	1.374	1.768
60	1.549	1.616	1.514	1.652	1.480	1.689	1.444	1.727	1.408	1.767
65	1.567	1.629	1.536	1.662	1.503	1.696	1.471	1.731	1.438	1.767
70	1.583	1.641	1.554	1.672	1.525	1.703	1.494	1.735	1.464	1.768
75	1.598	1.652	1.571	1.680	1.543	1.709	1.515	1.739	1.487	1.770
80	1.611	1.662	1.586	1.688	1.560	1.715	1.534	1.743	1.507	1.772
85	1.624	1.671	1.600	1.696	1.575	1.721	1.550	1.747	1.525	1.774
90	1.635	1.679	1.612	1.703	1.589	1.726	1.566	1.751	1.542	1.776
95	1.645	1.687	1.623	1.709	1.602	1.732	1.579	1.755	1.557	1.778
100	1.654	1.694	1.634	1.715	1.613	1.736	1.592	1.758	1.571	1.780
150	1.720	1.746	1.706	1.760	1.693	1.774	1.679	1.788	1.665	1.802
200	1.758	1.778	1.748	1.789	1.738	1.799	1.728	1.810	1.718	1.820

续表

n	k=7		k=8		k=9		k=10		k=11	
	d_L	d_U	d_L	d_U	d_L	d_U	d_L	d_U	d_L	d_U
11	0.203	3.005	…	…	…	…	…	…	…	…
12	0.268	2.832	0.171	3.149	…	…	…	…	…	…
13	0.328	2.692	0.230	2.985	0.147	3.266	…	…	…	…
14	0.389	2.577	0.286	2.848	0.200	3.111	0.127	3.360	…	…
15	0.447	2.472	0.343	2.727	0.251	2.979	0.175	3.216	0.111	3.438
16	0.502	2.388	0.398	2.624	0.304	2.860	0.222	3.090	0.155	3.304
17	0.554	2.318	0.451	2.537	0.356	2.757	0.272	2.975	0.198	3.184
18	0.603	2.257	0.502	2.461	0.407	2.667	0.321	2.873	0.244	3.073
19	0.649	2.206	0.459	2.396	0.456	2.589	0.369	2.783	0.290	2.974
20	0.692	2.162	0.595	2.339	0.502	2.521	0.416	2.704	0.336	2.885
21	0.732	2.124	0.637	2.290	0.547	2.460	0.461	2.633	0.380	2.806
22	0.769	2.090	0.677	2.246	0.588	2.407	0.504	2.571	0.424	2.734
23	0.804	2.061	0.715	2.208	0.628	2.360	0.545	2.514	0.465	2.670
24	0.837	2.035	0.751	2.174	0.666	2.318	0.584	2.464	0.506	2.613
25	0.868	2.012	0.784	2.144	0.702	2.280	0.621	2.419	0.544	2.560
26	0.897	1.992	0.816	2.117	0.735	2.246	0.657	2.379	0.581	2.513
27	0.925	1.974	0.845	2.093	0.767	2.216	0.691	2.342	0.616	2.470
28	0.951	1.958	0.874	2.071	0.798	2.188	0.773	2.309	0.650	2.431
29	0.975	1.944	0.900	2.052	0.826	2.164	0.753	2.278	0.682	2.396
30	0.998	1.931	0.926	2.034	0.854	2.141	0.782	2.251	0.712	2.363
31	1.020	1.920	0.950	2.018	0.879	2.120	0.810	2.226	0.741	2.333
32	1.041	1.909	0.972	2.004	0.904	2.102	0.836	2.203	0.769	2.306
33	1.061	1.900	0.994	1.991	0.927	2.085	0.861	2.181	0.795	2.281
34	1.080	1.891	1.015	1.979	0.950	2.069	0.885	2.162	0.821	2.257
35	1.097	1.884	1.034	1.967	0.971	2.054	0.908	2.144	0.845	2.236
36	1.114	1.877	1.053	1.957	0.991	2.041	0.930	2.127	0.868	2.216
37	1.131	1.870	1.071	1.948	1.011	2.029	0.951	2.112	0.891	2.198
38	1.146	1.864	1.088	1.939	1.029	2.017	0.970	2.098	0.912	2.180
39	1.161	1.859	1.104	1.932	1.047	2.007	0.990	2.085	0.932	2.164
40	1.175	1.854	1.120	1.924	1.064	1.997	1.008	2.072	0.945	2.149
45	1.238	1.835	1.189	1.895	1.139	1.958	1.089	2.002	1.038	2.088
50	1.291	1.822	1.246	1.875	1.201	1.930	1.156	1.986	1.110	2.044
55	1.334	1.814	1.294	1.861	1.253	1.909	1.212	1.959	1.170	2.010
60	1.372	1.808	1.335	1.850	1.298	1.894	1.260	1.939	1.222	1.984
65	1.404	1.805	1.370	1.843	1.336	1.882	1.301	1.923	1.266	1.964
70	1.433	1.802	1.401	1.837	1.369	1.873	1.337	1.910	1.305	1.948
75	1.458	1.801	1.428	1.834	1.399	1.867	1.369	1.901	1.339	1.935
80	1.480	1.801	1.453	1.831	1.425	1.861	1.397	1.893	1.369	1.925
85	1.505	1.801	1.474	1.829	1.448	1.857	1.422	1.886	1.396	1.916

续表

n	k=7		k=8		k=9		k=10		k=11	
	d_L	d_U	d_L	d_U	d_L	d_U	d_L	d_U	d_L	d_U
90	1.518	1.801	1.494	1.827	1.469	1.854	1.445	1.881	1.420	1.909
95	1.535	1.802	1.512	1.827	1.489	1.852	1.465	1.877	1.442	1.903
100	1.550	1.803	1.528	1.826	1.506	1.850	1.484	1.874	1.462	1.898
150	1.651	1.817	1.637	1.832	1.622	1.847	1.608	1.862	1.594	1.877
200	1.707	1.831	1.697	1.841	1.686	1.852	1.675	1.863	1.665	1.874

注：n 是观测值的数目；k 是解释变量的数目，包括常数项

附录六　χ^2分布的临界值

p / v	0.99	0.98	0.95	0.90	0.80	0.70	0.50
1	0.000 157	0.000 628	0.003 93	0.015 8	0.064 2	0.148	0.455
2	0.020 1	0.040 4	0.103	0.211	0.446	0.713	1.386
3	0.115	0.185	0.352	0.584	1.005	1.424	2.366
4	0.297	0.429	0.711	1.064	1.649	2.195	3.357
5	0.554	0.752	1.145	1.610	2.343	3.000	4.351
6	0.872	1.134	1.635	2.204	3.070	3.828	5.348
7	1.239	1.564	2.167	2.833	3.822	4.671	6.346
8	1.646	2.032	2.733	3.490	4.594	5.527	7.344
9	2.088	2.532	3.325	4.168	5.380	6.393	8.343
10	2.558	3.059	3.940	4.865	6.179	7.267	9.342
11	3.053	3.609	4.575	5.579	6.989	8.148	10.341
12	3.571	4.178	5.226	6.304	7.807	9.034	11.340
13	4.107	4.765	5.892	7.042	8.634	9.926	12.340
14	4.660	5.368	6.571	7.790	9.467	10.821	13.339
15	5.229	5.985	7.261	8.547	10.307	11.721	14.339
16	5.812	6.614	7.962	9.312	11.152	12.624	15.338
17	6.408	7.255	8.672	10.085	12.002	12.531	16.338
18	7.015	7.906	9.390	10.865	12.857	14.440	17.338
19	7.633	8.567	10.117	11.651	13.716	15.352	18.338
20	8.260	9.237	10.851	12.443	14.578	16.266	19.337
21	8.897	9.915	11.591	13.240	15.445	17.182	20.337
22	9.542	10.600	13.338	14.041	16.314	18.101	21.337
23	10.196	11.293	13.091	14.848	17.187	19.021	22.337
24	10.856	11.992	13.848	15.650	18.062	19.943	22.337
25	11.524	12.697	14.611	16.473	18.940	20.867	24.337
26	12.198	13.409	15.379	17.292	19.820	21.792	25.336
27	12.879	14.125	16.151	18.114	20.703	22.719	26.336
28	13.565	14.847	16.928	18.939	21.588	23.647	27.336
29	14.256	15.574	17.708	19.768	22.475	24.577	28.336
30	14.953	16.306	18.493	20.599	23.364	25.508	29.336

续表

v \ p	0.30	0.20	0.10	0.05	0.02	0.01
1	1.074	1.642	2.706	4.841	5.412	6.635
2	2.408	3.219	4.605	5.991	7.824	9.210
3	3.665	4.642	6.251	7.815	9.837	11.341
4	4.878	5.989	7.779	9.488	11.668	13.277
5	6.064	7.289	9.236	11.070	13.388	15.086
6	7.231	8.558	10.645	12.592	15.033	16.812
7	8.383	9.803	12.017	14.067	16.622	18.475
8	9.524	11.030	13.362	15.507	18.168	20.090
9	10.656	12.242	14.684	16.919	19.679	21.666
10	11.781	13.442	15.987	18.307	21.161	23.209
11	12.899	14.631	17.275	19.675	22.618	24.725
12	14.011	15.812	18.549	21.026	24.054	26.217
13	15.119	16.985	19.812	22.362	25.472	27.688
14	16.222	18.151	21.064	23.685	26.873	29.141
15	17.322	19.311	22.307	24.996	28.259	30.578
16	18.418	20.465	23.542	26.296	29.633	32.000
17	19.511	21.615	24.769	27.587	30.995	33.409
18	20.601	22.760	25.989	28.869	32.346	34.805
19	21.689	23.900	27.204	30.144	33.687	36.191
20	22.775	25.038	28.412	31.410	35.020	37.566
21	23.858	26.171	29.615	32.671	36.343	38.932
22	24.939	27.301	30.813	33.924	37.659	40.289
23	26.018	28.429	32.007	35.172	38.968	41.638
24	27.096	29.553	33.196	36.415	40.270	42.980
25	28.172	30.675	34.382	37.652	41.566	44.314
26	29.246	31.795	35.563	38.885	42.856	45.642
27	30.319	32.912	36.741	40.113	44.140	46.963
28	31.391	34.027	37.916	41.337	45.419	48.278
29	32.461	35.139	39.087	42.557	46.693	49.588
30	33.530	36.250	40.256	43.773	47.962	50.892